社会经济
热点问题新论

>>>>>>>> 主　编　邹积慧
副主编　罗东明
韩学平
杭艳红

人 民 出 版 社

《社会经济热点问题新论》编委会

目　　录

第一篇　资源与环境

第二篇　经济与贸易

第三篇　农业与农村发展

第四篇　城市化与经营

序

呈现在你面前的是几位博士和博士研究生所撰写的文章，今得以付梓，实是一大幸事。

论文的作者是一批年轻人，虽年龄、经历不同，学术背景各异，但他们均有一颗为国家富强和科学繁荣而执著探求的精神，心系人类命运、国家的未来和科学的明天，关注着我国社会和经济发展中的热点、难点问题。书中虽无鸿篇巨制，也未必有传世之作，但文中充溢着探索的勇气和创新的火花，表现出这些青年学者们的博大胸怀和求知、求真、求实的精神。

随着21世纪的到来，我国已进入了社会经济发展新的历史时期，在以人为本，全面、协调、可持续的科学发展观指导下，举国上下都在为建设资源节约型和环境友好型社会而努力奋斗。但我们前进的路上问题还很多，比如，资源环境保护及重建问题，我国综合国力的提升及各项事业的发展问题，长期困扰我们的"三农"问题及城乡差距问题，等等，这既是学术界普遍关注的，更是社会实践中亟待解决的。本书的讨论也是紧紧围绕着它们，更集中关注于资源、环境与社会可持续发展，国家经济、财政资源的合理配置，城市化和城市经营，农业生产的发展和改变城乡二元结构等热点问题。涉及面很广泛，内容也很庞杂，但也不乏远见卓识，会对读者有一些启迪。

"逝者如斯夫，不舍昼夜。"我从教多年，今已垂垂老矣。一生无建树，愧对光阴。看到本书作者们意气风发，茁壮成长，似可聊以自慰。

青出于蓝而胜于蓝,这是人间正道。古人有立德、立功、立言之说,本意是针对不同行业的人而言的,从政在立德,从军在立功,从文在立言。我以为,还可将它看成人生不同阶段的修养重心。人生首在立德,高尚的品德是最重要的,会受用一生;立功是做事,工作,做好事,做大事;有了高尚的品德,又有了丰富的实践,就要立言,把你的思考、认识、判断等写下来,帮助别人,完善自己。我迫切希望这些作者们在立德、立功、立言上做得更好。为此,我也很看重这本书的出版。

　　本书的几位主要编辑者都是非常勤奋的有心人,他们在《社会经济热点问题论丛》(科学出版社,2006)出版两年后,又组织同学,收集稿件,编出本书,并嘱为其作序,我欣然从之。我赞赏前人的两句诗:"平生不解掩人善,到处逢人说项斯。"我虽做得并不很好,但我愿意借此机会为本书的编、作者们鼓劲助威,愿他们在学业上、事业上更上层楼。祝福他们!

东北农业大学教授、博士生导师

2008 年 6 月

前　言

　　本书是作者们的一些新作或经修改的论文节选，编辑时为了忠实记录作者们的工作历程和学识的进步，所收文章基本上没做过多的修改和补充，因此有的文章稍嫌陈旧，有的认识尚嫌粗浅，这也为作者的发展留下空间，为读者留下了思考的余地。

　　全书粗略划分为资源与环境、财政与经济、城市与经营、农业与农民等四部分，涉及了我国近年来主要的社会经济热点问题，涵盖面很广，内容比较丰富，可为相关研究者和实践者提供参考。

　　本书出版之际，感谢人民出版社为本书所作的大量工作，由于他们的支持和帮助，本书得以顺利出版；还要感谢本书中参考文献的作者们（有些尚未一一列出），是他们的研究为本书的作者们提供了思路和资料；感谢所有关注作者在学术成长和为本书成功出版给予帮助和支持的领导、同仁和朋友们。

编　者

2008 年 8 月

第一篇

资源与环境

坚持科学发展　建设生态垦区

邹积慧

科学发展观是马克思主义与中国实际相结合产生的第二次历史性飞跃的最新研究成果,拓展了中国特色社会主义理论体系的新境界,是同马克思列宁主义、毛泽东思想、邓小平理论和"三个代表"重要思想一脉相承又与时俱进的科学理论。以科学发展观为统领,建设生态垦区,是垦区实现科学发展所面临的一项重要课题。

一、建设生态垦区的主要优势

目前垦区已经建成我国耕地规模最大、机械化程度最高、现代农业技术最先进的国有农场群,已成为国家重要商品粮基地和粮食战略后备基地,基本实现了经济、社会和生态的快速协调发展,具备了建设生态垦区的基础条件。总的来看,在建设生态垦区上,已具备四大优势。

一是自然资源优势。垦区横跨小兴安岭南麓,东部为三江平原,西部为松嫩平原,黑龙江、松花江和乌苏里江三大水系流经垦区,自然资源富集。现有土地总面积576万公顷,其中耕地面积243万公顷、林地面积89.5万公顷、草原面积35.5万公顷、水面面积26.8万公顷,已在垦区全范围内建成国家级生态示范区。建立各级各类自然保护区21个,总面积达75.5万公顷,占垦区土地总面积的13.7%,其中洪河、兴凯湖、挠力河等3个国家级保护区面积达27万公顷。拥有湿地90万公顷,占全省的20.7%。建成了比较完善的防护林体系,森林覆盖率达到 16.7%。良好的自然资源条件,为建设生态垦区打下了坚实的物质基础。

二是生态资源优势。省农垦总局已经做出决定,北大荒不再开垦荒地,对重要生态功能区要实行重点保护,严禁开荒,已开垦的荒地要迅速还林、还草、还湿地,这是垦区转变农业发展方式的重大战略选择。垦区始终致力发展循环经济,开发利用清洁能源,其中稻壳发电、秸秆气化、大型和户用沼气工程都取得了明显成效。坚持推进各领域的节能减排,2007 年万元 GDP 综合能耗下降到 1.027 吨标准煤,低于全省和全国平均水平。垦区在全国率先启动绿色食品工程,依托得天独厚的生态环境优势,坚持"打绿色牌,走特色路",绿色食品产业取得长足发展。垦区已建立国家级绿色食品生产基地 28 个,绿色、有机、无公害农作物面积达 3200 多万亩,有效使用绿色食品标志的产品,覆盖了粮食、油料、肉类、乳品等 9 大类 300 多种。垦区倾力打造了九三油脂、完达山乳业、北大荒米业等国家级产业化重点龙头企业,生产的绿色健康食品在全国享有盛誉,拥有较高的市场占有率和美誉度。独特的生态资源优势,促进了垦区绿色生态产业蓬勃发展,并成为生态垦区建设的重要支撑力量。

三是经济基础优势。目前垦区已建成全国规模最大的国有农场群。垦区耕地面积占全省的 1/5,粮食商品量占全省的 1/3 以上,粮食加工能力占全省的 1/3,农机装备和机械化程度接近发达国家水平,农业科技贡献率居国内领先地位,农业产业化经营格局已经形成,城镇化进程明显加快,社会事业协调发展,人均纯收入水平和盈利水平都比较高。作为黑龙江省和我国农业先进生产力的代表,垦区为维护国家粮食安全和全省经济社会发展做出了重大贡献。"十五"以来,垦区经济发展速度始终保持 13% 以上增长,高于全省和全国平均增长水平。在 2007 年国家统计局大企业集团排名中,北大荒集团列第 65 位,居农业行业之首。垦区拥有"北大荒"、"完达山"和"九三"等一批知名品牌。优越的经济基础优势,为建设生态垦区提供了强有力的保障。

四是管理体制优势。经过三代北大荒人 60 年的艰苦奋斗,垦区在特殊的自然条件和远离社会依托的情况下,一手抓经济建设,一手抓社会事业发展,逐步形成了以农业为基础,工商运建服综合经营,多种经济成分共存,社会事业全面发展,具有区域性、社会性、综合性特征,相对独立的特殊经济社会区域。相对独立的管理体制和组织化程度比较高的优势,为垦区系统全面地开展生态建设,奠定了坚实的组织基础。

二、建设生态垦区的路径选择

当前,垦区正处在推动初级现代农业向现代农业转变阶段,并积极过渡到推动农业经济为主向工业经济为主导转变阶段。为保证高质量实现这两个阶段的目标,垦区必须把建设资源节约型、环境友好型社会放在现代化、工业化、城镇化发展战略的突出位置。

(一)以发展循环经济为重点,不断增强可持续发展能力

加强能源资源节约,坚持资源能源的减量应用、循环使用和合理开发,实施以节能、节水、节地、节约矿产资源和原材料为重点的资源能源节约战略。建设科学合理的能源资源利用体系,提高能源资源利用效率。搞好结构调整,推行清洁生产,彻底摒弃粗放经济发展模式,加快建立循环经济发展模式,建设资源节约型和环境友好型社会。全面系统地推进企业、行业、社会三个层面上的循环经济综合试点。合理利用农业资源,大力发展生态农业、标准化农业,搞好农作物秸秆、畜禽粪便、农膜等农业残留物综合利用,实现农业生产的良性循环,促进经济社会可持续发展。

(二)以环境综合整治为重点,着力改善城乡人居环境

着力改善和保障民生,按照中国特色城镇化发展要求,坚持高起点规划、高标准建设、高效率管理,努力提高垦区城镇规划建设水平,打造最适宜创业发展和生活居住的城镇环境。重点建设 5 座人口在 10 万人左右的现代城镇,50 座人口在 1 万人左右的重点城镇,500 座人口在 1000 人左右的管理区,完善以中心城镇为核心,以重点城镇为骨干,辐

射带动管理区的城乡一体化城镇体系。突出抓好城镇环境综合治理，大力抓好旧城区的整治改造，加强城镇文化建设，搞好城镇水系整治。整合城乡生态资源，抓好农场和管理区规划编制实施，重点治理脏乱差，切实改善农场和管理区生产生活环境。

（三）以流域和区域防治为重点，全面提升水资源环境质量

水资源环境治理是生态垦区建设的重点。要坚持开源与节流并举，努力缓解水资源"瓶颈"制约，实现水资源优化配置。抓好"两江一湖"等大型水利工程建设，搞好病险水库除险扩容、地下水库、平原水库等拦水蓄水工程建设和地下水富水开发，努力增加可用水量。狠抓节约用水，大力发展节水型农业、旱作农业以及节水型工业，逐步减少高耗水行业的比重，努力降低结构性耗水。建立水资源综合调度机制，统筹安排生活用水、农业用水、生态用水，提高水资源的综合利用效率。抓好饮用水源地建设，加强污染治理和防控措施落实，防止流域内规模化养殖污染。继续加大与省内地、市、县域共享的重点流域及区域的水污染防治力度。控制农业面源污染，科学施用化肥，严格控制高毒高残留农药使用，加快建设无公害、绿色、有机食品生产基地，确保食品安全。

（四）以生态系统保护与恢复为重点，努力构筑生态安全保障

以三江平原湿地生态整治为重点，加大湿地生态环境治理力度。加强土壤沙化治理，搞好耕地资源修复，加快生态示范区建设，增强耕地与农业生态保护能力。大力发展生态旅游，保护自然和人文环境。加强应对气候变化能力建设和防灾工程建设，开展气候变化对生态环境影响的监测评估。建立生态检测系统与预警机制，加强生态环境安全体系建设。加强国土绿化，大力推进"绿色垦区"建设。加强生态林和经济林体系建设，壮大林业经济。努力推进以包山育林为重点的山区绿化，以农田林网为重点的平原绿化，以绿色通道为重点的沿路、沿河绿化美化，以广场、公园、道路等公共场所为重点的城镇绿化，形成生态绿化带、旅游观光带和产业聚焦带。

（五）以加快"碳汇经济"和"生物产业"研发为重点，大力发展环保产业

垦区生态环境优良，森林资源得天独厚，具备很好的碳汇经济基础。要成立专门机构，进行森林直接固碳研究、森林碳贸易分析以及森林生态效益补偿机制研究等工作，为垦区碳汇经济发展探索出一条振兴之路。要通过碳汇经济的广泛实施，保护垦区生态环境，巩固天然林保护工程的成果，减少森林采伐量。要充分发挥森林的生态效益，在同发达国家的"碳汇交易"中获得巨大商机。生物产业是进入 21 世纪以来发展最快的产业，也是未来几十年内最具发展潜力的产业，国家提出"要像当年抓'两弹一星'那样抓生物经济"。垦区要依据国家生物产业发展规划和垦区"十一五"规划，抓紧编制垦区"生物产业"等环保产业发展规划，制定支持环保产业的发展政策。要大力发展生物技术，面向未来超前部署重点技术的研发，不断培育新兴产业、催生新的经济增长点。要积极创造条件，把"环保产业"培育成垦区的新兴主导产业，在新一轮产业革命中抢占先机，加快新型工业化进程。

（六）以推进产业结构优化升级为重点，努力提高垦区经济质量和效益

一是大力推进现代农业建设。坚持用现代物质条件装备农业，用现代科学技术改造农业，用现代产业体系提升农业，用现代经营形式推进农业，用培养新型农民发展农业，走出垦区特色农业现代化道路。搞好区域产业布局，突出发展优势产业和主导产品。实施优质粮食产业工程和粮食丰产科技工程，扩大高效经济作物和饲草饲料生产。发展绿色农业，建设全国最大的、世界有影响的无公害绿色有机农产品基地。建设防洪、除涝、灌溉和水土保持工程，进一步提高现代农机装备水平，切实强化农业基础设施建设。坚持农牧结合，培育壮大家庭牧场和股份制、股份合作制养殖场，加快标准化养殖小区建设，完善动物良种繁育体系，建设无规定疫病区和优良生态养殖区。二是把工业发展为主导产业。坚持走新型工业化道路，尽快形成主业突出、集群发展、

具有较强自主创新能力、整体实力雄厚的工业发展格局。做强做大以食品工业为重点的农产品精深加工业,加快北药开发和保健食品开发,着力发展生物化工、粮食化工、亚麻纺织等产业。大力发展农业生产资料、农机制造等农用工业。抓住哈大齐工业走廊建设契机,建设高新技术产业园区和工业园区。实施大项目牵动战略,组建跨行业、跨地域的特大型企业集团。三是积极发展具有垦区特色的第三产业。构筑多层次、宽领域、开放式的第三产业格局。加快产地批发市场升级改造,大力发展农产品、农业生产资料和消费品连锁经营。整个物流资源,以综合性、专业性物流配送为节点的现代物流体系。促进信息业发展,建设"数字化垦区"。着力发展农业观光、界江界湖、生态环保等特色旅游业。发展中介服务业和社区服务业。

(七)以完善体制机制为重点,扎实推进生态垦区建设

一是切实把生态垦区建设摆上重要日程。各级各部门要将生态垦区建设统一纳入国民经济和社会发展规划中,进一步分解和落实任务,把生态垦区建设贯穿于经济社会发展的全过程。二是建立健全生态垦区建设领导机制。要完善有利于节约能源资源和保护生态环境的法律和政策,加快形成可持续发展体制机制。各级要建立由党政主要领导同志任组长、有关职能部门参加的领导小组,就生态垦区建设的工作规划、重大决策、重大工程实施等问题,及时研究,加强协调和指导。各级各有关部门要按照职责分工,各负其责,各司其职,搞好配合,做到组织到位、责任到位、投入到位、措施到位,努力形成总局、分局、农场分级负责、各部门整体联动、全社会广泛参与的生态安全建设机制。三是健全推进生态垦区建设的目标责任制度。按照建立决策目标、执行责任、考核监督"三个体系"的要求,实行科学决策、落实责任、严格考核和奖惩的管理办法。制定体现科学发展观的绿色 GDP 核算体系和生态安全建设责任考核指标体系,并作为考核领导班子和领导干部政绩的重要内容。要建立责任追究制度,对造成严重生态破坏和环境污染事故的,要严格责任追究,在对直接责任人进行严肃处理的同时,追究有关领导

的责任。要制定实施"生态补偿金"制度,促进退耕还林、退耕还湿等工作顺利开展。

作者简介

邹积慧,笔名季卉,1955年7月出生,吉林省农安县人。先后毕业于齐齐哈尔大学口文系和黑龙江省委党校青年党政干部研究生班经管专业。东北农业大学农业经济管理学博士,哈尔滨工业大学管理科学与工程博士后,高级经济师和正教授级政工师,黑龙江省第八届劳动模范,现任黑龙江省农垦总局副局长。撰写学术文章200余篇,出版专著2部。

生态环境保护科技成果推广绩效评价研究

吴玲　李翠霞　李友华

生态环境保护科技成果绩效评价是科技成果绩效评价的一个应用分支,目的是通过建立一套客观、科学、公正、透明的评价制度、程序和方法,对各类环境技术在预防、检测、控制和减少环境污染等方面的能力和推广效果进行评价,对其实效性进行衡量、估价。实际上,任何一项科技成果都应是包含研究开发、推广转移和绩效评价的完整统一。生态环境保护科技成果绩效评价是手段,不是目的,其用意在于反映相关研发单位或成果的运作绩效,透过绩效评价的结果,反馈到决策层,以便提升下一回合的计划执行成就以及提供下一回合研究计划的规划方向指引,减少计划设计的无效性,强化决策者的决策基础,以促使科技资源进行更有效率的配置。目前,关于生态环境保护科技成果推广绩效评价可以说是我国科技评价体系的一个薄弱环节,甚至是空白点。因此,建立科学的生态环境保护科技成果绩效评价体系,从成果整体成效出发,分析与成果相关的指标,研究项目长期策略规划与成果成效之间的差异,并将评价结果反馈至政府制定长期科技成果的战略和过程中,不仅是下一步发展的科学决策的前提和基础,而且对我国科技、经济和社会的发展也具有重要的现实意义。

一、生态环境保护科技成果推广绩效评价研究动态

从各国科技绩效评价实践来看,科技评估正在转变那种强调打分、

排序的传统评估模式,由以数学模型为基础、定性定量相结合、客观判断为主要内容的评估向参与式评估发展。绩效评价不仅要评价项目直接和间接的社会经济影响,而且要评价整体计划的执行,不仅要针对参与项目的企业,还要面向计划的政策制定者和设计、执行计划的管理者。评估的独立性虽然降低了,但评估的质量明显提高,评估的结果更有效。但也不尽完善,现行绩效评价活动面临许多问题,主要包括:由于研究和产出之间的时间较长,难以衡量研究产出和影响;难以衡量新技术价值;难以追踪技术扩散;难以根据复杂因素分配利益;难以根据计划多重目标界定"成功"标准;如何应用评价结果修正计划;面对制度惯性、管理者反对和有限资源,如何完成评价;如何促进评价结果为政策制定者使用;如何确保评价反映了对理论和政策良好的理解;缺少更好的评价模型、工具和数据;如何正确衡量计划的附加性等。生态环境保护科技成果绩效评价也同样面临这些问题。

易斌和杨艳(2003 年)在《中国环境技术评价体系发展概况》一文中介绍了目前普遍采用的环境技术评价体系,并对不同环境技术评价方法进行了比较;金南、李娜、李建(1999 年)在《环保科技成果转化项目评价指标体系及评价方法》提出环保科技成果转化项目评价指标体系,经过对比,确立了计算权重的方法和权重,采用专家分析与层次分析法,进行了环境保护科技成果转化项目评价分值计算与转化项目的评价。贾妍妍(2004 年)在《环境绩效评价指标体系初探》一文中从企业的角度通过环境质量、环境化过程、环境技术创新投入三个方面提出了环境绩效评价的指标体系。但在一定程度上也存在着评价制度不健全、评价体系不完善、评价方法不规范等问题,有待于进一步完善。

二、制约生态环境保护科技成果推广绩效的主要因素分析

生态环保技术推广难、绩效差的原因除了具有所有科技成果推广中存在的普遍性问题以外,还有自身的因素制约了推广绩效。

（一）创新技术的相对优势

相对优势指某个创新相对原有技术和方法的先进性,其指标有产生经济效益的程度、初始投入成本大小、风险、投资回收期、减少不满意程度、时间与精力的节约。从环保技术来看,绝大部分技术的推广对企业经济效益不明显,甚至无经济效益。如电站配套大型电尘器,不但经济效益不明显,而且初始投入成本大、投资回收期(即使考虑了环境效益和社会效益)也比较长,还有的甚至无回收,不存在时间与精力上的节约,这与一般的技术推广存在着很大的区别。

（二）创新技术的可比较性

环保技术创新以环境效益为第一着眼点,追求性能好、能满足国家对环境保护规定指标的要求、投资少、运转费用低;而一般的技术创新以经济效益为第一着眼点,追求性能高成本低、在市场上有竞争优势。也就是说,两者的比较观不一样。

（三）效果的可观察性

就一般技术而言,其效果的可观察性是针对经济效益,而环保技术的效果可观察性是针对环境效益,由于人们习惯从经济的角度去观察某一技术,所以环保技术的效果的可观察性比一般技术要差。

（四）社会评价的侧重点

长期以来,社会对企业的评价,都是以经济效益为中心,而忽视环境效益,企业在生产过程中产生的负面效应被经济效应所掩盖,这就使得一般技术推广驱动力大、扩散速度快,而环保技术扩散驱动力小、扩散速度慢。

（五）决策者素质的局限

目前,我国尚未形成真正意义上的企业家阶层,尤其是高素质的企业家阶层,由于企业家素质的限制,企业领导层对环保技术创新与推广重视不够,成为阻碍环保技术推广的主要障碍。

（六）技术采用的决策类型不同

采用某一技术的决策有三种:即个人决策、集体决策和强制决策。

一般技术扩散决策类型以个人(企业领导、技术负责人)或行政人员与专业人员集体决策为主,而环保技术的扩散决策往往是强制性的,是由上级主管部门或环保部门决定的,如造纸行业的废水处理技术的推广基本由国家政策强制执行。

(七)信息互动渠道

信息互动渠道主要有 文献资料、上级指令、环保部门、大众媒体(报纸、电台、广播、电视)、同类行业、用户和销售者等。一般技术推广信息互动渠道主要是文献资料、参观交流、市场研究和用户,而环保技术的互动渠道则更多的是环保部门、主管部门或上级指令,如我们曾调查了五十多家印染、水泥、机械和造纸企业,36.4%的环保技术信息来源于环保部门,通过文献资料、参观交流和市场研究获取的环保技术信息只有20.2%。

(八)时间因素

企业在激烈的市场竞争中要处于不败的地位,在很大意义上取决于进入市场的时间优势,一个创新产品在时间上率先进入市场,就处于竞争的主动地位,竞争容易成功,这充分地体现在一般的技术创新的过程。而对环保技术,在时间的竞争上并没有一般技术那么激烈,一个企业采用某一环保技术在时间上的先后并不对竞争构成威胁,也就是说时间并非其竞争的主要因素,而且在采用最新的环保技术时,企业往往不愿意冒风险。在扩散的速度上,环保技术比一般技术要慢。

三、生态环境保护科技成果推广绩效评价的目的与类型

环保技术推广对于实现科技成果转化,提高科学技术水平起着至关重要的作用。随着我国社会主义市场经济体制的建立,传统的农技推广体系机制已不能满足新时期对环保科技服务的需求,一方面,环保技术推广必须引入市场机制,与市场经济接轨,提高环保技术推广的效果;另一方面,一些民间资金开始涉足、参与环保技术推广服务,作为环保技术推广投资主体和宏观调控主体的政府,在市场经济运行中也应

该讲求投资效益,需要及时准确地了解和掌握环保技术推广的态势和实际效果,调整和完善政策制定,调动各级、各种环保技术推广机构、组织和推广人员的积极性,引导和推动环保技术推广合理、有序、高效地发展。因此,对已有的改革成果进行总结,制定科学的考核评价指标体系和方法对环保技术推广绩效进行评价,重构适应社会主义市场经济发展要求的我国环保技术推广体系势在必行。

（一）生态环境保护科技成果推广绩效评价的内涵和目的

生态环境保护科技成果推广绩效评价是科技成果推广效率和业绩的总称,包含成果推广效率和推广结果两层含义。所谓生态环境保护科技成果推广绩效评价是指运用一定的技术方法,采用特定的指标体系,依据统一的评价标准,按照一定的程序,通过定量、定性对比分析,对推广活动过程的效率和活动的结果做出客观、公正、准确的综合判断。

生态环境保护科技成果推广绩效评价的目的主要有两个:一是判断推广方案是否达到了各项预定的性能指标,能否在满足各种内外约束条件下实现系统的预定目标;二是按照预定的评价指标体系评价推广方案的优劣,做好决策支持,为进行最优决策,选择系统实施方案服务。

生态环境保护科技成果推广绩效评价的目标在于推动社会在污染控制和生态保护方面大量使用高新、实用技术,广泛推广清洁生产技术,提高生态环保技术研究和技术推广的经济、社会、生态、环境、技术、政治效益,提高生态环境保护工作的管理水平,使科技成果更快地得到推广和应用,形成新的现实生产力,更好地促进人类社会生态、经济、社会系统的良性循环和持续发展。

（二）我国生态环境保护科技成果的分类与绩效评价

我国生态环境保护科技成果可分为公益型、市场型和混合型三种,不同的类型具有不同的绩效评价方式。

1. 公益型环保技术推广绩效评价

环保技术具有公共产品的特性,难以进行市场化操作,其推广属于公益性事业,必须由政府投资。公益型环保技术推广绩效评价侧重社会效益和生态效益,同时也要注意推广的经济效益的评价,避免出现不顾投入,盲目推广的现象。根据推广的组织形式,公益型环保技术推广又可分为示范式、培训式和传输式技术推广,各有不同特点和目的,应分别进行绩效评价。示范式推广是通过建立技术、生产样本,树立典型去影响和带动技术的推广应用,其绩效评价侧重于示范过程及其效果。培训式推广是通过对推广对象进行技术培训和指导,达到推广应用农业科学技术的目的,其绩效评价侧重于技术培训方式、手段的有效性及其效果。传输式推广是通过广播、电视、黑板报等媒体形式将农业技术、防病治病、市场供求等信息传递给广大需求者来达到推广目的,其绩效评价应注意比较不同传输手段的有效性,反映需求者接受信息,应用信息资源的效果。根据评价对象的不同,公益型环保技术推广还可分为推广机构绩效评价和推广人员绩效评价。前者是对公益性农技推广组织的推广行为、过程、方式和结果的评价,可比较不同推广机构的推广效果。后者是对推广人员的推广实绩的评价,是考核和评聘技术推广人员的主要依据。

2. 市场型环保技术推广绩效评价

市场型环保技术推广行为的市场导向性很明显,往往追求投资效益的最大化。因此,其绩效评价以经济效益为主。按组织形式可分为家教式、特派员式、产业化组织形式的农技推广绩效评价。家教式推广是通过推广者与推广对象签订协议,实行面对面的推广,推广对象(技术应用者)关心的是从技术推广应用中取得的实际的经济利益,其绩效评价不但要评价推广行为的有效性,而且要评价技术推广给双方带来的最终的经济效益。特派员式推广是推广人员下到农村,与农民和企业间建立起一个直接联系的机制与平台,实现技术推广的目的,推广人员的工作情况直接关系到推广的效果,其绩效评价以考核推广人员的工作绩效为重点,侧重评价推广人员的工作业绩。产业化组织推广是龙头企业、农民协会等经济组织为了达到其经营目标,通过"公司 +

农户"、"中介组织＋农户"等农业产业化经营模式向农民推广技术,提供服务,计算分析技术推广对实现经营目标的作用与贡献,给产业化组织带来经营上的好处是绩效评价的核心内容。

3. 混合型环保技术推广绩效评价

混合型环保技术推广兼有公益型和市场型推广的特征,是目前我国比较普遍存在的推广类型,往往是基层推广单位在履行政府下达的推广任务的同时,根据需要有偿开展技术推广和服务,提供信息,以改善推广单位和个人的经济境况。所以,绩效评价时要两方面互相兼顾,要根据基层推广体系改革的成果和推广机构职能划分确定绩效评价的重点和内容。

四、生态环境保护科技成果推广绩效评价指标体系

绩效评价的指标体系是指为实现评价目的,按照系统论的方法构建的由一系列反映各个侧面相关指标集合的系统结构。首先确定全面、合理的评价指标原则,建立相应的评价指标体系,选择评价方法,建立评价模型等。

(一)生态环境保护科技成果推广绩效评价指标的选取

依据上述原则,结合已有的研究成果,笔者构建了准则层的五个方面的准则层指标:推广能力、推广水平、推广效率、推广效果、创新能力与推广的可持续性等,在此基础上又提出了包含24项指标层的评价指标。

1. 生态环境保护科技成果推广能力的评价

环保技术推广能力是推广机构、组织或推广人员开展推广工作所具备的各种素质、条件和力量的总和,反映了推广单位和人员从事推广工作的现实基础和发展潜力。环保技术推广能力评价有利于了解和掌握环保技术推广的基本情况,合理配置技术推广资源,促进推广工作的开展,构成环保技术推广能力的因素:(1)专业从事环保技术推广的专业技术人员的数量与结构;(2)技术推广的经费投入;(3)技术推广的设施与设备条件;(4)按总人口计算的技术推广力量的比例,如每万人拥有的农技推广人数等。

2. 生态环境保护科技成果推广水平的评价

环保技术推广水平是推广机构、组织或推广人员技术推广能力的外在表现,它反映了技术推广单位和人员的推广实力以及满足技术推广要求的程度,构成环保技术推广水平的因素主要包括:(1)高级职称专业技术推广人员的人数与比例;(2)推广技术的先进程度;(3)推广技术的标准化程度;(4)推广手段现代化程度;(5)技术推广的信息化水平。

3. 生态环境保护科技成果推广效率的评价

环保技术推广效率是消耗和占用一定推广资源所完成的推广任务的数量与质量,它反映了环保技术推广资源的利用程度及推广资源配置的有效程度。环保技术推广效率评价有利于监督和督促推广资源的有效利用与合理配置。构成环保技术推广效率的因素主要包括两方面:(1)科技成果利用率;(2)科技成果推广率;(3)科技成果推广转化广度;(4)科技成果推广转化速度;(5)科技成果推广转化难度;(6)科技成果推广周期。

其中转化广度(包括转化广度、转化率、转化指数)反映科技成果在空间扩散状况,转化率反映科技成果群体在空间分布状况,转化指标表示科技成果空间分布的综合评价,它是转化度与转化率乘积的平方根。转化速度表示科技成果在时间上扩散状况,用单位时间(一般以年作单位)转化率增量表示。转化难度表示科技成果扩散的难易程度,用专家打分法量化。转化效益用新增产值(产量)作为经济效果的直观指标,用转化纯收益率精确地测算经济效益,用转化收益率反映转化过程的投入产出比值。转化深度采用技术效率表示。技术效率是某科技成果的实际产出量与最大可能性的边际产出量之比值。

4. 生态环境保护科技成果推广效果的评价

环保技术推广效果是指环保技术推广所取得的成就及其达到目的

性程度的评价,它反映了技术推广工作的实际结果,以及技术推广工作对促进农业科技发展,经济增长,农民增收所起的作用。环保技术推广效果的评价有助于全面、准确地分析、反映环保技术推广的最终成果。环保技术推广效果评价具体包括:(1)经济效益评价;(2)社会效益评价;(3)生态效益评价;(4)管理效益评价。

经济效益指标的选取。经济效益是指在社会的生产和再生产过程中,所占用及消耗的劳动与劳动成果之比,即投入产出比。表现为技术转化为生产力,提高劳动生产率,提高产品的产量和质量,减少产品的损失,进行投入产出分析,提高投资利用率,降低资源损耗,降低成本,增加收入等。经济效益的绩效评价可以体现在以下三方面:清洁生产、绿色营销、绿色投资。清洁生产的绩效评价指标主要体现产品成本变化率、原材料投入产出变化率、劳动生产率变化率、能源投入产出变化率;能源耗用费用降低率;物处置费用降低率;排污费、罚款等的节约或减免。绿色营销的绩效评价指标主要体现在绿色产品销售额;绿色营销利润率;广告费边际效率等。绿色投资的绩效评价指标主要体现在绿色项目产值;绿色投资报酬率;财政补贴增长率等。

社会效益指标的选取。社会效益是指人类活动所产生的社会效果,社会效果是从经济活动对整个社会福利所产生的影响计量,如使社会环境优化,人类生活得到改善,健康得到保障等。主要包括对社区的影响力;媒体注意度;顾客满意度;环境纠纷减少率;环境状况的改善;资源利用状况的改善;对社会相关产品的带动作用;职业病发病减少率等。

环境效益指标的选取。环境效益是指人类活动所引起的环境质量的变化、对生态环境的影响效果。人类的社会经济活动必然会对环境产生影响,从而使环境质量发生变化,这种变化就是环境效益。环境污染的指标分为大气污染物指数、水污染指数、固体废弃物指数、噪声四方面。大气污染物指数包括 SO_2 排放削减率;烟尘排放削减率;粉尘排放削减率;氮氧化物排放削减率等。水污染指数包括化学需氧量排放去除量;氟化物含量削减率;氨氮含量削减率;悬浮物含量削减率等。噪声指数包括工业噪声削减率等。固体污染物指数包括工业固体灰渣削减率等。

管理效益指标的选取。管理效应指标的选取主要有绿色管理意识指标(绿色管理参与率;企业专职环保人数;绿色活动增量等)、清洁生产实施状况(能源利用率,材料利用率,废弃物回收利用率,以及污染物排放达标率衡量)、绿色营销实施状况(产品适销率;市场占有率增长率;价格选择性;顾客忠诚度等)、绿色投资实施状况(绿色产品或项目开发率;绿色投资投入率;建设项目环保设施完成率;主要环保设施完好率等)四方面。

5. 生态环境保护科技成果创新能力和推广的可持续性的评价

创新能力是环保技术推广的生命线,是推广工作可持续发展的根本要求。创新能力评价包括推广制度创新、推广组织创新、推广过程创新、推广手段与方式创新等几个方面的评价。环保技术推广可持续性评价包括:(1)推广体制的可持续性评价;(2)推广组织的可持续性评价;(3)推广人员的可持续性评价;(4)推广手段与方式的可持续性评价;(5)推广结果的可持续性评价。

(二)构建生态环境保护科技成果推广绩效评价指标体系

需要指出的是,各种不同的科技成果有其自身的特点,它们的指标体系也必然会有极大的不同,本文只是有针对性地建立了一个基本上反映生态环境保护科技成果推广绩效评价的指标体系。见表1所示。

当然,需要考察的指标还有不少,但是笔者认为上述指标是主要的,这些指标既相互独立又相互补充,使指标体系更加完整。

(三)生态环境保护科技成果推广绩效评价指标权重的方法选择

目前,科技成果评价方法主要有同行评议法、德尔菲法、综合评价法、层次分析法、模糊综合评价法等方法。上述评价方法都有各自的适用范围和评价特性,有的适用于定性评价,有的则适用于纯技术性的定量评价,本研究综合考虑这些方法的不同适用范围和特性,使其优势互补,这样形成的评价方法将会有更加广泛的适用性,基于上述考虑,我们建立了一种新型的科技成果评价方法,该方法结合使用了德尔菲法、层次分析法和综合评价法等,形成了评价指标体系。

表1　生态环境保护科技成果推广绩效评价指标体系

目标层	准则层	指标层
生态环境保护科技成果推广绩效评价指标体系	推广能力的评价	从事环保技术推广的专业技术人员的数量与结构
		技术推广的经费投入
		技术推广的设施与设备条件
		按总人口计算的技术推广力量的比例
	推广水平的评价	高级职称专业技术推广人员的人数与比例
		推广技术的先进程度
		推广技术的标准化程度
		推广手段现代化程度
		技术推广的信息化水平
	推广效率的评价	科技成果利用率
		科技成果推广率
		科技成果推广转化广度
		科技成果推广转化速度
		科技成果推广转化难度
		科技成果推广周期
	推广效果的评价	经济效益评价
		社会效益评价
		生态效益评价
		管理效益评价
	创新能力和推广的可持续性评价	推广体制的可持续性评价
		推广组织的可持续性评价
		推广人员的可持续性评价
		推广手段与方式的可持续性评价
		推广结果的可持续性评价

德尔菲法通过对分散的评价意见进行反复的综合、整理、反馈和数据统计的处理,使之趋于收敛,从而获得所需评价结论。此方法简单方便,易于操作,可反映出专家群体之间的一致性意见,但由于受主观因

素影响较多,对评价对象的判断会产生一定偏差。

层次分析法是一种多层次权重解析方法,它把复杂问题分解为各个组成因素,将这些因素按照某种相互作用的方式和相互联系的规则分组,形成有序的递阶层次结构,通过各个层次的两两比较判断方式,确定每一层次诸因素的相对重要性,然后在递阶层次的结构内进行合成,得到决策因素相对于总目标重要性的顺序。最终结果是得到相对于总目标各决策方案的权重,据此做出决策。对科技成果评价而言,则是得到了评价指标体系中,各指标相对于评价总目标的权重值,所以在科技成果评价过程中,它可以作为一种确定指标权重的有效方法加以应用。运用 APH 确定指标权重一般分为五个步骤:(1)建立问题的递阶层次结构;(2)构造两两比较判断矩阵;(3)进行层次因素(指标)单排序数值的计算;(4)进行 APH 判断矩阵一致性检验;(5)计算各层指标的组合权重。

参考文献

[1]白海:《企业科技成长推广效果的评价指标体系及数学模型研究》,《重庆师范学院学报》(自然科学版)1997 年增刊。

[2]董忠堂、阮怀军、周亮:《农业科技成果转化的基本理论及新世纪发展对策》,《山东省农业管理干部学院学报》1999 年第 3 期。

[3]符志民、李汉铃:《绩效评价体系研究》,《系统工程与电子技术》2001 年第 9 期。

[4]贾妍妍:《环境绩效评价指标体系初探》,《重庆工学院学报》2004 年第 2 期。

[5]金南、李娜、李建:《环保科技成果转化项目评价指标体系及评价方法》,《中国环境科学》1999 年第 4 期。

[6]靳军:《工业企业绿色管理绩效评价研究》,哈尔滨工程大学硕士学位论文,2004 年。

[7]李建新、刘元江:《建立农业科技成果转化为生产力评价指标

体系的研究》,《农业系统科学与综合研究》1996 年第 1 期。

[8]李志青:《社会资本、技术扩散与可持续发展》,《复旦学报》（社会科学版）2004 年第 2 期。

[9]刘立伟、汪霄:《环境保护最佳实用技术评价筛选方法的应用》,《农村生态环境学报》1994 年第 3 期。

[10]马树才、赵桂芝、孙常清:《我国发展清洁生产的障碍分析与对策思考》,《辽宁大学学报》（哲学社会科学版）2004 年第 6 期。

[11]邵法焕:《我国农业技术推广绩效评价若干问题初探》,《科学管理研究》2005 年第 3 期。

[12]宋安宁、王玉红:《国家重点环境保护实用技术推广工作的回顾与展望》,《环境保护》2003 年第 5 期。

[13]谈毅、全允桓:《政府科技成果绩效评价理论基础与模式比较》,《科学学研究》2004 年第 2 期。

[14]谈毅、全允桓:《政府科技计划绩效评价维度、方法及模式》,《公共管理学报》2005 年第 2 期。

[15]胥树凡:《引导和推进环保技术推广转化工作实现社会化》,《中国环保产业》2001 年第 4 期。

[16]晏敬东、简利君、胡树华:《科技企业孵化器管理绩效的评价指标体系设计》,《科学学与科学技术管理》2004 年第 6 期。

[17]杨杰等:《关于绩效评价若干问题的思考》,《自然辩证法通讯》2001 年第 2 期。

[18]易斌、杨艳:《中国环境技术评价体系发展概况》,《中国环保产业》2003 年第 6 期。

[19]余德辉:《加大环保实用技术推广力度,促进环保科技成果产业化》,《中国环保产业》2001 年第 2 期。

[20]张岳恒、孙良媛:《论农业科技成果的有效利用与转化》,《农业经济问题》1999 年第 9 期。

[21]赵玉兰、李新:《绩效管理探析》,《中国成人教育》2004 年第

9 期。

［22］郑锴：《浅析影响企业推行清洁生产的障碍及对策》，《油气田环境保护》2004 年第 3 期。

作者简介

吴玲，女，汉族，1970 年生，黑龙江省绥芬河市人，1992 年毕业于哈尔滨师范大学政治教育系，获得法学学士学位；1998 年毕业于哈尔滨师范大学经济学专业，获得经济学硕士学位；2005 年毕业于东北农业大学经济管理学院，获得管理学博士学位；2005 年 10 月进入东北林业大学农林经济管理博士后流动站从事研究。现为东北农业大学人文学院副教授，硕士研究生导师，主要从事农业经济理论与政策、马克思主义基础理论研究。先后在《科学社会主义》、《当代世界与社会主义》、《农业现代化研究》等学术刊物发表论文 40 余篇；主持黑龙江省科技攻关项目、黑龙江省社会科学基金项目、中国博士后科学基金项目、黑龙江省教育厅项目 6 项；出版专著 1 部；科研成果获得黑龙江省社会科学优秀成果 3 项、黑龙江省科技进步奖 1 项。

李翠霞（1969—），女，黑龙江省哈尔滨市人，东北农业大学经济管理学院副院长，副教授，博士，硕士生导师，研究方向：农业经济管理。

李友华（1932—），男，黑龙江省哈尔滨市人，东北农业大学经济管理学院教授、博士生导师，研究方向：农业经济管理。

中国农地资源安全评价

王炳春　　黄辉玲　　梁学庆

农地资源是指用于从事农业生产的土地,是土地资源的重要组成部分,包括耕地、园地、林地、草地、农田水利用地和养殖水面等。农地资源安全是指一个国家或地区可以持续、稳定、及时、足量和经济地获取,并能保障人类健康和高效能生产及高质量生活的农业土地资源的状态和能力,包括数量、质量和生态伦理等多方面内容。农地资源安全评价即土地在农业用途条件下评定其安全度高低的过程。是农地资源调查的重要组分和管理的一项基础性工作。农地资源安全评价的目的是以农地的生物生产潜力为中心,对不同土地单元进行安全评价,查清农地资源的安全状况。科学进行农地资源安全评价,有利于了解农地资源分布的特点,为更好地确保农地资源安全提供科学依据和策略。本文研究农地资源安全评价的意义、原则、指标体系、安全度划分等,并运用这些理论方法对中国农地资源安全做出宏观评价。

一、农地资源安全评价指标体系确立

农地资源安全常常受到自然因素和人为因素的双重作用和影响。因此,农地资源安全评价的指标体系应由影响农地资源安全的农地资源自身的数量和质量、各种自然灾害、人类开发利用农地资源的活动和其他非农地资源开发利用活动等指标所组成。

（一）安全评价指标体系选择

农地资源安全评价采用的指标较多,适用的场合也不同,不同区域的评价可酌情选择。如何构建一个经济方面具有可行性、社会方面具有可接受性和生态方面具有合理性的农地资源安全评价指标体系,更好地服务于政府、科研机构和社会公众,有相当大的难度。本文在指标体系选择上,既突出系统性又注重实用性。

在农地资源安全评价指标体系选择时,一直受指标信息相关和重叠的困扰。确保农地资源安全,最终要实现经济、社会和生态三大效益,那么在评价指标体系选择时,就都应有所涉猎,在将安全指标类划分为数量、质量和生态三个指标组时,指标组之间就存在指标交叉重复问题,如森林覆盖率。而且,还存在着结构分布指标、经济指标和社会指标加入其中的问题,所以实在是难以彻底划分清楚。

（二）安全评价指标获得

农地资源安全评价指标是能反映农地资源安全的各种性状的数据和资料,分为属性数据和图形数据。属性数据是对农地资源安全的各种性状的直接描述,包括准确的数字和抽象的描述性数据;图形数据是用图形表示农地资源及其内部各类土地的空间位置及其相互关系的数据。

用于农地资源安全评价的数据和资料,通常情况下,采用调查的方法可以得到大部分数据和资料,少数要用试验、分析、统计等手段和方法得到(刘黎明,2005年)。农地资源安全评价指标的获得来源于统计资料、文献资料和实地调查资料。

二、农地资源安全评价方法

（一）指标值无量纲化

将不同的农地资源安全评价指标进行综合,一个重要的问题是是否这些指标可以同度量,回答是否定的。不同的指标含义不同,把这些指标直接相加或相乘是没有意义的,需要对指标进行无量纲化预处理。

本文仅以直线型无量纲化方法作一示例。在直线型无量纲化方法中，采用的是阈值法，即将指标实际值与该指标某个阈值进行比对，从而使指标实际值转化为量化值。对评价标准的出处应经过慎重考虑、科学研究。因为它是农地资源安全评价中十分重要的内容，它确定的恰当与否，将直接影响到评价的可操作性与结论的可靠性。定量指标采用指标实际值和阈值相比较得到无量纲化值；定性指标采用相关标准或权威专家多年研究成果，将实际指标值与甄选的标准指标值相比较得到无量纲化指标值。

（二）确定指标权重方法

参评指标权重确定的方法很多，一般可分为定性和定量两大类，各有长短，多用量化方法。农地资源安全评价参评指标的权重，宜采用定性定量相结合方法确定。本文采用层次分析法确定参评指标权重。

层次分析法（analytic hierarchy process），简称 AHP 法，20 世纪 70 年代，由美国运筹学家、匹兹堡大学萨迪（T. L. Saaty）教授提出，是基于系统论中的系统的层次性而建立的一种多层次权重分析决策方法，是一种定性与定量相结合的决策分析方法，它是一种将决策者对复杂系统的决策思维过程模型化、数量化的过程。其特点是具有高度的逻辑性、系统性、简洁性和实用性。应用此方法，决策者通过将复杂问题分解为若干层次和若干因素，在各因素之间进行简单的比较和计算，可以得出不同方案的权重，为最佳方案的选择提供依据。其基本原理：把所要研究的复杂问题看做是一个大系统，通过分析系统的多个因素，划分出各因素间相互联系的有序层次，再请专家对每一层次的各个因素进行客观的判断后，相应地给出相对重要性的定量表示，进而建立数学模型，计算出每一层次全部因素的相对重要性的权重值，并加以排序，最后根据排序结果进行规划决策和选择解决问题的措施。

（三）综合安全值计算方法

在本文采用直线型无量纲化方法评价农地资源安全程度时，选取了多个指标，如何合成这些指标，是一个比较难的技术问题。因为各个单项指标及其权重只能反映评价目标的某一个方面,要想获得综合评价结果,就必须综合单项评价指标值。通常采用的方法是半定量土地评价方法之一的参数法(Parametric method)。参数法一般有三种模型,即加法模型、乘法模型和代数模型。上述模型各自有其优缺点,因为参数法是介于完全依赖于专家判断的定性方法和标准化数学动态模拟的定量方法之间的过渡类型。本文根据农地资源安全评价的实际,经过反复斟酌,决定采用加法模型,且以一定的权重相加。因该模型能够较好地对各项评价指标统一度量,最后获得一个综合评价结果,易从宏观上把握农地资源安全状况,充分体现了评价工作与实际相结合的综合性原则。但其缺点是不易将明显的不安全因素排除,故在农地资源安全评价中应予以充分考虑,尽量将这一不足降到最低限度。

(四)农地资源安全程度确定

农地资源安全程度是指一国或地区农地资源的充裕度、稳定性和均衡性,是持续、稳定、及时、足量和经济地获取所需的农地资源的状况或能力,是农地资源对经济发展和人民生活的保障程度。农地资源保障程度越高,其安全程度就越高,反之亦然。根据实际需要和可能,本文将农地资源安全程度划分为高度安全、安全、值得关注、危险、高度危险五个等级。"高度安全"代表着土地资源利用无后顾之忧,土地资源供给不会成为制约国民经济建设和发展的限制因素,也不存在产权不清、土地退化等各方面的威胁;"安全"代表着土地资源利用能够满足国民经济建设和发展的需要,土地生态系统相对稳定;"值得关注"代表着后备土地资源供给不足,需要节约用地,或者是土地生态系统存在某些限制因素,需要注意土地合理利用;"危险"代表着人地关系紧张,土地供不应求,或者存在一定土地退化等;"高度危险"代表着土地生态脆弱,数量严重不足,或人类活动对于土地生态系统破坏严重,土地资源成为制约国民经济建设和发展的重要限制因素(梁学庆,2006年)。

表 1　农地资源安全程度评价标准

安全指标＼安全等级	高度危险	危险	值得关注	安全	高度安全
人均占有耕地面积(公顷)	$F < 0.033$	$0.033 \leqslant F < 0.059$	$0.059 \leqslant F < 0.100$	$0.1 \leqslant F < 0.133$	$0.133 \leqslant F$
林地安全系数	$F < 0.800$	$0.800 \leqslant F < 1.000$	$1.000 \leqslant F < 1.200$	$1.200 \leqslant F < 1.400$	$1.400 \leqslant F$
人工草地比例	$F < 0.050$	$0.050 \leqslant F < 0.100$	$0.100 \leqslant F < 0.150$	$0.150 \leqslant F < 0.200$	$0.200 \leqslant F$
人均生态供给(公顷)	$F < 1.330$	$1.330 \leqslant F < 1.900$	$1.900 \leqslant F < 2.470$	$2.470 \leqslant F < 3.040$	$3.040 \leqslant F$

对于农地资源安全程度标准的确定,目前尚未见到有科学统一的认定。评价标准的选择取决于评价目的。事实上,不同的国度、地区和时段,其标准是不会相同的。这里所说仅指我国当前和今后一个时期,年度大致可定为 2005 年—2020 年。安全等级的划分宜遵循简便、易行、突出主导因素且具有连续性的原则。

确定农地资源安全程度评价标准的工作极其复杂但又是评价的关键,必须认真进行。可对选定的每一项指标均确定一个安全程度标准,然后,计算指标组的等级。也可计算具体指标量值的和,再定指标组等级,然后,再通过运算得到指标类的评定值。本研究选取人均占有耕地面积、林地安全系数、人工草地比例和人均生态供给等四项最重要的关键性指标进行,其评价大体可表明我国农地资源安全的状况。如条件允许,应适当扩大指标范围,使其结果更接近实际。农地资源安全程度评价的标准见表 1。指标确定说明如下:

①人均占有耕地面积。我国常用人均耕地面积小于 0.053 公顷作为耕地出现压力的阈值(或临界值)。本研究以陈百明等(2002 年)测算的到 2010 年,按人均 400 千克粮食需求量的生活标准,全国人均耕地面积不应小于 0.059 公顷作为评价农地资源安全程度的值得关注与

危险的临界值,2005 年我国粮食单产 4342 千克/公顷,按照人均占有耕地 0.059 公顷计算,人均粮食 256.178 千克,略高于贫困线人均 200 千克的标准;如果人均占有耕地 0.033 公顷的话,将有 30% 左右的粮食需要进口,对我国这样的人口大国来说,是极其危险的,因此,人均占有耕地 0.033 公顷应作为区分危险与高度危险的临界值;如果人均占有耕地 0.1 公顷的话,可保证每人每天有 1 千克的粮食,专家测算认为,它是维持温饱的最低阈限,应作为区分安全与高度安全的临界值;如果人均占有耕地 0.133 公顷的话,人均每年可拥有 524 千克粮食,是相当安全的,即便遭遇自然灾害,只需进口少量粮食,应作为区分安全与高度安全的临界值。本研究所指人均耕地面积均指的是用纯粮食作物的耕作面积计算的。

②林地安全系数。本研究将全国林木蓄积处于不增不减状态,作为评价农地资源安全程度的值得关注与危险的临界值,此时林木年净生长率与年净消耗率之比为 1;如果小于 1,则森林处于净耗状态,依经验把林地安全系数递减 20%,即 0.8 作为危险与高度危险的临界值,把林地安全系数递增 20%,即 1.2 作为值得关注与安全的临界值,把林地安全系数递增 40%,即 1.4 作为安全与高度安全的临界值。由于区位和气候条件不同,无法用世界平均水平衡量各国林地的安全状况,只能以该国林地的现实为出发点进行客观评价。同时由于林地所产生的多种功能是全球共享的,对林地安全标准的划分也只能是相对的,多种多样的。林地对整个农地资源安全的影响是多重的,按照目前人类的认知能力和科技发展水平还无法准确计量,只能粗略估算。

③人工草地比例。一般来说,人工草地面积代表着一个国家的畜牧业总体发展水平,对生态环境也有重要影响。通常情况下,人工草地的生产力水平都较高,其产草量是天然草地的 5 至 10 倍或更多,而且地区之间的差别很大。本研究以人工草地占天然草地 0.1 作为值得关注与危险的临界值,此时依经验,草地畜牧业的经济效益可提高 1 倍,可以改变我国冬春季缺乏草料的状况,基本满足畜牧业发展的需要;如

果人工草地所占比重小,草地畜牧业就只能停留在靠天养畜状态,易受自然灾害的侵袭,草地的安全程度就会较低,依经验把人工草地比例0.05 作为危险与高度危险的临界值,把人工草地比例 0.15 作为值得关注与安全的临界值,把人工草地比例 0.20 作为安全与高度安全的临界值。目前,发达国家的农业有向草地农业转移的趋势,届时,人工草地比例标准还会进一步提高。

④人均生态供给。根据生态足迹的基本理论及计算模型,探讨中国农地资源安全问题,在国内外都不多见,应该说是一种大胆的尝试。在生态足迹分析中,以人均生态生产性或生物生产性土地(bio‐productivityarea)供给,作为农地资源安全程度评价的指标,也可以除去能源用地(fossil energy land)和建成地(built up areas),将耕地(arable land)、草地(pasture)、林地(forest)和水域(sea)等单独相加计算,这样得出的结论更具有说服力。

根据国土资源部历年的土地利用调查报告,计算当年各土地类型的人均面积,再分别乘以各类土地的产量因子与均衡因子。产量因子与 Wackernagel 计算的世界平均值比对得出,均衡因子以 Wackernagel 的取值为准。依照惯例,取 12% 作为生物多样性保留地,最后得出各类土地的均衡面积,加总得出历年的中国已利用土地的人均生态供给量(EEC)。按照赖力等(2005 年)对全国土地利用总体规划目标的生态足迹评价研究结论,预测按照现在的土地利用以及生态足迹发展前景,到 2010 年全国土地利用的人均生态供给将达 0.6784 公顷,人均生态赤字将达 1.2645 公顷,而按照规划目标值的预测,人均生态供给为0.6969 公顷,人均生态赤字为 1.2061 公顷。将实际生态供给和生态赤字相加,就可以得出生态平衡状态下的生态需求。要想实现生态安全,就要确保生态系统完整和健康,即高于生态需求的生态供给。因此,本研究将人均实际生态供给与人均生态赤字相加,作为农地资源安全程度评价的值得关注与危险的临界值,约为 1.900 公顷,依经验把人均生态供给递减 30%,即 1.330 公顷,作为危险与高度危险的临界值,把人均生态供给递增30%,即2.470公顷,作为值得关注与安全的临界值,把人均生态供给递增60%,即3.040公顷作为安全与高度安全的临界值。当然,以生态足迹的基本理论及计算模型评价农地资源安全还有待深入研究,进一步采取细化计算耕地、草地、林地、水域四者加和的方式求出人均生态供给,并与世界同等面积的人均生态供给相对比,尽可能使评价指标符合实际,更具科学性。

三、中国农地资源安全评价结论

（一）中国农地资源安全评价等级划分

一般而言,选定作为评价指标的均有其重要性,但其重要程度则往往不同。有时也难分伯仲,则需认真对其权重进行评定。本研究为了既突出重点又兼顾一般,简化计算,依据有关农地资源安全程度评价标准的相关数据,将参评指标的权重按层次分析法计算如下:

设人均耕地面积为 a_1 ,林地安全系数为 a_2 ,人工草地比例为 a_3 ,人均生态供给为 a_4 。

本研究邀请了15位对农地资源安全有一定研究和认识的资深专家学者,在征询意见表上,就农地资源安全的评价指标,任意两个进行比较,为相对重要性进行评估,得到的结果 $a_1 : a_2 = 7 : 1$; $a_1 : a_3 = 5 : 1$; $a_1 : a_4 = 4 : 1$; $a_2 : a_3 = 5 : 7$; $a_2 : a_4 = 4 : 7$; $a_3 : a_4 = 4 : 5$ 。经多次征求意见,形成判断矩阵 A :

$$A = \begin{bmatrix} 1 & 7 & 5 & 4 \\ 1/7 & 1 & 5/7 & 4/7 \\ 1/5 & 7/5 & 1 & 4/5 \\ 1/4 & 7/4 & 5/4 & 1 \end{bmatrix}$$

将判断矩阵 A 的每一列正规化

令 $\tilde{p}_{ij} = p_{ij} / \sum_{i=1}^{n} p_{ij} (i, j = 1, 2, \cdots, n)$

$$p_{11} = \cfrac{1}{1 + \cfrac{1}{7} + \cfrac{1}{5} + \cfrac{1}{4}} = \frac{140}{223} , \text{同理} \quad p_{21} = \frac{20}{223} , p_{31} = \frac{28}{223} ,$$

$$p_{41} = \frac{35}{223} ;$$

$$p_{12} = \frac{140}{223} , p_{22} = \frac{20}{223} , p_{32} = \frac{28}{223} , p_{42} = \frac{35}{223} ;$$

$$p_{13} = \frac{140}{223} , p_{23} = \frac{20}{223} , p_{33} = \frac{28}{223} , p_{43} = \frac{35}{223} ;$$

$$p_{14} = \frac{140}{223} , p_{24} = \frac{20}{223} , p_{34} = \frac{28}{223} , p_{44} = \frac{35}{223} ;$$

按行加和 $\tilde{w}_i = \sum_{j=1}^{n} \tilde{P}_{ij} (i, j = 1, 2, \cdots, n)$

p_{ij}	P_{11}	P_{12}	P_{13}	P_{14}	w_i 行相加
P_{11}	$\dfrac{140}{223}$	$\dfrac{140}{223}$	$\dfrac{140}{223}$	$\dfrac{140}{223}$	$\dfrac{140 \times 4}{223}$
P_{21}	$\dfrac{20}{223}$	$\dfrac{20}{223}$	$\dfrac{20}{223}$	$\dfrac{20}{223}$	$\dfrac{20 \times 4}{223}$
p_{31}	$\dfrac{28}{223}$	$\dfrac{28}{223}$	$\dfrac{28}{223}$	$\dfrac{28}{223}$	$\dfrac{28 \times 4}{223}$
p_{41}	$\dfrac{35}{223}$	$\dfrac{35}{223}$	$\dfrac{35}{223}$	$\dfrac{35}{223}$	$\dfrac{35 \times 4}{223}$

加和后的 $\tilde{w}_i$ 再正规化，得特征向量 ω_i，即 $\omega_i = \tilde{w}_i / \sum_{i=1}^{n} \tilde{w}_i (i = 1, 2, \cdots, n)$。按 w_i 列正规化(权重值)

$$w_1 = \cfrac{\cfrac{4 \times 140}{223}}{\cfrac{4 \times 140}{223} + \cfrac{4 \times 20}{223} + \cfrac{4 \times 28}{223} + \cfrac{4 \times 35}{223}} = \frac{140}{223} ,$$

同理 $w_2 = \dfrac{20}{223}$，$w_3 = \dfrac{28}{223}$，$w_4 = \dfrac{35}{223}$；

$$w_i = \begin{bmatrix} \dfrac{140}{223} \\[2mm] \dfrac{20}{223} \\[2mm] \dfrac{28}{223} \\[2mm] \dfrac{35}{223} \end{bmatrix}$$

计算判断矩阵 A 的 $\lambda_{\max}$

$$\lambda_{\max} = \sum_{i=1}^{n} \frac{\displaystyle\sum_{j=1}^{n} p_{ij} \cdot \omega_i}{n \cdot \omega_i}$$

$$\diamondsuit\, B_i = A \cdot W_i = \begin{bmatrix} 1 & 7 & 5 & 4 \\ 1/7 & 1 & 5/7 & 4/7 \\ 1/5 & 7/5 & 1 & 4/5 \\ 1/4 & 7/4 & 5/4 & 1 \end{bmatrix} \begin{bmatrix} 140/223 \\ 20/223 \\ 28/223 \\ 35/223 \end{bmatrix} = \begin{bmatrix} 4 \times 140/223 \\ 4 \times 20/223 \\ 4 \times 28/223 \\ 4 \times 35/223 \end{bmatrix}$$

$$\lambda_{\max} = \sum_{i=1}^{n} B_i = \frac{4 \times 140}{223} + \frac{4 \times 20}{223} + \frac{4 \times 28}{223} + \frac{4 \times 35}{223} = 4\ (n\ \text{取}\ 4)$$

一致性检验

$$CI = \frac{\lambda_{\max} - n}{n - 1} = \frac{4 - 4}{4 - 1} = 0$$

又因为 RI 取 0.9(平均随机一致性指标第 4 阶)

$$CR = \frac{CI}{RI} = \frac{0}{0.9} = 0 < 0.1$$

判断矩阵 A 具有满意的一致性。

故,农地资源安全评价指标的权重:

人均耕地面积 $w_1 = \dfrac{140}{223} \approx 0.63$　　林地安全系数 $w_2 = \dfrac{20}{223} \approx 0.09$

人工草地比例 $w_3 = \dfrac{28}{223} \approx 0.13$　　人均生态供给 $w_4 = \dfrac{35}{223} \approx 0.16$

将表 1 的农地资源安全程度评价标准,以高度安全的最低下限评价标准为 100%,采用加法模型: $p = \sum_{i=1}^{n} w_i p_i$,其中,阈值法 $p_i = \dfrac{a_i}{a_{max}}$, p_i 为无量纲化评价指标, a_i 为每一评价等级的最低下限评价标准, a_{max} 为高度安全的最低下限评价标准。

经计算可获得中国农地资源安全评价等级划分标准(见表 2),其具体计算过程如下:

安全等级的最低标准分值为:

$$\left.\begin{array}{l} 0.1 \div 0.133 \times 0.63 \approx 0.474 \\ 1.2 \div 1.4 \times 0.09 \approx 0.077 \\ 0.15 \times 0.2 \times 0.13 \approx 0.098 \\ 2.47 \div 3.04 \times 0.16 \approx 0.13 \end{array}\right\} \text{加和后 77.9\%}$$

同理,值得关注等级的最低标准分值为 50.8%;危险等级的最低标准分值为 31%;高度危险等级的最高标准分值为小于 31%。

表 2　中国农地资源安全评价等级划分标准

安全等级 安全指标	高度危险	危险	值得关注	安全	高度安全
四项安全指标无量纲化后加权求和总分值(%)	$\eta < 31$	$31 \leq \eta < 50.8$	$50.8 \leq \eta < 77.9$	$77.9 \leq \eta < 100$	$100 \leq \eta$

(二)中国农地资源安全宏观评价

(1)从人均占有耕地面积看,截至 2006 年 10 月 31 日,全国耕地面积 1.218 亿公顷,人均耕地面积 0.093 公顷(国土资源部,2007 年),处于值得关注,接近安全,即 $0.059 \leq F < 0.100$,但是,如果从未来社会经济发展、工业化和城市化步伐加快、生态退耕,再加上盲目建设、滥上项目、违规圈地、贪大求全、突破规划、乱占耕地等等,耕地还将会大量减少,人均耕地面积将向危险靠拢,这还仅从数量安全角度看问题。如果

再从质量安全、生态安全角度看,则早已滑向危险的边缘。近几十年耕地的占优补劣已是司空见惯。我国政府之所以实行世界上最严格的耕地保护制度,屡次强调要把最严格的耕地保护制度真正落到实处,就是因为耕地减少是我们不可承受的切肤之痛。耕地问题的实质是农业问题特别是粮食问题。现在的耕地面积已经突破了《1997—2010 年我国土地利用总体规划纲要》确定的耕地保有量应控制在 1.28 亿公顷的阈限。中华人民共和国国民经济和社会发展第十一个五年规划纲要确定 2010 年耕地保有量为 1.2 亿公顷,这意味着只有 180 万公顷的减耕余地。从总体情况看,我国人均占有耕地面积正处于由值得关注向危险下滑的发展趋向。

(2)从林地安全系数上看,据全国森林资源的统计,全国活立木总蓄积的年净生长量 45752.45 万立方米,年均净生产率为 3.88%;年均净消耗量 37075.18 万立方米,年均净消耗率 3.14%;年均枯损率 0.46%。全国用材林蓄积年均净生长量 32477.50 万立方米,年均净生长率 3.85%;年均净消耗量 26013.71 万立方米,年均净消耗率 3.08%;年均枯损率 0.49%。按林地安全系数,全国活立木的林地安全系数为活立木年均净生长率与年均净消耗率之比,即 3.88%/3.14%,约为 1.24。全国用材林的林地安全系数为用材林年均净生长率与年均净消耗率之比,即 3.85%/3.08%,为 1.25。我们从全国活立木的林地安全系数和用材林的林地安全系数与农地资源安全程度评价标准相对照,1.200≤F<1.400,林地处于安全,至少可以说已从安全起步,但是,由于林地分布不均等问题的存在,极易导致区域生态环境进一步恶化,因此,对林地安全形势的估计不可盲目乐观。

(3)从人工草地比例看,我国人工草地比例仅为 0.004,即使将改良草地面积加上也仅为 0.012。张凤荣(2000 年)认为,我国人工草地占全国草地面积的 0.015,加上改良草地和一两年生牧草的饲料地,总面积不及全国草地的 0.024,按所设定的农地资源安全程度评价标准,

$F<0.050$，处于高度危险。

中国目前人工草地比例明显太小，现仅有 800 万公顷，仅占天然草地面积的 2% 左右，而美国占到 15%，新西兰占到 75% 以上。这样小的比例关系对农地资源安全十分不利。需要创造一切可利用的条件，扩大人工草地建设，提高人工草地比例，尽早摆脱这种高度危险状态。如果能够实现人工草地面积 3300 万公顷，建立草地围栏 6600 万公顷，那么全国草地生产力可提高 10 至 20 倍，每公顷畜产品单位达到 45 以上，相当于目前美国的水平。就可以从高度危险，跨过危险和值得关注，逼近安全。当务之急是减轻牧区人口和牲畜压力，大力发展人工草地。

（4）从人均生态供给看，中国整体生态形势不容乐观。2000 年人均生态供给为 0.7398 公顷，2001 年为 0.7336 公顷，2002 年为 0.7240 公顷，2005 年为 0.7079 公顷（赖力等，2005 年）。从上述数据可以看出，我国的人均生态供给量是呈总体下降的趋势。将中国近几年的人均生态供给与农地资源安全程度评价标准相对比，$F<1.330$，处于高度危险状态。由于人均生态赤字的居高不下，且不断增加，使得转变农地资源利用方式刻不容缓。控制人口规模和提高农地资源安全利用率是确保农地资源安全的有效途径。

（5）中国农地资源安全宏观评价。在对中国农地资源安全评价指标的单项分析的基础上，现将目前中国农地资源安全评价实际指标，采用直线型无量纲化方法处理，并运用加法模型 $p=\sum_{i=1}^{n}w_ip_i$，且以中国农地资源安全评价参评指标的权重相加，得到中国农地资源安全评价的实际综合分值。

目前我国农地资源安全评价的实际相关数据：人均耕地面积 0.093 公顷（2006 年）；林地安全系数 1.24—1.25；人工草地比例 0.012—0.024；人均生态供给 0.708 公顷（2005 年）。

$$0.093 \div 0.133 \times 0.63 \approx 0.441$$
$$1.24 \div 1.4 \times 0.09 \approx 0.079$$
$$1.25 \div 1.4 \times 0.09 \approx 0.08$$
$$0.012 \div 0.2 \times 0.13 \approx 0.008$$
$$0.024 \div 0.2 \times 0.13 \approx 0.016$$
$$0.7079 \div 3.04 \times 0.16 \approx 0.037$$

加和后 56.5%—57.4%

中国农地资源安全评价实际综合分值同中国农地资源安全评价等级划分标准 $50.8\% \leqslant \eta < 77.9\%$ 对照,得到中国农地资源安全评价结论:宏观上处于低端值得关注。即人口增加、生活质量提高和工业化、城市化的发展,非农用地增加,导致用地需求膨胀,人地关系紧张,土地供不应求,后备农地资源供给不足,需要节约集约用地,农地生态系统存在某些限制因素,需要注意农地的合理利用,加强生态环境建设,在后备宜农土地资源不足"开源"受限的情况下,多注意"节流"挖潜,想尽一切办法努力保障农地资源安全。

参考文献

[1]赖力等:《全国土地利用总体规划目标的生态足迹评价研究》,《农业工程学报》2005年第1期。

[2]刘黎明:《土地资源调查与评价》,中国农业大学出版社2005年版。

[3]田克明等:《我国农用地生态安全评价及其分组探讨》,《地域研究与开发》2005年第4期。

[4]谢俊奇等:《中国土地资源安全问题研究》,中国大地出版社2004年版。

[5]梁学庆:《土地资源学》,科学出版社2006年版。

作者简介

王炳春,男,汉族,山东省文登市人,生于1964年2月。1997年毕

业于黑龙江省社会科学院世界经济专业,获经济学硕士学位,2007 年
毕业于东北农业大学资源与环境学院农业遥感与土地利用专业,获农
学博士学位,现为黑龙江省农业科学院与东北林业大学联合培养在站
博士后,中共黑龙江省委党校(黑龙江省行政学院)经济学教研部副教
授,硕士研究生导师。主要从事世界经济学、土地资源学和农林经济管
理学等学科的教学和科研工作。参与国家社会科学基金资助项目 1
项,在《世界经济》、《理论探讨》、《农机化研究》和《黑龙江对外经贸》
等刊物上发表文章 30 余篇,主编及参编教材 8 部。

中俄现代土地资源保护立法比较研究

范亚东

一、俄罗斯土地资源保护立法内容和特点

（一）俄罗斯土地资源保护立法内容

俄罗斯2001年《土地法典》中，关于土地资源保护的立法内容很多，除了第1章规定了土地资源保护的原则外，法典第2章是专题规定土地资源保护内容的，共2条。第12章规定了对遵守土地法规、保护和利用土地的监督内容，共3条。第13章规定了土地保护和利用领域的违法责任的内容，共3条。第14章规定了保护农业用地的内容，共6条。第15章规定了保护居民点土地的内容，共4条。第16章规定了保护工业、能源、运输、通信、广播、电视、信息用地，保障宇航活动用地，国防、安全用地及其他专门用地的内容，共7条。第17章规定了保护受特殊保护的区域和客体的土地的内容，共7条。第18章规定了保护森林资源土地、水资源土地和储备土地的内容，共3条。归纳上述章款规定，大致可以将关于土地资源保护的内容分为15个方面。

1. 关于保护土地采取措施

为了保护土地，地块所有人、土地使用人、土地占有人和地块承租人，必须切实采取以下措施：一是保护土壤及其肥力；二是保护土地，防止水蚀和风蚀、崩塌、淹没、沼泽化、盐渍化、干旱、板结、放射性物质和化学物质的污染、乱堆乱放生产废物和消费废物、包括生物性污染在内

的污染及其他可能造成土地退化的不良(有害)影响;三是保护农业用地和其他土地,防止细菌、寄生虫和受检疫的植物病虫害的传染,防止杂草丛生和小灌木、小树林疯长,以及其他恶化土地状况的现象;四是消除污染后果,包括生物性污染后果,以及在土地上的乱堆乱放;五是保持已达到的土壤改良水平;六是复垦被破坏的土地,恢复土壤肥力,及时地将土地纳入利用;七是保留肥沃的土壤,在复垦被破坏的土地工程中加以利用。

2. 关于土地规划的保护措施评价

为了保护土地,编制联邦、区域和地方土地保护规划,其中应根据经济活动、自然条件和其他条件的特点列出必须采取的土地保护措施。要根据生态鉴定、立法规定的卫生规范、其他规范和要求,对土地状况和规定的土地保护措施的效能进行评价。

3. 关于保护土地规划执行

在与立法规定的生态要求、卫生要求及其他要求相抵触时,禁止推广新的工艺技术、执行改良土壤和提高土壤肥力的规划。

4. 关于保护土地改良工程

在实施破坏土壤层的建筑工程和开采矿产资源的工程时,应当将肥沃的土壤层剥离,用于改良贫瘠的土地。

5. 关于保护土地状况评价

为了保护人的健康和环境,俄罗斯联邦政府应当对评价土壤状况规定有害物质、有害微生物和其他污染土壤的生物物质的最高容许浓度标准。为了检验土壤是否符合生态标准,应当进行土壤学、地植物学、农业化学等调查。

6. 关于保护土地实行休耕

为了防止土地退化、恢复土壤肥力和被污染的土地,可以依照俄罗斯联邦政府规定的程序实行土地休耕,停止使用。

7. 关于保护北极地区土地

北极地区的驯鹿场、放牧场、季节性牧场的土地保护根据联邦法律和俄罗斯联邦其他规范性法律文件、俄罗斯联邦各主体法律和其他规范性法律文件进行。

8. 关于保护土地经济鼓励

为了提高地块所有人、土地使用人、土地占有人和地块承租人对保持和恢复土壤肥力、保护土地防止经济活动的不良(有害)影响的积极性,所以依照预算立法和税费立法规定的办法,对土地的保护和利用实行经济鼓励。

9. 关于放射性、化学污染土地保护

关于对受到放射性污染和化学污染的土地的利用和保护,要做到:一是受到放射性污染和化学污染的不能保证生产出符合立法规定要求的产品的土地,应当限制利用,将其从农业用地类划出,可以转为储备土地,停止使用。禁止在这些土地上生产和销售农产品。二是受到放射性污染和化学污染的土地的利用办法,建立保护地带的办法,保护这些土地上的住房、生产用建筑物、居民社会和文化、生活服务建筑物的办法,在这些土地上进行土地土壤改良和农作技术工程的办法,由俄罗斯联邦政府顾及放射性影响和化学影响的最高允许水平标准予以规定。三是因其活动造成土地放射性污染和化学污染、致使土地不能按专门用途利用或导致土地质量恶化的人,应当全部赔偿农业和林业生产的损害及损失,并赔偿用于消除土地放射性污染和化学污染的费用,使土地恢复到适于专门用途状态的费用,或者在土地转为储备土地、停止使用的情况下,在该土地的范围内赔偿地块所有人土地的价值。

10. 关于实行农田特殊保护

主要包括:一是农田,即耕地、刈草场、牧场、熟荒地、多年生植物占用的土地(果园、葡萄园等),在农业用地构成中占有优先利用的地位,应当予以特别保护。二是为建设工业项目和其他非农业需要,应当提供不适于进行农业生产的土地或者地籍价值质量不好的农业用地中的农田。为建设输电和通信线路、公路、管道干线及其他类似工程、设施,可以提供质量较高的农业用地中的农田。这些工程、设施基本上都应

安排在公路沿线旁边和轮作田地的边沿。三是只有在有关履行俄罗斯
联邦的国际义务、保证国防和国家安全、开采矿产资源（普通矿产资源
除外）、保护俄罗斯联邦的文化遗产客体、建设和养护文化生活、社会、
教育用途的项目、公路、管道干线、输电和通信线路及其他类似工程、设
施的情况下而且没有可以安排这些项目的其他方案时，才允许为提供
非农业利用征收（其中包括征购）其地籍价值超出当地中等水平的农
田。四是特别重要的高产农田，其中包括科研组织试验生产部门和高
等职业、教育机构的教学实验部门的农田、其地籍价值明显超出当地中
等水平的农田，可以根据俄罗斯联邦各主体的立法，列入不允许用于其
他目的的土地清单。

11. 关于城乡居民点地块特殊保护

在城乡居民点范围内可以分出受特殊保护的区域区，其中包括具
有特殊自然保护价值、科学、历史文化、美学、休闲、保健等特殊重要意
义的地块。居民点的农业利用区里的地块——耕地、多年生植物和农
业用建筑物、构筑物、工程占用的地块，用于进行农业生产，直至根据居
民点总体规划和土地利用及建设规则改变其利用方式为止。广场、街
道、巷道、公路、岸边花园、街心花园、林荫道、水体、水边浴场及其他客
体占用的公用地块，可以列入各类地区，但不得私有化。

12. 城市郊区用地保护

在城市郊区里，可以划分出执行卫生、卫生保健和休闲功能的绿化
区，在绿化区范围内禁止对环境产生不良（有害）影响的经济活动和其
他活动。将郊区和绿化区范围内的一类森林占用的土地转为其他类别
土地，应根据俄罗斯联邦政府的决定进行。

13. 工业能源等用地保护

对于采矿工业和石油天然气工业组织，应当在其办妥矿山划拨手
续、批准土地复垦和废弃土地恢复方案之后提供开采矿产资源的地块。
对于特别重要的高产农田，根据本法典第 79 条，应当在矿区范围内开
发出别的农田之后提供。

14. 受特殊保护区域土地保护

主要包括：一是具有特殊自然保护、科学、历史文化、美学、休闲、保健及其他重要意义的，根据联邦国家权力机关、俄罗斯联邦各主体国家权力机关或地方自治机关的决定全部或部分地排除经济利用及流转并为其规定特殊法律制度的土地，属于受特殊保护的区域土地。

二是国家自然保护区土地，其中包括生物圈自然保护区、国家自然禁区、自然遗迹、国家公园、自然公园、森林公园、植物园、俄罗斯联邦北方、西伯利亚和远东土著少数民族的传统自然利用区域的土地，以及医疗保健地和疗养区的土地，属于受特殊保护的自然区域的土地。

在这些保护区的范围内，禁止对受特殊保护的自然区域的自然综合体产生不良影响的活动。保护区的范围应当用特别的指示标志标出。保护区范围内的地块无须向地块所有人、土地使用人、土地占有人和地块承租人征收，但利用地块应当遵守为这些地块规定的特殊法律制度。

三是医疗保健地和疗养区的土地属于受特殊保护的自然区域，用于公民的医疗和休息。拥有天然医疗资源（矿物水发源地、医疗泥土、天然盐水湖沼）的、气候宜人的和用于或可以用于预防及医疗人的疾病的自然因素和条件的土地，属于这类土地。

四是用于和准备用于组织公民休息、旅游、体育健身和运动活动的土地，为休闲用地。休养所、休闲旅馆、汽车旅游宿营地、体育运动客体、旅游接待站、固定的和搭帐篷的旅游健身营、垂钓和狩猎处、儿童旅游站、旅游公园、森林公园、教练旅游线路和航线、儿童夏令营和运动野营以及其他类似客体所在地的地块，属于休闲用地。对根据与地块所有人、土地使用人、土地占有人和地块承租人的协议确定的教练旅游线路和航线的利用，可以根据地役权进行，在这种情况下，上述地块不排除利用。郊区绿化区土地也属于休闲用地。在休闲用地上禁止违背其专门用途的活动。

五是历史文化用地应当严格按其专门用途利用。不允许征收历史文化用地和进行不符合其专门用途的活动。列入历史文化用地的地块,无须向地块所有人、土地使用人、土地占有人和地块承租人征收,但立法规定的情况除外。在某些历史文化用地上,包括需要研究和保存的文化遗产客体的土地上,可以禁止任何经济活动。

六是在其范围内存在具有特殊科学、历史文化价值的自然客体和文化遗产客体(典型的和稀有的自然景观、人文景观、动植物群落、稀有的地质构造、适于科学研究组织进行活动的地块)的土地,属于特别重要的土地。这类地块的所有人、土地使用人、土地占有人和地块承租人,负有保全地块的义务,关于特别重要的土地的信息资料应当在国家地籍文件、不动产权利及不动产契约国家登记文件和其他证明土地权利的文件中注明。

15. 关于森林、水资源和储备土地保护

主要包括:一是林地(森林植物覆盖的土地和虽无森林植物覆盖但准备用于恢复森林植物的土地——采伐迹地、火烧迹地、林中隙地、林中空地等)和准备用于经营林业的无林地(林间通道、道路、沼泽地等),属于森林资源土地。森林资源土地的范围,采用根据森林经营管理资料将森林资源土地与其他类别土地加以区分的办法确定,在国家地籍簿中载明。二是水体占用的土地,水体水源保护区的土地,以及划出用于建立取水设施、水利工程和其他水利设施、项目的隔离带和保护区的土地,属于水资源土地。水资源土地,可以在遵守规定的要求前提下,用于建设和经营保障满足居民对饮水、生活、保健及其他需要的工程,以及用于水利事业、农业、自然保护、工业、渔业、能源、运输和其他国家或市政需要。为了保护饮用和生产生活供水的水源,应当建立保护区,在保护区内实行特殊的土地利用法律制度。水资源土地的利用和保护办法,由本法典和水立法规定。三是国家或市政所有的未提供给公民或法人的土地,除根据本法典第80条规定构成的再分配土地资源的土地外,属储备土地。储备土地要在转为其他类别土地后才可以利用。

（二）俄罗斯土地资源保护立法内容主要特点

1. 土地保护和生态资源保护立法内容高度统一和衔接

2002 年《俄罗斯联邦环境保护法》中规定"发生在自然资源保护、合理利用、保全和恢复领域的关系"，由俄罗斯联邦土地立法调整的规定，但是环境保护法中还是针对土地资源保护中的一系列重大现实法律问题做出了具有指令性和指导性的规定，比如对土地、土壤是环境保护对象、污染土壤收费、建设项目中的复垦土地、整理土地、对工业能源项目布局中的土地、土壤保护、对经营农业项目土地、土壤保护、城乡居民点布局中复垦土地、整理土地、石油天然气开采生产布局中复垦土地、禁止废物污染土地、对稀有的和濒临消失的土壤保护等做出规定。这些规定说明，土地资源保护既是环境保护的重要组成部分，又是对土地资源保护立法内容的充实和补充，同时也体现了俄罗斯已经把土地资源保护立法内容同生态资源保护立法内容有机融合起来，从一个重要侧面证实了国家已经把土地资源保护立法提升到了一个新的历史阶段。

2. 土地资源保护立法内容全面、系统

俄罗斯传统的土地资源保护立法内容涉及面比较宽。现行的土地资源保护立法内容仍是保持、延续了这种风格，并且在全面性、整体性方面有所创新，如在《土地法典》中，在专设一章土地保护的同时，几乎把土地资源保护立法的内容渗透到法典的每一章节和条款之中，尤其是对受特殊保护的区域和客体，即"具有特殊自然保护、科学、历史文化、美学、休闲、保健及其他重要意义的"（第 94 条）的土地保护的规定，既保留、延续了原来法典的相关规定，又提出了一系列在国家土地制度发生变革后，进一步强化保护的、新的土地资源保护立法内容，使人明显地感受到国家对土地资源保护立法的驾驭能力在不断提高。

3. 重视处理土地资源保护中的权利义务关系

20 世纪初，俄罗斯国内土地关系发生重大变革后，几乎所有的土地关系都做了直接或间接的调整，特别是在土地权属关系方面的变化，引起了整个土地管理格局的变动。在较长时间的动荡变革之中,俄罗斯没有放弃对土地资源的保护,十分注意调整土地权属关系与土地资源保护之间的法律关系,其主要做法是在规范土地权利义务关系中不断强化土地资源保护立法内容。例如2001年《土地法典》中,规定土地立法的原则时,强调在优先保护原则下,"地块所有人可以自由地占有、使用和处分土地"(第1条);土地立法要调整"土地利用和保护关系"(第3条);"为了保护土地,地块所有人、主地使用人、土地占有人和地块承租人"必须采取土地保护设施(第13条);法律规定的受保护的地块"排除流转"(第27条);"禁止私有化"(第28条);地块所有人有权根据立法规定的生态要求,实施土壤改良工程(第40条);地块所有人和非地块所有人必须"按照其专门用途和所属土地类别及许可的、不损害环境(其中包括作为自然客体的土地)的利用方式利用地块","实施土地保护措施","不使有关类别土地的肥沃土壤层受到污染、乱堆乱放、退化和恶化"(第42条);"采用使农业用地肥力严重减退或生态状况明显恶化的方式利用地块","使肥沃的土壤层流失、污染、损害或毁灭,从而对人体健康或环境造成损害","经常不实施必须实施的改良土地状况、保护土壤免受风蚀、永蚀和防止恶化土壤状况的其他过程的措施",可以"终止地块所有权"(第44条、第45条);违反保护土地法律规定,可以终止地块租赁权利(第46条);土地权利,可以根据保护土地法律规定"受到限制"(第55条)等。除上述规定外,在俄罗斯其他现行法律中,也可以看到许多重视土地资源保护中权利义务关系的法律规范。

4. 土地资源保护形成了以土地法典为核心的立法内容体系

由于俄罗斯2001年《土地法典》的颁布,使土地资源保护立法内容集中得到了充分展示,基本形成了一个较完整的土地资源保护立法内容体系。成为既是国家土地资源保护立法内容的主体部分,又是国家和地方土地资源保护内容方面立法的主要依据,实现了土地资源保护立法内容和形式的统一,为土地资源保护的执法和监督提供了明确的法律依据和基础条件。

二、中国土地资源保护立法内容和特点

（一）中国土地资源保护立法内容

1. 新中国成立后土地资源保护立法内容

新中国成立之后进入和平建设时期，土地资源保护立法内容虽逐渐增多，但受计划经济影响，在一些规范性文件中强调更多的是土地的管理和使用，强化土地制度。到改革开放之前，土地资源保护立法内容主要包括：1950年，在中央人民政府委员会第八次会议上通过的《中华人民共和国土地改革法》中规定，为保证土地改革的秩序及保护人民的财富，严禁荒废土地，违者应受人民法庭的审判及处分。1953年，公布施行的《国家建设征用土地办法》中规定，国家建设征用土地，必须贯彻节约用地的原则，杜绝浪费土地。1954年，在《宪法》中规定"矿藏、水流，由法律规定为国有的森林、荒地和其他荒原，都属于全民所有。""国家依照法律保护农民的土地所有权和其他生产资料所有权。"1955年，全国人民代表大会常务委员会第二十四次会议通过的《农业生产合作社示范章程草案》中规定，要"修整耕地，改良土壤，护林造林，培护草坡，进行农、林、牧、水综合的水土保持措施。在不违犯该水土保持的条件下开垦荒地，在可能的条件下组织移民垦荒。"1975年，《宪法》规定"矿藏、水流，国有的森林、荒地和其他荒原，都属于全民所有。""社会主义的公共财产不可侵犯。国家保证社会主义经济的巩固和发展，禁止任何人利用任何手段，破坏社会主义经济和公共利益。"1978年《宪法》中规定"矿藏、水流，国有的森林、荒地和其他海陆资源，都属于全民所有"，"国家保护环境和自然资源，防治污染和其他公害"。1979年，全国人大常委会原则通过的《中华人民共和国环境保护法（试行）》规定，因地制宜合理使用土地，改良土壤，防止土壤侵蚀、板结、盐碱化、沙漠化和水土流失。开垦荒地、围海围湖造地、新建大中型水利工程等，必须事先做好综合科学调查，切实采取保护和改善环境的

措施,防止破坏生态系统。第 13 条规定,大力植树造林、绿化荒山荒地,绿化沙漠区和半沙漠区,绿化村庄、城镇和工矿区。要充分利用工厂、矿区、学校、机关内外和村旁等一些零散空地,植树种草,实现大地园林化。第 21 条规定,积极发展高效、低毒、低残留农药。推广综合防治和生物防治,合理利用污水灌溉,防止土壤和作物的污染。这一时期的立法开始从环保的角度关注土地。

2. 80 年代后中国土地资源保护立法内容

进入 20 世纪 80 年代,中国土地资源保护立法内容不断增多。

1982 年《宪法》规定,国家保障自然资源的合理利用,禁止任何组织或者个人用任何手段侵占或者破坏自然资源。"任何组织或者个人不得侵占、买卖、出租或者以其他形式非法转让土地。一切使用土地的组织和个人必须合理地利用土地。""国家保护和改善生活环境和生态环境,防治污染和其他公害"。

1982 年 5 月 4 日全国人民代表大会常务委员会通过《关于批准〈国家建设征用土地条例〉的决议》提出,节约土地是我国的国策,一切建设工程,都必须遵循经济合理的原则,提高土地利用率。1984 年 1 月 5 日国务院发布《城市规划条例》,第 6 条规定"城市规划用地必须合理地、科学地安排城市各项用地。城市建设应当节约土地,尽量利用荒地、劣地,少占耕地、菜地、园地和林地。"1986 年 5 月 25 日国务院发布《环境保护技术政策要点》对矿山开发少占土地、严禁盲目垦荒、保护和扩大植被、加强水土保持、严禁陡坡开荒等提出要求。1988 年 10 月 21 日国务院通过《土地复垦规定》,其中第 1 条规定加强土地复垦工作,合理利用土地,改善生态环境,是制定本规定主要目的。第 2 条规定本规定所称土地复垦,是指对在生产建设过程中,因挖损、塌陷、压占等造成破坏的土地,采取整治措施,使其恢复到可供利用状态的活动。第 4 条规定土地复垦,实行"谁破坏、谁复垦"的原则。《土地复垦规定》还对土地复垦管理机构、土地复垦规划、复垦标准、优惠补偿、土地损失补偿、违法处罚等做出具体规定。1989 年 12 月 26 日《中华人民共和国环境保护法》,第2条将"土地"列为影响人类生存和发展的各种天然的和经过人工改造的自然因素的总体。第20条规定"各级人民政府应当加强对农业环境的保护,防治土壤污染、土地沙化、盐渍化、贫瘠化、沼泽化、地面沉降和防治植被破坏、水土流失、水源枯竭、种源灭绝以及其他生态失调现象的发生和发展,推广植物病虫害的综合防治,合理使用化肥、农药及植物生长激素。"第44条规定"违反本法规定,造成土地……等资源的破坏的,依照有关法律的规定承担法律责任"。1991年《水土保持法》第1章总则中规定,为预防和治理水土流失,保护和合理利用水土资源,减轻水、旱、风沙灾害,改善生态环境,发展生产,制定本法。一切单位和个人都有保护水土资源、防治水土流失的义务,并有权对破坏水土资源、造成水土流失的单位和个人进行检举。国家对水土保持工作实行预防为主,全面规划,综合防治,因地制宜,加强管理,注重效益的方针。国务院和地方人民政府应当将水土保持工作列为重要职责,采取措施做好水土流失防治工作。国务院和县级以上地方人民政府的水行政主管部门,应当在调查评价水土资源的基础上,会同有关部门编制水土保持规划。水土保持规划须经同级人民政府批准。县级以上地方人民政府批准的水土保持规划,须报上一级人民政府行政主管部门备案。第2章预防中规定,各级地方人民政府应当根据当地情况,组织农业集体经济组织和国营农、林、牧场,种植薪炭林和饲草、绿肥植物,有计划地进行封山育林育草、轮封轮牧,防风固沙,保护植被。禁止毁林开荒、烧山开荒和在陡坡地、干旱地区铲草皮等。禁止在25度以上陡坡地开垦种植农作物等。修建铁路、公路和水工程,应当尽量减少破坏植被;废弃的砂、石、土必须运至规定的专门存放地堆放,不得向江河、湖泊、水库和专门存放地以外的沟渠倾倒;在铁路、公路两侧地界以内的山坡地,必须修建护坡或者采取其他土地整治措施;工程竣工后,取土场、开挖面和废弃的砂、石、土存放地的裸露土地,必须植树种草,防止水土流失。开办矿山企业、电力企业和其他大中型工业企业,排弃的剥离表土、矸石、尾矿、废渣等必须堆放在规定的专门存放地,不得向江河、湖泊、水库和专门存放地以外的沟渠倾倒;因采矿和建设使植被受到破坏的,必须采取措施恢复表土层和植被,防止水土流失。

在开发农村"四荒"过程中,由于各种原因水土保持法没有很好贯彻,造成严重生态后果,1996年国务院办公厅发布《关于治理开发农村"四荒"资源进一步加强水土保持工作的通知》;1997年中共中央、国务院发布《关于进一步加强土地管理切实保护耕地的通知》;1994年8月18日国务院发布《基本农田保护条例》,后经修订,于1998年12月27日重新发布。新的《基本农田保护条例》中,对基本农田实行特殊保护,促进农业生产和社会经济的可持续发展作为制定本条例的目的,对基本农田划定、保护、监督管理、法律责任等做出规定。以基本农田保护实行全面规划、合理利用、用养结合、严格保护为方针。县级以上地方各级人民政府应当将基本农田保护工作纳入国民经济和社会发展计划,作为政府领导任期目标责任制的一项内容,并由上一级人民政府监督实施。任何单位和个人都有保护基本农田的义务,并有权检举、控告侵占、破坏基本农田和其他违反本条例的行为。各级人民政府在编制土地利用总体规划时,应当将基本农田保护作为规划的一项内容,明确基本农田保护的布局安排、数量指标和质量要求。地方各级人民政府应当采取措施,确保土地利用总体规划确定的本行政区域内基本农田的数量不减少。基本农田保护区经依法划定后,任何单位和个人不得改变或者占用。国家能源、交通、水利、军事设施等重点建设项目选址确实无法避开基本农田保护区,需要占用基本农田,涉及农用地转用或者征用土地的,必须经国务院批准。经国务院批准占用基本农田的,当地人民政府应当按照国务院的批准文件修改土地利用总体规划,并补充划入数量和质量相当的基本农田。占用单位应当按照占多少、垦多少的原则,负责开垦与所占基本农田的数量与质量相当的耕地;没有条件开垦或者开垦的耕地不符合要求的,应当按照省、自治区、直辖市的规定缴纳耕地开垦费,专款用于开垦新的耕地。禁止任何单位和个人在基本农田保护区内建窑、建房、建坟、挖砂、采石、采矿、取土、堆放固体废弃物或者进行其他破坏基本农田的活动。禁止任何单位和个人占用基本农田发展林果业和挖塘养鱼。禁止任何单位和个人闲置、荒芜基本农田。经国务院批准的重点建设项目占用基本农田的,满1年不使用而又可以耕种并收获的,应当由原耕种该幅基本农田的集体或者个人恢复耕种,也可以由用地单位组织耕种1年以上未动工建设的,应当按照省、自治区、直辖市的规定缴纳闲置费;连续2年未使用的,经国务院批准,由县级以上人民政府无偿收回用地单位的土地使用权;该幅土地原为农民集体所有的,应当交由原农村集体经济组织恢复耕种,重新划入基本农田保护区。承包经营基本农田的单位或者个人连续2年弃耕抛荒的,原发包单位应当终止承包合同,收回发包的基本农田。国家提倡和鼓励农业生产者对其经营的基本农田施用有机肥料,合理施用化肥和农药。利用基本农田从事农业生产的单位和个人应当保持和培肥地力。县级以上人民政府农业行政主管部门应当会同同级环境保护行政主管部门对基本农田环境污染进行监测和评价,并定期向本级人民政府提出环境质量与发展趋势的报告。1998年颁布《中华人民共和国土地管理法实施条例》。

2001年《防沙治沙法》,共7章46条。第1章准则中规定,为预防土地沙化,治理沙化土地,维护生态安全,促进经济和社会的可持续发展,制定本法。防沙治沙工作应当遵循以下原则:统一规划,因地制宜,分步实施,坚持区域防治与重点防治相结合;预防为主,防治结合,综合治理;保护和恢复植被与合理利用自然资源相结合;遵循生态规律,依靠科技进步;改善生态环境与帮助农牧民脱贫致富相结合;国家支持与地方自力更生相结合,政府组织与社会各界参与相结合,鼓励单位、个人承包防治;保障防沙治沙者的合法权益。对具体内容规定得十分详尽,具有很强的操作性。

2002年,全国人民代表大会常务委员会通过《农村土地承包法》中第8条规定,农村土地承包应当遵守法律、法规,保护土地资源的合理开发和可持续利用。未经依法批准不得将承包地用于非农建设。国家鼓励农民和农村集体经济组织增加对土地的投入,培肥地力,提高农业生产能力。第17条规定,土地承包方承担下列义务:维持土地的农业用途,不得用于非农建设;依法保护和合理利用土地,不得给土地造成永久性损害;法律、行政法规规定的其他义务。第46条规定,承包荒山、荒沟、荒丘、荒滩的,应当遵守有关法律、行政法规的规定,防止水土流失,保护生态环境。

2004年国务院办公厅发布《关于加强湿地保护管理的通知》,2004年国务院办公厅发布《关于尽快恢复撂荒耕地生产的紧急通知》,2004年国务院发布《关于坚决制止占用基本农田进行植树等行为的紧急通知》等。加强对特殊土地的保护和利用。

3. 现行土地管理法的相关内容

土地资源保护内容很多,主要包括:

(1)国家实行土地用途管制制度。国家编制土地利用总体规划,规定土地用途,将土地分为农用地、建设用地和未利用地。严格限制农用地转为建设用地,控制建设用地总量,对耕地实行特殊保护。

(2)在保护和开发土地资源、合理利用土地以及进行有关的科学研究等方面成绩显著的单位和个人,由人民政府给予奖励。

(3)使用土地的单位和个人,有保护、管理和合理利用土地的义务。

(4)承包土地的农民有保护和按照承包合同约定的用途合理利用土地的义务。

(5)各级人民政府应当依据国民经济和社会发展规划、国土整治和资源环境保护的要求、土地供给能力以及各项建设对土地的需求,组织编制土地利用总体规划。

(6)国家保护耕地,严格控制耕地转为非耕地。国家实行占用耕地补偿制度。非农业建设经批准占用耕地的,按照"占多少,垦多少"的原则,由占用耕地的单位负责开垦与所占用耕地的数量和质量相当的耕地;没有条件开垦或者开垦的耕地不符合要求的,应当按照省、自治区、直辖市的规定缴纳耕地开垦费,专款用于开垦新的耕地。省、自治区、直辖市人民政府应当制订开垦耕地计划,监督占用耕地的单位按照计划开垦耕地或者按照计划组织开垦耕地,并进行验收。

(7)县级以上地方人民政府可以要求占用耕地的单位将所占用耕地耕作层的土壤用于新开垦耕地、劣质地或者其他耕地的土壤改良。

(8)省、自治区、直辖市人民政府成当严格执行土地利用总体规划和土地利用年度计划,采取措施,确保本行政区域内耕地总量不减少;耕地总量减少的,由国务院责令在规定期限内组织开垦与所减少耕地的数量与质量相当的耕地,并由国务院土地行政主管部门会同农业行政主管部门验收。个别省、直辖市确因土地后备资源匮乏,新增建设用地后,新开垦耕地的数量不足以补偿所占用耕地的数量的,必须报经国务院批准减免本行政区或内开垦耕地的数量,进行异地开垦。

(9)国家实行基本农田保护制度。下列耕地应当根据土地利用总体规划划入基本农田保护区,严格管理:经国务院有关主管部门或者县级以上地方人民政府批准确定的粮、棉、油生产基地内的耕地;有良好的水利与水土保持设施的耕地,正在实施改造计划以及可以改造的中、低产田;蔬菜生产基地;农业科研、教学试验用地;国务院规定应当划入基本农田保护区的其他耕地。各省、自治区、直辖市划定的基本农田应当占本行政区域内耕地的80%以上。基本农田保护区以乡(镇)为单位进行划区定界,由县级人民政府土地行政主管部门会同同级农业行政主管部门组织实施。

(10)各级人民政府应当采取措施,维护排灌工程设施,改良土壤,提高地力,防止土地荒漠化、盐渍化、水土流失和污染土地。

(11)非农业建设必须节约使用土地,可以利用荒地的,不得占用耕地;可以利用劣地的,不得占用好地。禁止占用耕地建窑、建坟或者擅自在耕地上建房、挖砂、采石、采矿、取土等。禁止占用基本农田发展林果业和挖塘养鱼。

（12）禁止任何单位和个人闲置、荒芜耕地。已经办理审批手续的非农业建设占用耕地，一年内不用而又可以耕种并收获的，应当由原耕种该幅耕地的集体或者个人恢复耕种，也可以由用地单位组织耕种；一年以上未动工建设的，应当按照省、自治区、直辖市的规定缴纳闲置费；连续两年未使用的，经原批准机关批准，由县级以上人民政府无偿收回用地单位的土地使用权；该幅土地原为农民集体所有的，应当交由原农村集体经济组织恢复耕种。在城市规划区范围内，以出让方式取得土地使用权进行房地产开发的闲置土地，依照《中华人民共和国城市房地产管理法》的有关规定办理。承包经营耕地的单位或者个人连续两年弃耕抛荒的，原发包单位应当终止承包合同，收回发包的耕地。

（13）国家鼓励单位和个人按照土地利用总体规划，在保护和改善生态环境、防止水土流失和土地荒漠化的前提下，开发未利用的土地；适宜开发为农用地的，应当优先开发成农用地。国家依法保护开发者的合法权益。

（14）开垦未利用的土地，必须经过科学论证和评估，在土地利用总体规划划定的可开垦的区域内，经依法批准后进行。禁止毁坏森林、草原开垦耕地，禁止围湖造田和侵占江河滩地。根据土地利用总体规划，对破坏生态环境开垦、围垦的土地，有计划有步骤地退耕还林、还牧、还湖。

（15）开发未确定使用权的国有荒山、荒地、荒滩从事种植业、林业、畜牧业、渔业生产的，经县级以上人民政府依法批准，可以确定给开发单位或者个人长期使用。

（16）国家鼓励土地整理。县、乡（镇）人民政府应当组织农村集体经济组织，按照土地利用总体规划，对田、水、路、林、村综合整治，提高耕地质量，增加有效耕地面积，改善农业生产条件和生态环境。地方各级人民政府应当采取措施，改造中、低产田，整治闲散地和废弃地。

（17）因挖损、塌陷、压占等造成土地破坏，用地单位和个人应当按照国家有关规定负责复垦；没有条件复垦或者复垦不符合要求的，应当缴纳土地复垦费,专项用于土地复垦。复垦的土地应当优先用于农业。

(二)中国土地资源保护立法内容主要特点

1. 土地资源保护立法内容突出耕地保护

对耕地实行特殊保护,是中国的基本国策,是国家的长期发展战略。在2004年《中华人民共和国土地管理法》中,土地资源保护立法内容涉及领域较多,但最重要的是强调耕地保护,有关条款多,内容多,保护措施配套,政策坚决,手段强硬。从立法趋势上看,耕地保护仍将是今后土地资源保护立法的重点内容。并且随着整个经济社会发展,进一步加大对其保护的力度,相关保护立法内容也将愈加全面,日臻完善。

2. 土地资源保护立法内容实施用途管制制度

国家实行土地用途管制制度,这是中国根据国情,在总结吸收中外历史经验基础上,制定的特殊土地资源保护政策。这种保护政策从指导思想上看,有坚持可持续发展战略,强调自然资源保护、生态保护的意义,然而,更多的考虑是从土地资源合理利用、有效利用角度出发的。因此,在将土地分为农用地、建设用地和未利用地后,严格限制农用地转为建设用地,控制建设用地总量,对耕地实行特殊保护。

3. 土地资源保护立法中的资源保护范围不断扩大

最近几年,中国在重视耕地保护的同时,通过修订《森林法》、《草原法》,进一步加大了对农用地中的林地、草地、农田水利用地的保护立法。同时,通过制定《防沙治沙法》,采取一系列必要手段,不断强化了预防土地沙化,治理沙化土地,维护生态安全等多方面土地资源保护立法内容,收到了明显效果。在控制水土流失、复垦土地等方面,立法内容也越来越多,保护范围越来越大。

三、中俄土地资源保护立法内容比较与启示

(一)中俄土地资源保护立法内容比较

1. 中俄保护立法内容的相似之处

从上述列举的中俄两国土地资源保护立法内容中,可以看出两国

在立法内容上有许多相似之处：

（1）土地资源保护立法内容规范不断增加，覆盖领域不断拓宽。俄罗斯原来的土地资源保护立法内容主要是沿袭苏联的规定，后来开始直接立法规定土地资源保护立法内容，以致形成独立的土地资源保护法典体系，保护的规范内容越来越多，直接涉及了土地资源方方面面。特别是在土地私人用地、居民点用地、工业、能源、国防用地和受特殊保护区域用地等方面的土地资源保护，规范内容不断增多，保护空间范围越来越大。中国改革开放后，在重视耕地保护的同时，不断加强了对其他用地的保护，特别是加强了对建设用地的控制。为了控制和管理建设用地，2004年《土地管理法》中，对使用、征地、占地、划拨的审批、补偿、补助、收回等，都做出了比以往更加严格的规定，这也从另一个侧面反映了国家对土地资源保护立法内容的不断扩展和强化。

（2）两国土地资源保护立法内容条款越来越细腻、明确，操作性越来越强。俄罗斯由于法律语言习惯，一般立法表述内容较长，但从现行立法中，也可以清楚看出土地资源保护立法内容的条款越来越多，并具有操作性。如《土地法典》第2章专门规定了土地保护目的、保护内容，并重点规范了对受到放射性污染和化学污染的土地的利用和保护。中国《土地管理法》中专设一章，重点强调了对耕地的保护，对耕地保护原则、保护措施、基本农田保护等做出详细规定。而1998年《基本农田保护条例》对保护原则、保护范围、保护措施规定的更加具体，操作性很强。

（3）两国土地资源保护立法内容中突出对农业用地的保护和对农业用地转为非农用地的控制。俄罗斯尽管国土面积大、农业用地较多，但是对农业用地的保护，对非农用地的控制都是严格的。如《土地法典》第14章专门规定了农业用地的保护并对农业用地的概念和构成、农业用地的利用、利用特点、农业用地再分配资源等做出规定。这方面，中国土地资源保护立法内容中，对农业用地保护更突出一些。目前出台的土地资源保护立法内容中，大多与对农业用地的保护相关。同时,对非农业用地的控制,特别是对征占农业用地,在立法内容中规范得十分严格。

(4)两国土地资源保护立法内容中,重视保护规划的建设和强化。俄罗斯在《土地法典》第9条中明确提出,俄罗斯联邦在土地关系领域有编制并执行联邦土地利用和保护规划的职权。第10条、第11条中规定,俄罗斯联邦各主体、地方自治机关根据俄罗斯联邦立法要求,在土地关系领域有编制并执行联邦各主体范围内的土地利用和保护区域规划的职权。第13条中明确规定,为了保护土地,编制联邦、区域和地方土地保护规划。规划中要根据经济活动,自然条件和其他条件的特点,必须采取的土地保护措施和对保护措施效能进行评价。还规定,在与立法规定的生态要求、卫生要求及其他要求相抵触时,禁止推广新的工艺技术,执行改良土壤和提高土壤肥力的规划。中国《土地管理法》中专设一章规定土地利用总体规划,并对规划中有关耕地的总量控制、严格保护基本农田保护、保护和改善生态环境,保障土地的可持续利用,占用耕地与开发复垦耕地相平衡的编制原则做出规定。

2. 中俄土地资源保护立法内容不同点

从上述中俄土地资源保护立法内容中,可以看出,两国土地资源保护立法内容中,除了有许多相近点外,同时有着许多不同点,存在着较大差异。

这些差异中,从俄罗斯方面讲,在以下一些方面明显地显示着自己的立法优势,很值得关注:(1)注重阐明土地资源保护立法的指导原则;(2)增加土地资源保护立法内容;(3)拓宽土地资源保护立法范围;(4)为保护土地资源限制流转(生态环境用地);(5)选择建设用地要考虑土地资源保护(生态条件);(6)明确建设用地者、土地承包者利用土地中的保护土地资源的权利和义务;(7)土地资源保护是土地权利的终止和限制的依据;(8)土地资源保护是土地利用总体规划的编制原则,同时也是土地利用总体规划的编制的内容,要编制土地资源保护规划;(9)为保护土地资源可限制土地权利;(10)明确土地资源保护中的损失赔偿责任;(11)明确土地资源保护监测制度,土地资源保护是土地监测的任务;(12)土地整治是土地资源保护的措施;(13)地籍制度、信息资料应当包含有关土地资源保护内容;(14)明确土地资源保护的监督责任;(15)明确土地资源保护领域的违法责任;(16)扩大保护农业用地范围;草地、林地等优先利用、特殊保护;(17)建设用地需要占用农业用地时,应视工程项目限制;(18)特别重要的高产农田不允许占用,列入土地保护清单;(19)工业、能源、运输等其他专门用地实行用途管制,体现保护土地资源原则;(20)明确受特殊保护区域土地,禁止行为;(21)明确森林资源土地、水资源土地和储备土地。

(二)中俄土地资源保护立法内容比较的启示

从中俄两国土地资源保护立法内容中的异同,可以受到的启发和借鉴。

1. 土地资源保护立法内容应不断拓宽

中国在加强耕地保护的同时,要进一步放宽土地资源保护立法内容,以增加土地资源保护立法内容的全面性。特别是应当按照《中国21世纪》要求和承诺,在不断促进土地复垦,防治耕地风蚀、水蚀,加强土地动态监测与信息管理,优化土地利用模式,对现有湿地资源进行依法管理,开展荒漠土地综合整治与管理活动,加强水土保持管理工作等方面,全方位增加土地资源保护立法内容。避免出现三种倾向:即重利用管理,轻资源保护的倾向;重城市建设用地利用保护,轻其他建设用地利用保护;重已利用地利用保护,轻未利用地利用保护。

2. 土地资源保护立法内容应相对集中

中国在加强耕地保护立法内容的同时,要进一步放宽《土地管理法》中土地资源保护立法内容,以增加土地资源保护立法内容的权威性。目前,中国土地资源保护立法内容在逐渐增多,但法律条款不集中,许多内容都分布在相关法律中。法律关系也不够明确,不能形成一个完整的有机体,降低了《土地管理法》在土地资源保护立法内容方面的指导地位和权威作用。因此,为了增强《土地管理法》中土地资源保护立法内容的权威性,应适当将一些相关法律的内容调整到其中来,特别是增加法律在调整国家土地资源保护立法内容中的权威作用。

3. 土地资源保护立法内容应注重衔接

中国在加强土地资源保护立法内容时,要注意调整《土地管理法》中土地资源保护立法内容与其他相关法律保护内容之间关系,以增加土地资源保护立法内容的整体性。在《土地管理法》中,应当明确国家在土地资源保护立法内容方面的基本原则,明确与其他相关法律涉及土地资源保护内容时之间的法律关系。

4. 土地资源保护立法内容应及时调整

中国在加强土地资源保护立法内容时,要注意适时修订补充《土地管理法》中土地资源保护立法内容,以增加土地资源保护立法内容的时效性。按照《中国21世纪》要求和承诺,现行《土地管理法》中在土地资源保护立法内容方面,特别是在非城市建设用地利用保护、未利用地利用保护等方面,显得过于单薄、乏力,显示不出国家对整体保护土地资源的新思维、新举措。因此,应加快修订《土地管理法》,最好是尽快出台"土地法典"使国家土地资源保护立法内容与坚持可持续发展战略、建设生态友好的和谐社会相适应。

作者简介

范亚东,男,1966年1月生于黑龙江省兰西县。1989年获东北农业大学经济学学士,1992年获农学硕士,2005年获管理学博士。现为东北农业大学成栋学院副院长,经济管理学院教授。多年来一直从事农业政策、经济法等领域的教学科研工作。

基于遥感影像的城市边缘
土地利用变化分析

——以哈尔滨市为例

王兰霞

随着全球变化研究的深入和发展,各国学者逐渐取得共识,即人类的生存与发展对土地资源的开发利用导致的土地利用变化以及由此引起的土地覆盖变化是全球环境变化的重要组成部分和重要原因,土地利用变化研究成为全球环境变化研究的前沿和热点问题。

目前和今后相当长的时期是我国城市化加速发展的时期,城市人口的剧增和城市规模的扩大,使城郊成为人与自然作用最强烈的地带。城郊土地承受巨大的压力,土地利用结构发生快速的变化,对生态环境造成重大影响。生态环境的变化又会制约和影响区域社会经济的可持续发展,研究城郊土地利用变化成为十分紧迫和重要的问题。遥感作为一种快速、宏观的土地资源调查技术手段,与传统地面调查相比,具有无可比拟的客观、先进的解译能力,基于遥感影像的城郊土地利用变化分析具有重要的理论价值和实践意义。

一、研究区概况

哈尔滨市是我国东北部重要的政治、经济和文化中心,地处黑龙江省南部、松嫩平原东部。2004 年 2 月国务院批准哈尔滨市区行政区划调整,调整后范围包括道里区、道外区、南岗区、香坊区、平房区、松北区、呼兰区及所辖郊区乡镇,土地总面积 4272 平方公里,人口 380 多万。地理位置为北纬 45°31′—46°25′,东经 126°7′—127°19′,属温带大陆性季风气候区。全区地势平坦开阔,从东南向西北略倾斜,地貌类型主要为漫滩、阶地和高平原。大小河流均属于松花江水系,主要有松花江、呼兰河、阿什河等。由于受地形、气候、植被等自然因素及人为活动的影响,该区土壤类型较多,有黑土、草甸土、黑钙土、泛滥土、沼泽土、水稻土、碱土、风沙土、白浆土 9 个土类,21 个亚类、25 个土种。

二、研究过程与方法

(一)数据基础

为了分析哈尔滨市城郊土地利用的变化,探索土地利用变化的态势及其生态环境效应,选取 1989 年中国遥感卫星地面接收的美国 Landsat TM 和 2001 年的 Landsat ETM + 两个不同时期的假彩色合成影像数据作为基本的信息源(影像的云覆盖率小于 5%)。综合哈尔滨市行政区划图、1∶5万地形图(1997 年版)、土地利用现状图(1996 年)、土壤图、哈尔滨市土地利用总体规划(1997 年—2010 年)等资料和数据。

(二)技术平台

在遥感图像处理软件 ERDAS IMAGINE 87 的支持下,经过波段选择与组合、几何精校正、图像融合与增强等,进行遥感数据预处理,并进行计算机监督分类。在地理信息系统软件 AncGIS9 等的支持下,采用人机交互翻译方法,对不同时相的遥感数据分别进行解译。

(三)遥感信息提取技术流程

遥感图像解译主要采用了遥感监督分类的方法,首先根据波段信息特征进行波段组合与图像校正,然后进行影像剪切与增强。这些基础工作结束后,根据地物颜色、形状、大小、阴影、色调等解译要素,参照国内外基于遥感数据的土地利用/土地覆盖分类系统,根据研究区土地利用地点,划分为旱地、水田、林地、草地、河渠、库塘、滩地、沼泽、城镇建设用地、农村居民点、盐碱地及其他用地。

　　在分类系统基础上,参考已有的土地利用现状图、土壤类型图等专题图件及其他统计资料,对已划分出地物界线图中的各种地物进行识别并对各形态区域赋属性,标志出各种地物类别,形成预解译图。在室内完成的预解译图件往往存在错误或者存在难以确定的类型,需进行野外实地调查与验证。最后应用 AreCISI 软件制图,形成了 1989 年和2001 年两个时段的土地利用/土地覆盖遥感影像解译图(见图 1)。

三、土地利用变化结果讨论

　　在哈尔滨市城郊土地利用变化分析中,主要采用不同时期的遥感图像数据分析方法,结合历史资料和实地调查等其他方法采集有关数据信息,运用 GIS 技术进行数据处理和动态过程分析。GIS 间分析方法的数据处理过程包括 GIS 系统的数据转换、图形数据编辑、空间叠加分析、空间统计分析以及图形主体显示等功能。

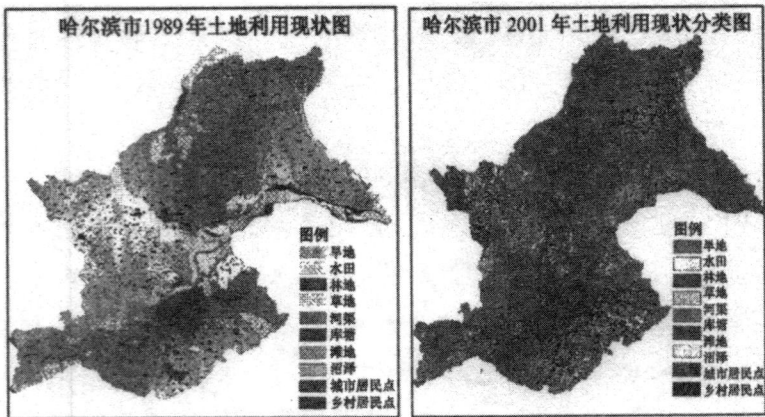

图1　哈尔滨市城郊土地利用/土地覆盖两时相分类图

　　土地利用变化首先反映在不同地类的总量变化上。通过分析土地利用类型的总量变化,可以了解土地利用变化总的态势和土地利用结构变化。本文统计出 1989 年和 2001 年两个时段各地类的面积及其变化情况。土地利用变化的趋势表明:研究区天然水域、沼泽地、河滩地面积减少,水田、旱田面积略有增加,林地面积减少,城乡居民点用地增加(结果如表1)。

表1 1989—2001 年哈尔滨市城郊土地利用变化表 单位:公顷

土地类型	1989 年解译面积	占总面积的%	2001 年解译面积	占总面积的%	变化面积	变化%
旱田	272822.52	63.86	282436.91	66.10	9614.39	3.52
水田	36004.04	8.43	37296.58	8.73	1292.54	3.59
林地	9399.51	2.20	8557.66	2.00	−841.85	−8.96
草地	6812.80	1.59	5750.00	1.35	−1062.80	−15.60
城镇用地	17934.26	4.20	20199.36	4.73	2265.10	12.63
农村居民点	24610.34	5.76	24851.52	5.82	241.18	0.98
河渠	5967.62	1.40	5764.73	1.35	−202.89	−3.40
库塘	1948.17	0.46	2057.27	0.48	109.10	5.60
滩地	36434.70	8.53	28433.64	6.65	−8001.06	−21.96
沼泽地	15118.46	3.54	11749.40	2.75	−3369.06	−22.28
盐碱地及其他	163.26	0.03	185.23	0.04	21.97	−13.46
合计	427215.68	100.00	427282.3	100.00		

四、土地利用变化的生态环境影响分析

哈尔滨市城郊由于沙尘暴的入侵,加上近年来"三北"防护林体系不完善或防护林遭到破坏,土地沙化又重新加剧。另外草地被开垦和占用的现象也很严重。草地退化是过度放牧和草地盐碱化、沙化及开荒破坏恶性循环的结果。

土地盐碱化是在一定的环境条件下,即在干旱气候、相对低平地貌、地下水位接近地表条件下产生的土壤积盐过程。分析该区盐碱化的主要成因,有耕地盐碱化、草地盐碱化和沼泽湿地盐碱化过程。耕地盐碱化是由于盲目开垦轻度盐碱化草甸土和黑钙土,使土壤结构破坏,

出现板结现象,修建的引水渠和水利工程,抬高了地下水位,也使沿渠良田产生次生盐渍化。过度放牧是草地盐渍化主要原因,由于过度放牧,草地越啃越矮,加上牲畜的反复践踏,使主地中的暗碱层慢慢转变为斑状的明碱土。碱斑面积急剧扩大,甚至形成大面积的光板地,次生盐碱化严重。过度挖草皮、取土等不合理农事活动,也在一定程度上促使土地盐碱化发展。

根据遥感影像数据结果,结合其他资料表明研究区域盐碱化和沙化的趋势增强,研究区存在大量封闭和半封闭洼地,地势低平,排水不畅,容易成为盐分迁移的富集区,而大面积开发湿地破坏了其地表覆被,加速了盐分的富集,导致土地退化的发展。根据2001年遥感解译和实地调查结果,研究区内湿地的开垦也导致风蚀和水蚀日益严重,风蚀面积不断扩大,由于表土被吹走,露出了其下的冲积沙质体,造成土地沙化,使生态环境趋于恶化。由于湿地被大规模的开垦,使其下垫面性质发生了巨大的变化,从而引起局部气候的显著改变,湿地下垫面的热量平衡特征不同于农田,湿地的大量减少使其蓄水量减少以及调节河川径流和抗洪减灾的能力削弱,区域水分循环也发生变化,可能导致旱涝灾害频繁。随着天然湿地大规模减少和退化,湿地的生态功能也随之开始丧失,导致了湿地生态系统和区域生态环境变化,其生态环境脆弱性和敏感性显著,研究区的湿地退缩引起了显著的生态环境变化。

综上所述,研究时段内哈尔滨市城郊土地利用结构发生了重要变化,耕地、建设用地、盐碱地和沙地等面积近十年来逐步扩大,草地面积迅速减少;林地面积略有减少,湿地发生了显著的变化,大部分的湿地被开垦,还脱分湿地转化为草地、盐碱地等,湿地的动态变化给本区的生态环境带来了巨大的负效应。在今后的生态建设中,应加强研究区湿地的恢复和保护,加快湿地保护区和湿地示范区建设;统筹规划松花江流域水资源管理和防洪体系,对有重要生态意义的湿地加强水量补给;加大退耕还湿的力度,加快湿地保护立法建设以及湿地保护和合理利用的宣传教育工作,从而减轻对该区域生态环境产生显著影响,维持社会经济的可持续发展。

参考文献

[1]岳文泽、徐建华:《基于遥感影像的城市土地利用生态环境效应研究》,《态学报》2006 年第 5 期。

[2]冉圣宏、吕昌河:《深圳宝安区土地利用变化的环境影响研究》,《中国人口资源与环境》2006 年第 5 期。

[3]潘竟虎、刘菊玲、王建:《基于遥感与 GIS 的江河源区土地利用动态变化研究》,《干旱区地理》2004 年第 9 期。

[4]王力、牛铮、尹君:《基于遥感技术的小城镇土地利用变化分析——以黄骅镇为例》,《资源科学》2006 年第 5 期。

[5]刘彦随、彭留英:《东北地区土地利用转换及其生态效应分析》,《农业工程学报》2005 年第 5 期。

[6]刘全友、童依平:《北方农牧交错带土地利用现状对生态环境变化的影响——以内蒙古多伦县为例》,《生态学报》2003 年第 5 期。

作者简介

王兰霞,女,1979 年生,黑龙江科技学院副研究员,东北农业大学农业经济管理学博士,研究方向为土地利用与土地规划。

作物种质资源的非生态性偏差和
人类行为下的种质生态伦理

王晓为　　梁学庆

作物种质资源主要指选育农作物新品种的基础材料,包括农作物的栽培种、野生种和濒危稀有种的繁殖材料,以及利用上述繁殖材料人工创造的各种遗传材料,其形态包括果实、籽粒、苗、根、茎、叶、芽、花、组织、细胞和 DNA、DNA 片段及基因等有生命的物质材料(《中华人民共和国农作物品种资源保护条例》,2003 年)。

作物种质资源(作物资源)是从自然、社会组成的生态系统中选取出来的可资利用的资源,作物资源作为资源的一种特殊形式,既具有自然资源的基本属性,同时又有其他资源所不具备的社会功能属性[1]。作物种质资源是人类生存和社会经济发展的物质基础,无论是当代还是久远的未来,人类都具有平等的作物资源享用和利用权力。在现代文明高速发展的今天,当代人在利用作物资源的同时有责任为后继者管理好这一资源[2]。

一、作物资源的固有生态性及非生态性偏差

作物资源(即作物种质资源)是一种生态性存在,生态是作物资源的存在本性。作物资源也是生态系统的一部分。作物资源和其他的生物群体一样,有其固有的生态性,这种生态性随时体现着物种与物种之间、物种与基因之间、物种与环境之间的各种错综复杂的依存、需求与约束关系。但作物资源又不同于其他普通的生物资源,由于其特有的

社会利用价值和改造特性,在一定范围内会产生非生态性偏差(the non-ecological warp)。作物资源的"非生态性偏差"是作物资源存在于作物生态系统中所表现出来的非生态性存在。从人本位角度看,作物资源的非生态性偏差也是作物资源遗传多样性的来源之一,产生能满足人类的更高层需求。例如,人们通过辐射育种手段获得作物品质变异;航天搭载种子获得优良性状变异等,这些虽然都是在人为作用下,使作物品种产生非生态性的表现,但同样获得了遗传表现上的多样性。但从生态本位角度思考,任何非生态性偏差同时存在着引发生态链式危害的潜在可能性,尤其是随着现代生物技术的发展,人类作用于作物资源的生态足迹日益加重,作物资源满足当代人利益需求的非本征趋势越来越明显[3]。

(一)作物资源的非生态性偏差的概念

"非生态性偏差"(the non-ecological warp)是作物资源存在于作物生态系统中所表现出来的非生态性存在,是作物满足当代人生产和生活需要的主观性选择的结果。作物满足当代人需求的非自然生态性越多,则作物资源的非生态性偏差越大[4]。"非生态性偏差"是作物有别于非种植植物的基本特征。非生态性偏差既具有普遍性,又具有特殊性。

(二)作物资源非生态性偏差的分类

作物资源的非生态性偏差从其产生的形式上划分可分为:源发型非生态性偏差、诱导型非生态性偏差、胁迫型非生态性偏差。

源发型非生态性偏差(Original type):在栽培的条件下,作物所表现出来的与原始生存状态不同的生存表现。如系谱选择所产生的高产品种的表现类型;高肥、足水的田间环境使作物表现出的非原始表现皆属于源发型非生态性偏差。

诱导型非生态性偏差(Inductive type):通过改变作物所处的环境条件,或通过人为手段干预其生存状态,使其产生某些能满足人们需求的生存表现。如经太空飞行和射线辐射所产生的品种生存表现和品质表现。

这种人为干预没有从根本上改变作物属于该作物的遗传信息,只是创造了作物可以获得变异的一定条件,这种条件,作物可能会在以后的生存中经历这种变化,作物本身也许会在自然的情形下发生,只是人们主观地创造了这种条件,加快了它的发生进程。

胁迫型非生态性偏差(Forced type):通过生物技术手段改变其固有的遗传信息,使其产生某些满足人们需求的生存表现。如通过远缘杂交或基因工程使作物品种产生非同一般的表现。

从非生态性偏差的产生程度划分又可分为:可复原型非生态性偏差、不可复原型非生态性偏差。

可复原型非生态性偏差(Restorable type):某些非生态性偏差的表现会在作物作为自然生态因素,回归自然的生境中消失,该种非生态性偏差为可复原型非生态性偏差。部分源发型非生态性偏差就属于可复原型非生态性偏差

不可复原型非生态性偏差(Non - restorable type):作物的某些非生态性偏差的表现会随品种的繁衍和进化固定下来,即使将作物回归到纯自然的生态环境中,这种表现也不会丧失,该种非生态性偏差为不可复原型非生态性偏差。

二、作物资源非生态性偏差的可接受程度和生态学界定

由于作物资源特有的可改造性和利用价值,决定了其存在非生态性偏差的必然性。作物资源作为生物资源的一种,其非生态性偏差是有边界条件的,所谓边界就是有限度、有范围、有约束,条件就是自然法则[5],因为人类一切活动包括对生物资源的需求都应约束和限制在自然生态系统和生物资源的自然法则与承载能力之内[6]。其中的根本是在尊重和遵循自然法则的前提下,必然同包括作物在内的整个生态系统友善相待、和谐共处[3]。因此对作物资源非生态性偏差的管理应立足于其存在的合理性和存在的有限性。作物资源的非生态性偏差的

区界如何界定,其为单区界点还是双区界点? 我们不妨从以下几个方面加以论证。

(一)假设作物的非生态性偏差为单区界点(a,∞)(如图1)。如果区界点为非生态性偏差存在区的任意点,则意味着人们可以任意加大对作物资源的改造力。这种情况是典型的人本位主义的道德观,会造成自然与生态的极大破坏。

(二)如果作物的非生态性偏差为双区界点(m,n)。当 m = n = 0 时,人类处于纯自然的原始困境中,没有干预,没有认知,没有进步和发展,是纯的自然主义道德观。当 m = 0,n > 0 时,人类的认知较贫乏,没有安全干预域的认知 n 值的界定较困难。当 m > 0,n = m 时,人们对作物资源的安全干预域有一定的认知,但缺少研究与探索,也很难有发展。

(三)假使人类对作物非生态性偏差的认知是建立在科学发展基础上的,作物资源的非生态性偏差应该是双区界点,m > 0,n > m。其中 0—m 区间是人类干预的安全区界。m—n 区界为人类自然干预的安全改造探索区界。n 为现有认知条件下的人类干预力的临界点。

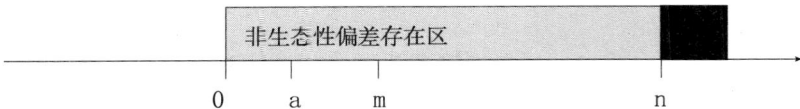

图1　作物资源非生态性偏差的区界界定

鉴于此,对作物资源的非生态性偏差可接受程度的界定,应严格界定在 0—n 范围内,其中 0—m 区间的偏差是无任何潜在危害的,m—n 区间的偏差是有潜在危害的,但通过评价、检测、趋利避害等手段,可以消除或减弱。

关于 n 值的确定,具有重要的生态学意义。对于作物非生态性偏差存在的合理性首先表现为非生态性偏差的存在不会产生自身种群的退化和灭绝,不能带来同属种群、临近物种和环境生态的直接、间接的危险或潜在灾难。

三、作物资源非生态性偏差的管理

前面已经提到过,作物的非生态性偏差是作物有别于非种植植物的基本特征,是作物满足人类需求而表现出来的一种非生态性存在,这种非生态性存在是人们主观意愿在作物这一客体上的体现,因此表现为人类的干预力,属于人类的自然干预力范畴。这种干预力同样是有边界的,应控制在一定的程度和范围内。从作物种质生态伦理的角度考虑,加强对于作物资源非生态性偏差的管理,使其存在于可评价和可控范围内。增强对0—m区间的偏差的利用与改造,扩大其为人类的发展而服务的功能;加强同步认知,推进m界点的右移。加强对m—n区间的监测与调控,最大限度地增进发展与生态和谐;加大对大于n的未知区间的发现与探索,扩大人类对作物资源改造的区间和范围(见图2)。

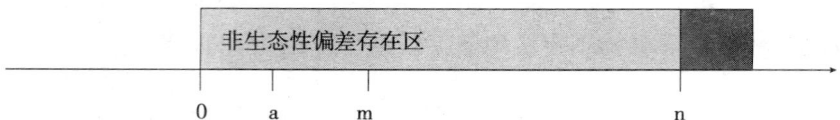

图2　作物资源非生态性偏差的管理

四、作物种质资源的运筹与种质生态伦理

"种瓜得瓜、种豆得豆",关于作物种质资源的遗传效应自古便有描述。但随着现代生物技术的发展,虽然种豆不能得瓜,可建立在基因工程技术手段基础上的作物种质的人为运筹已成为可能,人们可以通过种质资源的运筹,改变某一种质的生存势或抗逆能力以及品质元素,直接或间接地提高作物产品的产量和质量。

所谓作物种质资源的运筹有两个层面,狭义的种质运筹是指通过人为手段(如:传统育种技术、转基因生物技术等)改变目标作物的遗传信息、遗传方式以及内、外在表现，使其在生态允许范围内向满足人类需求最大化的方向发展的种质资源改造行为。广义的种质运筹除包括种质资源改造行为外，还包含与种质资源性状相适应的生理条件调优设计。本文中的种质运筹主要是狭义层面的种质运筹。

20世纪以来，西方伦理学的一个重要进展是生态伦理思想的出现。生态伦理与传统伦理的一个重要区别在于，前者将道德关怀从人类社会领域扩展到自然领域，从而给传统的价值观念带来了一场革命性的转变[7]。

作物的生产是以利用生态自然能量为前提的物质生产，任何作物种质资源都要回归自然生态系统才能进行能量截获和物质合成[8]，因此，作物种质的运筹需要接受种质生态伦理的约束。种质生态伦理（Germplasm ecological ethic）是指种质资源对其生存的外部生态环境所产生作用的伦理性约束，是种质资源作为非单一属性自然资源秉承自然法则的内在动力和外在要求。如果说20世纪农药产业的发展和农药的使用没有经历生态伦理的约束而造成了部分人们意想不到的生态危害，则21世纪种质资源发展对生态伦理的逃避，势必产生难以预料的生态伤害。于是种质生态伦理作为生态伦理的分支体系应运而生。作物种质资源的人为运筹可用作物资源非生态性偏差的生态学理论加以分析，进而寻求约束种质资源创造行为（改造行为）的伦理学尺度和经济界限。作物种质运筹的伦理学基本前提——生态允许或生态无害；一个追求目标——经济产出最大化。

参考文献

[1]方嘉禾：《作物品种资源研究进展》，中国农业科技出版社1998年版。

[2]董玉琛：《我国作物种质资源研究的现状与展望》，《中国农业科技导报》1992年第2期。

[3]曾北危：《转基因生物安全》，化学工业出版社2004年版，第

82—210 页。

　　[4]王晓为、丁广洲:《植物基因工程中的作物资源伦理与代际管理》,《南京农业大学 2005 年全国博士生学术论坛(中国三农问题)》,南京农业大学出版社,第 154—162 页。

　　[5]曲福田:《资源经济学》,中国农业出版社 2001 年版,第 204—220 页。

　　[6]杨竹平:《生物技术与可持续农业》,上海科学文献出版社 2000 年版,第 112—135 页。

　　[7]余谋昌:《生态伦理学:从理论走向实践》,首都师范大学出版社 1999 年版,第 94—103 页。

　　[8]Bretting P. K. National Plant Germplasm System, United States Department of Agriculture, Agricultural Research Service. 2004, http://www. ars – grin. gov/npgs/ (accessed May 22, 2005).

　　[9]王关林:《植物基因工程》,科学出版社 2002 年版,第 709—710 页。

　　[10]陈安宁:《资源可持续利用:一种资源利用伦理原则》,《自然资源学报》2001 年第 16 期。

　　[11]余谋昌:《自然内在价值的哲学论证》,《伦理学研究》2004 年第 12 卷第 4 期。

　　[12]Atkinson, R. C. , R. N. Beachy, G. Conway, F. A. et al. Public sector collaboration for agricultural IP Management[J]. Science 2003 301:175 – 175.

　　[13]Ian Kennedy. Genetically modified crops: the ethical and social issues [M], London: Published by Nuffield Council on Bioethics, 1999: 95 – 106.

　　[14]Jones T. A. The Restoration Gene Pool concept: Beyond the Native Versus Non – native Debate [J]. Restoration Ecology, 2003, 11: 281 – 290.

［15］Knight. A Dying Breed［J］. Nature, 2003, 42:568 – 570.

［16］Louise O. Fresco. Crop Science: Scientific and Ethical Challenges to Meet Human Needs, 3rd International Crop Science Congress 17 – 22 August 2000 Hamburg, Germany.

［17］Norton G. Environmental Ethic Sand Weak Anthropocentrism ［J］. Environmental Ethics, 1984, (2):131 – 148.

［18］T. A. Jones and S. R. Larson. Development of Native Western North American Triticeae Germplasm in a Restoration Context ［J］. Czech J. Genet. Plant Breed, 2005,41 (Special Issue), 108 – 111.

［19］Taylor P. Respect for Nature: A Theory of Environmental Ethics ［M］. Princeton University Press, 1986:169 – 219.

作者简介

王晓为,1969 年生,黑龙江省德都县人。1993 年毕业于齐齐哈尔师范学院外语系英语教育专业,获得文学学士学位;2002 年毕业于黑龙江大学英语语言文学系,获得文学硕士学位;2007 年毕业于东北农业大学经济管理学院,获得管理学博士学位。现为东北农业大学人文社会科学学院副教授,硕士研究生导师,从事英语语言学和资源生态伦理两个方向的研究。先后在《外语学刊》、《农业现代化研究》、《作物资源遗传学报》等学术刊物发表代表性论文 10 余篇;曾先后主持省部级课题 3 项,国家社科基金一般项目一项。

构建黑龙江垦区区域农业可持续发展生态安全指标体系初探

邹积慧

一、国内外研究现状

生态安全的研究始于 20 世纪 90 年代初期,由于提出相对较晚,国内外学术层面上的研究并不充分,大多数的研究多集中在概念的辨析、理念的形成及其对国家、民族发展的重要意义等范畴,主要注重从生态安全的角度研究国家安全和社会安全[1]。国外研究在宏观上主要围绕生态安全的概念及生态安全与国家安全、民族问题、军事战略、可持续发展和全球化的相互关系而展开;微观角度研究主要集中在基因工程生物的生态(环境)风险与生态(环境)安全、化学品的施用对农业生态系统健康及生态(环境)安全的影响[2]。我国生态安全问题研究与国外基本同步,与其相关的生态研究开展得更早,但正式以生态安全为研究内容和研究对象则始于 1998 年[3]。1998 年以来,国内许多学者相继提出了"生态安全"、"资源安全"、"环境安全"等概念和问题[4-5],中国科协青年科学家论坛还把"人地系统动力学和生态安全建设"作为第 33 届活动的主题,认为:生态安全不仅是当前地学、资源与环境科学,而且也是生态学的前沿任务和主要的应用领域[6]。中国科学院还将"国家生态安全的监测、评价与预警系统"研究作为 2000 年的重大项目。《中国 21 世纪议程》也指出:"农业和农村可持续发展是中国可持续发展的优先领域和根本保证"。农业可持续发展问题的实质是经济、社会发展与资源、生态环境间的关系问题,因此资源、生态环境是区域农业可持续发展的核心和基础。

在黑龙江垦区,农业是对自然资源、环境的影响和依赖最大的经济部门。农业作为与资源、环境关系最为密切的产业,其可持续发展的生态安全研究应该得到黑龙江垦区、黑龙江省政府及中央政府的高度重视。

二、构建区域农业可持续发展生态安全指标体系的必要性

2000 年,国务院颁发《全国生态环境保护纲要》,明确提出要大力推进生态省、生态市、生态县、环境优美乡镇的建设。黑龙江省结合自身资源和产业特点,在生态省建设中优先推动生态经济和生态产业的发展,积极开发绿色产品,取得了初步成效。垦区作为黑龙江省经济社会发展,特别是农业经济的重要组成部分,为确保本区域农业可持续发展而构建起生态安全指标体系具有十分重要的现实意义和深远的历史意义。

(一)加快生态安全指标体系建设是树立和落实科学发展观,实现经济社会可持续发展的必然要求

随着工业化、城镇化进程的加快,生态与环境对经济社会发展的影响越来越大。经过多年努力,垦区的环境保护取得显著成就,但"污染增加、资源浪费",生态环境"一边治理、一边破坏"的潜在威胁会长期存在,经济发展与环境容量、资源开发与保护的矛盾仍然比较突出,生态环境比较脆弱。因此,垦区各级各部门要从树立和落实科学发展观,加强执政能力建设、确保国家粮食安全、全面建设小康社会的高度,充分认识构建生态安全指标体系的重大战略意义,切实推进区域农业可持续发展生态安全体系建设。

(二)加快生态安全指标体系建设是提高垦区农业竞争力的必要手段

改革开放 30 年来,随着农业生产的快速发展,市场供求关系发生

了重大变化。就全国而言,农产品已由过去长期供不应求,变为总量平衡、丰年有余。但从发展的观点看,我国农业生产力仍然相当落后;市场化程度还很低,自给半自给经济占相当大的比重;农业人口多,就业压力大;农业科技教育文化发展滞后;农业在一定程度上受到加入世界贸易组织后经济全球化带来的新挑战。垦区农业的自身发展存在着人口、资源、生态、市场等诸多沉重压力,保持良好的生态优势成为提高垦区农业竞争力的重要砝码。因此,必须将加快生态安全指标体系建设摆上区域农业可持续发展的重要日程。

（三）加快生态安全指标体系建设是促进区域农业可持续发展的必由之路

农业可持续发展问题的实质是经济、社会发展与资源、生态环境间的关系问题,因此资源、生态环境是区域农业可持续发展的核心和基础。没有生态安全,系统就不可能实现可持续发展。要确保垦区农业生态安全,就要求系统有稳定、均衡、充裕的自然资源可供利用,要求农业生态环境处于无污染、未破坏的不受威胁的健康状态。只有在这种生态安全的状态下,农业才能实现生产可持续性、经济可持续性和社会可持续性。

（四）加快生态安全指标体系建设是垦区转变农业增长方式的必然选择

国内外的事实证明,如果实行粗放型即掠夺型的增长方式发展农业生产,其巨大的破坏力是任何强大的环保工作都无法弥补的,更谈不上持续发展农业。《中共中央关于建设社会主义市场经济的建议》要求实行两个根本性的转变,即经济体制从传统的计划经济体制向市场经济体制转变,经济增长方式从粗放型向集约型转变。垦区的开发建设虽有半个多世纪,但与东北地区其他省区相比,发展农业的环境更加原生态。尽管如此,随着经济和社会的发展,以及工业化、城镇化步伐的加快,如果对生态环境保护不引起足够的重视,其他国家和地区已经出现过的教训,例如水土流失日益严重,耕地沙漠化、草原荒漠化不断加剧,地下水告竭、水资源日益紧缺,工业化引起的污染、酸雨等一系列阻碍着农业可持续发展的问题,也会威胁垦区。为了避免对农业自然资源掠夺式经营,防止因破坏生态平衡而导致资源衰退和农业恶性循环,垦区农业必须解决自我保护和实现持续发展问题。省农垦总局已经做出决定,北大荒不再开垦荒地,将集中力量抢救保护好三江平原,而三江平原的 54 个农场有湿地 54.9 万公顷(垦区 90 万公顷湿地占全省的 20.7%)。对重要生态功能区要实行重点保护,严禁开荒,已开垦的荒地要迅速还林、还草、还湿地,这是垦区转变农业增长方式的必然选择。

三、构建黑龙江垦区农业可持续发展生态安全指标体系研究

研究垦区农业可持续发展生态安全指标体系,应该研究影响区域农业可持续发展的基本因素。首先综合考虑自然、社会经济、区位、市场等各种因素,确定区域农业可持续发展的大方向。不同的区域有不同的自然条件,适合发展不同的农业。同一区域的自然条件往往适合发展多种农业,所以还要根据区位条件、社会经济条件,以及市场需求,发展本区域有生产优势的农业。其次是根据区域内部差异,合理布局小区域农业。一个区域在确定农业发展方向的前提下,再根据区域内部的地理分布特点,因地制宜调整农业结构,合理安排农业生产布局,使区域的农业发展与区域内特定的自然条件、社会经济条件有机地结合起来,形成具有特色的生态与经济良性循环系统,实现区域内经济、社会和生态效益的统一。

(一)研究黑龙江垦区农业可持续发展生态安全指标体系的基础

黑龙江垦区是我国重要的商品农业生产基地。该区自然地域完整,农业生态类型多样,生产部门齐全。垦区分布在黑龙江省大部分区域(北纬 40°10′—50°20′,东经 123°40′—134°40′)[7](图 1),是我国东北地区生态环境质量较好,人口、资源、环境与社会、经济发展后发优势较强的地区,是国家重要商品粮基地、绿色健康畜牧养殖基地、农产品

精深加工基地和现代农业示范基地。

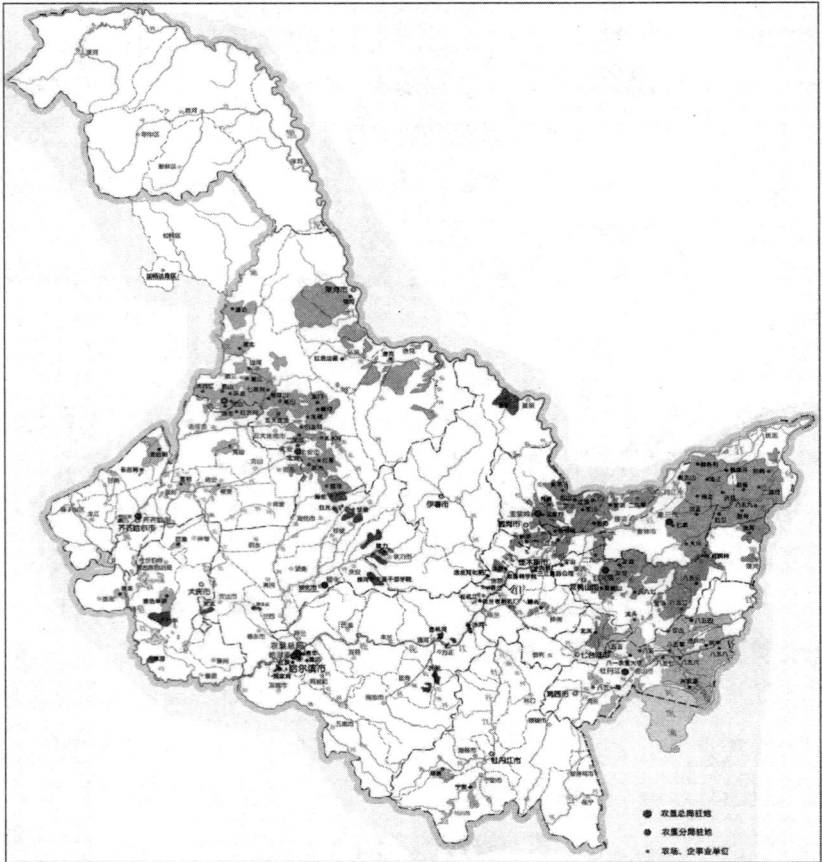

图1　黑龙江垦区农场分布图

　　垦区地处三江平原、松嫩平原和小兴安岭山麓,横跨全省 12 个地(市)56 个市县,土地面积 5.62 万平方公里,东有乌苏里江,南有牡丹江,西有嫩江,北有黑龙江。地貌类型以平原为主,外部影响相对较小,农业全面发展,农业生产力水平和现代化水平较高,农业现代化建设及可持续发展进程中的生态环境总体良好,是进行区域农业可持续发展的生态安全评价研究的较为理想的区域(表1)。

表1 黑龙江垦区农业和农垦经济发展及生态环境状况

指 标	1990 年	2005 年	2005 年比 1990 年递减（%）
总人口（万人）	155.42	158.60	2.05
种植业劳动力（人）	350940	351829	0.25
农场户口（万人）	138.38	137.94	−0.32
非农场户口（万人）	17.04	20.65	21.19
从业人员中第一产业人数（人）	442125	465073	5.19
农业科技人员（人）	3423	12221	257.03
土地总面积（万亩）	8446.9	8158.5	−3.41
耕地总面积（万亩）	2910.8	3500	20.24
保护耕地面积（万亩）	765.75	1121.85	46.50
有效灌溉面积（万亩）	249.9	1418.1	467.47
易涝耕地面积（万亩）	2204.25	2320.95	5.29
受灾面积（万亩）	1194.29	886.16	−25.80
成灾面积（万亩）	869.47	719.30	−17.27
水土流失面积（万亩）	656.55	1004.25	52.96
地表水资源总量（万立方米）	86.7	56.6	−34.72
国内生产总值（亿元）	40.2	269.8	571.14
工业总产值（亿元）	26.7	216	708.99
种植业总产值（万元）	44.9	279.7	522.94
工业废水排放量（万吨）	1096.18	714.31	−34.84
工业废气排放量（万标立方米）	997446	868773	−12.90
工业废渣排放量（吨）*①	125*②	178*③	42.40
化肥用量（乔纯量吨）	198211	310988	56.90
农膜用量（吨）	3167	8839	179.10
农药用量（吨）	5295	8364	57.96
原木消费量（立方米）	66251*④	74156*⑤	11.93
农场职工（农民）人均纯收入（元）	1217	6179	407.72
农林牧渔水利业基本建设投资（万元）	59987*⑥	165758*⑦	176.32
其中水利业基本建设投资（万元）	23645*⑧	38176*⑨	61.45

指　　标	1990 年	2005 年	2005 年比 1990 年递减（％）
R&D 投入（万元）	1111	44331.9	3890.27
农业机械总动力（万千瓦）	245	433.6	76.98
农业用电量（万度）	22145	17469	−21.12
有机肥施用量（吨）	854359	565452	−33.82
人均占有耕地（亩）	18.7	22.06	17.97
人均占有林地（亩）	7.5	8.46	12.80
人均占有草原（亩）	4.6	3.36	−26.96
黄牛（头）	69356	496866	616.40
奶牛（头）	111806	303551	171.50
猪（头）	341200	1741395	410.37
羊（只）	144028	1686972	1071.28

注：资料来源于黑龙江垦区统计年鉴1900年，1995年，2004年，2006年。﹡①由于资料所限，表中"工业废渣排放量"的数据不是全垦区的完整数据。﹡②为1998年。﹡③为2006年。﹡④、﹡⑥、﹡⑧为1995年。﹡⑤、﹡⑦、﹡⑨为2003年。

（二）垦区农业可持续发展生态安全指标的选择及创建指标体系结构模型

评价一个区域生态安全程度，国际惯例是以资源和生态环境为中心。考虑到生态安全的动态过程性特点，根据指标选择的科学性、系统全面性和相对独立性、可行性和可操作性、可比性和针对性等原则，笔者从资源生态环境压力、资源生态环境质量、资源生态环境保护整治及建设能力等三方面来设定区域农业可持续发展的生态安全评价的指标体系。在查阅有关研究成果[8−12]，征求省、垦区农业、环保、生态等领域专家意见的基础上，确定评价指标体系，构建层次结构模型（图2）。

生态安全评价指标体系

A_1　资源生态环境压力

B_1　人口压力

C_1　人口增长率

C_2　城镇化率

B_2　土地压力

　　C_3　人口承载率

　　C_4　人均耕地

B_3　水资源压力

　　C_5　人均水资源量

　　C_6　单位水资源工业废水负荷

B_4　污染物负荷

　　C_7　单位面积国土三废负荷

　　C_8　单位面积农药化肥农膜负荷

A_2　资源生态环境质量

B_5　资源质量

　　C_9　耕地质量指数

　　C_{10}　农田旱涝保收率

　　C_{11}　地面水质指数

B_6　生态环境质量

　　C_{12}　平原林网覆盖率

　　C_{13}　空气质量指数

　　C_{14}　自然灾害成灾率

　　C_{15}　自然灾害损失率

A_3　资源生态环境保护整治及建设能力

B_7　科技能力

　　C_{16}　家庭农场职工(农民)人均纯收入

　　C_{17}　人均 GDP

　　C_{18}　生态建设投入强度

　　C_{19}　污染治理投入强度

B_8　投入能力

　　C_{20}　工业三废处理率

C_{21}　　R&D 占 GDP 比例

C_{22}　　万名农业人口中农业科技人员数

C_{23}　　家庭农场职工(农民)劳动者素质

图 2　黑龙江垦区农业可持续发展生态安全评价指标体系结构模型

四、推进区域农业可持续发展生态安全建设的途径和对策

黑龙江垦区经过 60 年的开发建设,已建成全国规模最大的国有农场群,成为国家重要商品粮基地、粮食战略后备基地。垦区耕地面积占黑龙江省的 1/5,粮食商品量占全省 1/3 以上,粮食加工能力占全省的 1/3,农机装备和机械化程度接近发达国家水平,农业科技贡献率居国内领先地位,农业产业化经营格局已经形成,城镇化进程明显加快,社会事业协调发展。作为黑龙江省和我国农业先进生产力的代表,垦区为维护国家粮食安全和黑龙江省经济社会发展做出了重大贡献。垦区正处在推动初级现代农业向现代农业转变阶段,并积极过渡到推动农业经济为主导向工业经济为主导转变阶段[13]。在这两个阶段,农业基础设施进一步完善,技术装备水平显著提高,绿色特色农业加快发展,畜牧业比重明显提高,农产品精深加工发展为强势产业,经济社会协调发展,生态环境明显改善,全面实现农业现代化。在此基础上,工业逐步上升为主导产业,高新技术产业崛起,外向型经济蓬勃发展,第三产业壮大,社会事业发达,人民生活富裕,基本实现工业化和城镇化。

为保证高质量实现这两个阶段的目标,结合垦区的实际,提出推进区域农业可持续发展生态安全建设的途径和对策。

(一)以发展循环经济为重点,加快资源节约型社会建设

坚持资源的减量利用、循环使用和合理开发,实施以节能、节水、节地、节约矿产资源和原材料为重点的资源节约战略,搞好结构调整,推行清洁生产,彻底摒弃粗放经济发展模式,加快建立循环经济发展模式和资源节约型社会。全面系统推进企业、行业、社会三个层面上的循环

经济综合试点。合理利用农业资源,大力发展生态农业、标准化农业、搞好农作物秸秆、畜禽粪便、农膜等农业残留物综合利用,实现农业生产良性循环。

(二)以环境综合整治为重点,着力改善城乡人居环境

坚持高起点规划、高标准建设、高效能管理,努力提高垦区城镇规划建设水平,营造最适宜创业发展和生活居住的城镇环境。突出抓好城镇环境综合整治,大力抓好旧城区的整治改造;加强城镇文化建设,搞好城镇水系整治。整合城乡生态资源,抓好农场和管理区规划编制实施,重点治理脏乱差,切实改善农场和管理区生产生活环境。

(三)以流域和区域污染防治为重点,全面提升环境质量

抓好饮用水源地建设,加强污染治理和防控措施落实,防止流域内规模化养殖污染。继续加大与省内地市县域共享的重点流域、区域的水污染防治力度。控制农业面源污染,科学施用化肥,严格控制高毒高残留农药使用,加快建设无公害、绿色、有机食品生产基地,确保食品安全。

(四)以国土绿化为重点,大力推进"绿色垦区"建设

努力推进以包山育林为重点的山区绿化,以农田林网为重点的平原绿化,以绿色通道为重点的沿路、沿河绿化美化。加强城镇绿化,优化树种结构,重点搞好广场、公园、道路等公共场所绿化,形成生态绿化带、旅游观光带和产业聚集带。

(五)以水资源优化配置为重点,努力缓解水资源"瓶颈"制约

坚持开源与节流并举,抓好"两江一湖"等大型水利工程建设,搞好病险水库除险扩容、地下水库、平原水库等拦水蓄水工程建设和地下水富水区开发,努力增加可用水量。狠抓节约用水,大力发展节水型农业、旱作农业以及节水型工业,逐步减少高耗水行业的比重,努力降低结构性耗水。建立水资源综合调度机制,统筹安排生活用水、农业用水、生态用水,提高水资源的综合利用效率。

(六)以生态系统保护与恢复为重点,努力构建生态安全屏障

抓紧湿地生态的保护与恢复,以三江平原湿地生态整治为重点,加

大湿地生态环境治理力度。搞好耕地资源修复,加快生态示范区建设,增强耕地与农业生态保护能力。大力发展生态旅游,保护自然和人文环境。加强气候变化的应对和防灾工程建设,开展气候变化对生态环境影响的监测评估。建立生态检测系统与预警机制,加强生态环境安全体系建设。

(七)以推进产业结构优化升级为重点,提高垦区经济质量和效益

一是大力推进现代农业建设。坚持用现代发展理念指导农业,用现代物质条件装备农业,用现代科学技术改造农业,用现代经营形式发展农业,走垦区特色农业现代化道路。搞好区域产业布局,突出发展优势产业和主导产品。实施优质粮食产业工程和粮食丰产科技工程,扩大高效经济作物和饲草饲料生产。发展绿色农业,建设全国最大、世界有影响的无公害、绿色、有机农产品基地。推进低耗、清洁、高效生产,大力发展循环经济,发展资源节约型和环境友好型农业。继续加强生态林和经济林体系建设,壮大林业经济。建设防洪、除涝、灌溉和水土保持工程,进一步提高现代农机装备水平,切实强化农业基础设施建设。坚持农牧结合,培育壮大家庭牧场和股份制、股份合作制养殖场,加快标准化养殖小区建设,完善动物良种繁育体系,建设无规定疫病区和优良生态养殖区。二是把工业发展为主导产业。坚持走新型工业化道路,尽快形成主业突出、集群发展,具有较强自主创新能力、整体实力雄厚的工业发展格局。做强做大以食品工业为重点的农产品精深加工业,加快北药开发和保健食品开发,着力发展生物化工、粮食化工、亚麻纺织等产业。大力发展农业生产资料、农机制造等农用工业。抓住哈大齐工业走廊建设契机,建设高新技术产业园区和工业园区。实施大项目牵动战略,组建跨行业、跨地域的特大型企业集团。三是积极发展具有垦区特色的第三产业。构筑多层次、宽领域、开放式的第三产业格局。加快产地批发市场升级改造,大力发展农产品、农业生产资料和消费品连锁经营。整合物流资源,构建以综合性、专业性物流配送为节点的现代物流体系。促进信息业发展,建设"数字化垦区"。着力发展农

业观光、界江界湖、生态环保等特色旅游业。发展中介服务业和社区服务业。

(八)以推进垦区与地方合作共建为重点,扩大生态安全建设体系

利用垦区农机装备精良、农机农艺配套的优势,通过代耕、承租土地等方式,向农村推广保护性耕作和模式化栽培技术,促进农村传统耕作制度改革,加速农业标准化进程。依托垦区科研院所和高等院校力量强、科技推广体系健全、试验示范载体功能完善的优势,创新机制和方法,向农村推广农业新品种、新技术,促进良种良法结合。探索垦区和农村公共基础设施联合建设、经营和管理机制,使垦区城镇建设、社区建设和全省新农村建设有机结合起来。形成全方位、宽领域、大范围的生态安全建设体系。

(九)以建立健全垦区推进生态安全建设领导机制和目标责任制度为重点,狠抓工作落实

一是切实把加快生态安全建设摆上重要日程。各级各部门要将生态安全建设统一纳入国民经济和社会发展规划,进一步分解和落实任务,把生态环境建设贯穿于经济社会发展的全过程。二是建立健全生态安全建设领导机制。各级都要建立由党政主要负责同志任组长、有关职能部门参加的领导小组,就生态安全建设的工作规划、重大政策、重大工程实施等问题,及时研究,加强协调和指导。各级各有关部门要按照职责分工,各负其责,各司其职,搞好配合,做到组织到位、责任到位、投入到位、措施到位,努力形成总局、分局、农场分级负责、各部门整体联动、全社会广泛参与的生态安全建设机制。三是健全推进生态安全建设的目标责任制度。按照建立决策目标、执行责任、考核监督"三个体系"的要求,实行科学决策,落实责任,严格考核和奖惩。制定体现科学发展观的绿色 GDP 核算体系和生态安全建设责任考核指标体系,并作为考核领导班子和领导干部政绩的重要内容。要建立责任追究制度,对造成严重生态破坏和环境污染事故的,要严格责任追究,在对直接责任人进行严肃处理的同时,追究有关领导的责任。

参考文献

[1]周上游:《农业生态安全与评估体系研究》,2004 年中南林学院博士学位论文。

[2]邹长新、沈渭寿:《生态安全研究进展》,《农村生态经济》2003年第 19 期。

[3]吴开亚:《生态安全理论形成的背景控析》,《合肥工业大学学报》(社会科学版)2003 年第 17 期。

[4]尹希成:《生态安全:一种新的安全观》,《科技日报》1999 年 2月 27 日。

[5]王殊:《生态环境安全是经济安全的保障》,《经济日报》1999年 3 月 2 日。

[6]史培军:《人地系统动力学与生态安全建设》,《科技日报》1998 年 11 月 7 日。

[7]黑龙江垦区统计局:《黑龙江垦区统计年鉴(2006)》,中国统计出版社 2006 年版。

[8]中科院生态环境研究中心《生态环境预警研究》课题组:《中国资源、生态环境预警研究报告》,第 1 号 (1990—1991),1992 年版。

[9]张壬午等:《持续农业与农村发展综合效益评价指标体系探讨》,《农业现代化研究》1994 年第 15 卷第 1 期。

[10]杨伟光、付怡:《农业生态环境质量的指标体系与评价方法》,《环境保护》1999 年第 2 期。

[11]周海林:《农业可持续发展状态评价指标(体系)框架及其分析》,《农村生态环境》1999 年第 15 卷第 3 期。

[12]吴国庆:《区域农业可持续发展的生态安全及其评价研究》,中国资源环境网 2007 年 4 月 10 日。

[13]中共黑龙江省委:《黑龙江省人民政府关于支持垦区加快发展的若干意见》,2006 年 12 月 28 日。

作物种质资源的价值及其
评估体系的初步构建

王晓为

农作物种质资源是人类生存与现代文明发展的基础,目前很多国家都开始重视种质资源的价值评估问题,认识到对作物种质资源进行价值评估是对其进行有效保护和利用的前提和基础。受全球环境问题及人口问题的严重威胁,自然资源有价论的呼声越来越高[1],作物种质资源的多种功能价值也越来越受到人们的重视。开展作物种质资源价值评估与核算将促进作物种质资源开发与保护工作并举,使之开发合理化、运筹适度化,并为决策部门提供作物种质资源价值和惠益公平分享的理论依据,对进一步制定有关保护、保存、增殖作物种质资源的法规、规章、制度,确保作物种质资源的可持续利用,以及作物种质资源的市场经济运作提供依据。

我国建国 60 年来,在作物种质资源考察、收集、鉴定、保存和利用方面做了大量的工作,但是,至今对于这些种质资源的经济价值尚没有确切评估与核算,因而影响了国家对作物种质资源的研究、开发决策及保护、利用规划[2]。另外,由于过去人们长期对种质资源无价值的认识,造成公众对种质资源保护的意识落后,管理不到位,种质资源流失十分严重。由于不具备有效的价值评估体系,相应的产权保护体系也未能建立,在国际交往中,不能充分发挥我国种质资源的优势,反而在作物种质资源知识产权上受制于人。在种质资源的获取和利益分享方面我国也不具备有效机制,从而影响了作物种质资源的获取和有效利

用。因此只有对种质资源价值进行评估与核算,明确其经济价值,建立
其产权保护制度,才能在国际交往中占据主动,充分发挥我国作物种质
资源的优势,并分享外国利用我国作物种质资源创造的商业利益。

一、作物种质资源价值核算的理论框架

作物种质资源价值核算就是在调查、评估作物种质资源数量向
量之一的实物量基础上,用货币方法将作物遗传资源的价值量化,
同时进行作物种质资源质量向量的评价,并把作物种质资源的价
值及其质量变化纳入资源资产化管理体系,并据此做出作物种质
资源现状、消长变化、未来趋势和对未来农业经济发展保证程度态
势的预测,以此来修正作物种质资源管理策略和财政资金投入机
制,使之能更准确地衡量、评价和维护作物种质资源的可持续利用
和农业的可持续发展。

作物种质资源价值核算包括实物核算和价值核算在内的数量向量
核算和质量向量核算两方面。首先实物核算要求了解作物遗传资源总
量和某一种群的变化状况,在此基础上,采用科学评估方法确定不同种
质资源类别的价格,将作物资源价值及其遗传多样性等质量向量用货
币量化,并纳入资源资产化管理体系(图1)。

二、作物种质资源价值的核算

作物遗传资源是一种相对静止的动态资源,鉴于作物资源的自然
属性和社会功能属性,对作物种质资源的核算应从两个方面去理解:

(1)实物量核算、价值量核算和质量指数核算。从核算内容看,作
物种质资源核算包括作物资源实物量核算(physical accounting)、价值
量核算(value accounting)和质量指数核算三部分。实物量和价值量核
算统称为数量向量核算。为了更全面地反映作物种质资源基础的真实
变化,作物种质资源核算还应包括资源质量指数核算(quality index ac-
counting),即质量向量核算,具体指种质资源的抗病虫性、环境适应性、

图1 作物种质资源价值核算理论框架

品质特性和遗传多样性(主要用于某一作物)评价。在作物种质资源核算中,实物量核算、价值量核算和质量指数核算同等重要,缺一不可,互为基础、互为补充。

(2)个体核算和总体核算。从核算对象的角度看,作物种质资源核算由总体核算(total accounting)和个体核算(individual accounting)两部分组成,总体核算包括作物资源的种群实物量、价值量的核算,质量指标的核算(即遗传多样性等的评估);个体核算指单一作物品种或材料的核算,指建立在质量(即抗病虫性、环境适应性、品质特性)评估基础上的价值量确定。

(一)作物种质资源的数量向量核算

我国有关自然资源价值及其价值核算的理论已有很多,探索和建立了一些基本的方法和模型,为经济决策及产业规划提供了科学依据。但是直到目前,针对作物种质资源的价值评估工作刚刚起步。作物种质资源的价值核算就是反映作物种质资源的属性与人类需要之间的价值关系。在经济学家眼中,将生物资源看成是公共物品或非市场物品而对其进行评价的观点占据了主导地位[3]。

与当前对生物多样性价值评估及其他自然资源的价值评估中所用

方法基本相同,有实际市场存在,采用市场价值法、费用支出法、替代花费法、机会成本法、修复和保护费用法和影子工程法等。这些方法的核心是对于所评价的对象均可在市场上找到相应的交易价格或有同效益或同服务的商品的价格,因此可以用商品的价格作为价值的近似指标[4]。若有替代品市场存在,采用旅行费用法、享乐价格法、规避行为和防护费用法等。这些方法的核心均涉及为那些与被关注的评价对象有关的私有商品和服务确定市场的问题,在这些替代市场上,每个人买与卖的行为就表明了对市场化的资源产品的偏好,买与卖的商品或服务将作为所关注的资源产品的替代物[4]。无市场公共物品,采用条件价值评估法等,这类评价方法主要针对没有市场价格的公共物品的价值评估,如对于作物种质资源的存在价值等,条件价值法采用诱导的方式来调查人们对公共物品的偏好及支付意愿,进而来推算某公共物品的价值[5]。由于作物种质资源具有其他自然资源所不具备的属性和价值特性,因此作物资源的核算应采取相应的方法。

表 1　作物种质资源实物量核算的账目

账户类型	结构
存量账户期初	保存种质资源 保存栽培种 保存濒危野生种 保存濒危野生近缘种 栽培种质资源 野生品种资源 野生近缘种资源
存量账户期末	保存种质资源 保存栽培种 保存濒危野生种 保存濒危野生近缘种 栽培种质资源 野生品种资源 野生近缘种资源

1. 作物种质资源实物量的核算

作物种质资源的实物量核算采用账户法。具体做法是在账户中设增方和减方,以分别反映作物种质资源的增加量、减少量。

2. 作物种质资源价值量的核算

市场对比法:以作物品种在交易和转让市场中所形成的价格来推定和评估某一作物种质资源的价格。市场对比法(market comparison)是对比相同或相近情况下同类作物资源的价格来确定某一作物种质资源的价格,这种方法经常用于储藏栽培种的价格评估。

收益法(又称收益资本化法、收益还原法):收益法包括收益还原法(revenue capitalization)或收益归属法(revenue attribution)和收益倍数法(revenue multiplication),是将作物资源收益视为一种再投资,以获取利润为目的,虚拟利润以平均利润率为准计算,从而作物种质资源的价格为纯种质资源收益与平均利润的商。同样,收益倍数法是收益还原法的一种较为简单的形式。据此法,作物种质资源价格是若干年资源收益或若干年资源收益平均值的若干倍,这个倍数可由种质资源交易双方商定,可由政府根据市场实际成交情况确定[5]。采用此法的关键是如何确定作物种质资源纯收益。资源纯收益的确定一般有两种方法:一是剩余法,即从总收益中逐一扣除资本和劳动的收益份额,所剩余的便是纯种质资源收益;另一种方法是运用线性系统规划的方法求取种质资源的影子价格(shadow price),这个影子价格便是纯作物种质资源收益。收益还原法的基本公式是:

$$V = \frac{a}{1+r} + \frac{a}{(1+r)^2} + \frac{a}{(1+r)^3} + \cdots + \frac{a}{(1+r)^n}$$

$$= \frac{a}{r}(\text{设 } n \to \infty) \tag{1}$$

式中:V——作物种质资源的价值;

a——平均期望年净收益估计值;

r——年净收益资本化过程中所采用的还原利率,一般采用银行一年期存款利率,加上风险调整,同时扣除通货膨胀因素。

生产成本法:生产成本法(production cost method)是通过分析作物种质资源价格构成因素及其表现形式来推算求得作物种质资源的价格,它特别适用于育成作物品种的价格评估。据此法,某一作物种质资源的价格是该资源生产成本与生产利润之和。而生产利润须由社会平均生产成本与平均利润率来确定。生产成本法又分为直接计价法和间接计价法[5]。

种质保存资源的评估:处于保存状态的作物种质资源是进行作物育种的重要材料来源,对于保存资源的价值评估主要以资源保护的资金投入为基本单位进行界定。假如某一品种资源的保存形式为粒粒保存,其可保存周期为 n 年,其间单位量品种的能源消耗为 E_1、人力资本为 P_1、保存设备折旧为 D_1;每个繁种期的场圃租金 R,人力资本为 P_2,则该保存品种单位量的价值:

$$V = \left(\frac{E_1 + P_1 + D_1}{n} + R + P_2 \right) \times K \qquad (2)$$

K 为该物品种的历史价值系数,对于栽培品种具体为该品种在生产中的使用年限;对于保存的野生种或近缘种,具体指其在历史上育种中被利用的次数。

种质栽培资源的评估:对于正在推广使用的作物栽培品种,其价值处于现行的市场诸因素的调配和影响下,因此其价值体现为现行价格。

种质野生资源的评估:作物种质的野生资源具体指作物的野生种和野生近缘植物。其在作物种质运筹中的价值因素主要体现在质量向量的实现上。如抗性(抗病、抗虫、抗逆)等。对于原生境保存的野生资源,其价值评估采取去向评价法,以运筹后的作物品种抗性增加后与运筹前同类品种的产品价值总量的增加效应为评判标准。

对于异生境保存的野生种质资源,其价值的确定可运用保存种质资源的价值评价方法。

（二）作物种质资源质量向量核算

1. 作物种质资源质量因子核算

作物种质资源的质量向量核算及价值评估采用主效应质量因子和副效应质量因子的累积叠加核算法进行价值核算。每个用于育种的遗传材料或作物种质材料都具有一个或几个遗传效应因子,作为种质选育和合成的目标因子,作物种质资源的价值主要体现在这些目标因子的复合遗传效应上。

主副效应因子的价值核算主要体现在以下三个方面:综合农艺性状(生育期;株高;产量;结实率;百粒重等);抗性表现(抗病、抗虫、抗逆等);品质表现(如对于粮食作物,表现为粗蛋白、粗脂肪;氨基酸组成;脂肪酸组成等)。

近年来,许多科研人员采用 DTOPSIS 法进行特定作物品种新资源的评价工作。DTOPSIS 法来源于陈延提出的 TOPS 法(Technique for Order Preference by Similarity to Ideal Solution),姚兴涛[6]将其改进后用于区域经济发展的多目标决策,称为 DTOPSIS 法(DynamicTOPSIS)。卢为国等[7]对 DTOPSIS 法综合评价大豆新品种进行了初步探讨;魏亚凤等[8]应用此法综合评价大麦新品种;龙腾芳等[9]采用 DTOPSIS 法的程序综合评价了水稻的品种;刘辉[10]也对此法在棉花区域试验中的应用作了探讨。事实证明,在种质资源价值核算过程中,多元效应因子复合的作物种质资源基准价值核算,可以采用 DTOPSIS 法进行基准价值核算。

假定现有 e 个新品种,欲确定其每个品种 n 个农艺性状的复合价值。则首先筛选 k 个同类市场现行品种作为核算参照物。

第一步,利用 m(m = e - k)个品种的 n 个性状表现,建立矩阵 A

$$A = \begin{bmatrix} Y_{11} Y_{12} \ldots Y_{1n} \\ Y_{21} Y_{22} \ldots Y_{2n} \\ \ldots\ldots\ldots \\ \ldots\ldots\ldots \\ Y_{m1} Y_{m2} \ldots Y_{mn} \end{bmatrix} \tag{3}$$

然后,将 A 进行无量纲化处理,使其成为可相互比较的规范化矩阵 Z,其中

$$Z = \begin{cases} \dfrac{Y_{\bar{y}}}{Y_{j\max}}, Y_{j\max} = \max(Y_{\bar{y}}) \ \text{正向指标计算处理} \\[4mm] \dfrac{Y_{j\min}}{Y_{\bar{y}}}, Y_{j\min} = \min(Y_{\bar{y}}) \ \text{反向指标计算处理} \end{cases}$$

$(i=1,2,3,\cdots,m;j=1,2,3,\cdots,n)$ (4)

第三步,建立加权的规范化决策矩阵 R,矩阵 R 的元素 $R_{\bar{y}} = W_j \times Z_{\bar{y}}$,$W_j$ 是第 j 个性状的权值($i=1,2,3,\cdots,m;j=1,2,3,\cdots,n$)。

第四步,计算关于品种性状的理想解和负理想解:

$$X^+ = (X_1^+, X_2^+, \cdots, X_n^+),\ \text{其中}\ X_i^+ = \max(R_{\bar{y}});$$

$$X^- = (X_1^-, X_2^-, \cdots, X_n^-),\ \text{其中}\ X_i^- = \min(R_{\bar{y}})$$

第五步,采用欧几里德范数作为距离的测定,得到诸品种与理想解的距离:

$$S_j^+ = \sqrt{\sum_{j=1}^n (R_{\bar{y}} - X_j^+)^2}, \quad i=1,2,3,\cdots,m \quad\quad (5)$$

与负理想解的距离:

$$S_i^- = \sqrt{\sum_{j=1}^n (R_{\bar{y}} - X_j^-)^2}, \quad i=1,2,3,\cdots,m \quad\quad (6)$$

第六步,求各品种对理想解的接近度:

$$C_i = \dfrac{S_i^-}{(S_i^- + S_i^+)}, C_i \in [0,1], i=1,2,3,\cdots,m \quad\quad (7)$$

按照 C_i 的大小排序,参照理想解与负理想解,以 C_i 为核算系数进行性状基准价值的核算。假设 V 为 k 个参照主栽品种的市场现行价格平均值加权处理后的理想值,则某一种质资源的核算基准价值为:$C_i \times V$。

2. 作物种质资源遗传多样性的检测与度量

作物种质资源的遗传多样性是构成种质资源价值的又一重要因子,进行资源遗传多样性的度量直接关乎作物种质资源的质量评价。

遗传多样性的检测和度量可以从形态学水平、染色体水平和分子水平上来进行,虽然这些方法各有优点和局限,但在目前这几个层次上的研究对作物种质资源遗传多样性的检测和度量,进一步评价价值具有十分重要的意义。下面主要就形态学和分子水平上的遗传多样性度量进行探讨。

(1)形态学水平可以通过统计在一定总体或样本内某性状出现的频率或次数来判定作物品种间的差异,从而来推断遗传变异的程度。这样的统计结果可以通过次数分布表或次数分布图直观地反映出来。另外,质量性状也可以给予相当数量的方法进行数量化处理。对于数量性状来说,由于基因作用大多表现为群体性而缺乏个体性,而且只能用称、量、数等方法对它们加以度量,所得结果也都是些数字材料,只有对它们进行适当的数理统计,估算一些遗传参数,才能反映出其遗传变异的特点并洞察其中的规律。数量性状资料可分为间断性变数资料和连续性变数资料两类。间断性变数是指用计数方法获得的数据,如穗数、每穗小穗数等,其特点是各个观察值都为整数。因此,这样的数据也可用次数分布表和次数分布图的方法加以分析整理。连续性变数是指通过称量、度量或测量所获得的数据,其特点是观察值不限于整数。在确定作物品种的差异和变异的幅度时,通常要采用方差和标准差的分析统计方法,计算公式是:

$$方差(V) = \sum f(x - \bar{x})^2 \frac{1}{n-1} \qquad (8)$$

$$标准差(S) = \sqrt{\sum f(x - \bar{x})^2 \frac{1}{n-1}} \qquad (9)$$

作物品种间的变异幅度愈大,方差和标准差就愈大;反之,方差和标准差就愈小。但方差和标准差只反映作物品种间的变异程度,若要反映品种间的差异,就要采用变异系数来加以衡量。计算公式为:变异系数

$$CV = \frac{S}{\bar{x}} \times 100\% \qquad (10)$$

　　需要注意的是,在使用 CV 时应认识到它是由 S 和 x 构成的比数,既受标准差的影响,又受平均数的影响。因此,在采用 CV 表示样本或其所代表的区域内作物品种的变异程度时,宜同时列举 x 和 S 的值。

　　(2)分子水平上遗传多样性的度量。分为等位酶遗传多样性的度量和 DNA 水平上遗传多样性的度量。

　　在等位酶水平上遗传多样性的度量,设定了如下主要参数:①等位基因频率(qi)。qi 是指每一作物中每一个基因点上每一个等位基因出现的频率,它是通过基因型的数目或频率来计算的。②多态位点的百分数(P)。多态位点是指在某一基因位点上最常见的等位基因出现的频率小于或等于 0. 99 的位点[11];P 值就是指在所测定的全部位点中多态位点所占的比率。③平均每个位点的等位基因数(A)。各位点的等位基因之和除以所测定位点的总数。④平均每个位点的预期杂合度(He)。He 表示在 Hardy – Weinberg 定律下预期平均每个个体位点的杂合度,同时也反映作物品种间等位基因的丰富度和均匀程度。Nei[12]也把它称为基因多样性指数(index of gene diversity)。⑤平均每个位点的实际杂合度(Ho)。具体指实际观察到的杂合度。⑥多态位点的固定指数(F)。F 值是指一个个体在某个基因位点上的一对等位基因同时来自同一亲本的同一个等位基因的几率。固定指数是对基因型偏离 Hardy – Weinberg 平衡的测量。如果杂合体过多,F < 0;全部杂合时 F = – 1;如果纯合体过多,F > 0;全部纯合时 F = 1。此外,还可利用等位基因频率(qi)计算出某作物品种的基因多样度(Hs)、总体的基因多样度(HT)、品种间的遗传一致度(I)等参数,进而推算出基因分化系数(GST)和品种间的遗传距离(D),并在此基础上进行遗传多样性和 UPGMA 聚类分析[11]。

　　DNA 水平上遗传多样性的度量可以采用多样性指数(DC)[13],多样性指数的计算公式为:

$$DC = \sum_{i=1}^{m} \sum_{j=1}^{m} \sqrt{\frac{1}{n} \sum_{k=1}^{n} (X_{ik} - X_{jk})^2} \tag{11}$$

式中 m 为品种的个体数；n 为多态位点总数；X 代表不同品种个体。关于群体间遗传差异在总遗传差异中所占比例（PDC）[13] 按如下公式计算：

$$PDC_{XY} = \left[DC_{XY} - \frac{m_x}{m}DC_x - \frac{m_y}{m}DC_Y \right] \frac{1}{DC_{XY}} \qquad (12)$$

式中 m_x 和 m_y 分别为作物群体 X 和作物群体 Y 的个体数，$m = m_x + m_y$；DC_X 和 DC_Y 分别为群体 X 和群体 Y 内部的多样性指数；DC_{XY} 为群体 X 和群体 Y 作为一个整体的多样性指数。PDC_{XY} 则为群体 X 和群体 Y 间的遗传差异在总遗传差异中所占的百分比。

信息论中，计算熵的公式原来表示信息的不确定程度，Margalef[14] 第一次应用此公式反映种的个体出现的不确定程度，即多样性。张金屯[15] 运用 Shannon 信息指数（Ho）[16] 的计算公式，表现在无限总体的情况下的群落植物的多样性指数。该方法同样适用于作物遗传多样性的度量。具体公式为：

$$H_0 = -\sum P_i \log_2 P_i （该对数底数也可用 e, 10） \qquad (13)$$

式中 Pi 表示 i 带的表型频率；Ho 表示表型多样性。在 DNA 多态性的分析中，为了明确品种间的相互关系常常要进行聚类分析。在聚类分析之前，首先计算相似性系数（S）。相似性系数的计算方法可以采用以下几种方法：第一，$S = \frac{2N_{ij}}{N_i + N_j}$；式中 N_i 和 N_j 分别为两个样品各自的 DNA 片段或带数，N_{ij} 为两个样品共有的片段或条带数。第二，是匹配系数法 $S = \frac{m_1}{m_1 + m_2}$，式中 m_1 为匹配的变量个数（即两变量同时为 1 与同时为 0 的配对数），m_2 为不匹配的变量个数（即两变量取不同值的配对数）。此外，还可以采用 Jaccard 相似性系数或 Dice 相似性系数[17]。在建立了品种之间的相似性关系后，即可进行聚类分析。常采用的方法是 UPGMA 法。

作物种质资源首先是一种资源，还是人类赖以生存的自然环境的生物要素,所以其既有资源属性又有环境属性,其自然内在价值十分复杂。张宗文、朱彩梅曾将作物种质资源的非使用价值(包括选择价值、馈赠价值、存在价值)列入作物种质资源的价值分类[2]。随着人们自然和谐伦理观念的发展,相信在不久的将来,对于作物种质资源的自然价值也将被纳入作物种质资源的价值核算与评估体系。

参考文献

[1]王舒曼:《自然资源核算理论与研究方法》,中国大地出版社2001年版,第15—20页。

[2]朱彩梅、张宗文:《作物种质资源的价值及其评估》,《植物遗传资源学报》2005年第6卷第2期。

[3]Smale M, and koo B. What is a gene bank worth. International Food Policy Research Institute, Washington, U S A, 2003.

[4]曲福田:《资源经济学》,中国农业出版社2002年版,第60—76页。

[5][英]罗杰·珀曼、马越等著,侯元兆等译:《自然资源与环境经济学》,中国经济出版社2002年版,第54—84页。

[6]姚兴涛:《区域经济协调发展系统研究》,河南农业大学1998年版。

[7]卢为国、李卫东、梁慧珍等:《DTOPSIS综合评价大豆新品种的初步探讨》,《中国油料作物学报》1998年第20卷第3期。

[8]魏亚凤、江银荣、潘宝国等:《应用DTOPSIS法综合评价大麦新品种的初步研究》,《大麦科学》2002年第4期。

[9]龙腾芳、郭克婷、徐永亮:《DTOPSIS法在综合评价水稻新品种中的初步应用》,《杂交水稻》2004年第19卷第2期。

[10]刘辉:《应用DTOPSIS法对棉花新品种综合评估初探》,《中国棉花》2001年第8期。

[11]根井正利、王家玉译:《分子群体遗传学与进化论》,农业出版

社 1983 年版,第 204—244 页。

[12]Nei M. Analysis of gene diversity in subdivided population Proc. Nat. Sci. USA. 1973,70(12):3321－3323.

[13]汪小全、邹喻苤、张大明等:《银杉遗传多样性的 RAPD 分析》,《中国科学》(C 辑)1996 年第 26 卷第 5 期。

[14] J. Margalef-Roig, E. Outerelo-Domínguez, E. Padrón-Fernández. Principal bundles on infinite dimensional manifolds with corners. Acta Mathematica Hungarica. 1996, 72(12):3268－3291.

[15]茹文明、张金屯等:《历山森林群落物种多样性与群落结构研究》,《应用生态学报》2006 年第 17 卷第 4 期。

[16]恽锐、钟敏、王洪新等:《北京东灵山辽宁省辽东栎种群 DNA 多样性的研究》,《植物学报》1998 年第 40 卷第 2 期。

[17]Karp A, Edwards K J. DNA markers: a global overview [A]. Caetano-Anollés G, Gressh off PM. eds. DNA Markers Protocols, Applications, and Overviews [C]New York: Wiley-Liss,Inc. 1997. 1－13.

农业生态环境质量和风险评价

蔡玉秋

一、农业生态环境质量评价

（一）农业生态环境质量评价的概念

1. 环境质量

环境质量简言之就是环境素质的好坏。比较确切的定义是环境质量是环境系统客观存在的一种本质属性，这种本质属性的外部特征—环境状态，能用定性和定量的方法加以描述。环境质量衡量的标准是：在一个具体的环境内，环境的总体或环境的某些要素对人类的生存和繁衍及社会经济发展的适宜程度，是根据人类的要求而形成的对环境的性质及数量进行评定的尺度。环境质量包括自然环境质量和社会环境质量，自然环境质量包括物理的、化学的和生态的质量，对一个区域而言，若按构成自然环境的因素划分，又可包括大气、水、土壤、生物等环境质量；社会环境质量则包括经济的、文化的和美学的等方面的环境质量。但实际上，对环境质量的评价往往重在对某一环境受污染情况的分析和评价。本文研究的是自然环境质量部分。

2. 生态环境质量

目前国内外研究还比较少，没有形成统一的概念和理论。李晓秀提出生态环境质量是指与人类有关的自然资源及人类赖以生存的环境的优劣程度，它包括自然资源和整个环境的各种因素。叶亚平等则提出生态环境质量是指在一个具体的时间和空间范围内生态系统的总体或部分生态环境因子的组合体,对人类的生存及社会经济持续发展的适宜程度。因此,生态环境质量的定义可认定为生态系统及其各组成成分,特别是有生命组成成分的质量变化规律,不同生态系统的动态变化及外部特征、系统状态,不同生态系统状态对人类生存的适宜程度。本文研究对象是农业生态环境质量,其他如城市等虽有所涉及,但不是重点。

3. 环境评价

环境评价一般来说有广义和狭义两种。从广义来说是指对环境的结构、状态、质量、功能的现状进行分析,对可能发生的变化进行预测,对其与社会经济发展活动的协调性进行定性或定量的评估,主要包括环境污染源评价、环境质量评价、环境影响评价和战略环境评价等;狭义的环境评价通常是指环境质量评价,它是对一切可能引起环境发生变化的人类社会行为,包括政策、法令在内的一切活动。从保护环境的角度进行定量和定性的评估。本文主要是取狭义的环境评价,重点在自然部分。

4. 生态环境质量评价

指在一个具体的时间或空间范围内环境的总体或部分环境要素的组合对人类生存及社会经济持续发展适宜的度量。根据合理的指标体系和评价标准,采用恰当的评价方法,评定某区域生态环境质量的优劣及其影响关系。

环境质量评价的类型按照划分的依据不同,可以分为:(1)按照时间划分为环境质量回顾评价、环境质量现状评价、环境质量预断评价(或环境影响评价等);(2)按照环境要素划分有水体环境质量评价、大气环境质量评价、土壤环境质量评价、环境噪声评价以及包含若干要素在内的整体环境质量的综合评价;(3)按照地域划分为城市环境质量评价、流域环境质量评价、海洋环境质量评价、全球环境质量评价等;(4)按照评价对象特点划分有自然环境评价、污染环境评价、农业环境质量评价、风景旅游区环境评价、名胜古迹区环境质量评价等;(5)按照评价的参数选择划分,有化学评价、生物评价、生态评价、卫生评价等。

5. 农业生态环境评价

环境质量是环境系统客观存在的一种本质属性,并能用定性和定量的方法加以描述的环境系统所处的状态。农业生态环境质量评价主要是考虑农业生态系统属性信息,根据选定的指标体系,运用综合评价的方法评定区域农业生态环境的优劣,作为环境现状评价或环境影响评价的参考标准,为环境规划和环境建设提供依据。

农业生态环境质量评价在保护环境中是非常重要的,因为农业是国民经济的基础,农业的好坏直接取决于农业生态环境的好坏。况且,从地域来看农业环境往往可涵盖一个国家或区域的大部分疆土,具有普遍意义。评价的目的在于其参与研究和解决下列问题:区域环境污染综合防治;自然界与工业科学系统相互作用过程中如何维护生态平衡;经济发展与环境保护之间协调发展的衡量标准;能源政策的制定;地方环境标准与行业环境标准的制定;新建、改建、扩建项目计划与规划;环境科研;环境管理等。农业生态环境评价重点是通过定量地揭示和预测人类活动对农业生态环境质量的影响,为制定农业环境区划、农业环境规划、农业环境法规和农业环境管理提供科学依据。从而找到协调农业经济发展和保护农业环境的有效途径。

(二)评价指标的选择

1. 评价指标的选取原则

科学性原则。评价指标的选取应建立在科学准确的基础上,要选取能反映所评价农业生态环境质量特征以及生态环境质量状况的指标。同时,为了便于与相邻地区之间的比较,所选取的指标应尽量可能统一并量化,既能做单项分析又便于作综合分析。

主导性或代表性原则。制约农业生态环境的因素很多,利用单一因子对农业生态环境质量及变化做出全面科学评价,指标过多又很难操作,应选择具有代表性的、可比较的,能直接反映区域农业生态环境质量的特征的主导性指标。

可操作性原则。指标体系的建立,应尽可能考虑数据的易得性和可采集性。一般指标虽然能很好地反映农业生态环境质量现状及变化情况,但是在评价过程中无法或很难获取。在这种情况下,指标再好也无法实现。因此,在选取指标体系时应当遵循数据便于获取,概念比较清楚,并且易于操作和量化的原则。

适用性原则。选择的评价指标应具有广泛的空间适用性,对不同的区域,也能运用,这样既能对区域的农业生态环境质量做出客观的评价,又具有区域可比性。当然,不同区域必有其特点,对区域特点的指标也不能一概忽略。

2. 评价指标体系的选择

(1)当前关于评价体系的研究,多注重分层、分系统等方面。比如,李英等根据济南区域生态环境特点,建立了济南生态环境质量评价指标体系。指标体系第一层为目标层,反映生态质量总指数,第二为系统层,包括自然资源禀赋、生态脆弱度、生态抗逆水平、生态影响度、人文发展度5个子系统。第三层为状态层,主要用于体现系统层的具体评价指标及它们之间的相互关系。第四层为要素层,是评价的初始工作对象。该指标体系具体到要素层共包括了31个要素,用于对济南市区在内的111个乡镇进行逐层评价;朱晓华等分别以徐州等地为例建立的生态环境质量评价的指标体系、方法大同小异。目标层以区域生态社会——经济——自然复合生态系统作为总目标层,以综合指数表征评价区域的生态环境质量总体水平。制约层包括自然、环境、灾害、环境污染和社会经济4个子系统。要素层由构成各个子系统的16个基本要素组成。指标层由可直接度量因子组成,包括28个因子;孙希华将山东的农业生态环境质量作为评价的总指标,下设自然生态环境、社会条件、经济条件、技术条件四个要素构成了评价的准则,各准则层又分别下设不同的要素,共有48个基本要素共同构成了评价的要素层;千庆兰提出运用"树木活力"法这一新的综合生态指标对吉林的生态环境质量进行评价,弥补了在通常情况下生态环境评价中,采用单一的环境指标,难以全面综合反映生态环境质量状况的不足。

(2)本文评价体系的建立,基于如下考虑:

一是使指标体系能够完整准确地反映农业生态环境质量状况;二是使指标体系最简最小化。在此原则的基础上,确立农业生态环境质量评价指标体系。一般来说,农业生态环境评价指标体系分为一级指标体系和多级指标体系。一级指标体系每项指标权重往往过小,赋值比较复杂,导致误差较大,错误诊断也比较困难,不能清晰反映多层次属性的状况。而农业生态环境又是由多个子系统组成,这些子系统之间的相互作用及程度直接影响整个生态系统的质量,多级指标体系能够清晰地反映各子系统之间差异及生态环境的不同层次,因此目前多级指标体系比较常用,其中又以二级指标体系为常见。

根据以上宗旨,确立了农业生态环境质量整个指标体系。把农业生态环境又分为四个子体系:生境资源状况子体系、生物状况子体系、生态状况子体系和环境污染子体系。生境资源状况子体系由四个指标组成:人均耕地面积(亩/人)、草地面积率(%)、水域面积率(%)、森林覆盖率(%)。

生物状况子体系由两个指标组成:农作物重金属含量、农作物农药含量。

生态状况子体系由五个指标组成:水土流失面积率(%)、水土三化面积率(%)、每亩平均施化肥量(千克/亩)、亩均施农药量(克/亩)、农田土壤有机质含量(%)。

环境污染子体系由三个指标组成:灌溉水质量、农田土壤环境质量、农田大气环境质量。

由以上指标体系图(图1)可以看出,农业生态环境质量评价指标体系分三个层次进行:第一层,即为评价的目标层农业生态环境总的情况。第二层,为评价的准则层,该层又由四类组成。自然资源类在自然力的作用下,生态系统按一定的规律演替,形成具有明显差异的生态环境背景值,具有较高背景值的生态环境其抗逆性强。生物状况类,如区域内农业生物受到的污染越少,表明农作方式优越;生态状况类是表明该区内生境资源受人类社会污染的情况;环境污染类表明该区域水、土壤受农药化肥污染情况。由此四大类分指标评价该区在这几个方面生态环境质量。第三层,则由 14 个环境要素分述整个生态环境质量。对部分重要指标的解释如下。

(1)森林面积指数:森林面积占评价区域面积的比重。森林面积指评价区内乔木、竹类、灌木、沿海红树术等占有的土地面积。森林面积调查常用方法有野外现场观测与访问、遥感资料人工判读解译、计算机判读解译等方法。

(2)草原面积指数:草原面积占评价区域面积的比重。草地面积指评价区内以生长草本植物为主,草本植被覆盖度一般在 15% 以上,干旱地区在 5% 以上,树木郁闭度在 0.1 以下的土地面积。采用面积调查方法同上。

(3)水域面积指数:指水域面积占评价区域面积的比重。水域面积指评价区域内河流、湖泊、水库、坑塘、苇地、滩涂、雪山冰川、河渠堤坝、水工建设等占有的土地百积。水域面积调查方法同上。

(4)亩均施化肥量:包括有机肥与无机肥,均指 N、P、K 纯量之和。无机肥参照含量计,有机肥按下式:亩施有机肥 = 年有机肥总量(N、P、K 纯量)/播种面积。

(5)农田土壤有机质含量:除低洼地外,一般土壤有机质含量的多少,是土壤肥力高低的一个重要指标。

(6)农田土壤质量:反映该区域农田土壤受化肥、农药、残膜污染情况。

3. 环境质量指数的确定

环境质量指数的确定可分为单项要素的环境质量指数和综合环境质量指数两种。单项要素指数可通过实测、赋值,或参照国家标准或其

目标层　　　　准则层（一级）　　　　　　　　　　　要素层（二级）

农
业
生
态
环
境
质
量
评
价
系

环境资源状况子体系　⟹　人均耕地面积、草地面积率
　　　　　　　　　　　　 水域面积率、森林面积率

生物状况子体系　　　⟹　农作物重金属率、农作物农药含量

生态状况子体系　　　⟹　水土流失面积率、水土三化面
　　　　　　　　　　　　 积率、亩均施化肥量、亩施农
　　　　　　　　　　　　 药量、农田土壤有机质含量

环境污染子体系　　　⟹　灌溉水质量、农田土壤环境
　　　　　　　　　　　　 质量、农田大气环境质量

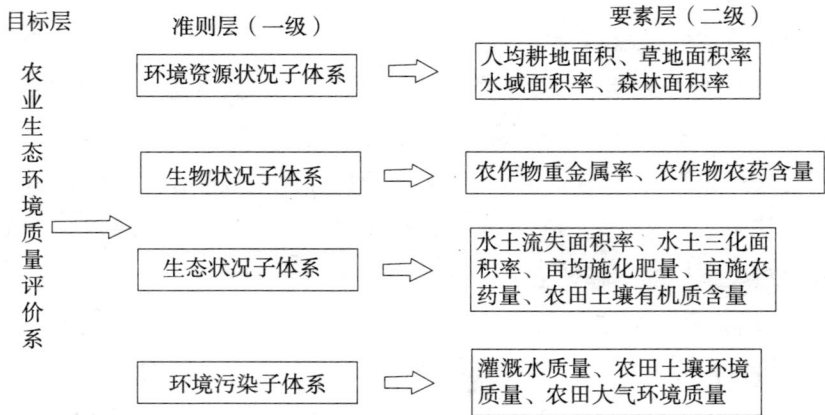

图1　农业生态环境评价体系

他参数值作为评价依据；综合指数可通过拟定的计算公式，将相应的原始数据和调查数据加以综合，求出环境质量综合指数。环境质量综合指数，系由各单项要素的几个环境质量指数再一次综合而成，用于评价总体环境质量。环境质量指数的计算尚无统一的公式来表达，其数学模型可根据环境特征来建立。

（三）常用的环境质量评价方法

生态环境评价方法就是指为了满足生态环境过程中的一系列目标要求，所采用的程序步骤和相应的技术方法。国内外已经提出应用的环境质量评价方法是多种多样的，至今我国尚未形成统一的方法系列，较成熟的方法有：

1. 指数法与综合指数法

即加权平均法。应用这种方法需要注意的是评价指标权重的确立。一般都是采用比较易行的 delphi 专家打分法。它主要体现农业生态环境质量评价的综合性、整体性和层次性。但是这种方法的不足是主观性比较大，因为专家在打分的过程中，主观因素和自己的经验，都在左右着分值的确定。

通常采用的数学模型如下

$$F_i = 100(X_i - X_{min}) / (X_{max} - X_{min})$$

其 F_i 为因素作用值，X_i、X_{min}、X_{max} 分别为评值因素的指标值、最大值、最小值。

$P_i = \sum n_i = IF_{ij} \cdot W_j$ 式中 P_i 为 i 因素的综合评价值，F_{ij} 为 i 因素中 j 因子的作用值，W_j 为 j 因子的权重值，n 为每个因素中包含 n 个因子。

若无统一评价标准时，可对评价指标做标准化处理 $P_i = \sum n_i = IC_{ij} \cdot W_j$ 式中 C_{ij} 为 j 因子的标准化处理值

$$P = \sum m_i = IP_i \cdot W_i$$

式中 P 为综合评价值，W_i 为 i 因素的权重，m 为选取的 m 个因素。

在确定评价指标体系和评价标准后，根据评价因素的相对重要性确定其权重值，将各因素的变化值综合得出综合评价值。通常采用的数学模型按因子之间的相互关联性、组合模式，首先计算各评价因子的加权质量指数，然后按评价因子的隶属关系得出三个因子集的质量分指数，最后由因子集质量分指数得出评价区的生态环境质量综合指数。质量指数分为子体系指数和总指数两级。共有四个子体系分为灌溉用水子体系、农田大气子体系、农田土壤子体系和其他生态环境子体系。每个子体系由若干指标组成。由指标值求出指数值。总指数值由四个子体系的分数值加权和得出。然后根据加权值的大小来得出环境质量的好坏。模式如下：因子质量等级评分：p_{ni}；因子加权质量指数：$h_i = P_{ni} \times W_{ni}$

因子集的质量分指数：$EQI = k \times \sum I_{ni}(i = 1, 2, \cdots, M)$

评价区生态环境质量综合指数：$EQ = k \times \sum WQ_i(i = 1, 2 \cdots, N)$

k 是评价系数；M 为因子集中因子的个数；N 为同一个因子集中因子的个数；W_{ni} 为 i 类因子集第 n 个因子的系统权重；P_n，为 i 类因子集第 n 个因子的质量等级评分；I_{ni} 为 i 类因子集第 n 个因子的加权质量指数；E_{Qi} 为 i 类因子集的质量分指数；E_Q 为评价区生态环境质量综合指数。

2. 模糊综合评价方法

环境质量具有精确与模糊、确定与不确定的特性,所以环境质量评价中又引入了模糊综合评价法。模糊方法是 20 世纪 60 年代美国科学家扎德教授创立的。因此评价过程中充分利用模糊信息,以及评判结果用模糊性的语言,该方法既有严格的定量刻画,也有对难以定量分析的模糊现象进行主观上的定性描述,把定性描述和定量分析紧密地结合起来,是近年来发展较快的一种新方法。

模糊综合评价模型:(1)对于一个评价指标体系,假设有 n 个评价指标,确定指标集合 $u = (u_1, u_2, u, \cdots, u_n)$,$u_i (i = 1, 2, \cdots, n)$ 表示生态环境质量评价的第 i 个指标。

(2)选择评价指标集合为:$V = \{v_1, v_2, \cdots, v_m\}$,$v_j (j = 1, 2, \cdots, m)$ 表示评价的第 j 个等级。

(3)建立隶属函数,确定隶属度可用模糊矩阵 R 表示:

$$R = \begin{vmatrix} r_{11} & r_{12} & \cdots & r_{1n} \\ r_{21} & r_{22} & \cdots & r_{2n} \\ \vdots & \vdots & & \vdots \\ r_{1m} & r_{2n} & \cdots & r_{nm} \end{vmatrix}$$

r_{ij} 表示 I 中评价指标的生态环境质量数值属于第 j 类评价标准的隶属度。

(4)求权重集合

$$W = \{w_1, w_2, w_3, \cdots, w_n\}$$

W_i 为 I 评价因素的权重,满足 $\sum_{R=1}^{n} W_i = 1$ $W_i \geqslant 0$

(5)建立模糊综合评价模型

$$B = w_0 R = \sum WR = \sum_{i=1}^{n} (b_1, b_2, b_3, \cdots, b_n)$$

其中 $b_i = \sum (w_i or_{ij})$

求出后可综合判断 B 中的各元素之值,然后根据最大隶属度来评判评价等级。

模糊评价方法,有时比较粗糙,而且往往受控于某污染权重的项目,以至于有误判的现象,在评价因素时,这种现象尤为突出,而且导致实用性差。

(四)农业生态环境的评价标准

鉴于我国尚没有出台该项统一标准,故在评价中只能参照相关标准,有些方面尚无标准可循,农业生态环境评价标准可参考以下:

(1)《土壤环境质量标准》(GB15618 1995)。该标准按土壤应用功能、保护目标和土壤主要性质,分三类规定了土壤中污染物的最高允许浓度指标值(三级标准)及相应的监测方法,10项污染物是As、Cd、Cr、Cu、Hg、Ni、Pb、Zn、六六六(4种异构体总量)和滴滴涕(4种衍生物总量)。该标准由各级环保行政主管部门负责监督实施。

(2)《食用农产品产地(大田种植)环境质量评价标准》(征求意见稿,2003年)。该标准规定了"菜篮子"基地土壤、灌溉水和环境空气的质量标准,及相关的监测、评价方法,其中,土壤环境质量指标拟包括As、Cd、Cr、Cu、Hg、Ni、Pb、Zn、氧化稀土总量、六六六、滴滴涕和全盐量12项。该标准将由各级环保行政主管部门和相关部门按职责分工监督实施。

(3)《温室蔬菜产地环境质量评价标准》(征求意见稿,2003年)。该标准规定了温室蔬菜产地土壤、灌溉水和环境空气的质量标准,以及相关的监测、评价方法,其中,土壤环境质量指标拟包括As、Cd、Cr、Cu、Hg、Pb、氧化稀土总量、六六六、滴滴涕和全盐量10项。该标准将由各级环保行政主管部门和相关部门按职责分工监督实施。

(4)《畜禽养殖业产地环境质量评价标准》(征求意见稿,2003年)。该标准规定了畜禽养殖业产地建筑用地土壤、灌溉用水、畜禽饮用水、生产用水、环境空气和环境噪声的质量标准,以及相关的监测、评价方法,其中,建筑用地土壤环境质量指标拟包括As、Cd、Cr、Cu、Hg、Ni、Pb、Zn、六六六和滴滴涕10项。该标准将由各级环保行政主管部门负责监督实施,相关行政主管部门依照法律和规定实施。

(5)《OFDC 有机认证标准》(2001 年 7 月 1 日)。该标准规定了对有机产品的生产、加工、贸易和标识等的要求。其中,土壤、水、作物、大气。(必要时)样品中污染物的浓度必须低于中国相应的环境质量标准和食品卫生标准。土壤培肥过程中,明确要求禁止使用污水、污泥和未经处理的粪便(叶菜类和块根、块茎类作物),限制使用碱性炉渣、钙镁改良剂、钾矿粉、微量元素及有机农业体系以外生产的物质(如秸秆、堆肥、海草、木材下脚料、木炭及腐殖酸物质、农家肥、动物碎料等)。另外,对于产品病虫害的防治,明确要求禁止使用阿维菌素制剂及其复配剂、基因工程产品和化学合成的杀菌剂、杀虫剂、除草剂,允许有限制地使用鱼藤酮、植物来源的除虫菊、乳化植物油和硅藻土,允许有限制地使用微生物及其制剂如杀螟杆菌、Bt 制剂等。限制使用有环境安全风险的微生物制剂、植物来源的驱避剂、直接从植物和动物提取的杀虫/杀菌剂、(生)石灰、硫磺、石硫合剂、二氧化硫、漂白粉、碳酸氢钠、轻矿物油(如白蜡)、波尔多液,以及其他含硫或铜的物质。

(6)《农田灌溉水质标准》(GB508492)。该标准分水作、旱作和蔬菜 3 种情况,规定了农灌水的水质标准值,以防止灌溉水对土壤、地下水和农产品的污染。控制项目有 29 项;As、Cd、Cr(Ⅵ)、Cu、Hg、Pb、Se、Zn、硼、氟化物、氯化物、硫化物、氰化物、凯氏氮、TP、苯、三氯乙醛、丙烯醛、水温、pH、CODCr、BOD5、LAS、石油类、挥发酚、SS、全盐量、粪大肠菌群数、蛔虫卵数。要求当地农业部门负责对污灌区水质、土壤和农产品进行定期监测和评价。

(7)《农用污泥中污染物控制标准》(GB428484)。该标准按酸性、中性和碱性土壤,分两类规定了农用污泥中污染物的控制标准值,以防止污泥农用对土壤、农作物、地表水、地下水的污染。控制项目有 11 项:As、Cd、Cr、Cu、Hg、Ni、Pb、Zn、B、苯并(a)芘、矿物油。要求农业和环保部门必须对污泥和施用污泥的土壤作物进行长期定点监测。

(8)《农药安全使用标准》(GB428589)。该标准为防止和控制农药对农产品和环境的污染,规定了农业上为防治农作物(包括粮食、棉花、蔬菜、果树、烟草、茶叶和牧草等)病虫草害必须合理地使用农药(计46种类),包括常用药量、最高用药量、施药方法、最多使用次数及安全间隔期要求等。涉及的农药有:百菌清、倍硫磷、草枯醚、除草醚、稻丰散、稻脚青、稻宁、敌百虫、滴滴涕、敌敌畏、地亚农、丁草胺、对硫磷(1605)、多菌灵、二氯苯醚菊酯、二氧苯醚菊酯、粉锈宁、呋喃丹、甲胺磷、甲基对硫磷、甲(乙)六粉、久效磷、克满特、喹硫磷、乐果、六六六(高丙体六六六)、绿麦隆、氯氰菊酯、马拉硫磷、嘧啶氧磷、氰戊菊酯、三环唑、三氯杀螨醇、杀虫脒、杀虫双、杀螟松、速灭威、西维因、锌硫磷、溴螨酯、溴氰菊酯、亚胺硫磷、叶蝉散、异稻瘟净、乙酰甲胺磷、黏虫散。要求由各级环保、农业和卫生部门负责监督该标准的执行。

(9)此外还有《保护农作物的大气污染物最高允许浓度 GB137—88》、《中国 21 世纪议程——中国 21 世纪人口,环境与发展白皮书》、《中国跨世纪绿色工程规划》等的有关规定。

(五)农业生态环境评价等级

根据农业生态环境质量指数,将农业生态环境质量分为五级:优、良、中、差、劣,各级评价的等级如下表。

表1 农业生态环境评价等级标准

等级	数量评价
优	生物资源、水资源很丰富,土壤侵蚀强度和环境污染很小
良	生物资源、水资源丰富,土壤侵蚀强度和环境污染很小
中	生物资源、水资源比较丰富,土壤侵蚀强度和环境污染较大
劣	生物资源、水资源少,土壤侵蚀强
差	生物资源、水资源很少,土壤侵蚀强度和环境污染很大

资料来源:王俭等:《中国环境管理》200~ 年第 9 期。

二、农业生态环境风险评价

（一）基本概念

1. 风险

风险在汉语辞典中解释为可能发生的危险。比较通用与严格的定义可这样表述，风险 R 是事故发生概率 P 与事故造成的环境（或健康）后果 C 的乘积。

在风险分析中，"风险"通常是严重性的一种数量表示，是用其负价值测度。一般而言，风险有两方面的含义：一是事件发生的可能性。如某石油公司用未加防腐涂层或涂层遭破坏的管道输送原油，发生油泄漏的可能性较大，即风险较大。二是事件结果的严重性，如在存放有爆炸物地点发生火灾，爆炸会导致整个设施的破坏及重大伤亡等极其严重的后果，即风险较大。风险存在于自然界和人的一切活动中，如经常遇到的灾害风险、工程风险、投资风险、健康风险、污染风险、决策风险等。

2. 环境风险

环境风险是由自发的自然原因和人类活动引起的，通过环境介质传播的，能对人类社会及自然环境产生破坏、损害及至毁灭性作用等不幸事件发生的概率及其后果。环境风险广泛存在于自然界和人类的各种活动中，其性质和表现方式复杂多样，从不同角度可作不同分类。如按风险源分类，可以分为化学风险、物理风险以及自然灾害引发的风险；按承受风险的对象分类，可以分为人群风险、设施风险和生态风险等。

环境风险的特点，是其不确定性和危害性。不确定性是指人们对事件发生的可能性及时间、地点、强度等事先难以预料；危害性是指事件的后果，会对承受者造成威胁，并且一旦产生，就对风险的承受者造成损失或危害，包括人身健康、经济财产、社会福利乃至生态系统等带来程度不同的危害。

3. 环境风险评价

环境风险评价(environmental)广义上环境风险评价是指对人类的各种自然和人为活动所引发或面临的危害(包括自然灾害)对人体健康、社会经济、生态系统等所造成的可能损失进行评估,并据此进行管理和决策的过程。狭义上,环境风险评价通常指对有毒有害物质(包括化学品和放射性物质)危害人体健康和生态系统的影响程度进行概率估计,并提出减小环境风险的方案和对策。

不同的建设项目和不同的环境风险类型,环境风险评价具有不同的内容。但是,总的来说环境风险评价具有以下几个特点:①复杂性:环境风险评价中不仅要考虑污染物等,而且还要考虑到这些因素对环境的不利影响;既要进行单项或局部的评价,又要进行区域性、综合性的评价;既要研究在常规情况下、长时间、小剂量的化学物质、放射性物质对人体健康与生态环境的危害,又要研究非正常状态下,由于易燃易爆,有毒有害物品的泄漏,大型技术系统(如桥梁、大坝、核电站等)的故障以及自然灾害导致的突发性事故对人群和环境的危害等。②综合性:环境风险评价涉及多学科、多行业、多种类,是对环境毒理学、生态毒理学、环境化学、环境污染生态学、环境地质学、环境工程学以及数学和计算机科学等的综合应用。③模糊性:环境风险具有一定的模糊不确定性。不确定的主要来源表现在如下几个方面,首先客观信息量和其准确性常常不足;其次是利用这些信息推理计算和决策所采用的方法和模型往往不能较好地反映实际;再次是缺乏能为公众接受的各种必需的风险标准;最后是风险防范措施的选择中要考虑权值,这又涉及价值判断等。所以环境风险评价的过程及其结果具有一定的模糊性,环境风险评价的方法多与模糊理论及概率论相结合。

(二)环境风险评价与环境质量评价的区别

环境风险评价和环境质量评价从本质而言,都是为了搞清环境条件状况,但二者又有较大区别。前者着眼点是未来可能发生的,而后者则是现实存在的。前者一般是突发的事件,后者则是渐进的,等等。下表试对毒气泄漏一例略作分析。

（三）评价内容和研究方法

环境风险评价的内容由于环境风险的广泛存在，可有许多种，如自然灾害风险，人为活动造成的环境风险，或者二者共同作用的风险等。不同的对象评价时内容和方法不尽相同，这里是对有害物质排放事故可能带来的风险为例加以介绍。以环境风险评价的基本步骤为主线，对环境风险评价各阶段的主要内容和方法进行综合论述。

表2　环境风险评价和环境质量评价的区别

项目	事故风险评价	环境质量评价（ELA）
分析重点	突发事故	正常运行工况
持续时间	很短	很长
应计算的物理效应	火、爆炸，向空气和地面水释放污染物	向空气、地表、地下水释放污染物、噪声、热污染等
释放类型	火、爆炸，向空气和地面水释放污染物	长时间连续释放
应考虑的影响类型	突发性的激烈的效应以及事故后期的长远效应	连续的、累积的效应
主要危害受体	人和建筑、生态	人和生态
大气扩散模式	烟团模式、分段烟羽模式	连续烟羽模式
照射时间	很短	很长
源项确定较大的	较大的不确定性	不确定性很小
评价方法	概率方法	确定论方法
防范措施与应急计划	需要	不需要
危害性质	急性受毒；灾难性的	慢性受毒

资料来源：胡仁邦等：《辐射防护通讯》2004年第2期。

1. 源项分析

综合不同国家和组织机构提出的环境风险评价的程序和步骤，风险评价的第一步都是源项分析，即找出风险的来源，确定事故的类型、发生的原因、发生的频率等。这阶段以定性分析和经验判断为主,而事故发生的频率,则以定量分析为主,同时确定评价的等级、范围、时间和评价对象等。

源项分析的主要研究方法包括初步危险分析法、故障树分析法、事件树分析法等。其中故障树分析法应用范围最广,既适用于定性分析,又适用于定量分析,具有应用范围广和简明形象的特点,体现了研究的系统性、准确性和预测性。运用故障树分析法进行环境风险评价最典型的事例是美国核管会发表的 WASH21400 报告。

2. 危害判定

危害断定,也是环境后果分析,它是在确定了事故风险源之后,进入到人体健康风险评价和生态风险评价阶段。事故的含义比较广泛,既指那些突发性污染事故(如爆炸、毒物泄漏等),也指常规水体和大气的污染事件,土壤侵蚀、气候变化等长期事件。目前对健康风险评价和生态风险评价而言,研究最多的还是有毒有害化学物质的风险影响。通常采用的评估方法是确定其理化性质接触途径与接触方式、结构活性关系、代谢与药代动力学实验、短期动物实验、长期动物实验、人类流行病学研究等。

此阶段的主要研究方法环境监测,主要依赖于环境医学、环境毒理学、生态毒理学、药物动力学,以及环境监测技术的发展。目前,美国和欧盟等已经建立了相关信息数据库,并在不断地进行充实和完善。

3. 剂量—反应评介

剂量—反应评价是对有害因子暴露水平与暴露人群或生态系统中的种群、群落等出现不良效应发生率间的关系进行定量估算的过程。它主要研究毒效应与剂量之间的定量关系,是进行风险评价的定量依据。在毒理学研究中常将剂量—反应关系分为两类:一是指暴露某一化学物的剂量与个体呈现某种生物反应强度之间的关系,又称为剂量—效应关系;二是指某一化学物的剂量与群体中出现某种反应的个体在群体中所占比例,可以用百分比或比值表示,如死亡率、瘤发生率等。剂量—反应关系一般呈 S 型函数关系。

目前关于人体健康风险评价的剂量—反应关系研究较多,是在各种调查和实验资料的基础上估算出来的。对于生态风险评价而言,由于生态系统的复杂性,目前公认的研究成果还很少。在健康风险评价中,通常有以下两种剂量—反应评估方法:一是无阈效应(如癌)情况下,利用低剂量外推模式评价人群暴露水平上所致危险概率。常用的致癌物低剂量—反应外推模型有:对数正态模型、威尔布模型、单击模型、多阶段模型、线性多阶段模型。二是有阈效应(如非致癌)情况下,通常计算参考剂量 RfD(即低于此剂量时,期望不会发生有害效应)。

4. 暴露评价

暴露评价重点研究人体(或其他生物)暴露于某种化学物质或物理因子条件下,对暴露量的大小、暴露频度、暴露的持续时间和暴露途径等进行测量、估算或预测的过程,是进行风险评价的定量依据,暴露评价中应对接触人群(或生物)的数量、分布、活动、状况、接触方式以及所有能估计到的不确定因素进行描述。对于污染物的暴露水平,可以直接测定,但通常是根据污染物的排放量、排放浓度以及污染物的迁移转化规律等参数,利用一定的数学模型进行估算。暴露评价还应考虑过去、当前和将来的暴露情况,对每一时期采用不同的评估方法。最后,根据环境介质中污染物的浓度和分布、人群活动参数、生物检测数据等,利用适当的模型,就可以估算不同人群不同时期的总暴露量。在致癌风险评估中通常计算人的终生暴露量。1992 年美国环保局颁布的《暴露评价指南》对暴露评价中涉及的基本概念、设计方案、资料搜集和监测、估算暴露量、评估不确定性和暴露表征等方面提供了详细的说明。

5. 风险表征或风险评价

风险表征是风险评价的最后一个环节,它必须把前面的资料和分析结果加以综合,以确定有害结果发生的概率,可接受的风险水平及评价结果的不确定性等。同时,风险表征也是连接风险评价和风险管理的桥梁。此阶段,评价者要为风险管理者提供详细而准确的风险评价结果,为风险决策和采取必要的防范和减缓风险发生的措施提供科学依据。

健康风险评价中,风险表征对风险进行定量表达有两种方式:对于致癌效应用风险表示,即根据暴露水平的数据和特定化学物质的剂量—反应关系估算个体终生暴露所产生的癌症概率。非致癌效应以风险指数表示,即对暴露量与毒性(或标准)进行比较。

关于风险评价,国际上是沿着三条技术路线发展的。其一是概率风险评价,它是在事故发生前,预测某设施(或项目)可能发生什么事故及其可能造成的环境(或健康)风险。其最好的范例是美国核管会于1975年完成的对核电站所进行的及其系统的安全研究,其研究成果见于 WSH – 1400 报告。其二为实时后果评价,主要研究对象是在事故发生期间给出实时的有毒物质的迁移轨迹及实时浓度分析,以便作出正确的防护措施决策,减少事故的危害。目前国内在核电行业做的研究工作较多。其三是事故后果评价,主要研究事故停止后对环境的影响,比如松花江水苯污染评估。

(四)实例分析——地质灾害的风险评价

1. 地质灾害风险定义及其主要特征

基于自然灾害风险的普遍意义和地质灾害减灾需要,这里我们以地质灾害为例对生态环境风险进行分析评价。地质灾害风险通常指地质灾害活动及其对人类造成破坏损失的可能性,它所反映的是发生地质灾害的可能机会与破坏损失程度。

地质灾害种类很多,根据其活动特点可分为突发性地质灾害和缓发性(累进性)地质灾害两类。地质灾害风险一般是对突发性地质灾害的特征表述或量度。地质灾害风险具有一般自然灾害风险的主要特点,是风险的必然性或普遍性。地质灾害是地质动力活动、人类社会经济活动相互作用的结果。由于地球活动不断进行,人类社会不断发展,所以地质灾害将不断发生。从这一意义上说,地质灾害乃是一种必然现象或普遍现象。二是风险的不确定性或随机性。地质灾害虽然是一种必然现象,但由于它的形成和发展受多种自然条件和社会因素的影响,所以具体某一时间、某一地点,地质灾害事件的发生仍是随机的,即在什么时候、什么地点发生何种强度(或规模)的灾害活动,将导致多少人伤亡或造成多大损失,都具有很大的不确定性。地质灾害风险特征是构建地质灾害风险评价理论与方法的基础和出发点。基于地质风险的复杂性,对地质灾害风险认识与评价是一个不断深化、完善的理论研究与技术方法创新过程。

2. 地质灾害风险构成与基本要素

地质灾害风险程度主要取决于两方面条件:一是地质灾害活动的动力条件,主要包括地质条件:(岩土性质与结构、活动性构造等)、地貌条件(地貌类型、切割程度等)、气象条件(降水量、暴雨强度等)、人为地质动力活动(工程建设、采矿、耕植、放牧等)。通常情况下,地质灾害活动的动力条件越充分,地质灾害活动越强烈,所造成的破坏损失越严重,灾害风险越高;二是人类社会经济易损性,即承灾区生命财产和各项经济活动对地质灾害的抵御能力与可恢复能力,主要包括人口密度及人居环境、财产价值密度与财产类型、资源丰度与环境脆弱性等。通常情况下,承灾区(地质灾害影响区)的人口密度与工程、财产密度越高,人居环境和工程、财产对地质灾害的抗御能力以及灾后重建的可恢复性越差,生态环境越脆弱,遭受地质灾害的破坏越严重,所造成的损失越大,地质灾害的风险越高。上述两方面条件分别称为危险性和易损性,它们共同决定了地质灾害的风险程度。基于此,地质灾害的风险要素亦由危险性和易损性这两个要素组成。危险性要素系列包括地质条件要素、地貌条件要素、气象条件要素、人为地质动力活动要素以及地质灾害密度、规模、发生概率(或发展速率)等要素。易损性要素系列包括人口易损性要素、工程设施与社会财产易损性要素、经济活动与社会易损性要素、资源与环境易损性要素等。

3. 地质灾害风险评价类型

针对不同目的或服务对象,可进行不同类型的地质灾害风险评价。

根据风险评价灾种,可分为单灾种风险评价和多灾种综合风险评价。二者的评价内容和方法基本相同,单灾种风险评价所涉及的要素比较单一,因此其评价方法和过程比较简单;多灾种综合评价则需要在单灾种评价基础上,进一步对比不同种类地质灾害的危害程度,进而评价地质灾害的综合风险程度。

根据地质灾害风险评价范围或面积,将地质灾害风险评价分为点评价、面评价和区域评价。

点评价是指对一个地质灾害体或一个具有相同活动条件和特征的相对独立的灾害群的灾情或风险程度进行的评价。评价范围一般不超过几十平方公里,行政区范围一般不超过几个乡(镇)或一个县(市)。

面评价是对一个具有相对统一特征的自然区域或社会经济区域(如一个小流域或一个城市)进行的地质灾害风险评价。评价区面积一般从几十平方公里到几千平方公里,行政区范围一般为一个县(市)到几个县(市)。评价的地质灾害一般有几十处或几百处,且常常不是一种地质灾害,而是几种地质灾害的综合评价。

区域评价是指跨流域、跨地区的大面积的地质灾害风险评价,评价范围为一省或几省乃至全国区域,面积达几万到几百万平方公里,评价区内灾害点成千上万,常常难以准确计数,涉及的灾种也相对较多。

4. 地质灾害风险评价系统

地质灾害风险评价是对风险区发生不同强度地质灾害活动的可能性及其可能造成的损失进行的定量化分析与评估。

地质灾害风险评价的目的是清晰地反映评价区地质灾害总体风险水平与地区差异,为指导国土资源开发、保护环境、规划与实施地质灾害防治工程提供科学依据。根据地质灾害风险构成,地质灾害风险评价主要包括下列三方面内容:

(1)危险性分析。通过对历史地质灾害活动程度以及对地质灾害各种活动条件的综合分析,评价地质灾害活动的危险程度,确定地质灾害活动的密度、强度(规模、发生概率、发展速率)以及可能造成的危害区的位置、范围等。

(2)易损性分析。通过对风险区内各类受灾体数量、价值以及对不同种类、不同强度地质灾害的抵御能力进行综合分析,评价承灾区易损性,确定可能遭受地质灾害危害的人口、工程、财产以及土地资源的数量及其破坏损失率。

(3)期望损失分析。在危险性分析和易损性分析的基础上,计算评价地质灾害的期望损失(未来一定时期地质灾害可能造成的人口伤亡与经济损失的平均值)与损失极值(未来一定时期内可能造的人口伤亡与经济损失的最高值)。

在上述三方面分析中,危险性分析和易损性分析是地质灾害风险评价的基础,通过这方面分析,确定风险区位置、范围以及地质灾害活动的分布密度与时间概率,进而确定可遭受地质灾害的人口、工程、财产以及资源、环境的空间分布与破坏;损失率;期望损失分析则是地质灾害风险评价的核心,其目标是预测地质灾害可能造成的人口伤亡、经济损失以及资源、环境的破坏损失程度,综合反映地质灾害的风险水平。这三方面分析相互联系,形成有层次的地质灾害风险评价系统。

5. 地质灾害风险评价的基本方法

(1)地貌分析法(专家评判法)。地貌分析法(专家评判法)是最简单的定量评价方法,是由地质学家根据自己的知识和在相似地区的工作经验对研究区的地质灾害危险性直接做出判断,做出分区分级。它的主要优点是可以同时考虑大量的参数;可以应用于任意比例尺的区域和单体斜坡稳定性评价;时间短,费用少(Carrara. Aetal,1992 年)。主要的缺点主观性较强,不同的调查者或专家得出的结果无法进行比较;隐含的评判规则使结果分析和更新困难;需要详细的野外调查;GIS在这里只能是简单的画图工具。

(2)参数合成法(指数综合法)。专家选择影响地质灾害的因子,并编制成图,根据个人学识和经验,赋予每个因子一个适当的权重,最后进行加权叠加或合成,生成地质灾害危险性分区图。优点是大大降低了隐含规则的使用,定量化程度提高;整个流程可以在 GIS 的支持下快速完成,使数据管理标准化;可以应用于任意比例尺。缺点是应用于大区域评价时,操作复杂;权值的确定仍含有不同程度的主观性:模型难以推广(Mehrotra 等 1992 年)。如选择岩性、坡度、土地利用、排水条件、构造特征等 5 个因素作为区域滑坡灾害评价的因素,将每个因素分类后,根据滑坡在各类中的分布密度,计算各自的敏感性指数(LSV),然后依次将 5 个因素图叠加,并累计各单元的 LSV 值,得出单元总的 LSV,就可进行区域滑坡灾害区划。Mora 和 Vahrso(1994 年)在给出的相对灾害度的计算模型中考虑了降雨和地震对区域滑坡危险性的影响,各个参数的定量化指标方法也与前者有很大区别,由此可见参数合成法的模型的多样化。

(3)多元统计法。该方法已经成功地应用于地质学的许多领域,如石油勘探,然而这种技术应用于地质灾害(滑坡)的评价方面起步较晚,直到 80 年代 Carara(1983 年)完成的工作,基于这方面的详细分析才开始进行,统计分析的前提是已知研究区的滑坡灾害分布情况,根据数理统计理论,建立影响参数和滑坡发生与否的数学统计模型,在测试区得到验证后,将其应用到地质环境相同或相似的地区,预测研究区的灾害危险性分布规律。因此,统计分析方法评价的结果的可靠度直接取决于测试区原始数据的精度,模型也不能在其他地区推广使用。尽管如此,大量的研究表明,统计分析是目前最为适用的区域地质灾害危险性评价区划方法。与前几种定量方法相比,它有严格的数理统计理论作基础,数学模型简单易懂,而且与高速发展的 GIS 技术能够很好的结合,使庞大的数据得到合理的标准化管理、分析与储存。此外,统计分析的误差可以进行定量估计。最常用的统计分析是判别分析(逐步判别或典型判别分析)和回归分析,前者更适用于连续变量(坡度、相对高程、岩土力学指标等),后者可以应用于含有定性变量的分析。实际应用中,为了数据运算方便,研究者通常把斜坡单元稳定性只分作两类,即有滑坡和无滑坡,分别用数值 1 和 0 表示;相应地,各变量也取 1(是)或 0(否)统计分析的模型简单易懂。模型中的变量个数没有明确限制,但如果取变量太多,使计算时间延长,占用计算机内存过多,就不能提高评价结果的精度,这是不可取的逐步回归分析。

作者简介

蔡玉秋,女,1963 年 5 月 1 日生于吉林省公主岭市。1987 年获东北师范大学经济学学士,1991 年东北师大经济学硕士,2006 年东北农业大学管理学博士。在黑龙江工程学院任教多年,现为东北农业大学经济管理学院教授,主编和参编《政治经济学》等教材十余部,发表论文数十篇。本文系作者博士论文节选。

生态旅游资源评价

张　昕

一、生态旅游资源评价方法

通过调查获得了生态旅游资源的基本情况之后，需要对其进行系统分析评价，以确定其是否值得开发、如何开发、何时开发、为谁开发及开发方向如何，为生态旅游资源的合理配置提供科学依据。生态旅游资源评价的内容包括生态旅游资源个体评价、生态旅游资源系统评价和生态旅游资源开发条件评价。在资源评价中要遵循实事求是原则、全面系统原则、动态发展原则、综合效益原则和力求定量的原则，同时要考虑评价体系的可操作性及国家相关的行业规范来进行。资源评价的方法主要有定性评价、技术性单因子定量评价和综合评价。

目前，比较常用的生态旅游资源评价方法包括：

1. 特征值法

特征值法是尹泽生等（1999 年）提出的一种评价旅游资源的方法。该法包括选择旅游资源的评价因子、确定各评价因子的权重系数、建立各评价因子的评价标准、计算旅游资源实体的评价总分，划分质量等级。

（1）选择旅游资源实体的评价因子。要对旅游资源基本类型的特征值逐一进行分析，并以此选择确定该类型的评价因子，所选因子必须能充分反映影响旅游资源质量的各个方面、要能突出不同类型的特色、数据能够通过普查得到具有可操作性。为了便于操作，专家建议因子数一般选 4 至 7 个。

(2)确定各评价因子的权重系数。权重的确定,方法很多。如对选定的某一类型的。5 个评价因子,F = (F_1,F_2,F_3,F_4,F_5),找出其中最不重要的,比如 F_i,赋值 $F_i = 1$,然后把其他因子对资源质量的贡献大小与这个因子一一比较,并按如下规则赋值:1 与 F_i 同等重要;3 比 F_i 稍微重要;5 比 F_i 较为重要;7 比 F_i 重要得多;9 比 F_i 极度重要。

这样每个因子就得到一个属于(1,3,5,7,9)这 5 个奇数集合中的数值,分别代表各因子相对最次要因子 F_i 的相对重要性,记为 V = (V_1,V_2,V_3,V_4,V_5)。

根据如下 R_{ij} 公式构造判断矩阵 R5×5,矩阵中的元素 R_{ij} 的意义是第 i 个因子相对于第 j 个的相对重要性,其值域范围是(1/9,1/7,1/5,1/3,1,3,5,7,9)。

$$R_{ij} = \begin{cases} V_i - V_j + 1 & (V_i > V_j) \\ 1 & (V_i = V_j) \\ 1/(V_i - V_j + 1) & (V_i < V_j) \end{cases}$$

此方法计算判断矩阵避免了人工构造可能带来的误差,具有完全一致性的特点,无须调整判断矩阵就可一次性通过一致性检验。根据判断矩阵,采用方根法计算权重系数。

$W_i = M_i/(M_1 + M_2 + M_3 + \cdots + M_i)$

其中 $M_i = (R_{i1} \cdot R_{i2} \cdots R_m)1/n$。

(3)建立各评价因子的评价标准。根据专家经验,参考国内其他地方的资源情况,结合评价区域的特点,建立各因子的评价标准。如各因子的评价标准规定分为五个等级,每级从高到低权重分别为 10、7、5、3、1,表 1 示例了部分旅游资源实体各因子的评价标准。

(4)计算旅游资源实体的评价总分。由调查人员、专家和游客共同对所调查的基本类型实体的评价因子,根据其特征值数据及其品质表现,确定出它在标准列表中的等级,即对每一资源类型实体按各因子评出小分 S 小将等级分值 S_i 乘以该因子的权重系数,得出该类型因子的评分小分,对各因子小分求和,得出该类型实体的评分总分 S。

$$S = \sum_{i=1}^{n}(S_i \times W_i)$$

(5)质量等级的划分。类型总体用 10 分制表示,质量等级分 4 个,这 4 个等级的划分原则是(分数段区间为上开下闭区间):一级 10.0—7.5,二级 5.0—7.5,三级 3.0—5.0,四级 0.0—3.0。按此标准,对所获取的类型实体进行计分和质量等级的划分。

表1　生态旅游资源评价赋分标准

评价项目	评价因子	评价依据	赋值
资源要素价值（85分）	观赏游憩使用价值（30）	全部或其中一项具有极高的观赏价值、游憩价值、使用价值。	30—22
		全部或其中一项具有很高的观赏价值、游憩价值、使用价值。	21—13
		全部或其中一项具有较高的观赏价值、游憩价值、使用价值。	12—6
		全部或其中一项具有一般观赏价值、游憩价值、使用价值。	5—1
	历史文化科学艺术价值（25分）	同时或其中一项具有世界意义的历史价值、文化价值、科学价值、艺术价值。	25—20
		同时或其中一项具有全国意义的历史价值、文化价值、科学价值、艺术价值。	19—13
		同时或其中一项具有省级意义的历史价值、文化价值、科学价值、艺术价值。	12—6
		历史价值、文化价值、科学价值、艺术价值具有地区意义。	5—1
	珍稀奇特程度（15分）	有大量珍稀物种,或景观异常奇特,或此类现象在其他地区罕见。	15—13
		有较多珍稀物种,或景观奇特,或此类现象在其他地区珍稀奇特很少见。	12—9
		有少量珍稀物种,或景观突出,或此类现象在其他地区少见。	8—4
		有个别珍稀物种,或景观比较突出,或此类现象在其他地区较多见。	3—1

资源影响力（15分）	规模、丰度与几度（10分）	独立型旅游资源单体规模、体量巨大；集合型旅游资源单体结构完美、疏密度优良级；自然景象和人文活动周期性发生或频率极高。	10—8
		独立型旅游资源单体规模、体量中等；集合型旅游资源单体结构和谐、疏密度良好；自然景象和人文活动周期性发生或频率很高。	7—5
		独立型旅游资源单体规模、体量中等；集合型旅游资源单体结构和谐、疏密度较好；自然景象和人文活动周期性发生或频率较高。	4—3
		独立型旅游资源单体规模、体量较小；集合型旅游资源单体结构和谐、疏密度一般；自然景象和人文活动周期性发生或频率较小。	2—1
	完整性（5分）	形态与结构保持完整。	5—4
		形态与结构有少量变化，但不明显。	3
		形态与结构有明显变化。	2
		形态与结构有重大变化。	1
	知名度和影响力（10分）	在世界范围内知名，或构成世界承认的名牌。	10—8
		在全国范围内知名，或构成全国性的名牌。	7—5
		在本省范围内知名，或构成省内名牌。	4—3
		在本地区范围内知名，或构成本地区名牌。	2—1
	适游期或使用范围（5分）	适宜游览的日期每年超过300天，或适宜所有游客使用和参与。	5—4
		适宜游览的日期每年超过250天，或适宜80%左右游客使用和参与。	3
		适宜游览的日期每年超过150天，或适宜60%左右游客使用和参与。	2
		适宜游览的日期每年超过100天，或适宜40%左右游客使用和参与。	1
附加值	环境保护与环境安全	已受到严重污染，或存在严重安全隐患。	−5
		已受到中度污染，或存在明显安全隐患。	−4
		已受到轻度污染，或存在一定安全隐患。	−3
		已有工程保护措施，环境安全得到保证。	3

　　根据上述结果，可以进一步对资源普查区、资源组合区以及开发条件进行赋值评价。

2. 国家旅游局旅游资源等级评价标准

根据 2003 年 2 月 24 日颁布、2003 年 5 月 1 日实施的中华人民共和国国家标准《旅游资源分类、调查与评价》中旅游资源评价赋分标准（见表1），进行单体赋分评价。经过详细考察及广泛征求专家意见，最终得出旅游区旅游资源质量等级评价结果。

依据旅游资源评价总分，将其分为五级，从高级到低级标准分别为：五级（≥90 分）、四级（≥75 分—89 分）、三级（≥60 分—74 分）、二级（≥45 分—59 分）与一级（≥30 分—44 分），此外还有未获等级旅游资源（得分 ≤29 分）。其中五级旅游资源成为"极品旅游资源"，五级、四级、三级旅游资源被通称为"优良级旅游资源"，二级、一级旅游资源被通称为"普通级旅游资源"。

二、生态旅游环境容量的确定

生态旅游是促进旅游业可持续发展重要旅游方式之一，生态旅游环境容量的确定、监督及反馈对维持生态旅游环境质量和旅游者的满意度是非常必要的。否则生态旅游资源与生态旅游环境遭到破坏，导致生态旅游产品质量下降，生态旅游得不到稳定地发展，最终将导致旅游经济的衰退。因此应将生态旅游环境容量作为生态旅游规划与管理的手段之一。

1. 生态旅游环境容量的内涵

生态旅游环境容量是指某一生态旅游区，在特定时间内，在保证该地资源与生产的连续性、生态的完整性、文化的延续性、发展质量的前提下，所能承受的旅游者人数或者说旅游活动的强度，其概念体系如图1 所示。

其中自然生态旅游环境容量指的是基本上干扰旅游地域动植物、地质地貌、水文、土壤、气象气候等自然要素的情况下所能允许的旅游者人数或旅游活动的强度。

生态旅游空间环境容量是指能开展生态旅游的景点、景区、旅游地

生态旅游环境容量的概念体系	自然生态旅游环境容量	包括天然生态旅游环境容量、生态空间环境容量、自然资源环境容量
	社会文化生态旅游环境容量	包括生态旅游政治环境容量、"天人合一"文化旅游环境容量
	生态经济旅游环境容量	包括外部生态经济旅游环境容量、内部生态经济旅游环境容量
	生态旅游气氛环境容量	包括区域生态旅游气氛环境容量、社会生态旅游环境容量、旅游者生态旅游环境容量

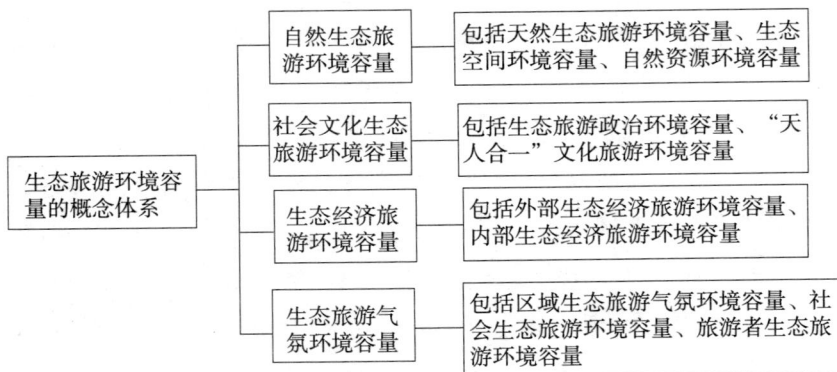

图1　生态旅游环境容量的概念体系

资料来源：钟林生等：《生态旅游规划原理与方法》，化学工业出版社2003年版。

域的空间范围内所能接纳的旅游者人数或旅游活动强度。

自然资源环境容量指的是生态旅游地域内水资源、土地资源、大气资源等所能承受的旅游者人数或旅游者强度。

生态旅游政治环境容量指的是生态旅游地域有关生态旅游政策、规划和管理技能水平、社会局势等所能承受的旅游者人数或旅游活动强度。

"天人合一"文化旅游环境容量指的是历史上形成的自然与人类和谐的区域内开展生态旅游时所能承受的旅游者人数或旅游活动强度。

外部生态经济旅游环境容量指的是生态旅游地域内其他经济产业的发达程度以及其他经济产业与生态环境间的关系所能承受的旅游者人数或旅游活动强度。

内部生态经济旅游环境容量指的是旅游业内部有关政策制度和秩序以及人员所能承受的旅游者人数或活动强度。

区域生态旅游气氛环境容量是指区域内部的自然与文化气氛环境所能承受的旅游人数或活动强度。

社会生态旅游环境容量指的是生态旅游社区内当地居民所能承受

的旅游者人数或旅游活动强度。

旅游者生态旅游环境容量是指生态旅游者在开展生态旅游时所能承受的旅游者人数或旅游活动强度。

2. 生态旅游环境容量的影响因素

由于生态旅游环境是由若干因素组成的复杂的生态环境系统,因而导致影响生态旅游环境容量的因素很多,主要应考虑的影响因素如下。

(1)用地类型。生态旅游开发用地类型、规模等不同,其生态旅游环境容量也就不同。中华人民共和国国家标准《风景名胜区规划规范》(GB50298—1999)规定的游憩用地生态容量如表2。

表2 游憩用地生态容量

用地类型	允许容人量和用地标准		用地类型	允许容人量和用地标准	
	(人/公顷)	(平方米/人)		(人/公顷)	(平方米/人)
针叶林地	2—3	5000—3300	城镇公园	30—200	330—50
阔叶林地	4—8	2500—1250	专用浴场	<500	>20
森林公园	<15—20	>660—500	浴场水域	1000—2000	20—10
疏林草地	20—25	500—400	浴场沙滩	1000—2000	10—5
草地公园	<70	>140			

(2)用地状况。一个区域内旅游用地面积越大,旅游活动的规模也越大,居民用地越少。当居民用地面积缩小到一定极限,会导致当地居民(包括旅游从业人员与非从业人员)产生心理抗拒和生活秩序被扰乱,导致紧张、焦虑与沮丧,降低了生活环境质量。

(3)人文环境。社会、文化与经济等人文环境也对生态旅游环境容量有着重要影响,如旅游开发时间长的区域,由于居民已习惯了旅游者的到来而使容量增大;旅游产业化程度高,经济发达的地域,旅游容量也增大;文化差异(包括宗教信仰、生活习俗、生活观念等)大的地域,居民所能承受的容量就小。

(4)时间节律。时间节律因素有两方面的含义。其一是一些生态旅游地旅游景观随着时间的推移,生态旅游景观有所改变,如雪景、红叶等自然气象气候景观和植物的外相、色相等景观,对旅游者的吸引力不一样。诸如动物的迁徙、繁殖也有时间节律,这是自然方面的;人文生态方面也是如此,如民族节庆、宗教节庆等。另一方面是旅游客流的时间变化。这样,旅游目的地往往只是在旅游流高峰期时,某一类生态旅游景观最精彩时达到饱和或超饱和状态,其他时期一般都在生态旅游容量之内。因此,生态旅游环境容量的确定同一般旅游环境容量一样,既要考虑高峰期旅游者的人数或活动强度,也要考虑淡季、平季的设备和设施等的使用问题。

(5)管理水平。管理水平的高低也会影响生态旅游环境容量。加拿大怀伊沼泽地野生动物避难处就是运用科学规划管理而不是减少旅游者数量的方法来解决生态旅游容量的最佳案例。他们把旅游者活动中心和停车场建在对野生生物没有任何影响的地带,而且高速公路进出非常方便。在那里,旅游者可以通过各种展览和有关视听材料、旅游指南对沼泽地和野生生物全貌有所了解,即使足不出户也能略知一二;同时允许少数自助旅游者或团队旅游者在保护区边缘地带参观;在与旅游中心的近距离途中开通一列火车,专供旅游者目睹野生生物。这样,就能有效地把旅游者拒于生物易损带之外,而不会超过生态旅游环境的极限容量。

(6)游客类型。如果须在较拥挤和放弃旅游之间作选择,人们会在多大程度、在哪些情况下选择前者呢? 这部分地取决于旅游者的地域分布及其文化背景。在地域上,南欧人比北欧、北美人,亚洲人比欧美人更能容忍高密度的拥挤和近距离的个人空间;爱独处的人或许认为其他人的加入会给他的旅游享受带来不利影响;有些人出于社交缘故或仅从安全考虑,希望有少数人来到旅游地等。如将旅游者与当地居民相比较,旅游者可以接受更高的人群密度。

除上述常见的因素之外,作为生态旅游要更多地考虑旅游地域的动植物(特别是动物)、地质地貌、大气和噪声等因素,既要注重其生物环境、地质地貌环境、水文和土壤环境、大气环境等,换言之要格外注重其地域的自然属性。

3. 生态旅游环境容量的量测

生态旅游环境容量具有综合性、反馈性、可变性、可控性、可量测性等特点,其中可量测性是进行生态旅游环境容量量测的依据。生态旅游环境具有可量测性的主要原因是生态旅游环境系统具有一定的稳定性,其变化多在一定的阈值范围之内。但生态旅游环境容量的量测存在着一定的难度,是生态旅游环境、生态旅游研究中的难题,也是生态旅游环境容量作为生态旅游规划和管理中的关键性问题。

生态旅游环境容量的量测涉及生态旅游的主体、客体、媒体等诸多要素与关系,涉及生态旅游环境的各子系统及其组成要素,具有高度广泛性、综合性和复杂性。它们之间的调适和相互作用机制是否符合客观规律决定了生态旅游是否能健康、稳妥、协调、持续地发展。因此生态旅游环境容量的量测方法具有多样性。

(1)经验量测法。该法通过大量的实地调查研究而得出经验值或经验公式对生态旅游环境容量进行量测。这种量测方法运用于生态旅游空间环境容量、自然资源环境容量、区域生态旅游气氛环境容量、社会生态旅游环境容量、旅游者生态旅游环境容量等的量测。

自我体验法。调查者作为一名生态旅游者,在生态旅游过程中来体验所需要的最小空间、体验在不同旅游者密度情况下的感受、感到旅游者数量和活动强度对生态旅游环境的影响等。

调查统计法。在不同的生态旅游地域、社区、路段等,分别对不同的生态旅游者进行调查,了解生态旅游者对生态旅游环境容量各方面的认知、感受与需求,并进行统计处理。

航拍问卷法。以航空拍摄来了解生态旅游者人数和分布状况,同时采取问卷形式调查生态旅游者的看法,比较、分析得出来生态旅游环境容量的经验值或相关结论。

（2）理论推算法。理论推算法是在调查研究或经验量测法的基础上,对生态旅游环境容量进行推算,得出更合适的生态旅游环境容量。主要有单项推测法和综合推测法。

单项推测法是对生态旅游环境容量体系中某一个方面的容量进行量测。

对天然生态旅游环境容量的量测,目的在于维持当地原有的自然生态质量,使生态旅游区的生态系统维持在一个稳定的、良性循环的状态。包括两个基本的方面:一是天然生态环境对于因生态旅游造成的对生态的直接消极影响(如游人对植物的践踏等)能够承受,即天然生态环境自身再生能力很快消除这些消极影响;二是天然生态环境对生态旅游者所产生的污染物能完全吸收和净化,如生态旅游者聚集所产生的对水的污染可在较短时间因为当地天然生态系统所净化。一个生态旅游区天然生态旅游环境容量量测公式为:

$$F = \frac{\sum_{i=1}^{n} S_i T_i + \sum_{i=1}^{n} Q_i}{\sum_{i=1}^{n} P_i}$$

式中,F 为天然生态旅游环境日容量;S_i 为天然生态环境净化吸收第 i 种污染物的数量;T_i 为各种污染物的自然净化时间,一般取一天,对于非景区内污染物可略大于一天,但累计污染物最迟应在一年内完全净化完;n 为旅游污染物种类;Q_i 为每天人工处理掉的第 i 类污染物量;P_i 为每位生态旅游者一天内产生的第 i 类污染物量。

生态旅游空间环境容量的量测,包括对旅游线路、旅游景点和旅游景区容量之量测,再加上非活动区接纳旅游者人数则为其容量。公式为:

$$T = \sum_{n}^{m} D_i + \sum_{i=1}^{p} R_i + C$$

式中,T 为生态旅游地环境容量;D_i 为第 i 种旅游景区容量;$D_i = \sum S_i$;S_i 为第 i 种旅游景点容量;R_i 为第 i 景区内线路容量;m,n,p 分别为景区、景点数、景点内道路;系数 $i=1$,C 为非活动区接待旅游者容量。

自然资源环境容量的量测是由一些主要自然资源数量的限制程度而定,在较多生态旅游区,往往以水资源供应量为限制因素,如水资源环境容量 W = 总供水量(T)/人均用水量(We),总供水量即该地的供水能力,人均用水量包括住宿旅游者人均用水量和流动旅游者人均用水量两大部分。

社会生态旅游环境容量的量测是通过当地居民对前来进行生态旅游者感知的关系可用下式表示:

$$R = A, P_a$$

式中,A 为生态旅游区或社区内居民点(或面积);P_a 为当地居民不产生反感的旅游者密度。若居民点与旅游地(社区)合二为一,则 Ra 值较大,若居民点与旅游区域、社区基本分离但作为其依托点,则 P_a 值较小,若旅游区域、社区与居民点不关联,则 R 取无穷大。

旅游者生态环境容量的量测是指生态旅游者的心理感知容量,该容量比旅游资源容量、一般的旅游环境容量均小。这有深刻的环境心理原因。根据环境心理学原理,个人在从事活动时,对环境在身体周围的空间有一定的要求,任何外人的进入,都会使个人感到侵犯、压抑、拥挤等,导致情绪不安、不快,这种空间成为个人空间。其大小受三方面因素影响:活动性质与活动场所的特性;年龄、性别、种族、社会经济地位与文化背景等个人要素;人与人之间的熟悉和喜欢程度,团体的组成与地位等人际关系因素。个人空间值即是规划和管理中所称的基本空间标准。旅游心理容量是指旅游者在某一地域从事旅游活动时,在不降低活动质量的条件下,地域所能容纳的旅游活动最大值。旅游者生态旅游环境容量是生态旅游地域在生态旅游者满足程度最大时的旅游活动承受量,在一定程度上等于生态旅游资源的合理容量。一般量测公式为:

$$C_p = \frac{A}{\sigma} = KA$$

$$C_r = \frac{T}{T_0} \cdot C_p = K \cdot \frac{T}{T_0}$$

式中,C_p 为时点容量,C_r 为日容量;A 为资源的空间规模;K 为单位空间合理容量;T 为每日开放时间;T_0 为人均每次利用时间。

综合推测法是量测一个生态旅游区的整体生态旅游环境容量使用的综合方法。该法往往遵循最低因子限制律,也就是说生态旅游环境容量的大小往往取决于生态旅游环境容量中最小的那一部分容量或者因素,该分容量或因素决定了整体生态旅游环境容量。假如要用量测公式来表示的话,那么生态旅游环境容量为

$$E = \min(E_1, E_2, E_3, E_4, \cdots, E_{10})$$

式中,E_1 为天然生态旅游环境容量;E_2 为生态旅游空间环境容量;E_3 为自然资源环境容量;E_4 为生态旅游政治环境容量;E_5 为"天人合一"文化旅游环境容量;E_6 为外部生态经济旅游环境容量;E_7 为内部生态旅游环境容量;E_8 为区域生态旅游气氛环境容量;E_9 为社会生态旅游环境容量;E_{10} 为旅游者生态旅游环境容量;E 为生态旅游环境容量值,其为某一分量的最小值。

需要说明的是,目前有些单项容量的量测还难以做到定量,如生态旅游政治环境容量、"天人合一"文化容量等,随着研究的深入可能会逐渐找到定量量测方法。因此,目前生态旅游环境容量研究要注重定性与定量办法相结合,以促进生态旅游环境容量研究。

(3)实践中常用的生态旅游环境容量量测方法。目前在我国森林公园、风景名胜区等规划实践中,采用较多的量测方法有三种,即线路法、面积计算法和卡口法。

线路法是以每个游客所占游道长度计算。游道分为完全游道和不完全游道两种,完全游道即进出口不在同一位置的游道;不完全游道即进出口在同一位置游道,游客游至终点必须按原路返回。

完全游道的计算方法 $C = R \times D \div B$

不完全游道的计算方法 $C = R \times D \div (B + B \times E \div F)$

式中,C 为环境日容量(人次):R 为游道全长(米);B 为游客占用合理的游道长度(一般为 2 米);D 为周转率(D = 景区开放时间÷游完全游道所需时间);F 为游完全游道所需时间;E 为沿游道返回所需时间。

面积计算法是用每个游客所占平均游览面积来计算,其公式为

$$C = A \times D \div a$$

式中,C 为某环境的日容量(人次);A 为可游览面积(平方米);a 为个人占面积(平方米);D 为周转率。

卡口法是实测卡口处单位时间内通过的合理游人数,公式为

$$C = M \times N$$

式中,C 为某环境的日容量(人次);M 为日游客批数;N 为每批游客人数。

作者简介

张昕,女,黑龙江省哈尔滨市人,1972 年生。2005 年东北农业大学管理学博士。黑龙江省科技学院经济管理学院副教授,硕士生导师。研究方向为资源经济学与企业管理,从事工商管理专业的教学工作,先后主持省、厅课题多项,发表论文十余篇。本文与下文均为其毕业论文节选。

生态旅游资源配置评价

张　昕

一、评价的目的种类

（一）评价的目的

资源优化配置的目标效益有两种表述方式：其一是使有限的资源产生最大的效益；其二是为取得预定的效益尽可能少地消耗资源。按第一种表述，要求在一定量的各种资源条件下，通过资源的合理安排、组合，以追求产出的效益最大化。按第二种表述，为了既定的效益目标，如何合理的组织、安排各种资源的使用，使总的资源成本最小。

生态旅游资源作为经济资源，我们要力求其有限的资源产生最大的经济效益；作为一种自然资源或环境资源，它的配置就要求在一定量的资源条件下，通过合理开发、科学规划，使其对环境、生态、社会的负面影响即总的成本降到最低，而综合效益达到最优。

生态旅游资源配置评价，并不是对资源本身的评价，而是对生态旅游资源开发、规划和生态旅游建设项目实施所带来的经济效益、环境影响、生态影响、社会影响等进行分析、预测和评估，建立综合效益最大化的模型，提出预防或者减轻不良的环境影响、生态影响的对策和措施，并对生态旅游资源配置进行跟踪监测的方法与制度。

生态旅游资源配置评价不仅是旅游资源配置、旅游活动开发的前提和依据，同时也是生态旅游开发进程中乃至项目完工后跟踪监测的有力工具。

（二）评价的种类

目前，对于生态旅游资源配置的评价，国际国内尚无明确的种类划分，笔者认为，鉴于生态旅游资源特殊的环境资源性、经济资源性及天人合一的生态属性，对于生态旅游资源配置的评价也可以从这样三个角度，即配置的环境评价，配置的经济评价和配置的生态伦理评价。

其中最重要的评价就是生态旅游资源配置环境评价。因为在环境评价中能够反映出资源的经济、社会、环境的诸多配置问题，衡量出资源配置的效率与效益。

二、评价的影响因素

由于影响生态旅游资源配置评价的因素很多，因此需要对其进行归纳、分类。目前还没有人对影响生态旅游资源配置评价的因素进行系统归纳和分类。在此，笔者将生态旅游资源配置评价的影响因素分为环境资源特性的影响、社会经济条件影响两个方面。

（一）生态旅游资源特性的影响

我们对生态旅游资源特性的论述也是从其自然属性和经济属性两个方面进行的。

1. 生态旅游资源的自然属性

（1）生态旅游资源的系统性。生态旅游资源的系统性是其作为环境资源的最基本特性，它对环境经济评价具有重要的影响，主要体现在：第一，对待生态旅游环境问题不能用孤立的观点，在相互依赖、相互制约的自然环境要素之间，牵一发而动全身，任何一种环境要素的变化，都有可能导致整体环境质量的下降；第二，构成生态旅游资源环境系统的各个要素只有在整体中，在与其他要素的联系中，才具备应有的属性和功能，一旦从系统中分离出去，在本质上已不具有原来的属性和功能；第三，生态旅游环境系统具有功能的非加和性，即系统的整体功能通常并不等于各个局部功能之和，一个系统的整体功能不仅取决于其构成要素,更主要取决于构成要素之间的联系总和,系统的整体功能往往大于各个局部功能的简单叠加之和。

因此,对生态旅游资源进行配置时,必须树立系统性观点,用系统的思想和方法去分析对象内部各个要素之间的结构和联系,不仅仅要逐个计算各个环境要素的价值并逐个相加,还应充分考虑该生态旅游环境资源系统的整体配置价值。

(2)生态旅游资源的多用途性。生态旅游资源的多用途性决定了它作为环境资源的多价值性。与此同时,生态旅游环境资源各种用途之间关系的复杂性也就导致了其价值评估的复杂性。这种复杂性主要体现在两个方面:一方面,生态旅游环境资源价值具有可分解性。即某一价值分量实际上是另一组价值中的一部分,为了对这一价值分量进行计算,就必须将它从该组合价值中分离出来。如果不对组合价值进行分解,而是将它直接作为价值分量计入,将必然导致对那一分量的高估。但是生态旅游资源的各种用途之间并不是严格分离的,而是相互影响的,这就使得价值分解出现困难。另一方面,生态旅游环境资源各个价值分量的可加性。生态旅游环境资源价值经过分解以后,包含着多个价值分量,这些价值分量的计算方法不同,表述方法有时也不相同,当对各个价值分量进行加总时,就会面临一定的困难,因此就必须建立千套判断可加性的标准,包括价值分量的同时性、相容性、互斥性、非重叠性、内涵的一致性等,只有这样,才能既不出现重复计算,也不会出现漏算。

生态旅游资源的多用途性,和环境资源的多价值性,也决定了生态旅游资源必将面临使用上的选择与效益上的优化即生态旅游资源的配置问题。

(3)生态旅游环境影响的不确定性。世界各地生态旅游开展至今,人们仍无法准确预见有关开发决策所带来的未来环境影响。环境影响的不确定性在生态旅游环境资源开发过程中显现得尤为明显。因为环境影响的不确定性是不可避免的,因为我们不具备完全信息。其主要原因在于:第一,限于我们现在的知识水平,难以全面准确地了解生态旅游对环境的影响,科学技术的不断发展,可以使我们的视野不断得到拓展,对环境影响的认识也会逐步得以加深,但要完全认识它们,并非轻而易举;而且,科学技术的发展和信息的获取过程,在一定程度上还需要时间;第二,决策和实践往往是有明确目标的,因而,在已获取的不完全信息中,只是选用那一部分有关的信息,而对于与目标关系不直接的信息,可能弃之不用,可见人为的选择,使用已有的信息,进一步增加了不确定性因素;第三,在实践中,许多信息难以直接用以决策与管理,这些信息本身具有不确定性或者那些市场不能反映、需要有关部分干预的问题,需要一个决策过程,一些利益集团可能为了自身的利益,解释和利用有关信息,使之在实际运用中走样。

所有关于环境的决策带来的环境影响都在一定程度上面临着不确定性。例如,对于一个自然保护区的土壤保持项目,在实施项目和不实施该项目这两种情况下,土壤的侵蚀率及其对生产力的影响都可能是未知的。而进行环境经济评价的前提就是需要知道这些环境影响,因此我们需要对这些环境影响的不确定性进行适当的处理。最常用的方法是对事先无法确定其精确值的数量、价格以及其他变量使用"期望值"。其实质就是将不确定性转化为风险,将各种可能的结果都根据其发生的概率进行加权;然后,把这些加权的结果进行加总,就得到了一个平均值(即期望值)。这些概率可以通过历史趋势、主观判断等方法来进行估计。目前,这种方法已经成为将那些不确定性的环境影响纳入环境经济评价的标准方法。但是,该方法也存在一些问题,如它无法指出不确定性的程度或者是价值可能的取值范围,而且也不能解释人们对风险的态度。

生态旅游环境影响的不确定性,使得生态旅游资源配置问题更加具有挑战性和现实意义。

(4)生态旅游环境影响的不可逆性。生态旅游环境资源中的生物资源由于生命有机体具有明显的不可逆性,对于任何生命体,一旦其生命终止,该生物体将不复存在了。由于生物有繁殖再生能力,生命个体的生命周期虽不可逆,但是一般不构成环境持续的危机。但是,如果一个生物种群,或者生物群落所有个体的生命过程都消失了,其繁殖再生能力就不存在了,这种情况就构成了不可逆。

在生态旅游环境影响评价过程中,应该特别关注那些可能带来不可逆影响的决策。由于不可能准确地预测将来的情况,在今天看来无足轻重的不可逆影响在未来也许是至关重要的。一些经济学家把一个不可逆的行动看做是限制未来选择的一种行动。目前还没有一种专门的环境影响经济方法用来说明生态旅游环境影响的不可逆性,不过,应该说机会成本法是比较适合的方法。因为它间接地提供了保护环境成本的信息。

(5)生态旅游资源的唯一性。生态旅游资源与其他环境资源一样具有唯一性。例如,一个生物种,它与其他物种有明显区别,一旦消失,便没有相同的生物体在世了。大千世界物种不计其数,但是每一个物种的数量却是有限的。许多典型的生态系统,它们都是在生物与环境相互作用的长期过程中形成的,有着自己独特的结构和功能。如果说生态环境资源可以被替代或者复制,那么其唯一性及不可逆性就不会构成严重的环境问题。当今的生物技术虽然可以分离和移植基因,但还是不能对一个物种进行复制。从目前来看,以人类所掌握的科学技术是无力复制环境资源的,即使是复制了,也不可能包含自然界的全部信息。

也就是说,对于任何一种环境资源而言都是难以完全替代的。因此,在进行环境影响经济评价工作时,我们既要注意环境影响的一般性,更要强调环境影响的特殊性。对于那些一般性的环境影响,我们可以采用替代市场法对其经济价值进行评估,但是,对于那些具有特殊性的环境影响则需要特殊对待。通常我们可以采用权变评价法(CV法)来评估环境资源的唯一性。

(6)生态旅游环境影响的累积性。生态旅游开发活动对环境造成的影响是一种累积的影响或综合的影响,也就是说,一种经济开发活动的环境影响是一定区域内所有开发行为之间在环境影响方面进行累积的结果。

(7)生态旅游资源的区域性。生态资源有着明显的区域差异。根据自然特性,全球有热带、亚热带、温带、寒带及极地环境的区域性差别;按照社会特性,又有不同国家和地区的区域环境;在一个国家内,因行政区划、自然特性以及社会经济差异,又有许多不同类型和不同层次的区域环境。由于自然属性和社会经济属性及其相互关系的不同,所以生态旅游环境资源表现出不同区域性特点。

生态资源在各个不同层次或不同空间的地域上,其结构形式、组织水平、能量物质流动规模、途径和稳定性程度等,都具有相对的特殊性,从而表现出区域性的特点。生态旅游资源环境的区域性特点决定了不同地域环境资源的差异性,当我们使用某一地域环境经济评价参数来对其他地域的环境影响进行评估时,我们必须考虑其适用性问题;即便适用,我们也应该采用有效地转换将系数进行合理的调整。另外,由于生态环境资源的区域性,所以在进行环境影响经济评价时,我们必须正确地界定环境影响的空间范围,并从整体综合地考虑该空间范围内的环境影响。在进行生态旅游资源配置时,既要考虑资源的代内代际的跨期配置问题,又要充分考虑资源的空间布局与优化。

2. 生态旅游资源的经济属性

(1)生态旅游资源的稀缺性。生态旅游资源的稀缺性是相对于人类社会日益增长的需求来说的。随着社会经济的不断发展和人口数量的不断增加,人类对环境资源的需求越来越多,在这种情况下,生态旅游资源的有限性和稀缺性表现得日益突出。例如森林面积的不断减少,大气质量不断下降等。稀缺性是环境资源价值的基础,正是因为稀缺性,环境资源才具有经济学意义的价值。

(2)生态旅游环境影响的外部性。按照生态旅游环境影响外部性的特点,我们可以将其分为外部经济性与外部不经济性。例如,发展生态旅游项目植树造林使得林业部门和水利部门及服务部门同时受益，而这样的过程没有通过市场交换的方式反映出来，即旅游开发部门没有得到来自林业部门、水利部门和服务部门的补偿。反之，当生态旅游资源开发造成了毁林、污水等不利影响时，这种外部影响也无须支付相应赔偿。比如，在评价森林公园的效益时，很少有人考虑观看野生生物的当地效益，因为他们没有市场价格。

（3）生态旅游资源的公共物品属性。正如我们在第二章提到的，环境经济学不但关注公共物品问题，还关注那些共有资源。把"与私人物品相反的、不具备明确的产权特征，形体上难以分割和分离，消费时不具备竞争性或排他性的物品（如森林公园、道路）等"定义为公共品。

生态旅游资源作为环境资源，在一定程度上具有供给的普遍性（即具有非竞争性）和非排他性，即任何人不能因为自己的消费而排除他人的消费。

（二）社会经济条件的影响

资源配置经济评价的结果，是一定社会经济条件的产物，其在总体上和大趋势上是与特定的社会经济发展水平相对应的。

（1）经济增长模式。经济增长与资源配置之间的关系可以变现为多种形式。如果仅仅从经济增长速度的高低与资源配置程度的高低进行两两组合，至少存在四种模式：高增长、高消耗；高增长、低消耗；低增长、高消耗；低增长、低消耗。很明显，我们追求的目标是高增长、低消耗的模式。

（2）收入分配。在资源配置的经济评价中存在一个重要的假定，即社会的效益（总支付意愿）是所有社会成员的个体效益（个体支付意愿）的简单加总。做出这个假定的前提是承认社会成员在收入方面的分配是合理的，即假定有公平合理的分配。如果实际分配不是如此，资源配置的经济评价就有可能导致财富更不合理地分配，出现富人越富，穷人越穷的现象。

（3）贴现率的选择。同一数量的资金在不同的时间其价值是不同的。贴现率是表明资金在不同时间的价值权重的指标,贴现率越高,表明发生在未来的资金的价值越小。贴现率的实质,是以当代人的观点看待发生于未来的资金,认为发生在未来的效益不如发生在当前的效益大;发生在未来的费用不如发生在当前的费用损失大。贴现率的这种特性引起了人们关于代际不公平的争论。因为贴现率分配给未来资金的价值权重,反映了当代人对后代人利益的权衡估价,意味着后代人的利益没有当代人的重要,这对后代人是不公平的。

（4）经济社会发展水平的差异。在研究生态旅游资源配置评价的方法中,对价值的估算都是以发达国家的研究成果为依据的:在发展中国家,是很少有类似研究来供参考的。但是,与生态旅游资源质量相关的物品和服务的价值在发达国家和发展中国家可能根本不同,因为它们之间的收入水平、生活方式、历史文化、人口状况、气候、当地环境条件以及资源都会存在差异。使用发达国家生态旅游资源配置的研究结果来衡量发展中国家所从事的生态旅游项目的配置,会存在很多不确定性,但是这比不评价要好得多。

此外,社会制度条件和技术条件也影响着人们对生态旅游资源配置的评价。

比如各国环境保护及资源利用法规的制定状况,各国资源产权的制度情况,各国对污染物的治理能力等都影响着生态旅游资源配置的评价。

三、生态旅游项目环境影响评价

生态旅游资源配置环境影响评价是针对旅游区域内将进行的生态旅游有关活动可能给环境质量带来的影响而进行的预测和评价。为实现保护与发展的目的,有效地控制旅游资源开发对自然环境和生态环境的负面影响,在进行生态旅游资源开发之前必须先进行生态旅游环境影响评价。

　　生态旅游环境影响评价特征如表1所示。

表1　生态旅游环境影响评价特征表

项目	生态旅游环境影响评价
目的	为工程设计和环境管理服务
对象	具体的生态旅游建设项目
内容	预测分析生态旅游建设项目可能对环境造成的变化
性质	工程评价
方法	类比评价、模拟试验、模型预测

　　研究生态旅游的环境影响评价,首先要解决的就是指标或指标体系的问题。指标体系是生态旅游环境影响评价的关键,因此指标体系的建立对实施生态旅游环境影响评价是十分重要的。

　　(一)指标体系构成的原则和方法

　　评价指标体系构成的原则是,整体上能反映设定的环境目标。环境目标是决策者要求环境质量达到的境地。也许各地设定的环境目标不尽相同,但其基本内涵却是一致的。依据国家风景名胜区管理要求和旅游开发方向定位所设定的指标应对环境影响评价具有指导、监督和协调作用,可据此进行旅游区建设规划方案的评价、调整和检查;评价指标既要反映未来环境质量状况、生态系统稳定性(和正向演替)特征,还要能够反映社会、经济、文化的支撑能力;评价指标应具有可操作性,含义明确、方法统一、易于理解(不产生歧义),而且具有普适性:与环境适宜性评价指标吻合:指标要有评价标准,尽量采用现行的各类环境质量指标,以保证标准的相互借鉴作用,使评价标准"师出有名"。

　　(二)指标体系框架

　　根据指标体系构成的原则和方法,以旅游自然生态环境、旅游人文社会环境、旅游资源环境和旅游环境容量气氛等四大系统构成一级指标,每个系统由若干要素构成二级指标,这些要素又由若干参数构成三级指标,甚至还有第四级、第五级指标,各级指标的集合便构成指标体系框架(见图1)。

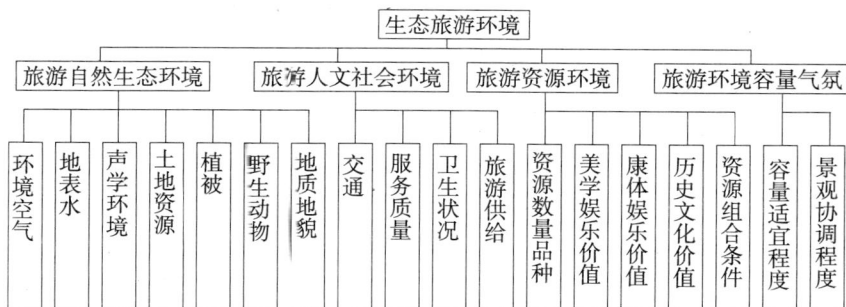

图1 生态旅游环境影响评价指标体系的框架

(三)评价因子权重的确定

评价因子权重的确定是关键,它直接影响评价结果的合理性。确定权重的常用方法有德尔菲法和层次分析法(AHP)。德尔菲法虽操作简单但主观性较强;层次分析法具有定性与定量相结合的特点,能大大提高决策结果的客观性和科学性。本文的评价权重值主要采用层次分析法,辅以德尔菲法,并借助计算机处理获得。

1. 标度

在进行多因素,多目标的环境评价中,既有定性因素,又有定量因素,还有很多模糊因素,各因素的重要度不同,联系程度各异。在层次分析中,针对这些特点,对其重要度作如下定义。第一,以相对比较为主,并将标度分为 $1,3.5,7,9$ 共 5 个,而将 $2,4,6,8$ 作为两标度之间的中间值;第二,遵循一致性原则,即当 C_1 比 C_2 重要、C_2 比 C_3 重要时,则认为 C_1 一定比 C_3 重要(见表2)。

2. 构造判断矩阵

在每一层次上,按照上一层次的对应准则要求,根据专家调查结果对该层次的元素(指标)进行逐对比较,依照规定的标度定量化后,写成矩阵形式。

表2　标度及其描述

重要性标度	定义描述
1	相比较的两因素同等重要
3	一因素比另一因素重要
5	一因素比另一因素明显重要
7	一因素比另一因素强烈重要
9	一因素比另一因素绝对重要
2,4,6,8	两标度之间的中间值

3. 确定评价因子的权重值

通过判断矩阵确定评价因子权重值及各层间的权重值。

（四）评价因子分值的确定

根据国家旅游局颁布的《旅游区（旅游点）质量等级特征值评分表》，确定旅游资源评分等级取值（表3）。

表3　生态旅游环境影响评价模型表

评价因子		评价等级（分值）			
		10—8	8—6	6—4	4—1
自然生态环境	环境空气	好	较好	一般	不好
	地表水水质	好	较好	一般	不好
	声学环境	好	较好	一般	不好
	植被覆盖率（%）	>95	85—95	75—85	<75
	土壤	好	较好	一般	不好
	水生生物	丰富	较丰富	一般	较少
	水土流失	轻微	较少	较严重	严重
	野生动物（种）	>15	12—15	8—11	<8
	水资源	丰富	较丰富	一般	较少
	土地资源	丰富	较丰富	一般	较少
人文社会环境	区域经济	发达	较发达	一般	不发达
	交通	好	较好	较差	很差
	卫生状况	优良	中等	较差	很差
	搬迁居民生活质量	高	较高	一般	差

评价因子		评价等级（分值）			
		10—8	8—6	6—4	4—1
旅游资源环境	资源数量品种	丰富	较丰富	一般	较少
	美学观赏价值	高	较高	一般	较低
	康体娱乐价值	高	较高	一般	较低
	历史文化价值	高	较高	一般	较低
旅游环境容量气氛	容量的适宜程度景观	60% < Y <75%	50%—60%	Y < 50%	Y > 75%
	环境协调程度	协调	较协调	一般	不协调

资料来源：根据程胜高等：《生态旅游项目环境评价指标体系的应用研究》，《环境保护》2004年第2期整理。

在对生态旅游自然生态环境、旅游人文社会环境、旅游资源环境和旅游环境容量气氛等4项第二层要素评分的基础上，给出生态旅游环境质量影响综合评价表，定量评价其旅游环境质量。

四、生态旅游资源配置的伦理评价

生态旅游资源的配置是否合理，不仅要在旅游资源开发前进行资源配置环境影响评价，还要接受来自于生态及资源伦理观的约束与评价。

（一）生态伦理观的指导与评价

1. 生态伦理学的内涵

"伦理学"一词来源于希腊语，是研究道德现象、本质及其发展规律的科学，而生态学是研究自然界中生物之间及生物与非生物之间相互关系的学科。因此生态伦理学就是这两门学科的边缘学科（杨帆，2000年）。它是一门研究人与自然（包括一切生物和非生物）间相互关系以及对于大自然应具有的优良态度和行为准则的学科。概括起来说。它的理论要求是确立自然界的价值和自然界的权利，它的实践要求是保护地球上的生命和自然界，它的根本任务就是为环境保护实践提供一个可靠的道德基础。生态伦理对生态旅游资源配置评价的依据是：

（1）自然界是一个相互依赖的大系统。自然界，包括各种生物系统和生物栖息所依赖的自然环境系统，是一个统一的、完整的有机体，各组成要素之间是相互联系和相互制约的。人与其他物种一样，都是大自然这个相互依赖的系统的有机构成要素，在这个系统中，每个生命的生存及其生存的质量，都不仅依赖于其他所生存的环境的物理条件，还依赖于它与其他生命之间的关系。任何一个生命或生命共同体的重大变化或灭绝，都会通过系统结构对其他生命或生命共同体发生影响。如果我们打破了我们与地球生命网的联系，或对生命网的干涉过大，那么，我们就是在摧毁我们追求独特的人类价值社会。因此，人是大自然的一个生物成员，人与其他生物一样，生活、生存都离不开大自然，人与土地、空气、水、动物、植物等都是自然组成部分，都是相互依存的，相互间固有一种和谐的伙伴关系。所以，人类要善待自然万物，不能随意伤害自然界的其他成员，伤害自然的最终后果就是伤害人类自己。

（2）大自然具有价值。生态伦理学认为，自然界是有价值的，而且其价值是多方面的，通常被概括为两大类，一类是外在价值，也就是从人类和其他生命的角度，自然界对人和其他生命的有用性，即它作为他物的手段或工具的价值，如自然界的事物作为人和其他生命生存和发展的资源，能满足人和其他生命生存和发展的需要，实现人和其他生物的利益；自然界对人类提供具有科学研究功能的科学价值，具有陶冶情操、身心愉悦作用的娱乐价值，有益于身心健康的医疗价值，有象征意义的文化价值等等。另一类是它的内在价值，是自然界及其存在物本身所固有的价值，是它自身的生存和发展。自然界作为生命共同体在宇宙环境中是自我维持系统，它按一定的自然规律自我维持和不断地再生产，从而实现自身的发展和演化。大自然的价值是它的外在价值和内在价值的统一，并以他们的生存表现出来，维持着地球基本生态过程的健全发展，在生态大系统中发挥着独特的作用，如生物物种的存在对生态平衡的作用;动物的存在对保护食物链的连续性与完整性的作用。

（3）大自然具有权利。权利通常是指人们享有一定利益或待遇的资格,而自然界的权利是指生物和自然界的其他事物有权按生态规律持续生存。自然界生命发展是不断演化的过程,生命演化形成无数的生命组织层次,从微生物系统到植物系统和动物系统,不同的生物物种在地球生态系统中各自占有特定的生态位,利用特定的空间和资源,在生态系统的物质循环、能量转化和信息传输中起着特定的作用。而且所有物种综合性的相互作用才使地球成为生命维持系统,维持生态系统的生产力,以及保持生物圈的稳定性和整体性。因此,地球上所有生命形式享有平等的权利,是由自然规律决定的。所以,人类在与各种生物共同分享地球资源的过程中,要平衡地照顾到各种生物的利益,使各种生物能够"因任自然"的自由生活。另一方面,要尊重自然生态系统自身的存在和演化方式,即大自然能够以生态规律自发的作用进行自我调节,使其中的所有一切都能够"完美与和谐"。

（4）人类对生态环境的健康发展负有责任。自然万物与人类是平等的,有资格、有权利得到人类的尊重,而且人是有思维的,能够认识到自然万物及其相互关系,所以人类应有责任、有义务保护生物的多样性,维护生态环境的健康发展。但是由于人类的主观过失,自然环境已经受到严重的损害,生态危机日益显现。人类应该改变不良的传统,对大自然加深了解,运用人类的智慧,使恶化的自然环境有所改变,以弥补自身的过失。如控制人口增长,缓和人与自然界其他生物争夺自然资源的矛盾,恢复生态平衡,节省自然资源,采用高科技减少经济发展中的资源消耗;倡导和支持开展生物多样性保护行动,让人们明白每一个人都对生物多样性保护负有责任,参与和宣传保护生物多样性的行为,抵制严重破坏生物多样性的活动和阻止损害生物多样性的行为。

2. 生态伦理观对生态旅游资源配置的约束及评价

生态伦理学最基本的道德规范就是:尊重生命、尊重生态系统和生态过程。尊重生命包括：不应该以虚假的借口猎杀野生动物；不应该破坏野生生物的生存环境；不应该仅仅依据人的意愿确定资源的开发利用标准。尊重生态系统和生态过程包括保护生物基因的多样性、物种多样性和生态系统的多样性。其中生态系统的多样性是最基本的，没有生态系统的多样性，就不会有生物基因的多样性和物种的多样性。

20世纪90年代初，世界自然保护同盟（1UCN）等国际组织在题为《保护地球：可持续生存的战略》报告中指出，为了改善人类的生存条件，我们的生活方式必须满足两项要求。一项是努力使一种进行持续生活的道德标准得到广泛传播和深刻的支持，并将其原则转化为行动。另一项是将保护和发展结合起来：进行自然资源保护，将我们的行动限制在地球的承受能力之内；同时也要进行发展，以便使各地的人民能享受到长期、健康和完美的生活。报告认为"人类现在和将来都有义务关心他人和其他生命。这是一项道德原则"。为此，报告提出了一组人类在现实的社会与生态活动中应当遵循的道德规范，这些道德规范涉及人的社会关系领域和人与自然关系领域。人的社会关系领域主要强调每个人都是生命大家庭中的一员，都享有同样的权利，都应该有目的地公平分享资源利用效益和费用。而人与自然关系领域，可以简述为：第一，所有的人享有生存环境不受污染和破坏，从而过健康和健全的生活的权利，并且承担有保护环境，使子孙后代满足其生存需要的责任；第二，地球上所有生物物种享有其栖息地不受污染和破坏，从而能够生存的权利，人类承担有保护生态环境的责任；第三，每一个人都有义务关心他人和其他生命。侵犯他人和侵犯其他生物物种生存权利的行为是违背人类责任的行为，要禁止这种不道德的行为（余某昌，1999年）。

生态伦理学所阐述的观点如：自然界是一个相互依赖的大系统，大自然具有价值和权利等都是生态旅游资源配置者必须具备的意识和伦理素质，尊重生命、尊重生态系统和生态过程等是开展生态旅游活动必循遵循的基本原则。因此，生态伦理学是指导生态旅游资源配置的有力理论武器,具体体现在以下几个方面。

(1)生态旅游产品开发设计。生态旅游产品的开发设计必须强调自然主题和保护要求。不能在景区内大搞人工建设,更不宜集中修建宾馆、饭店、商店、银行等形成旅游集镇,避免生态旅游景区城市化、园林化的倾向,提倡"生态旅游区内旅游,区外住宿"的原则。必需的人工设施要和自然景观保持协调统一,因景就势、因地制宜,建筑宜小体量、隐藏、分散布局,开发出人与自然协调的产品;并提倡采用"生态建筑"使用不会造成污染和危害的石头、砖瓦、沙子等材料,少用竹木,不用化学油漆、涂料等。少用或不用煤、油等污染性能源,多用无污染的太阳能、风能、水能,最大限度降低污染。

生态伦理观要求人们从事生产活动不能纯粹服从于经济目的,而必须合乎生态要求,必须保障人类与自然和谐相处的生存权利不被剥夺。生态旅游项目本身就体现了生态伦理的要求,因此必须以维护生态系统平衡为主体目标,经济目标只能作为从属目标。所以有关决策者在对生态旅游资源进行配置时,要以是否利于生态保护,是否有美学和自然观光价值作为主要因素予以考虑,只有当生态、社会、经济三方面都确实有利时,才能进行开发建设,切不可急功近利,只顾眼前和局部的经济利益,而忽视生态伦理学的要求,造成不可挽回的损失。

(2)提供制定保护规划的措施思路。进行生态旅游资源与环境保护规划时,生态伦理学的道德规范,能够为合理保护措施的制定提供可操作性的思路和方法。

(3)有利于实现环境容量的有效控制。环境容量是生态伦理学关注的重要问题,其主张放弃自然容量观点,采用生态容量——即对生态系统诸要素不产生削弱的环境容量为依据,确定生态旅游区合理的游客容量,一旦游客容量超过生态容量,即采取措施进行疏导和控制,这样,能使生态旅游区的环境质量得到有效维护。

(4)有利于教化生态消费观。提倡合理、健康的消费,减少资源消耗是生态伦理学的重要观点。生态旅游活动也是一种消费行为,需要正确的消费理论引导。应教育和培养管理与服务人员树立生态伦理消费观,并对游客进行引导,减少人们在景区内的物质和能源消耗,也就减少了污染源和污染,努力使生态旅游消费行为不破坏生物系统的良性循环,使人类与自然之间真正建立起亲密的伙伴关系。

(二)资源伦理观的指导与评价

我们在生态旅游资源配置的过程中也要接受资源伦理观的指导与评价:

(1)树立博爱意识。资源伦理观的博爱涉及环境与资源,要爱人类、爱生命、爱环境、爱自然,爱一切资源。我们只有一个地球,面对60多亿并不断增加的人口,并不富裕并终将耗尽的地球村资源,人类的博爱也正是对自己的关爱。

(2)强化公正意识。人类对待自然界的一切资源要公正。"存在就是合理的"虽不是普遍真理,但对自然资源来说,特别是生命资源,人类必须承认其存在和生存的权利。自然界是一个巨大系统,多因素成分共同组成,它们相互依赖,相互扶持,生生不息。人类要公正地对待系统中的其他链条(因为人类本身也是链条之一),在于各种资源共处的过程中,形成环环相扣的"价值链条",任何一环节都不能出问题,否则就会导致生存危机。人类追求自身利益最大化必须以不能危害其他生物的利益为前提。

(3)塑造公平意识。公平和公正是人类长期追求的境界,人与人要公平,人与自然、自然与自然也要公平,否则不可能实现人与自然的和谐。公平是经济学概念也是社会学概念,通常我们说的公平是指每个社会成员的人身平等、地位平等、权利平等、机会平等,等等。公平原则对人类社会而言,是分配资源和占有财富的机会上的"时空"公平,它体现在国际、区际、人际之间。从历史唯物主义观点出发,公平从来都不是抽象的,而是具体的;不是不变的,而是发展的,公平具有鲜明的阶级性和时代性。公平也是相对的,它只是一种追求和企盼,绝对的公平是不存在的。

当代和今后的社会发展必须是以新的广义的伦理观为指导的发展,只有在人类、自然、社会相协调的广阔背景下确保经济、资源、生态环境、人口、社会的大和谐,才能有效地在全世界范围内推进可持续发展理念的实施。

五、生态旅游资源配置综合评价模型

(一)生态—经济—社会耦合理论

生态旅游资源的自然资源属性、环境资源属性及经济资源属性决定了其持续利用系统是人与自然、环境交互作用的集中体现,是典型的生态—经济—社会复合系统。在此系统中,每一个因素都是该系统的一个子系统,其变化经过系统的耦合作用,或者加大系统的变化(称为耦合升压效应),或者减小系统的变化(称为耦合减压效应),或者系统发生微小的扰动(称为耦合恒压效应)。该系统可以用下述数学函数来表示。

$$R = f(S, E, B)$$

式中:R—表示区域资源持续利用水平;S—表示社会因素;E—表示经济因素;B—表示生态因素。为了清晰起见,假设社会因素保持不变,只探讨生态因素和经济因素相互作用产生的各种耦合关系,耦合结果见表4。r_E 表示由于生态资源开发利用而导致的经济变化率,r_B 表示生态旅游资源开利用发导致的生态变化率。

在区域资源持续利用系统评价中,上述两个理论并不是孤立存在的,而是相互作用,共同指导实践。生态—经济—社会耦合效应理论和可持续发展理论是构建生态旅游资源可持续利用系统评价指标体系的基石,指标体系的建立过程就是上述理论应用于实践的过程,也是理论联系实际并不断得到具体深化过程。因此,该理论成为建立资源可持续利用系统评价理论的精髓。

表4　生态—经济耦合效应

类型	生态变化率(r_B)	经济变化率(r_E)	r_E/r_B（绝对值）	耦合结果
1	>0	>0	>1	经济型强可持续
2	>0	>0	<1	生态型强可持续
3	>0	<0	<1	生态可持续
4	>0	<0	>1	生态可持续
5	<0	<0	>1	不持续
6	<0	<0	<1	不持续
7	<0	>0	<1	经济持续
8	<0	>0	>1	经济持续

（二）区域生态旅游资源可持续利用系统评价指标

区域生态旅游资源持续利用系统评价的基本目标是要从生态、社会、经济方面量化资源利用系统的"持续性"水平,其中生态环境评价是持续性评价的基础,生态上的持续性才能保证经济和社会上的持续性。同时还要结合空间尺度考虑评价的侧重点。在自然保护区生态旅游资源尺度上,资源可持续利用的目标就是在严格保护自然资源、生态遗产和生态环境的基础上,发展旅游经济、提高社会效益。资源可持续利用的制约因子主要是资源质量因子与资源开发技术;在自然保护区居民尺度上,资源持续利用的目标是满足当地居民多代人的生活消费和收入增长需求,资源可持续利用的制约因子主要是微观经济因子,不仅同生态旅游产品产量有关,还与市场区位条件有关;在区域尺度上,生态旅游资源的可持续利用表现为多元化目标,如生物多样性保护、环境容量、人口承载力、经济地位,资源可持续利用的主要约束因子有生态因素和社会经济政策;在全球尺度上,资源的可持续利用的目标是全球气候变化和环境演变,主要制约因子是宏观生态因子。

1.指标体系构建原则

生态旅游资源持续利用指标体系是由若干互相联系、互相补充、具有层次性和结构性的指标组成,是衡量资源高效持续利用水平各截面及其指标的有机集合,它直接影响资源持续利用水平评价结果,因此,指标体系约代表性和完备性是正确评价资源持续利用水平的前提。构建生态旅游资源持续利用指标体系应以可持续发展理论和生态—经济—社会耦合理论为指导,遵循五项基本原则:

(1)科学性——指标体系建立在一定的科学理论基础之上,概念的内涵和外延明确,能够度量和反映区域生态旅游资源的主体特征、发展趋势和主要问题。

(2)独立性——系统的状态可以用多个指标来描述,但这些指标之间往往存在信息交叉,在构建指标体系过程中,应该在诸多交叉信息中,通过科学的剔除,选择具有代表性和独立性较强的指标参与评价过程,提高评价的准确性和科学性。(3)层次性——生态旅游资源可持续利用系统包括资源系统、产业系统、环境系统、技术系统等子系统,每一子系统又可以用众多的指标进行标度,最终合成一个指标来描述系统的可持续利用状态,因此,指标体系的设置也应具有层次性。(4)动态性——时间维上的持续性是资源可持续利用的主要特征之一,并且生态自然资源在数量、质量、空间等都随着时间发生动态变化。因此,在设置指标体系时,必须选择相应的指标来标度系统的动态,将时间显性或隐性地包含在体系之中,使评价模型具有"活性"。(5)可操作性——指标具有可测性和可比性,指标的获取具有可能性,易于量化,指标的设置尽可能简洁,避免繁杂。

2. 指标体系构建方法

应用可持续发展指标体系。自1992年联合国环境与发展大会以后,可持续发展的概念逐渐被各国所接受,如何度量可持续发展,即建立可持续指标体系来衡量可持续发展的程度,成为各国政府、组织及有关学者日益关注的问题。目前,可持续发展指标体系正处于不断发展完善过程之中,各种指标体系各具特色,其中联合国、中国提出的可持续发展指标体系有较强的代表性,对于资源持续利用指标体系的建立具有极其重要的借鉴价值。

3. 指标体系的初步设置

区域生态旅游资源可持续利用系统是由生态系统、社会系统、经济系统组成的复合开放系统,为了全面准确描述该系统特征,我们将区域生态旅游注重资源可持续利用指标系统划分为四个层次,最高层次是可持续利用水平,第二层次分解为生态、经济、社会三个截面,第三层次、第四层次是对第二层次生态、经济、社会三个截面的进一步分解和描述(见表5)。

表5　区域生态旅游资源可持续利用系统评价指标框架

资源可持续利用水平			
生态(环境)		经济	社会
自然生态环境	旅游资源环境	人均热量消费水平 恩格尔系数 人口数量 文盲率 千人专业技术人员数 人口密度 城市化水平	人文社会环境 自然死亡率 交通 卫生状况 搬迁居民生活质量
环境空气 地表水水质 声学环境 植被覆盖率(%) 土壤 水生生物 水土流失 野生动物 水资源 土地资源	资源数量品种 美学观赏价值 康体娱乐价值 历史文化价值		

(三)生态旅游资源可持续利用系统评价量化模型

1. 模型

建立了生态旅游可持续利用评价指标体系后,必须对这些指标进行综合量化,最化的方法是从基层到高层直至最后复合成一个具体数值,其具体的数学模型为:

$$R = \sum_{i=1}^{4} \alpha_i (\sum_{j=1}^{n} \alpha_{ij} \times R_{ij})$$

式中 $\alpha_i(i=1,2,3,4)$、$\alpha_{ij}(j=1,2,3,\cdots,n)$ 为不同层次指标团或指标的权重；R_{ij} 为基层指标标准化数值；R 表示区域资源持续利用水平，可以此来表征不同区域和生态旅游资源利用的可持续性水平差异，也可用来分析同一区域不同时段的生态旅游资源利用的可持续性水平的变化趋势。

2. 指标权重

在资源可持续利用评价模型中，各指标权重的确是关键。生态旅游资源可持续利用评价涉及多截面、多指标，截面与指标之间、截面之间及指标之间的交互作用过程永远是一个灰色系统，是确定性和随机性的统一。这里采用层次分析方法（Analy cal Hierarchy Process，简称AHP法）确定指标权重。AHP法是基于系统论中的"层次性原理"创建起来的，将众多复杂因素分解成若干相互联系的有序层次，使之条理化，针对某种事物，就不同因素的相对重要性，逐一进行两两对比判断，把人的主观判断用数量的形式表达和处理，定性分析、定量分析相结合确定不同因素的权重。目前AHP法已广泛用于处理多因子权重问题。

3. 评价标准

生态旅游资源可持续利用标准的确立取决于研究者对客观的认知程度，该标准包含一定的主观成分，是主客观相互结合的产物。绝对的标准是不存在的，我们必须首先确立一个标准年（如以2000年为基准年），分别计算各个年度的生态旅游资源持续利用水平的综合指数（R），根据R的数值来判断生态旅游资源利用系统的"持续性"状况。我们建立了如下判断标准谱系（表6、表7）。

表6　生态旅游资源可持续利用水平评价标准谱（Ⅰ）

综合指数 R	>0	=0	<0
标准	可持续	临界可持续	不可持续

表 7　生态旅游资源可持续利用水平评价标准谱（II）

综合指数 R_{2i}	$R_{21}>0;R_{22}>0;$ $R_{23}>0$	$R_{21}>0;R_{22}>0;$ $R_{23}<0$	$R_{21}>0;R_{22}<0;$ $R_{23}<0$	$R_{21}<0;R_{22}>0;$ $R_{23}>0$
标准	综合协调型 可持续	生态经济型 可持续	生态型 可持续	社会经济型 持续
综合指数 R_{2i}	$R_{21}<0;R_{22}>0;$ $R_{23}<0$	$R_2<10;R_{22}<0;$ $R_{23}>0$	$R_{21}>0;R_{22}<0;$ $R_{23}>0$	
标准	经济型 持续	社会型 持续	生态社会型 可持续	

注：1）R_{21} = 生态水平综合指数；R_{22} = 经济水平综合指数；R_{23} = 社会水平综合指数。

　　2）$R_{21}<0$ 时，社会、经济难以可持续发展，此时将之称之为"'某'持续"，如经济型持续。

上述所列的谱系具有层次性，谱系 II 是谱系 I 的可持续发展的一个分支，谱系 II 还可继续分解。当综合评价完毕之后，可以对照上述潜系查找区域生态旅游资源可持续利用水平及其类型，发现区域生态旅游资源开发利用中存在的问题，以便采取调控措施，优化资源配置利用模式，促进生态、环境和经济的可持续发展。

哈尔滨市对青山镇土地盐碱化问题探讨

土地盐碱化是在自然、人为因素综合作用下盐碱成分在土壤中超量富集而形成的土地退化。土地盐碱化引起土壤理化性状的改变,削弱和破坏了土地生物生产力,其严重后果是破坏了生态平衡,改变了自然环境,导致大面积土地资源的丧失,直接威胁生态、经济和社会的可持续发展。

对青山镇位于哈尔滨市西北部,由肇兰新河相连与安达、肇东市等土地盐碱化较为严重的地区共处一线,具有松嫩平原低洼易涝盐碱土地的基本特征。遥感和地理信息系统技术在获取土地盐碱化信息方面具有宏观性、实时性、动态性等特点,有利于对土地盐碱化的分布和演变动态的认识。

一、研究区概况

研究区地处松嫩平原东北部,位于哈尔滨市松北区西北 21 公里处,总面积 230 平方公里,滨洲铁路横贯东西。对青山镇属中温带大陆性季风气候,年均气温为 2.2℃—3.6℃,平均无霜期为 143 天,大于 10℃有效年积温 2 700℃—2 888℃,多年平均降水量 500 毫米,年均蒸发量 1464 毫米。对青山镇属于松花江、呼兰河、泥河冲积平原,由坡岗平原向河谷平原过渡,地形起伏不大,地质构造属大陆台型构造地带。土壤以草甸土为主,含碱质较多。自然植被以草甸草原植被为主,主要以中旱生或广旱生植物占绝大优势,伴生相当数量的中生杂草。

二、数据来源与研究方法

(一)数据来源

本研究选择了 1990 年和 2000 年的 Landsat TM/ETM 影像作为基本数据源,所选影像基本属于同一季相,1990 年 TM 影像的空间分辨率为 30 米;2000 年 ETM 影像的空间分辨率为 15 米,同时选择了 1992 年1:50000 的地形图作为辅助资料。

(二)研究方法

研究方法和主要流程是:首先将扫描好的地形图进行纠正,将 3,4,5 波段组合的 TM/ETM 假彩色合成影像利用纠正好的地形图进行融合、增强等处理,然后结合实地调查和专家经验,选取典型区,建立耕地、盐碱地等主要土地利用类型的解译标志(如表 1 所示),对影像进行人机交互解译,从而获取 1990 和 2000 年对青山镇典型区的土地利用图,根据不同时期的盐碱化土地面积,可以较为全面地了解土地盐碱化的动态变化情况。

表 1　研究区主要土地利用类型的 TM/ETM 影像解译标志

地类	解译标志
耕地	规则块状、边界清晰,呈红色、浅绿色
河流、灌渠	条带状、边界清晰,呈深蓝或黑色
盐碱地	形状不规则、边界清晰,呈亮白色、灰白色
居民地	片状分布,形状规则,边界清晰,呈粉色

三、结果与分析

研究过程中提取典型区面积 10 013.41 公顷,耕地和盐碱地是主要的土地覆盖类型。1990 年盐碱地面积 1169.25 公顷,占典型区土地总面积的 11.68%;2000 年盐碱地面积达到 1685.16 公顷,占典型区土地总面积的 16.83%。1990 年—2000 年盐碱地面积增加了 515.91 公顷，平均增长速度为 46.90 公顷/年，平均年增长率为 4.26%。总体上看，典型区盐碱地的总面积呈不断增加的趋势。

在典型区范围内盐碱地以滨州铁路为界可分为南北两部分。滨州铁路以南面积 1466.63 公顷，以北面积 8 546.78 公顷。从 1990 年和 2000 年两期图像上可以看出，北部盐碱地面积明显增加，1990 年为 956 公顷，2000 年为 1434.66 公顷，盐碱地面积增加了 478.66 公顷，平均增长速度为 43.51 公顷/年；1990 年南部盐碱地面积为 213.25 公顷，2000 年为 250.5 公顷，增加了 37.25 公顷，平均增长速度为 3.39 公顷/年(详见表 2)。

表2　滨州铁路两侧研究区内每公顷盐碱地面积变化的比较

地区	1990 年	2000 年	盐碱地增加面积	年平均增长速度
滨州铁路以南	213.25	250.5	37.25	3.39
滨州铁路以北	956	1434.66	478.66	43.51

1990 年—2000 年典型区的盐碱地面积扩大，盐碱化程度有不断加重的趋势。典型区内以滨州铁路为分界线，北部重于南部。同时，通过已有数据和图像可以发现典型区内有的土地早已盐碱化，有的地区土地原来没有盐碱化，但由于生产措施不当等原因，造成土地盐碱化加重。

四、土地盐碱化驱动因素分析

(一)地质地貌环境为土地盐碱化奠定了基础

对青山镇所在地区的地质构造属大陆台型构造地带，在大地构造上属"松辽拗陷"。新构造运动奠定了对青山镇的基本地貌格局。土地盐碱化受地貌类型制约的规律非常明显，主要集中在平坦的河流低阶地、河漫滩等主要地貌类型中。对青山镇属于松花江、呼兰河、泥河冲积平原,由坡岗平原向河谷平原过渡,地形地伏不大,因此成为水盐汇集区。

(二)气候条件决定了土地盐碱化的必然性

本区具有显著的大陆性季风气候的特征。冬季常为高气压所盘踞,盛行偏北风、低温、干燥和降雨量少;夏季则为低气压控制,盛行偏南风、高温、湿润和多雨。全区降水量四季分布差异较大。由于降雨的季节性变率大,造成旱季积盐和雨季脱盐交替,促进了土壤溶液中盐类离子和土壤胶体表面所吸附的阳离子之间的交换,增加了土壤碱化过程的强度和速度,形成草甸碱土。

(三)水环境对土地盐碱化的作用更为直接

水文及水文地质条件与土壤盐碱化有着十分密切的关系,特别是地表径流、地下潜水埋深对土壤盐碱化的发生、分布及演化具有更直接的作用。按水文地理分区,对青山镇属松花江流域,境内由安达到境内的无尾河每年不断地供给境内大量的地表水,这些地表水绝大部分不能经过河道和地下径流排往区外,而停留在区内地势较低的河漫滩上和汇集在局部洼地中,主要靠蒸发而消耗,水中携带的盐类累积下来,使区内半内流区的地表水、地下水逐渐被矿化,土壤也逐渐盐碱化。对青山镇浅层地下水都埋藏于第四系松散沉积物中,因地处半封闭式的蓄水盆地,低平的地形地貌特点,使地下水流动滞缓,地下水排泄方法以蒸发为主。地下水位随季节变化强烈,使土壤水分上下交替频繁,主要形成碱化土壤。

(四)社会经济压力是土地盐碱化的现实驱动力

对土地资源掠夺式开发和不合理利用是导致土地退化的主要社会经济原因。人类在生产和生活中的不合理活动加剧了盐碱化的发生,这也是典型区盐碱化面积不断扩大,盐碱化程度逐渐加剧的主要原因。

对青山镇草地次生盐碱化的主要原因是人类不合理地利用草地,如过度放牧、割草等原因使草地植被受到严重破坏。草地植被维持着土壤中盐分平衡,不同植物群落下土壤水盐运动状况有较大的差异。

植被覆盖度的减少增强了土壤表面的蒸发,土体中上升水流的数量和速度大大提高,从而增加了土地下层盐分向上层聚集。另外,草地生物产量下降使草地生态系统入不敷出,土壤有机质含量大幅度下降,结构变差,孔隙减少,使土地下渗水流的数量和速度大大降低,从而导致了土壤表层脱盐速率的降低,相对提高了土壤的积盐速率。

参考文献

[1]李秀军:《松嫩平原西部土地盐碱化与农业可持续发展》,《地理科学》2000 年第 1 期。

[2]李取生、裘善文、邓伟:《松嫩平原土地次生盐碱化研究》,《地理科学》1998 年第 3 期。

[3]庞治国、吕宪国、李取生:《3S 技术支持下的盐碱化土地发展现状评价与持续发展对策研究—以吉林西部为例》,《国土与自然资源研究》2000 年第 4 期。

[4]张柏:《松嫩平原土地盐碱化扩展的主要自然环境背景因子及治理模式》,《地理科学》1993 年第 2 期。

[5]张殿发、王世杰:《吉林西部土地盐碱化的生态地质环境研究》,《土壤通报》2002 年第 2 期。

第二篇

经济与贸易

运用耗散结构理论提升可持续发展水平

邹积慧

在传统经济学中,由于将经济增长等同于福利增长,同时将自然资源和生态环境作为经济增长中的外生变量对待,因此追求取得尽可能快的经济增长成为当代人类社会的一种共同目标,其结果不仅导致自然资源被过度消耗,无法支撑经济的持续增长,而且导致生态环境严重恶化,如由于二氧化碳(CO_2)过量排放而导致全球性气候变暖、臭氧层被严重破坏、物种数量锐减且呈加速趋势、有毒化学品污染及其越境转移日益扩大、土壤加速退化、森林面积急剧减少等,不仅威胁经济增长,而且严重威胁人类的生存。这些问题,促使人们开始质疑传统经济增长方式的合理性。特别是随着我国改革开放的逐步深入,人们越来越觉得,在这瞬息万变的历史时期,各项改革事业迫切需要新的理论作为指导。而比利时著名的科学家普里高津创造的耗散结构理论对于目前解决可持续发展中遇到的各种问题,提供了理论基础和现实可能性,对构建社会主义和谐社会无疑具有重要的现实意义。

一、耗散结构理论的基本内涵及对可持续发展的影响

耗散结构是开放系统在远离平衡态时可能形成的一种时空有序结构。是针对非平衡热力学和统计物理学的发展所提出的一个重要概念。因为它是一门研究耗散结构的性质、形成、稳定和演变规律的科学,是关于非平衡系统的自组织理论。耗散结构理论比较成功地解释

了复杂系统由无序向有序转化这一自然现象,并得到广泛的应用,它已在解释和分析复杂系统出现的耗散结构方面获得了很多有意义的结果。因此,耗散结构理论对于提升可持续发展具有重要的指导意义。为了进一步探讨耗散结构与可持续发展的关系,我们有必要明确耗散结构理论的一般原理以及对于可持续发展的重要影响。

(一)耗散结构理论的基本原理

普里高津在研究了大量系统的自组织过程以后,总结、归纳得出,系统形成有序结构需要坚持四个原则,这些原则成为系统实现从无序到有序、从简单到复杂的演化的关键因素。

1. 耗散结构理论的开放系统原理。热力学第二定律指出:孤立系统的熵不可能减少。对于一个孤立系统,无论其微观机制如何,如果从宏观上看,它可以被当成是孤立系统,则必然要达到平衡态。耗散结构理论认为,对于孤立系统来说熵是增加的,总过程是从有序到无序;而对于开放系统来说,由于通过与外界交换物质和能量,可以从外界获取负熵用来抵消自身熵的增加,因此,耗散结构理论依据系统与环境的相互作用,把系统分为孤立系统、封闭系统和开放系统。开放系统不仅是耗散结构形成的前提,同时也是耗散结构得以维护和存在的基础。所以要使一个系统产生和保持耗散结构,必须首先为系统创造充分开放的条件,使其成为远离平衡态的开放系统。

2. 耗散结构理论的非平衡态原理。远离平衡态是系统出现有序结构的必要条件,也是对系统开放的进一步说明。开放系统在外界作用下离开平衡态,开放逐渐加大,外界对系统的影响逐渐变强,将系统逐渐从近平衡区推向远离平衡的非线性区,只有这时,才有可能形成有序结构,否则即使开放也无济于事。普里高津为此提出了"非平衡是有序之源"的著名论断。耗散结构与平衡结构是具有本质差别、截然不同的两种结构,前者是一动态的、有活力的、远离平衡态的稳定有序结构,而后者则是静态的、无生机的稳定结构。为此,要使系统形成耗散结构,必须设法驱动开放系统越出平衡态区和近平衡线性区,到达远离平衡态的非线性区域云。

3. 耗散结构理论的非线性作用原理。普里高津通过对非平衡态系统的长期研究，提出了复杂系统内部诸要素的非线性相互作用是推动系统向有序发展的内部动力，是形成耗散结构的重要机理和必要条件。线性相互作用的结果只能是数量上的叠加，不可能产生质的变化。组成系统的子系统之间存在着相互作用，一般来讲，这些相互作用是非线性的，不满足叠加原理。正因为这样，由子系统形成系统时，会涌现出新的性质。而非线性相互作用能使系统各要素间产生协同作用和相干效应，从而使系统由混乱无序变得井然有序。因此要使系统产生并保持耗散结构，就必须促使系统内部诸要素间产生并保持非线性关系，以及由此产生的非加和作用。

4. 耗散结构理论的随机涨落原理。涨落是指对系统稳定状态的偏离，它是实际存在的一切系统的固有特征。系统内部原因造成的涨落，称为内涨落；系统外部原因造成的涨落，称为外涨落。处于平衡态系统的随机涨落，称为微涨落；处于远离平衡态的非平衡态系统的随机涨落，称为巨涨落。对于远离平衡态的非平衡态系统，随机的小涨落有可能迅速放大，使系统由不稳定状态跃迁到一个新的有序状态，从而形成耗散结构。普里高津指出，随机涨落在耗散结构形成中起重要作用。并提出"涨落导致有序"的观点。普氏认为，在平衡态和近平衡态，涨落是一种破坏稳定态的"干扰"，起消极作用。在远离平衡态，它是系统由一种稳定态过渡到新的有序稳定态的"杠杆"，起积极作用。因此，在非平衡系统具备了形成耗散结构的条件后，涨落对实现这种结构起了一种"触发"和"激活"的作用。

（二）可持续发展的基本原则

我们在弄清了耗散结构理论基本原则的基础上，需要对可持续发展的基本原则进行一般意义的探讨，以期运用耗散结构理论来提升可持续发展的质量和水平。要实现可持续发展的目标，必须满足公平性、可持续性与共同性三项基本原则。

1. 可持续发展的公平性原则。要做到人类社会的可持续发展，就必须做到人们之间在各方面，尤其是机会与结果方面的公平与公正。因为公平是保证生态环境永续利用的前提条件，而生态环境的永续利用则是人类社会实现可持续发展目标的基础，在一个不平等、贫富差距巨大的社会，是不可能真正做到有效地保护生态环境的，贫困人口会为了生存和缩小与富人之间的差距而尽可能地利用公共性的生态环境和自然资源，其结果必然会导致生态环境的不可持续，所以说，公平是实现可持续发展的必要条件。公平性原则包括代内公平与代际公平两方面的内容。

一是代内公平。代内公平是指当代人之间的横向公平，包括不同国家之间的公平、不同民族之间的公平、不同集团和阶层之间的公平、不同性别和年龄人们之间在各方面的公平。只有做到当代人之间在各方面的相对平等，人类才可能节制对物质财富无限追求的贪欲之心，才可能实现自然资源的永续利用并保护好生态环境。代内公平还是代际公平的前提条件。在一个代内公平都难以实现的社会，是不可能做到代际公平的。所以，代内公平是保持可持续发展实现的重要条件。

二是代际公平。代际公平指不同代人们之间在各方面的纵向公平。可持续发展思想的提出，主要不在于当代人不能满足自己的需要，而是在于现有的生产与生活方式会在很短的时间内消耗尽地球上有限的资源，破坏生态环境，并有可能使生命之网瓦解，使经济发展难以持续而严重影响或牺牲后代人的利益。人类作为一个物种的最大福利，就是物种的持续生存和发展，而要不牺牲后代人的利益，人类就必须建立以代际公平为目标的道德准则，像关心当代人的利益一样关心后代人的利益。为此，就必须建立起资源永续利用和保护生态环境的机制，使后代人能够像当代人一样利用自然资源和生态环境，并且从中得到的福利不低于当代人的福利。

2. 可持续发展的可持续性原则。可持续性原则，就是必须保证自然资源和生态环境的永续利用，使人类社会和经济实现持续的增长。

可持续性包括三方面的内容,首先,资源环境的可持续利用、能源的可持续利用与生态环境的完整性等,这是可持续性的必要条件;其次,经济可持续性,即人力资本、生态资本、物质资本等各种资本与经济产生的持续增长;再次,社会可持续性或可持续社会发展,包括社会稳定与社会公平等内容。

显然,要做到这些,就必须对人类不断追求物质财富增长的行为进行限制,使对自然资源和生态系统的利用限制在它们的再生和技术进步许可的范围内,以实现资源与环境的永续利用。为此,可持续发展要求"人类对资源耗竭速率应考虑资源的临界性","可持续发展不应损害支持地球生命的自然系统:大气、水、土壤、生物等","发展"一旦超出这个范围,人类生存与发展的基础就被破坏了,"发展"本身也就不可避免地会衰退。

3. 可持续发展的共同性原则。共同性原则,就是要实现人类社会的可持续发展,需要全体人民的共同参与和努力。这是因为,地球上的生态环境是一个有机整体,任何一个地区生态环境的破坏,都可能在"蝴蝶效应"的作用下导致全球生态系统的崩溃,所以保护生态环境,实现人类社会的可持续发展,需要地球上所有国家和人民的共同参与。在社会经济交往日益频繁的今天,不同国家与民族之间存在着密切的依存性和整体性,这就正如地球是宇宙中的一艘飞船,所有人都是飞船中的乘员,要使飞船驰向理想的波岸,就需要全体人员的共同努力,任何个别人的不合作,都有可能导致飞船的毁灭。正因为这样,所以《我们共同的未来》报告在前言中特别强调:"今天我们最紧迫的任务也许是要说服各国认识回到多边主义的必要性","进一步发展共同的认识和共同的责任感,这是这个分裂的世界十分需要的"。

可持续发展的三项基本原则是相互依存和相互制约的。如公平性原则,是可持续原则和共同性原则的前提。因为,没有公平也就不可能做到对自然资源和生态环境的保护和永续利用,人们之间也就不可能相互尊重而在保护自然资源和生态环境方面采取共同的行动,"公地的悲哀"就不可避免地会普遍出现,人类社会的持续发展因此也就难以实现,所以说,公平性是可持续发展的前提条件。没有持续性,公平性与共同性也就没有了目的。没有共同性,可持续发展也就会因手段的缺失而难以实现。所以在这里,公平性是前提,可持续是目标,共同性是手段,缺一不可。

(三)耗散结构理论的基本原理对可持续发展的影响

耗散结构理论的开放、远离平衡态、非线性相互作用、涨落原则,与可持续发展的公平性、可持续性、共同性原则,虽然从不同的角度阐释各自的作用,揭示了各自遵循的规律,但耗散结构理论无疑对可持续发展具有统领和指导作用。

1. 开放系统原理决定了可持续发展的基本方向。开放系统是耗散结构形成的前提,当然也是耗散结构得以存在的基础。而可持续发展同样离不开开放。人类社会发展的无数事实一再证明,只有开放才能求得生存和发展。唐朝的开放,造就了封建社会大唐王朝的繁荣和鼎盛,而清朝的闭关锁国,造成了封建社会的衰落。我国改革开放仅30年,使我国综合国力增强,人民生活改善,有中国特色的社会主义事业蓬勃发展,欣欣向荣。同样,开放也必须是可持续发展的前提和基础。

2. 非平衡态原理确立了可持续发展的基本路径。将系统逐渐从近平衡区推向远离平衡的非线性区,只有这时,才有可能形成有序的耗散结构。这里的关键问题是只有打破平衡,才能发展。比如,改革开放之初,我们党提出了让一部分人、一部分地区先富起来的政策,通过建立开发区的示范效应,有力地调动了广大人民群众创造社会财富的积极性,从而使我国东部地区发展加快,同时,也带动了西部和中部地区的发展。如果我们只强调平衡推进,势必极大的抑制了个人和地区的积极性。可持续发展同样也需要打破常规求发展,因此,非平衡原理应该是可持续发展的基本途径。

3. 非线性作用原理可以成为可持续发展的动力。非线性作用原理告诉我们,只有组成系统的子系统之间存在着相互作用,不满足叠加原理,才会涌现出新的性质。可持续发展要求以最少的资源消耗,获得最大的经济、生态和社会效益,满足人类社会长期的需求。而耗散结构理论的非线性作用原理,正好成为可持续发展的动力。

4. 随机涨落原理保证可持续发展的质量。涨落使系统由不稳定状态,跃迁到一个新的有序状态,从而形成耗散结构。无论是耗散结构理论称为的内涨落、外涨落,还是微涨落、巨涨落,都是使事物远离平衡态的非平衡态系统,从而激活事物的质量从低级向高级的转变。因此,可持续发展同样要求发展的高质量。不论是公平性、可持续性还是共同性原则,无一例外都要求符合耗散结构理论的基本原则。实际上,涨落原理既是可持续发展的质量保证,又是实现可持续发展的重要手段。

二、可持续发展应该成为耗散结构重要的系统

可以把可持续发展看成耗散结构的系统,这是对可持续发展理论的外延的扩展和内涵的丰富。在探讨可持续发展为什么能够成为耗散结构系统问题时,我们有必要对可持续发展基本理论作简要描述。

(一)可持续发展的基本内涵

可持续发展是指既满足当代人的需求,又不对后代人满足其自身需求的能力构成危害的发展。这一理论是 20 世纪中后期新产生的一个概念,是人类对传统经济社会发展模式深刻反思的结果。但对可持续发展的定义却各有不同。

从生态学的角度来定义可持续发展,强调可持续发展的生态属性,认为可持续发展就是"保护和加强环境系统的生产和更新的能力",即可持续发展就是不超过环境系统更新能力的发展。

从社会学的角度来定义可持续发展,认为"在生存不超出生态系统涵容能力的情况下,改善人类社会的生活品质。"着重强调了可持续发展的最终落脚点是改善人类社会的生活品质,创造更美好的生活环境。

从经济学的角度来定义可持续发展,认为"在保持自然资源的质

量和其所提供的服务的前提下,使经济发展的利益增加到最大限度。"强调不以牺牲资源和环境为代价来推动经济发展,同时这种发展在"能够保证当代人的福利增加时,也不应使后代人的福利减少",这是可持续发展与传统经济发展之间在对待经济发展方面的重大区别。

从科学技术属性来定义可持续发展,认为"可持续发展就是转向更清洁、更有效的技术——尽可能接近'零排放'或'密闭式'工艺方法——尽可能减少能源和其他自然资源的消耗。"强调科学技术在人类社会的进步中历来扮演着重要甚至是决定性的作用,要实现人类社会的可持续发展,必须大力推进科学技术的进步。

虽然目前对可持续发展的定义多种多样,但"可持续发展是既满足当代人的需求,又不对后代人满足其自身需求的能力构成危害的发展",仍然具有普遍性。我国政府对可持续发展内容的理解,更加具有超前性和可操作性。我们认为可持续发展的核心是发展;可持续发展的重要标志是资源的永续利用和良好的生态环境;可持续发展要求既要考虑当前发展的需要,又要考虑未来发展的需要,不以牺牲后代人的利益为代价来满足当代人利益的发展;实现可持续发展战略必须转变思想观念和行为规范。从可持续发展定义及其内容可以知道,可持续发展不仅包括经济的内容,而且包括生态、环境、资源和社会等方面的内容,它指的是包括自然系统在内的整个社会系统的发展。即我们通常说的,可持续发展包括三方面的内容:生态系统可持续性;经济可持续性;社会可持续性。

生态的可持续性,是生态系统内部生命系统与其环境系统之间的持续转化和再生能力,即自然生态过程永续的生产力和持久的变换能力,从而保持资源与环境的再生潜力。生态可持续性是生态系统发展的生态潜力,也是人类经济社会可持续发展的生态基础。

经济可持续性也就是经济的可持续发展,指在一定的资源环境基础上使当代人在经济福利不断改善的同时,能保证后代人所得到的经济福利不小于当代人所享受的经济福利。可持续经济发展是可持续发展的手段,也是可持续发展的最主要内容。

社会可持续性,是现有的社会制度和各种社会关系,在发展过程中能满足自己各方面发展需要的同时,还能够保证满足后代在社会制度和社会关系等各方面的需要,同时能满足生态可持续性与经济可持续性发展的需要。社会可持续性是可持续发展的制度保证。

(二)可以把可持续发展看成耗散结构系统

从可持续发展的内容知道,可持续发展不仅包括传统发展的内容,而且包括生产方式、生活方式、社会制度、经济体制等方面的内容,它改变了传统上关于人与自然和人类自身内部相互关系的认识,它是人类通过规范和调整自身的生活方式、生产方式和组织行为方式而达到一种能够兼顾环境与发展、公平与效率、局部利益与整体利益、眼前利益与长远利益的理想化的发展模式。

可持续发展系统,也就是从特定角度,即人类持续生存角度看待的社会生产力系统。因为社会生产力系统是经济系统的基础,是人们从事生产和进行各种社会活动的载体,所以要研究耗散结构系统的运行规律,必须首先认识决定其本质的生产力系统的构成和基本内容。从本质看,可持续发展系统就是从人的物质利益或价值角度看待的生产力系统,只不过考虑问题的角度不同,因而对耗散结构系统和可持续发展系统之间的理解也就存在一定的差别。

(三)可持续发展系统的构成要素

为了把可持续发展看成耗散结构系统,我们首先应该研究一下可持续发展系统的构成要素。任何系统都是由一定的要素构成的,生产力系统或可持续发展系统是由可持续发展要素,即生产力要素构成的。从事物的性质讲,生产力要素就是构成生产力不可分解的基本元素。就这个特点来说,可持续发展系统的构成要素是劳动力、劳动资料、劳动对象和生产条件。

1. 生态环境成为生产要素约重要构成部分。生产条件包括生态环境和社会环境。从宏观方面看,社会生产条件只有生态环境;从微观方面看,社会环境才属于生产条件。因为社会环境是由四要素组成的产物,所以它不属于要素,而是由传统三要素组成的成果或子系统。整个生产力系统就是由这四要素,在生产力系统的不同层次内,根据生产力的内在要求,按不同的方式组合而成的。

2. 生态环境成为决定生产力水平的重要环节。劳动对象要素,主要包括了土地或各种在人类作用力下的自然资源,如矿藏、森林等,但那些未在人类劳动直接作用下的自然资源和生态环境则不属于生产力或经济系统的范围。人们知道,生态环境和社会环境对生产力的作用是非常显著的。人类的生存环境,不仅对现有生产能力的发挥状况具有巨大的影响,而且决定着一个社会的生存和生产力的发展状况。如在农业生产中,除生产环境外的其他三要素的质量都很好,但如果环境条件很差,如大气或者水资源污染严重,即使劳动者很努力,仍不可能取得好的收成;工业生产过程中这种情况同样明显。这说明,劳动力、劳动工具和劳动对象等要素效率的发挥,依赖于它们存在的环境质量的好坏。好的环境,能使一定的生产要素得到更有效的发挥并取得更多的产出;差的环境,则不仅会降低一定量其他生产要素的产出,而且会使这些生产要素本身遭到严重损害,如环境被污染,会使劳动者的身体遭到严重损害,劳动工具严重锈蚀等。同时,这种理论是将自然作为人的对立物来看待的,如把自然作为人类改造的对象,即使那些属于生产力范围的矿藏、森林和耕地等这些自然资源也是如此。

3. 生产条件决定生产力水平的质量。生产条件,有微观与宏观、有形与无形之分。宏观生产条件中最主要的是生态环境,在某种程度上也包括一定的社会基本制度等传统上被认为是上层建筑的内容。微观生产条件,则不仅包括生态环境和一定的社会环境,也包括由传统三要素组成的因素,如厂房等各种生产条件;对企业个别劳动者来说,企业生产过程中的一切都是生产条件。这也就是说,微观生产条件与宏观生产条件是有很大区别的,由传统三要素构成的内容不属于宏观生产条件,但其中的相当部分属于微观生产条件。传统生产力理论,由于没有把劳动生产条件包含在生产要素中,不仅使这种生产力理论及建立在这种理论基础之上的经济理论,无法解释许多生产问题和经济问题,例如在不同的环境下,为何相同的生产资料和劳动支出会有不同的生产效率,人们在生产过程中以破坏生产条件来取得狭隘的生产者利益,以致在传统生产力得到空前发展的同时,人类却面临有史以来最严重的生存危机,生产力的持续发展能力不断被削弱等,就充分说明了传统生产力理论或经济发展理论的不足。

4. 生态环境是一个比可持续发展系统更大的系统。自然界是生产力或可持续发展系统的组成部分,但并不是全部自然界都属于生产力的组成部分,整个自然界是一个比生产力系统更大的巨系统,生产力系统只是它内部的一个子系统,因此只有部分生态环境成为可持续发展系统的组成部分。那些不直接作用于可持续发展系统的生态环境,如外太空以及人类影响力所不及的生态环境等,尚不成为可持续发展系统的组成部分。这种情况说明,虽然生态环境是一个比可持续发展系统更大的系统,后者只是它的一个组成部分,但从生产力系统的角度看,生态环境又只是它的组成部分,因而是它的一个子系统,这决定了两者之间是相互影响和相互决定的。

三、耗散结构理论对可持续发展的启示

从耗散结构理论的观点看,可持续发展就是通过优化系统内部结构,借助非线性机制的调节和自组织作用,从而使系统达到一种远离平衡态的稳定有序的耗散结构的过程和动态行为。人口分布、环境保护、区域发展等,都可能作远离平衡的复杂系统来研究。因此,耗散结构理论为可持续发展研究的深化提供了重要的启示。

(一)可持续发展必须树立开放系统思想,确保系统始终保持良好的开放性

耗散结构理论告诉我们,开放是系统有序进化的前提,是耗散结构得以形成、维持和发展的首要条件。耗散结构系统作为一个复杂的系

统,其开放程度如何,直接决定系统功能的大小。耗散结构系统一刻也
离不开它赖以生存和发展的大环境,它必须通过充分的开放,不断地吸
收外界的"负熵"和增大负熵值,才能发生组织结构有序化的转变。具
体说来,系统内只有不断进行技术创新和制度建设,才能随时应对来自
各方面的竞争和挑战。

　　开放应是整个耗散结构系统对外部环境的开放,开放的目的是使
系统置身于国内外社会经济发展的大环境中,通过比较、学习、试验、求
得自身发展。在系统开放的过程中,会遇到两种类型的熵流:"负熵
流"和"正熵流",前者是对耗散结构系统演化有益的组分,通过吸收负
熵流,系统结构的有序化程度提高。而后者是对耗散结构系统起干扰
和破坏作用的组分,这种干扰和破坏导致系统结构的有序化程度减小。
但在未能鉴别熵流的正负属性,即它是"灰熵流"的时候,对外开放仍
然是必不可少的,只有通过充分的开放和积极的实践,才能去正存负,
达到预期的效果。以黑龙江垦区为例,通过大力发展外向型经济,较大
幅度地拓展了垦区经济发展空间。其主要做法是充分利用国内外两个
市场、两种资源,建立各种资源要素和市场主体双向流动的机制,合理
配置、有效分配资源要素的流向,形成垦区内部和垦区与外部各产业
间、企业间、民间合力发展外向型经济的格局。特别是不断扩大开放领
域,加大出口创汇能力。这几年,垦区深度拓展俄罗斯、日本、韩国和我
国港澳台地区等传统市场,努力突破欧美市场,大力开拓非洲、拉美等
发展中国家市场。使垦区成为国家沿边开放的重要区域,南联北开的
重要枢纽,东北亚区域农副产品输出的中心。垦区计划到 2010 年,外
贸依存度达到 11% 以上,2020 年达到 20% 以上。实施"走出去"战略,
拓宽发展渠道。全面参与国内外两个市场的经济合作与竞争,推进外
向经济发展。充分发挥现代农业优势,鼓励和引导各类企业"走出
去",采用购买土地、兴办农场、承包或租赁农场等多种形式,参与农业
种植、农产品加工、森林采伐及其他农业项目的开发,扩大农业技术和
劳务输出。扩大在俄罗斯承包土地、种植蔬菜和其他经济作物的规模,

在日本冲绳自由贸易区建立中国农产品生产加工合作基地。发挥龙头企业集生产、技术、管理和人才为一体的优势,走出国门开展境外投资办厂、合资建厂,实行跨国经营或兼并,建立海外生产体系、销售网络和融资渠道。到2010年,利用外资1.5亿美元,国内招商引资力争突破50亿元。提高产品质量,扩大出口创汇能力。按照国际标准,不断提高出口商品的质量和档次,加快培育产业化龙头企业成为外向型经济的主体,增强国际竞争能力。以北大荒良好的农业生态环境和较健全的农产品质量安全体系为依托,建设垦区绿色有机优质农产品出口基地;以九三油脂、完达山乳业、北大荒米业等国家级龙头企业为重点,建立垦区食品出口基地;以山野菜加工、编织工艺品为重点,建立垦区特色商品出口基地。在韩国等周边国家设立农产品销售公司。利用毗邻俄罗斯的地缘优势建立贸易公司,扩大垦区农产品和其他产品在俄罗斯、日本及周边国家市场占有份额。大力扶持民营外贸企业发展,扩大出口。

因此,开放是耗散结构形成、维持和发展的前提。大到一个国家,一个地区,小到一个良好的企业系统,都必须是一个有序、开放的自组织系统,通过对外界开放,不断地与外界进行人员、资金、物资和信息等的交流,这样才能具有适应环境的能力和旺盛的生命力。

(二)非平衡态是系统优化的有序之源,可持续发展必须通过非平衡态达到动态平衡

普里高津的关于"非平衡是有序之源"的科学论断为我们在系统发展中处理非平衡与平衡的问题、稳定与改革的问题提供了科学的论证和正确的方法。根据这一论断,一个具有勃勃生机和活力的系统,必定是一个有差异的、非均匀的、非平衡的系统。反之,某些系统从表面上来看是稳定和平衡的,但实质上在这种平衡态下,内部混乱度最大,无序度最高,组织最涣散,系统之间没有差异、没有竞争,只能处在低活力、低效率的轨道上运行。远离平衡态是耗散结构形成的前提条件。一个充满活力的系统,必定是一个有差异、非平衡的系统。只有远离平衡态,才能形成耗散结构。以企业为例,如果将管理者与被管理者的职

责、权利、义务分开,使技术人员与非技术人员各司其职,员工收入水平分出档次,系统各个部分的发展区分先后等,才能形成有序结构和动态特征,才能使功能更加完善。而平衡态下的企业,其内部无序性高、竞争性弱。这种表面上的平衡,会对企业发展起到极大的阻碍作用。

为了使耗散结构系统摆脱僵化的平衡态模式,脱离平衡态或远离平衡态,最后达到动态平衡形成耗散结构,就必须打破旧的平衡态,积极创造促使系统发展的非平衡发展。通过变革、学习、竞争、共生,努力实现动态平衡,形成较高层有序的耗散结构。为此,我们必须做到以下几个方面:

一是改善思维惯势与心智模式,增强变革意识。改变那种在人们心中存在的根深蒂固的假设和成见,这种假设和成见直接影响人们如何认识世界和改造世界。特别是人们头脑中固有的"稳态症"、"平衡病",增强变革意识。

二是打破静态平衡,增强竞争意识。鼓励区域之间开展竞争,通过竞争,打破旧的平衡态,使系统在更高层次上实现动态平衡。这种动态平衡的实现途径,是由平衡到不平衡再到平衡的一个循环往复的过程。这也正是哲学上说的否定之否定规律在可持续发展系统发展中的具体化应用。

三是不断实现自我超越,增强危机意识。通过与外界不断交流物质、能量和信息,使人们在精神和心理上时常保持一种紧迫感、差距感、危机感,并把这种感觉转变为内在动力,通过建立学习型组织,实现自我超越。改革与稳定是辩证的统一,虽然改革会打破暂时的"稳定",但通过改革,促进生产力的发展,最终能保持长期稳定,系统因此才能达到人们所期望的耗散结构状态。这正是非稳态原理给予我们的重要启示。

(三)可持续发展系统应成为各要素相互调节的自组织系统,通过非线性机制来实现

开放和非平衡为系统朝着高度有序的耗散结构发展提供了必要和充分的条件,但 SPERE 系统要达到高度有序,还必须通过系统内部非

线性相干作用产生的自组织效应来完成,即通过系统内部的非线性机制调节求得自我完善。SPERE 系统是一个要素众多、关系复杂的巨系统,系统内部的关系大多表现为非线性,这种非线性关系不仅决定了系统发展过程的复杂性和多变性,而且还决定了 SPERE 系统发展方向具有多种可能性和多变性。因此在非平衡状态下,要使系统稳定在新的有序的耗散结构上,必须通过内部的非线性机制来调节。系统非线性机制的调节必须贯彻以下三种基本思想:

一是善于在决策中运用非线性调节思想。将非线性调节思想运用到决策和计划中,建立考虑非线性目标、非线性约束和决策函数的模型,做到统筹规划、周密运筹、科学决策,从而减少失误,达到耗散结构的要求。

二是善于在具体操作中贯彻优化结构的思想。运用非线性调节思想对系统的要素进行优化,并通过合理组合,实现系统软硬资源的最优配置,使要素具备功能非线性加和的性质。

三是善于在实践中贯彻自我完善系统的思想。强化系统深层次的调节。人是负熵流之源,激发系统内非线性机制的根本途径在于激发人的积极性和创造性,因此要高度重视系统内人力的开发,引入竞争机制,完善业绩考核办法与分配办法。通过理顺关系,在系统内逐步形成一种趋势、竞争、共生关系,使系统自我发展、自我完善。

同样,我们以一个企业为例,企业要从无序向有序发展并使系统重新稳定到新的平衡状态,就必须通过企业内部构成要素间非线性、立体网络式的相互作用,来达到一个小的输入就能产生巨大的良性效果的非线性因果关系。这样才可能使系统具有自我放大机制,重新组织自己,形成功能更加完善的耗散有序结构。相反,如果只具有线性作用,要素间的作用只能是线性叠加,很难达到新的有序。

(四)突出贯彻涨落导致有序的思想,可持续发展必须通过涨落来实现

普里高津关于"涨落导致有序"的观点,突出强调了在非平衡系统

具备了形成有序结构的客观条件后,涨落对实现这种有序结构起着决定作用,应用这一原理来分析 SPERE 系统可得到一些有益的启示。

首先,SPERE 系统也存在涨落现象,例如一条重要信息的获得,一项关键的技术创新或突破,一次自然灾害,一种拳头产品的推出,一项决策的成功或失误,一次机会的抓住或丧失,一次体制上的重要改革,这些都会对区域的发展起到重要的影响,甚至成为其兴衰成败的关键点和转折点。其次,决策者要善于利用涨落规律,在系统处于发生质变的临界点(分叉点)之前,要积极创造条件、因势利导,使其结构能够通过自反馈与自调节在各种涨落作用中趋利避害,保证正向涨落在系统的演化过程中占据主导地位,从而有效地遏制由反向涨落后导致的失稳趋势,使系统向所希望的分支跃迁。其三,当系统完成了质变以后,要及时通过非线性机制的调节和自组织效应达到稳定有序。以矿区产业结构的演替为例:由于新能源出现、煤炭资源枯竭或市场改革等因素,使煤炭行业生产成本提高、盈利减少或产品积压,而一些非煤项目则由于市场和经济效益较好而得到发展,这就打破了原有产业结构的稳定性。前者的逐步萎缩和后者的那种壮大,导致矿区产业结构发生演替升级,表现为微涨落演化为巨涨落,通过调整,形成一种新的、较为稳定的产业结构。

实例说明,变革本身就是一种涨落,打破原有格局也是一种涨落。通过变革形成的涨落求得系统的发展与完善,这是耗散结构理论对可持续发展的一条重要启示。

这一启示要求我们企业领导者,应善于把企业系统中各要素的涨落引向有序。企业系统中各要素时刻处于涨落或起伏的动态变化中,从而启动非线性的相互作用,使系统发生质的变化,跃迁到一个新的稳定有序状态,形成耗散结构。因此,涨落是一种启动力,可以导致有序,但也可能将企业带入新的混乱状态。它强调系统中某个微小变化,可能会带来大的结果性偏差。比如,企业对价格敏感性强的产品仅作一个很小的价格上调,就有可能使大量客户转而去购买竞争对手的产品,造成销量大幅下滑;对质量敏感性强的产品仅作一个小的改进,就很可能把大量用户吸引过来。这就要求企业领导者应具备把握全局的能力,具有敏锐的洞察力,善于把握趋势,通过调整制度、优化决策、调配资源,使涨落引发的非线性相关作用向着有利于形成功能更加完善的耗散有序结构方向演化发展,推动企业系统组织能不断得到完善。

　　耗散结构理论对可持续发展系统的影响和启示是多方面的,它的开放性、非平衡、非线性和涨落原则,对于可持续发展不仅具有理论意义,更具有现实意义和实践意义。只要我们在可持续发展的过程中,学习、领会、精通和熟练掌握耗散结构理论的一般原则,并在实践中总结完善,就一定能够提升可持续发展的水平,促进经济发展,社会和谐。

参考文献

　　[1]周德群:《可持续发展研究理论志模型》,中国矿业大学出版社1998年版。

　　[2]杨文进:《可持续发展经济学教程》,中国环境科学出版社2005年版。

　　[3]武四海:《运用耗散结构理论提升企业管理水平》,《黑龙江日报》2007年6月。

　　[4]沈跃春:《耗散结构理论是如何创立的》,《中国青年报》2002年12月。

论黑龙江省农产品国际营销创新

王杜春

一、黑龙江省农产品国际营销的现状

近年来黑龙江省的农产品进出口大幅度增长,出口的农产品已成为全省创汇的骨干产品。2003 年全省进出口总额实现 53.3 亿美元,比上年增长 22.5%,列全国第 14 位。2003 年,黑龙江省畜产品、蔬菜、水果、食用菌均实现净出口,农产品出口贸易总额首次突破 7 亿美元,比上年增长 79.13%,增幅居全国首位。

1. 出口贸易结构分析

黑龙江省在 2001 年的大米、玉米、谷物类等主要农产品的出口额下降,农副产品出口值占出口总值的比重也有所下降,这主要是因为我国在 2001 年加入 WTO 后,农副产品的出口进入一个与国际规则接轨的磨合期。执行 WTO《农业协议》后,部分农产品出口暂时受到一定影响,但从 2002 年开始农副产品出口额都有不同程度地增长。特别是 2003 年大幅增长,达到 2001 年的 2 倍以上。2004 年出口幅度有所回落其中一个主要原因是其他国家在家禽和动物出口方面设置的种种非关税壁垒已经成为中国相关产品出口的重要障碍。

黑龙江省农产品出口结构是:大宗农产品(大豆、玉米、大米等)出口额占全省农产品出口额的 45% 左右,消费者导向产品(如牛肉罐头等)占 16.5% 左右,中间产品(畜产品、蜂蜜、水果等)占 38.5% 左右。

出口额增长的有玉米、大米、蔬菜、鲜冻猪肉、食用菌、辣椒干、水果及坚果等;出口额下降的品种有鲜冻牛肉、大豆、食用植物油、天然蜂蜜和蘑菇罐头等。土地密集型大宗农产品是黑龙江省出口的骨干产品,这一方面体现了本省的优势,另一方面也说明现阶段本省出口仍然是以初级产品为主。

2. 进出口国家、地区分析

黑龙江省在2001年对大部分国家的农副产品出口与上年相比都有不同程度地增长,但对韩国、马来西亚、印度尼西亚、埃及、意大利、摩洛哥、新加坡、沙特阿拉伯等国家的出口有所下降。2002年前9个月,除对美国、日本、韩国、朝鲜等少数国家出口有所下降外,其他国家都有增长,这说明,加入WTO从长期来讲会促进农副产品的对外贸易。黑龙江省农产品出口市场就国家、地区而言相对集中。亚洲地区占46%左右;其中日本占32%左右;欧洲地区占46%左右,其中俄罗斯占43%左右。黑龙江省农产品出口额前五位的国家是:俄罗斯、韩国、日本、印度尼西亚、马来西亚。近年来,改变了过去以亚洲市场为主的格局,亚、欧市场份额近乎平分秋色。作为新兴市场,黑龙江省农产品在拉丁美洲、大洋洲、非洲的销售成绩也极其不凡。全省农产品对拉丁美洲和大洋洲的出口额分别实现927.45万美元和227.89万美元,比上年增长311.42%和369.47%。对非洲市场的出口额也有90.22%的增长幅度,达2328.23万美元。

二、黑龙江省农产品国际营销存在的问题

与农产品国际贸易强省相比,黑龙江省农产品出口企业规模小、效率低、技术水平低,产品质量参差不齐,出口经验不足,名牌产品少,缺乏正面的原产地效应,出口产品的国际美誉度和知名度较低。

1. 出口商品结构不合理

在黑龙江省的农产品出口贸易中,原料和初级产品,大宗产品所占份额近50%,比重过高。而对于中间产品及技术含量高的产品出口比

例少。黑龙江省现有的出口基地很多都没有加工项目,出口的大多是原始产品和初级产品,高附加值的深加工产品较少。不合理的出口结构直接影响着农产品出口效益的提高。

2. 出口市场结构单一

主要面对俄罗斯、日本、韩国等周边国家,出口市场结构单一,分布集中。此种结构易于抑制市场的伸缩性,使出口对少数国家的经济产生较强的依赖性,容易遭受进口国国内经济波动及农产品贸易保护主义措施的冲击。

3. 贸易未成规模

20世纪90年代初,中俄贸易以易货贸易为主,1996年之后,边境小额贸易又成为中俄贸易的主要形式。中国对俄贸易企业普遍规模小、底子薄,资金短缺,信息不灵。多数企业满足于边贸,市场开发力度不够,缺乏配套经营策略、产品宣传和配套的运输、仓储设施,难以形成稳定的供应渠道和规模经营。面对潜力巨大的俄罗斯市场,有待于进一步提高贸易层次与规模。

4. 对外国消费者的消费习惯仍不熟悉

俄罗斯市场目前已成为世界名牌产品竞技的大舞台,对商品的各种要求并不逊于欧、美、日等发达国家。俄居民较为欧化,对农产品中水果、花卉类产品档次要求较高,但在不少中国企业的心目中,俄罗斯只是低档货的集散地,似乎再差的商品也能找到买主,而中国园艺产品在品种、质量、分选、包装、开发等方面,与其他园艺产品出口大国相比尚有较大差距,想在此夺得一席之地,就必须摒弃对俄市场的歧视态度。

5. 服务体系不健全

突出的问题是缺乏高效能的信息、科技服务体系,资金严重不足。从而造成新技术新品种不能及时推广应用,同时保鲜、加工、包装、储运等基本环节落后,出口产品难以实现系列化开发,区域化、专业化、标准化生产也难以实现。

三、黑龙江省农产品国际营销的宏观对策

从政府层面,推进黑龙江省农产品出口,要从"市场开拓、基地建设、企业扶持、协会完善、政府服务"五个方面下工夫。

1. 开辟多极市场,提高出口农产品市场份额

黑龙江省农产品出口额前五位的国家是:俄罗斯、韩国、日本、印度尼西亚、朝鲜。黑龙江省农产品出口市场集中度比较高,全省实现进出口总额67.9亿美元,其中对俄进出口总额38.2亿美元,占全省进出口总额的56.3%。今年1月至6月,黑龙江农产品对俄出口1.91亿美元,同比增长65%,占全省出口总额的13.63%,成为黑龙江对俄出口的第三大类商品。旺季黑龙江省地产蔬菜在俄远东地区市场占有率已达到25%。

黑龙江省出口产品结构也不合理,呈"三多三少"局面:即初级产品多,而适合于出口的高档次、高技术含量、高附加值的加工产品少;大宗农产品多,特色农产品少;普通农产品多,高质量农产品少。与国际水平比较,黑龙江省农产品的质量和价格明显偏低,正面理解为比较优势,负面理解为产品质量和市场竞争能力的差距,这在一定程度上限制了产品的竞争能力和市场定位,影响出口效率和出口创汇能力。

今后应积极开拓农产品出口市场,调整农产品出口结构,形成多元、合理的农产品出口市场结构和产品结构。在农产品市场开拓上,黑龙江省应实施"大市场、大经贸、全方位、多元化"的方针。用广角镜头看世界,在全球范围找市场,真正从国际化、全球化高度来推动我国的农产品国际贸易。巩固和发展东北亚、东南亚等传统市场,进一步开发中东、欧洲、北美等新兴市场。目前,黑龙江省出口的主要农产品有玉米、大米、蔬菜、冻鸡、鲜冻猪肉、食用菌、辣椒干、水果及坚果、鲜冻牛肉、活鱼、大豆、食用植物油、天然蜂蜜、烤烟和蘑菇罐头等,要鼓励推动企业发展深加工农产品、高附加值农产品;支持企业培育农产品出口品牌,优先支持农产品出口品牌建设;推动企业以引进国外先进技术和优

良品种与国内自主研发并重的方式,开发自主知识产权产品,提高核心竞争力。

2. 以批发市场为龙头,强化农产品出口基地建设

黑龙江省坚持把对俄农产品批发市场建设成为地产农产品对俄出口的重要载体,在资金、政策等方面给予扶持,初步形成对俄农产品出口网络。目前黑龙江省境内对俄农产品批发市场发展到 9 家,境外市场发展到 5 家,境内外生产批发销售网点达 40 余家。境内要重点发展牡丹江中俄果菜集散中心、东宁果菜批发市场、北安市果蔬出口交易中心、双鸭山市万集农贸绿色产品批发市场。境外要在俄符拉迪沃斯托克、乌苏里斯克、哈巴罗夫斯克、比罗比詹、布拉戈维申斯克、克拉斯诺亚尔斯克等城市建立农产品销售网络,经营好农产品批发市场。

为扩大黑龙江省农产品在俄罗斯市场的占有率和覆盖面,打造黑龙江农产品品牌,必须因地制宜地建设果菜、粮食、畜产品三大类对俄农产品出口基地,增加农产品总量,积极争得俄方质量认证,获得市场准入资格,扩大对俄农产品出口。

①以边境口岸市县为主的农产品生产基地。主要以生产圆葱、马铃薯、胡萝卜、甘蓝、黄瓜、西红柿、青椒、苹果等品种的果菜,以鲜菜、鲜果形式就近向俄出口。

②加快发展以内陆市、县为主的农产品加工基地。重点是对农产品进行精深加工,以加工品形式为对俄出口提供货源。主要发展果菜加工、保鲜,油料作物加工,大米、玉米加工等。同时,加快发展畜产食品(冻猪、牛肉)的加工业,为对俄出口提供货源。

③加快发展以俄远东地区为主的境外农业综合开发生产基地。主要是建立以大豆、玉米、水稻为主的境外粮食生产基地;以圆葱、马铃薯、黄瓜、西红柿为主的蔬菜生产基地;以生猪、肉牛、大鹅等为主的养殖基地。

3. 扶持农产品出口企业,增强其国际竞争力

现在,对俄出口贸易的各级龙头企业发展到 50 多家,带动果菜种

植基地32万亩,牵动农户15万户。据黑龙江省相关部门统计,今年上半年,黑龙江省非公有制经济对外贸易实现进出口总额27.53亿美元,同比增长27%,占全省进出口总额的67.78%。在全省非公有制经济进出口总额中,80%为对俄贸易。龙头企业还发挥以商招商作用,已有十多家国内外客商与黑龙江省达成合作意向,如建立对俄农产品生产基地,合作开发俄罗斯市场等。但黑龙江省农产品出口企业规模偏小、竞争力弱,难以与规模庞大的跨国公司抗衡,加快农产品出口企业的发展已成当务之急。

①切实解决好农产品出口企业所需资金问题

第一,鼓励和引导金融机构在防范金融风险的同时,加大对农产品出口企业的贷款支持力度,增加放贷规模。建议国家财政设立专项资金,为农产品出口企业贷款提供贴息。对银行、信用社发放给农产品出口企业的贷款利息收入免征营业税。第二,国家应从支持企业技术改造的国债资金中切出一块,专项用于农产品出口加工企业的技术改造。第三,银行、信用社要根据出口企业收购农产品资金需求的特点,及时核对贷款额度,加强资金调度,适当降低抵押担保条件,简化审批手续,提高服务水平。第四,支持具备条件的农产品出口企业进入国内外股票市场发行股票,坐上资本经营的"快车道",并运用并购、重组等资本经营手段,做集团化、规模化发展的轨道。

②赋予更多的企业进出口经营权

不论是国有企业还是民营企业,凡是有条件经营农产出口贸易的,都应授予其自营进出口权,支持更多的龙头企业参与国际市场竞争。同时,鼓励出口企业与农产品生产、加工企业的联合与合作,并通过资产重组、控股、参股、兼并、租赁等多种方式,扩大企业规模,形成一批有竞争力的大型出口企业群。

③建立农产品出口保险

第一,把农业保险列入政策性支持范畴,由政府在财政上给予一定的经营性补贴。第二,健全完善农产品出口信用保险,降低企业出口风险,保障企业收汇安全。这样做,一方面有助于企业对外方进口商进行信用分析和偿还能力调查,做好出口前的风险防范;另一方面,出口后出现支付风险,可通过信用保险机构进行赔偿和追索,减少损失。第三,对由于国家间发生贸易战使农产品出口企业遭受的损失,因该由政府通过采取一定的措施给予补偿。

4. 建立和完善农产品出口行业协会,加强行业自律与市场协调

目前黑龙江省农产品行业协会发展滞后,大部分农产品还没有建立行业协会;已有的农产品行业协会,基本由政府管理部门办会,会员覆盖面不广,协会的行政依附性强,服务意识差,习惯于应用行政手段推动工作,缺乏行业凝聚力。由于缺乏行业组织的协调和管理,出口企业压价竞销、恶性竞争严重,严重影响黑龙江省农产品的出口秩序,不利于扩大黑龙江省优势农产品的出口。

鼓励和支持农产品加工企业、农民专业合作组织、专业大户等市场主体在自愿基础上,组建各类优势农产品行业协会,切实发挥行业协会在行业自律、规范市场、协调价格、应对贸易纠纷等方面的作用。这些行业自律组织通过有效的动作,积极规范企业市场行为,维护正常的出口市场秩序;代表企业与政府进行对话与谈判,维护会员利益;与政府和企业携手,开拓国际市场,解决贸易争端。有关部门应转变职能,赋予出口行业商会、协会和中介组织相应的职权。

5. 改革管理体制,完善政府促进农产品出口服务工作

①积极推进农产品外贸体制改革

可以考虑先建立由计委牵头、农业、外贸、检验等部门参加的农产品出口联席会议,定期分析研究国际市场动态,加强对农产品生产、加工、进出口的协调,及时发现和处理存在的问题。在适当的时机建立由一个部门负责农产品生产和贸易的管理体制。

②提供国际农产品贸易信息服务

第一,建立专门研究机构,向国际咨询机构购买国际农产品数据,由专业人员进行动态分析,及时、无偿地向农业企业和生产者提供分析

结果。第二,借助驻外机构,收集所在国的农业信息及相关政策法规,促进农产品出口。第三,政府促销服务,通过补贴农产品生产和加工企业参加各种国际展览、展销会,为优质农产品做公益广告,在新市场举办产品说明会等,促进和提高黑龙江省农产品在国际市场的知名度和占有率。

③健全农产品质量和安全标准体系

第一,尽快制定农产品质量安全法规和农业行业标准,通过宣传教育,提高管理者、生产者的标准、质量和安全意识,抓一批农业标准化综合示范区建设,解决标准实施问题。第二,加强质量安全检测检验体系建设,逐步实行出口农产品的全过程质量控制,要求生产、经营企业建立质量自检制度,同时建立健全检测检验机构。

④抓好产品和体系认证工作

第一,做好绿色食品的认证,积极与国际市场接轨。开展无公害农产品认证,从产地环境、生产投入品、生产加工过程和包装标识等方面,开展对无公害农产品的认证和管理。第二,加强体系认证,使更多的农产品生产经营企业,通过 ISO9000 认证或 ISO14000 认证。

四、黑龙江省农产品国际营销的微观对策

从企业层面,黑龙江省农产品进入国际市场,应做好以下五个方面工作:

1. 准确市场定位

从黑龙江省农业的相对比较优势出发,黑龙江省农产品出口的国际市场定位应从以下几个方面考虑:①传统成熟市场定位,是指产品已经打开销路营销渠道畅通、有稳定消费群体和市场份额的产品出口市场。②新兴空白市场定位,黑龙江省生产的特色农产品,定位于海外新兴空白市场,不仅可以避免与东道国农产品厂商的正面竞争,而且还有利于树立中国农产品的特有形象,形成和东道国农产品的互补关系。③目标农产品市场定位,对于新兴农产品出口国来说,一开始不宜选择全覆盖的主流目标市场定位策略,而应该采用窄覆盖的、错位、补位目标市场定位策略,避免与当地农产品厂商一开始就形成正面竞争的态势,使整个农产品出口陷入被动局面。④有机农产品市场定位,在战略上确立有机农产品国际市场定位,可以发挥黑龙江省农业的比较优势,利用黑龙江省传统农业、有机农业的国际影响缩短与东道国的心理距离,降低开发国际市场的成本和难度。⑤加工农产品市场定位,加工农产品国际市场定位成败的关键是加工技术和产品质量,目标市场的选择刚开始应采取错位、补位或边角市场策略,避开正面竞争,边角渗透、逐步占领市场。⑥差别化产品市场定位,在国际市场上,差别化产品市场定位有两层基本含义,一是针对特定消费需求和目标市场的产品差别化;二是为避免与东道国厂商进行正面竞争所采取的产品差别化市场定位策略。

2. 国际化产品策略

集中精力发展特色农业,培育具有国际比较优势的农产品是农产品特色经营的基础。①结合资源条件,发展精细农业。在参与市场竞争中,一定要围绕资源做文章,充分发挥黑龙江省的特色优势,切实把农业办精、办特、办活。要站在国际国内统一大市场的高度,去寻求各地的最大比较优势,去定位农产品的最佳发展品种,切实把资源优势变为市场优势。②大力发展劳动密集型的特色种养业。中国的优势农产品目前主要是"劳动密集型的农产品",如蔬菜、水果、花卉和畜产品等,这些农产品在出口方面具有明显的价格优势。特别是畜产品出口占农产品出口总量的40%,具有明显的优势。要突出重点,培育具有明显出口竞争优势的蔬菜、花卉、畜禽、淡水产品等劳动密集型的特色种养业。③开发同一产品的不同用途,满足差异化的需求。针对各种用途而生产的农产品,经合理调配拥有广阔的市场。比如不同的玉米品种,有的只能作饲料,有的则可以提取生物保健品。合理开发同一产品的不同用途,既可以相对分流一般品种,缓解品种单一的压力,又可以更好地满足国际市场的差异化需求。

3. 国际化分销策略

由于中国农产品进入国际市场时间不长,农产品的国际市场占有率低,经营者缺乏国际营销经验,要迅速打开国际市场,可取的办法是与国际农产品经营企业开展联合分销。外联国际市场,内联国内生产基地。当前,跨国公司已成为推动全球经济增长的一种动力,跨国公司都在努力寻找合作伙伴。例如设立在上海的沃尔玛、家乐福等,就通过采购、联销等手段,把中国大批农产品推向国际市场。在联合分销中,还可以通过联销伙伴引进国际先进技术改造和提高中国的农产品品质,像安徽种子公司与美国岱子棉公司、孟山都公司共同组建生产、加工销售棉种的合资公司,引进的美国保铃棉、抗虫棉种,就是运用转基因生产工程技术培育而成的高科技产品。

利用经纪人和代理商,也是开拓国际农产品市场的有效途径。国际农产品经纪人和代理商主要分为以下几种:①产品经纪人。经纪人的主要作用是为买卖双方牵线搭桥,协助他们进行谈判,买卖达成后向雇佣方收取费用。②销售代理商。销售代理商是在签订合同的基础上,为委托人销售某些特定产品或全部产品的代理商,对价格、条款及其他交易条件可全权处理。③佣金商。在西方大多数佣金商从事农产品的代销业务,还执行替委托人发现潜在买主、获得最好价格、分等、再打包、送货、给委托人和购买者以商业信用、提供市场信息等职能。④拍卖行。可通过拍卖行经营的商品主要是蔬菜、水果、茶叶、烟草和羊毛等农副产品,因为这类产品的质量、规格不够标准,不易分等。

4. 国际化定价策略

①要对产品分级分等,实行产品差别定价。中国许多农产品缺乏细分,这样不利于产品价值的实现,对同类产品实行分级分等,按照不同等级分别定价,能使消费者产生货真价实、按质论价的感觉,比较容易为消费者所接受,从而有利于扩大产品的销量。在对产品分级分等时,除考虑产品的内在品质,即提供给消费者的基本效用外,还应考虑产品的包装、装饰、附加服务等给消费者带来的延伸效用因素。国际农

产品经销商应注重产品延伸效用的创造,为购买者提供比同类产品更多的购买利益,而从产品高位定价中获取更高的附加收益。②要进行国际市场细分,实行区域差别定价。农产品国际营销者应对全球市场进行细分,根据不同国家和地区的消费者的收入水平、消费习惯、消费心理等因素,实行区域差别定价。例如,西欧的消费者由于购买力高,消费心理特点是喜新厌旧,追求时髦,他们对食品饮料的心理消费可以概括为营养化和方便化。在食品和饮料中,要求消费品种类多、有营养、能开胃、健脾、强身又不会使人发胖,同时要求食用方便,节省时间。所以,高热量产品和普通蔬菜的消费比重下降,而新鲜水果、肉、蛋、水产品、奶制品、植物油等产品则相对上升。方便食品、小包装产品和饮料,具有异国风味的菜肴和调味品颇受欢迎。根据这些特点,销往西欧的农产品就应采用高品质配以高价格的策略。相反,销往南亚、东欧等地的产品则只能采取适当的低价策略。

5. 国际化促销策略

在中国农产品的国际营销中,促销策略的重点应放在国际公共关系和广告宣传上。在国际公共关系方面,应利用中国加入 WTO,中国与世界各国政治、经济关系日益密切的大好时机,充分利用 WTO 规则提供的有利条件,积极寻求与主要农产品进口国的贸易协定的签订,为农产品长期稳定地进入国际市场铺平道路。在广告宣传上,要突出宣传中国产品的特点同时可配合宣传中国的民族文化和风俗习惯激发消费者的购买欲望。

作者简介

王杜春,男,1969 年生,中共党员,现任东北农业大学经管学院副教授,硕士生导师、副院长,黑龙江省数量经济学会常务理事、黑龙江省市场经济学会理事、黑龙江省县域经济学会理事、省中小企业局专家咨询委员会成员。主要研究方向:农产品流通、农产品营销。发表论文二十余篇,承担省级科研项目多项。

论黑龙江省农产品绿色营销创新

王杜春

一、黑龙江省绿色农产品市场开拓现状

黑龙江省作为绿色食品大省,位于全国绿色食品产业发展的前列,其中一条重要措施,就是一直将绿色食品市场开拓与建设放在重要位置上。特别是近三年来,突出抓好绿色食品市场建设。使黑龙江省绿色食品市场从无到有,由小到大,已初步形成覆盖全国,延伸至欧、美、日、东南亚等周边国家与地区的市场网络,绿色食品外销量逐年增加,绿色食品销售市场及网络建设呈现良好的发展态势。截至 2002 年年末,已建绿色食品专营批发市场、配送中心 10 个,其中省外 3 个;专营店、连锁店等销售网点 60 个,其中省外 20 个。黑龙江省绿色食品外销总量为 239 万吨。比上年增加 35%,销售额 62.7 亿元。占绿色食品加工量的 75%。

1. 组织和参加国内外大型绿色食品展销活动,开拓了绿色食品市场

三年来,黑龙江省共组织和参加国内外展销活动 25 次,其中参加了在德国、韩国、日本和我国香港地区举办的 4 次国际食品博览会和商洽会,组织和参加在北京、上海、广州、杭州、香港、澳门、福州等地举办的省外展销会 17 次;参加企业累计达 4154 家,参展品种 8746 种,现场销售 4615 吨,销售额 6110 万元,签订各类合同 1731 份,产品数量

993.9万吨,签约金额368亿元。实践证明。通过"走出去引进来",参加或举办绿色食品展销会。不仅使企业了解了市场,结识了伙伴,拿到了订单,提高了产品在质量和包装上的档次,给企业带来实实在在的经济效益;更主要的是提升了绿色食品大省以及企业、品牌的知名度,开阔了视野,更新了观念,增强了市场竞争意识,为绿色食品产业的发展带来了巨大的推动作用。

2. 培育和扶持绿色食品经销企业建立销售网络,拓宽了绿色食品市场

黑龙江省积极支持鼓励流通企业进入绿色食品产业,经营绿色食品,并在政策、资金、工作等方面给予倾斜和扶持,使这些企业不断发展壮大。黑龙江省专营绿色食品较大的企业(资产在2000万元以上)已有8家,其中金秋集团等3家为省级农业产业化龙头企业。已在省内建起了以哈、齐、牡、佳、大庆等城市为重点,延伸周边市县的绿色食品专营市场及配送中心。目前,已认证批准的绿色食品批发配送中心、专营店共10家,是我国被批准使用"绿标"的商业企业,开创了我国绿色食品专营市场开发的先河。在市场开拓上,黑龙江省非常注重在我国沿海地区建立销售网点,鼓励、帮助、引导有能力的企业到沿海和大中城市建立和开拓绿色食品销售市场。在帅亿集团、金秋集团和乌苏里江集团的带动下,目前已在京、浙、沪、闽等省会和其他城市建立了黑龙江省绿色食品配送中心或在大型超市建立了销售专柜,将绿色食品打入这些地区。辐射面不断拓宽,销售量逐年递增,给企业带来了较大的效益。

3. 鼓励绿色食品龙头企业自建营销网络,增强绿色食品市场占有率

黑龙江省鼓励、引导绿色食品龙头企业加强市场营销网络建设。完达山乳业集团,率先在全国范围内实施"打品牌、建网络"工程。目前,已在全国30个省市建立了8大销售区域,2000余家网点,已形成面向全国的销售网络,产品遍布全国,其乳粉在全国综合市场占有率为

11.62%。其中,华北区市场综合占有率 14.6%,销售份额 19.3%,各项指标均名列同类企业前茅。

4. 积极引导企业整合品牌,扩大绿色食品产品的影响

黑龙江省非常重视品牌接合,并引导企业走品牌化、规模化之路。外销的绿色食品大米,2000 年有近 90 个品牌,到 2002 年整合为 8 个品牌,北大荒集团的"北大荒"作为母品牌,构成了"北大荒"族品牌系列;森工总局把系统内的几十个品牌整合为"黑森牌"。目前,全省 470 个绿色食品产品中,有 47 个是著名商标,2 个是驰名商标,占绿色食品产量的 10%,占全国著名商标的 22.6%。绿色食品以品牌扩大知名度,以名牌占领市场的发展格局正在形成。

5. 建立电子商务平台,推进了绿色食品电子商务市场发展

在市场建设中,黑龙江省注重抓好"两个市场"建设,既抓好有形市场(配送中心、专营店销售网点)的建设;又抓好无形市场(电子商务网络)的建设。自 2002 年以来,先后在黑龙江信息港、东北网、黑龙江农业信息网建立了绿色食品信息专栏,197 家绿色食品企业全部在网上发布了信息。从 2003 年 5 月起,与哈洽会组委会合作,将绿色食品企业的 150 个绿色食品招商引资合作项目在网上发布。目前,网上洽谈项目有 17 个,已有 3 个项目签约,金额近亿元。

6. 加大监管力度,净化了市场

黑龙江省按照国家有关法律法规以及《黑龙江省绿色食品管理条例》的有关规定,不断加大绿色食品市场的监管力度,维护了绿色食品市场的经营秩序,促进其向规范化、法制化方向发展。3 年来,黑龙江省绿色食品管理部门多次会同工商、技术监督等部门,共查处假冒、侵权案 24 起,对 37 家不规范使用"绿标"字样以及误导消费的行为,及时下达了整改通知,责令限期修改。

虽然黑龙江省在绿色食品市场开拓上迈出了可喜的一步,但也存在一些问题,主要表现在:缺少绿色食品市场发展的整体规划。还没有形成覆盖国内外市场的行之有效的市场营销网络;现有的绿色食品营

销网络覆盖面窄,结构不合理,功能单一,难以适应绿色食品产业发展的需要,特别是国外绿色食品销售网络建设滞后,缺少用于绿色食品市场开拓的专项资金和专业人才。

二、黑龙江省农产品绿色营销存在的问题

黑龙江省绿色食品虽然发展较快,但面对加入世界贸易组织的挑战、建设生态省和实现优质高效农业的要求还存在着一些问题。主要表现在以下几个方面:

1. 产品质量及生产技术水平较低

目前,黑龙江省大多数产品没有达到国际上有机食品的质量标准,仅有 9 个 AA 级(相当于国际上的有机食品)产品。绿色食品的生产技术在国内处于中下游水平,产品技术含量低,农作物基本上还是靠天吃饭。加工技术设备落后,除草和病虫害的防治基本上采用施农药的方法来解决,生物灭虫和物理灭虫技术还没有,所以,黑龙江省绿色食品在国内的优势只体现在品种数量和产量上,在技术上和国际上都没有优势,这是黑龙江省绿色食品发展的最大隐患。

2. 绿色食品规模小,基地分散,产品结构不合理,品种单一,加工深度低

黑龙江省绿色食品生产有了快速发展,但是没有形成规模化、专业化、集约化生产基地和品种齐全的成熟市场。黑龙江省可进行绿色食品生产的基地面积广阔,但其中生产绿色食品的不到普通农产品的10%,市场需求看好的绿色大米、杂粮、木耳、蜂产品等数量不足,不能有效满足市场需求。黑龙江省绿色食品品种单一,结构不尽合理,绝大多数是粮油产品,蔬菜、水果、鸡蛋等绿色食品的比重不足30%,而水产品、畜禽类更少,无法满足消费者多样化的市场需求。此外,在黑龙江省绿色食品中,初加工产品较多,精深加工少,原字号产品产量占总产量的85%以上,如红豆、绿豆、花生、葵花子、白瓜子几乎都是原料出售增值不多。这种状况,一方面使产品的附加价值较低,经济效益难以

提高,另一方面也给产品的包装、储存和运输带来困难。

3. 驰名品牌少和品牌杂乱同时并存

经过多年的努力黑龙江省绿色食品不断增多,181 个著名商标中28% 是绿色食品,其中完丹、红星、完达山等绿色食品被评为全国名牌产品,同时又新创了绿山川系列山野菜水饺、珍珠山系列山特产品、镜泊湖大米等16 个全省著名商标。但是这些与黑龙江省绿色食品发展的形势要求相比名牌建设还很滞后,黑龙江省绿色食品被国家工商总局评为驰名品牌的仅2 个,这与黑龙江绿色食品产业在全国所占份额极不相称。黑龙江省杂牌子多而乱,地域上相邻的某些地区,占有的可供生产绿色食品的资源、所生产的绿色食品品种、质量基本上没有差别,具有明显的同一性,如大米、大豆、木耳、蘑菇、山野菜等大体上属于这种情况,但品牌却五花八门,具有明显的行政区域色彩,有限的绿色食品资源被人为地分割得七零八落,难以形成整体合力,因而也就很难参与市场竞争。

4. 绿色市场开发较晚,市场体系不健全,绿色营销手段落后

黑龙江省绿色食品的市场开发、市场营销起步较晚,由于经营分散,使绿色食品不能形成统一健全的营销网络和市场体系。绿色食品对产地和环境都有特殊要求,黑龙江省的绿色食品大都分布在边远地区,如兴凯湖、大兴安岭、建三江这些地区,交通不便。绿色食品的主要消费者集中在大中城市,绐绿色食品市场的扩展带来困难,造成物流、资金流、信息流不畅。除一些易运输的绿色食品外,大多数水果、蔬菜和农副产品由于运输困难,保存期短,并且包装、储藏、运输手段落后,形成产、供、销脱节,影响黑龙江省绿色食品市场的发展。

5. 相关配套产品落后,绿肥和有机肥施用量少

黑龙江省绿色食品发展迅速,但相关的配套产品的生产却相对落后。如绿色化肥的生产,AA 级生产资料的生产,绿色包装的生产,绿色食品的储藏运输手段等。黑龙江省仅有两家生产绿肥的企业,而生产 AA 级生产资料的企业还没有,绿色食品的专用运输手段也没有。

这种相关配套产品落后的状况,严重制约着黑龙江省绿色食品的进一步发展。它不仅使绿色食品的生产规模无法扩大,而且还会影响到绿色食品的质量,也使绿色食品带动相关产业发展的作用没有发挥出来。在种植绿色食品时,肥料的施用是一个重要的问题。首先,肥料施用的多少直接影响到产品产量,进而影响到经济效益;其次,施什么肥会影响到产品质量的好坏,进而影响到产品的市场竞争能力,此外,还会影响到土质。黑龙江省种植业绿色食品的生产中,绿色肥料和有机肥施用量少,每亩施绿色有机肥仅 20 公斤,每亩施化肥达 10 公斤。按照国际标准,有机食品(相当于我国的 AA 级绿色食品)是禁止使用化肥和农药的。有机肥施用量过少,会使土壤中有机质含量下降这对绿色食品的长远发展是不利的。

三、黑龙江省农产品绿色营销的发展宏观对策

从政府层面,既要加强绿色农产品生产基地建设,又要大力开发绿色农产品市场空间。

1. 建设高标准绿色食品原料生产基地

在生态资源尚未破坏的山区、草原和划定的绿色食品生态保护区,如在大兴安岭北部山区、小兴安岭北部丘陵台地山区、张广才岭和老爷岭的低山丘陵山区及同抚平原区等地作为天然生产基地,加以持续有效利用。大、小兴安岭林区、张广才岭、完达山林区要充分利用林地面积大、野生动植物资源丰富的优势,发展森林绿色食品,在较原始的林区、西部草原、东部湿地重点发展 AA 级绿色食品;其他山区和农田与草原和湿地交错存在地区重点发展 A 级绿色食品;在农区与国家实施的"大豆工程"、"优质小麦工程"等相衔接、相结合,同步推进。基地建设要严格按照绿色食品生产标准,实行科学化管理,规范化生产,多施有机肥和生物肥,以生物防治技术为主防治病、草、虫害。在主要农牧区发展养殖业要使用无污染饲料和生物添加剂,采取综合措施防止畜禽接触污染源,生产绿色畜禽产品。

2. 进一步提高对绿色食品市场开发的认识，加快绿色食品市场的建设步伐

在市场开发上，政府要提高"三个意识"，一是提高为企业提供市场服务的意识，积极为企业生产、加工、信息反馈以及进入市场等各方面做好服务工作。二是提高政策支持意识，对有市场开拓能力、能牵动本地经济发展、产品在市场上有竞争力的企业，要在政策、资金上给予倾斜、扶持，扩大产品市场占有率。三是提高宏观市场布局的整体意识，有计划、有步骤、有重点的引导企业开拓市场。企业要有"三个转变"，一是由注重生产向注重市场开发转变。企业要反弹琵琶，产品生产要以市场为导向，要把市场开发作为整个生产经营的第一要务，抓实抓好。二是由过去依赖型向自强型转变，改变"等、靠、要"的思想。奋发努力，自壮筋骨，开拓国内外市场。三是由过去分散型向集团品牌型转变。改变各自出击、分散打市场的局面，要培育知名品牌，形成合力开发市场，把市场开发工作落到实处，绿色食品市场开发建设才会有较大发展。

3. 加快培育和建立一批绿色食品专营市场，拓宽绿色食品销售领域

在绿色食品市场开拓上要有新突破：一是在省内绿色食品的营销市场网络建设上要有新突破。主要以哈、齐、牡、佳、大庆等中心城市为重点，建立一批集批发、配送、检测为一体的绿色食品、无公害食品综合性市场，加大外销批发配送力度，逐步成为面向国内国际、功能完备、周转迅速、辐射面广的绿色食品销售集散地和物流中心。二是埠外市场要有新突破。以开拓京、沪、粤、闽、浙等省市为重点，以北京、上海、广州为中轴，辐射延伸到长江、珠江三角洲、福建等周边省区。三是在国外市场开拓上要有新突破。黑龙江省绿色食品主销国家先以日本、俄罗斯、韩国、亚洲国家为主，逐步向美国、欧洲延伸，在目前已有的客商和渠道的基础上进一步拓展。要采取各种方式加大招商合作的力度，如展销会、经贸洽谈会等形式，寻求更多国家的客商和合作伙伴，拓宽

绿色食品国际市场。

4. 扶强扶壮一批流通型龙头企业,带动绿色食品市场发展

流通型企业是开拓市场的骨干力量,只有更多、更强、网络广、销量大的绿色食品销售龙头企业的牵动,绿色食品市场建设才会有长足发展。一是对已建立起来并发挥出带动效应的批发配送中心,特别是在外埠建立起的绿色食品专营销售市场企业,在政策与资金上给予重点倾斜和扶持。在资金扶持上,投入重点应在增加现代化检测、运输等设备建设上,为实现食品市场准入打下基础。二是培养扶持绿色食品经纪人队伍。通过委托、代理、股份合作等形式充分发挥经纪人的作用,扩大绿色食品的销售渠道。三是鼓励和支持民营企业在市场开拓上的重要作用。

5. 加大组织经贸展销力度,促进绿色食品销售与招商引资

要进一步组织好企业参加国内外绿色食品经贸洽谈展销活动,特别要组织好国外展销洽谈活动,积极开拓国内外市场。一是办好各种展销和经贸洽谈活动,加大与国内外客商的联系,结识更多的伙伴。二是积极引导大型企业有计划、有步骤地参加境外大型展销会,寻找客商,推销产品,培育信誉,引进资金与技术。对农产品贸易壁垒较严的欧美等发达国家与地区的市场开拓,省政府应设立专项资金,集中力量,长期扶持,统一开发。三是搞好商企对接会,为企业和商家搭建产销平台,架起桥梁和纽带。

6. 加大电子商务及媒体宣传力度,创造良好的宣传氛围

电子商务网络营销手段,是一种全新的市场营销方式,它符合经济全球化的世界潮流和国际营销的发展趋势。应在充分利用现有信启、网络的基础上,建立专门的绿色食品电子商务网络,通过电子商务平台,形成省内与省外市场、联销经营与远程销售相结合的绿色食品销售网络,为绿色食品通向国际市场筑起信息高速公路。积极引导企业尽快采用电子商务等现代化营销手段,为开拓国内外绿色食品市场创造条件。同时,充分利用各种媒体,搞好绿色食品宣传,创造一个良好发

展氛围。

7. 建立绿色食品通道, 保证绿色食品外销畅通

建立快捷、安全的绿色食品运输通道, 是保证企业信誉、利益和产业发展的一个重要保证。由于黑龙江省绿色食品的旺销期, 正是铁路运输的高峰期, 每年因运输问题, 使一些企业蒙受重大的经济损失。每年绿色食品企业需要外销的产品约 300 万吨, 但由于运输问题只能外销 150 万吨, 占销量的 50% 。因此, 今后应加大绿色食品通道建设的力度, 帮助企业解决绿色食品产业发展的"瓶颈"问题, 维护企业信誉, 为绿色食品企业正常运输提供必要的保障。

8. 进一步加大市场监管力度, 确保市场建设健康发展

应进一步贯彻落实《黑龙江省绿色食品管理条例》以及国家有关规定, 加强对绿色食品的市场监督和管理, 进一步规范绿色食品市场。应建立市场反馈机制, 随时对绿色食品市场进行检查, 确保绿色食品质量。同时, 绿色食品管理部门应会同工商、技术监督等部门, 加强对绿色食品市场的联合检查, 保护绿色食品消费者和企业的利益, 净化绿色食品市场。

四、黑龙江省农产品绿色营销的发展微观对策

有长远眼光的农产品经营者应认清发展趋势, 审时度势, 及早采取绿色行动, 以绿色标准规范自己的生产经营行为, 开发绿色农业产品, 迎合市场消费需求变化, 提高市场竞争力, 从而赢得市场。而绿色营销则是传统营销在每个步骤上加入绿色因素的组合体。所以, 农产品实施绿色营销应做好以下几个方面的工作。

1. 绿色产品策略

开发绿色农产品, 要从生产基地选择开始, 避免污水灌溉或用被污染的河水灌溉、大气污染、化肥用量过大、施肥方法不当以及农药对农业生产环境和农产品的污染等。生产安全、卫生农产品。同时农产品包装、品牌也应符合环保要求, 包装应选择易分解、无毒无味包装材料,

并使包装材料单纯化,避免过度包装,要把以促销为主的包装观念转变为以保护生态环境为主的包装观念,应增加对消费者使用和处理包装的宣传及处理方法说明。给农产品命名和选择品牌时,要符合绿色标志的要求。

2. 绿色价格策略

利用人们求新、求异、崇尚自然的心理,采用消费者心目中的"觉察价值"来定价,而且消费者一般都认为绿色农产品具有更高的价值,愿意为此支付较高的价格。在我国,由于消费者的绿色意识较弱,绿色农产品价格上扬幅度不宜过大,在大中城市市场价格可略高些。据1994年日本农产品市场调查,绿色农产品比一般农产品价格高10%以上,芬兰绿色食品标准要求严格,价格比一般食品高30%—50%,而英国的绿色食品也比一般食品贵20%—50%。绿色农产品可以定位在高档食品层次,因为它特别能满足消费者的食用需要。我国绿色农产品出口价格也不宜过于低廉,可高于进口国一般农产品而低于国外同类的绿色农产品,以利于增加出口创汇。

3. 绿色渠道策略

绿色营销渠道的畅通是成功实施农产品绿色营销的关键,既关系到绿色农产品在消费者心中的定位,又关系到绿色营销的成本。因此在选择绿色通道时,一是选择具有绿色信誉的中间商,如关心环保,在消费者心中有良好信誉的大中间商,借助该中间商本身的良好信誉,推动绿色农产品的销售。所选择的中间商应不经营相互排斥的、相互竞争的,而且相互补充的非绿色产品,便于中间商诚心地推销绿色农产品。二是设立绿色农产品专卖店,或在超市设立专卖柜,以回归自然的装饰为标志,招徕顾客。三是开展绿色农产品配送业务。在大、中型居民小区内设立绿色农产品固定或流动销售网点,在大型酒店、宾馆和机关食堂开展绿色农产品配送业务。要求绿色农产品分销率达到一定水平,以保证市场占有率。

4. 绿色促销策略

　　绿色促销就是围绕绿色农产品而开展的各项促销活动的总称。其核心是通过充分的信息传递,来树立农产品和农业企业的绿色形象,使这与消费者的绿色需求相协调,巩固企业的市场地位。因此,绿色营销首先是一种观念。农业企业或营销者要通过宣传自身的绿色营销宗旨,在公众中树立良好的绿色形象。其次绿色营销又是一种行动。农业企业或营销者可以利用各种传媒宣传自己在绿色领域的所作所为,并积极参与各种与环保有关的事务,以实际行动来强化企业在公众心目中的地位。最后,农业企业或营销者还应大力宣传绿色营销时尚,劝告人们使用绿色农产品,支持绿色营销就是对社会、自然、他人、未来的奉献,提高公众的绿色意识,引导绿色消费需求。

传统产业地区转移影响因素的实证分析

王伟

一、问题的引入

产业转移,又称产业区域转移,是指资源供给或产品需求条件发生变化后,某些产业从某一国家或地区转移到其他国家或地区的经济过程。按其涉的地域范围,产业转移分为国际产业转移、区域产业转移和城乡产业转移。有关产业转移的研究,最早是从国际角度开始的,在20世纪30年代,日本经济学家赤松要提出"雁形形态产业发展说",对东亚区域内依据各自经济发展水平不同,形成的产业结构错落有致的"雁形形态"进行了分析和总结。这一理论经日本经济学家小岛清发展以后,成为亚洲新兴国家和地区进行产业转移、推动本国或本地区发展的重要理论依据。20世纪60年代,美国经济学家弗农提出了"产品生命周期理论",对地域间和国际间产业与产品的周期性发展进程,以及由此导致的产业和产品的转移作了系统的描述和理论的总结。另外,一些经济学家对贸易、投资等方面的研究也可以看做对产业转移理论的补充,如海默的直接投资理论、邓宁的生产折衷理论等。这些理论表明在产业发展到一定时期就会发生产业转移,并且产业转移发生以后对产业移出地的产业竞争力提升、移入地产业的更新都有较为显著的促进作用。

我国东西部地区劳动价格、生产效率等存在着很大的差异,按照要素禀赋理论,两地区如果存在资本、劳动力、技术等要素价格差异,则两地区进行要素流动对两地经济增长都会起到促进作用。并且传统产业发展到一定阶段按照"产品生命周期理论"应该会出现产业转移。我国传统产业结构调整与升级在各地正在进行,部分传统产业会由于产业的调整在该地区失去生存的空间,当前我国经济发展不平衡,东西部差距较大,这些都为我国传统产业的地区间转移提供了发展的空间。同时,我国正进行着大规模的产业战略,如西部大开发和东北老工业基地的振兴,这也给传统产业进行地区转移提供了条件,相对于产业的国际转移,产业的地区转移应该更容易实现,但目前来看我国并没有出现大规模的传统产业转移。本文通过对传统产业地区转移的影响因素以及条件进行分析,建立分析模型,然后对模型进行了实证,给出了我国当前传统产业大规模地区转移没有出现的原因,并且针对这些原因提出了我国进行传统产业地区转移的政策建议,以期对我国产业战略协调提供参考。

二、传统产业地区转移因素分析

(一)区域间资本流动与产业地区转移的分析

新古典理论认为,资本在区域间的流动会自动达到均衡状态,从而使各个地区资本的边际效率相等。人们在竞争性投资过程中,使高利润率地区的投资过度,同时低利润率地区投资不足,从而最终使高利润率地区在市场需求和资源约束下出现利润下降,投资不足地区的利润率会提高,最终发达地区与欠发达地区的差距问题得到缓和。但实际上由于资本不具有充分的流动性,区域间资本流动导致资本收益率均等的推论在现实上很难实现。在区域资本收益率不等的情况下,只有当落后地区的资本收益率高于发达地区,资本才有可能从发达地区注向落后地区,从而缩小地区差距,实现经济的协调发展。

我国许多学者已经对我国东中西部的资本流动进行了研究,如胡鞍钢(2000 年)、张汉林(1999 年)等,基本结论是,我国经济发达地区的资本流动性要强,而经济欠发达地区的资本流动性要弱。从理论上讲,资本在地区间流动,是经济发展过程中实现资本再配置,以提高资源利用效率的基本形式。但当前我国东中西部地区投资收益率相差较大,在市场机制支配下以追求利益最大化为目的的区域资本流动,将使得资金大量地流向资本收益率较高的地区,从而使东部与中西部经济的差距更进一步地扩大,从而影响整个国民经济的增长。

(二)区域间劳动力流动与产业地区转移的分析

我国东部与中西部相比,劳动力价格上具有一定的优势,如果劳动力价格上优势大到可以弥补资本收益率带来的差距的时候,产业地区转移还是有可能实现的。但目前来看,我国劳动力流动的障碍要小于资本流动的障碍,这样东部发达地区虽然劳动力价格比较高,但中西部劳动力的流动在一定程度上,降低了东部与中西部劳动力价格差距,这使得东部企业为寻找廉价劳动力而进行产业地区转移的动力降低,也影响了传统产业的地区转移。我国学者姚枝仲(1999 年)对劳动力流动的研究表明:人均收入水平高的省份人口流动较多,人均收入相对较低的省份流入的人口较少。东部发达省份大量的人口流入,缓减了东部劳动力与中西部劳动力的价格差距,使得东部产业向中西部产业的转移动力减少。

(三)区域间市场配置效率与产业地区转移分析

随着地区市场机制的发展,在市场配置效率高的地区资源被有效地配置到更有效率的产业和部门。这个资源配置的过程不可能继续依靠传统的计划渠道做出,而是以市场的发育以及资本和劳动力的流动为前提,因而对资源配置机制的市场化提出了更高的要求。东部与中西部地区之间的差异,在资源配置方面明显地表现出来。一方面,随着农业份额在国民经济中的下降和农村非农产业重要性的提高,来自于农业的收益不再起着足以影响收入水平的决定性作用;另一方面东部地区企业相对于中西部地区而言具有产业结构和所有制调整上的优势,再加上长期以来对外开放政策以及沿海开放城市本身的区位优势,使得东部与中西部配置效率差距进一步扩大,进而影响传统产业地区转移的发生。

三、传统产业地区转移的实证

（一）分析模型建立

我们将可能发生产业转移的地区分为东部与中西部地区,假定传统产业转移主要以企业为主,因此转移产生的利益是传统产业是否进行转移的单一因素;传统产业转移过程中,主要转移的是资本,劳动力由转入地区提供;传统产业转移中,资本可以从市场上以市场利率借到,企业雇佣与解雇劳动力不存在障碍。这时,只要发达地区企业在产业转入的资本比产业转出地投入等量资本的收益更高,就会发生产业转移。

根据以上假定,传统产业产出主要受资本、劳动力、技术决定,设某一传统产业产出函数为:

$$Y = F(K, L, A) \tag{1}$$

其中 K 为资本, L 为劳动力, A 为技术。

由于传统产业转移过程中主要转移资本,转移资本量为 ΔK ,则所获得的产出为:

$$\frac{\partial Y}{\partial K} \Delta K = \frac{\partial F(K, L, A)}{\partial K} \Delta K \tag{2}$$

在资本转移过程中, ΔK 需要结合 ΔL 的劳动力进行生产,资本利息以市场平均贷款利率给付,劳动力以该行业劳动力平均工资给付,那么增加投资产生的成本为:

$$C(\Delta K, \Delta L) = r\Delta K + u\Delta L \tag{3}$$

假定地区1为传统产业发达的地区,地区2为传统产业落后的地区,传统产业由地区1转移向地区2,那么地区1产业如果增加 ΔK 的资本带来的收益为:

$$\frac{\partial Y_1}{\partial K_1}\Delta K - C_1(\Delta K,\Delta L) = \frac{\partial F_1(K,L,A)}{\partial K_1}\Delta K - (r_1\Delta K + w_1\Delta L_1) \quad (4)$$

如果地区1产业选择转移的资本到地区2,则其收益为:

$$\frac{\partial Y_2}{\partial K_2}\Delta K - C_2(\Delta K,\Delta L) = \frac{\partial F_2(K,L,A)}{\partial K_2}\Delta K - (r_2\Delta K + w_2\Delta L_2) \quad (5)$$

传统产业地区转移中产生一定的转移成本,设转移成本是转移资本数量的函数为 $C_T(\Delta K)$,于是,地区1向地区2进行产业转移,必须使转移 ΔK 资本带来的收益大于在地区1增加 ΔK 资本的收益加上转移成本,即:

$$(5) > (4) + C_T(\Delta K) \qquad\qquad\qquad (6)$$

假定借贷不存在障碍,我国各地银行贷款利率都一致,所以有:

$r_1 = r_2$

于是(6)式可以整理为:

$$w_1\Delta L_1 - w_2\Delta L_2 > (\frac{\partial F_1}{\partial K_1} - \frac{\partial F_2}{\partial K_2})\Delta K + C_T(\Delta K) \qquad (7)$$

至此,模型描述完成,(7)式就是传统产业进行地区转移的基本条件。从(7)式,我们可以看到,传统产业是否发生转移正向取决于增加投资时引起的劳动报酬差距,负向取决于两地资本产出率差距和转移成本。只有当投资时引起的劳动报酬差距大于两地资本产出率差距和转移成本,传统产业地区转移才会发生。

(二)对模型的实证分析

1. 数据选取

我们将全国地区按东部和中西部分为两部分,东部地区包括北京、天津、河北、辽宁、上海、江苏、浙江、福建、山东、广东、广西、海南12个省、自治区、直辖市;中部地区包括山西、内蒙古、吉林、黑龙江、安徽、江西、河南、湖北、湖南9个省、自治区;西部地区包括重庆、四川、贵州、云南、西藏、陕西、甘肃、宁夏、青海、新疆10个省、自治区。以下是东部与中西部工业增加值与投资额数据。

表 1　东部与中西部地区产值、资本与劳动力投入

年份	中西部地区			东部地区		
	工业增加值（亿元）	投资总值（亿元）	从业人数（万人）	工业增加值（亿元）	投资总值（亿元）	从业人数（万人）
1990	2806.39	1705.17	4930.64	4000.32	2390.48	5946.89
1991	3205.28	2055.63	5073.84	4694.57	2892.5	6108.99
1992	3955.07	2731.9	5261.1	6092.55	4112.51	6281.29
1993	5478.49	3881.54	5653.69	8677.87	6174.74	6527.22
1994	7126.18	4941.7	5926.12	11667.95	8933.12	6586.83
1995	8678.85	5957.89	6082.68	14533.57	10267.37	6733.75
1996	11382.37	7317.81	5827.7	16948.95	11731.28	6395.71
1997	12469.68	8266.56	5766.12	19089.24	12726.75	6345.05
1998	13073.88	9636.86	4978.19	20284.32	14189.13	5640.89
1999	13401.69	9983.7	4857.17	21677.43	14882.19	5595.89
2000	14752.28	11231.47	4849.89	24730.85	15681.25	5630.91
2001	15880.29	12785.01	4754.44	26955.25	16962.77	5736.08
2002	17474.08	14911.7	4927.18	30113.94	19332.6	5876.23
2003	20131.08	18566.3	5174.05	36646.49	25884.26	6419.77
2004	25091.67	23830.13	5475.43	45742.65	32306.53	6886.3
2005	29549.22	30533.4	6033.63	55874.46	40653.4	7490.64

（数据来源于中国经济信息网，投资总额采用的是总投资额与房地产投资的差额，从业人数采用的是第二产业从业人数与建筑业从业人数的差额。）

2. 资本增加带来的产出的实证

我们将东部地区和中西部地区的产值 Y、投入资金 K，与劳动力 L 的趋势分别用下面两图来表示（图像用 Eviews5.0 生成）。

由图 1、2 可以看出，产出 Y 与资金投入 K 基本上按相同的趋势上升，而劳动力数量基本上较为稳定。因此，产出的增加主要由资本投入来解释，由此，我们设定：

$$Y = \alpha K + c \tag{8}$$

其中 α 表示产出资本比。

图表区域

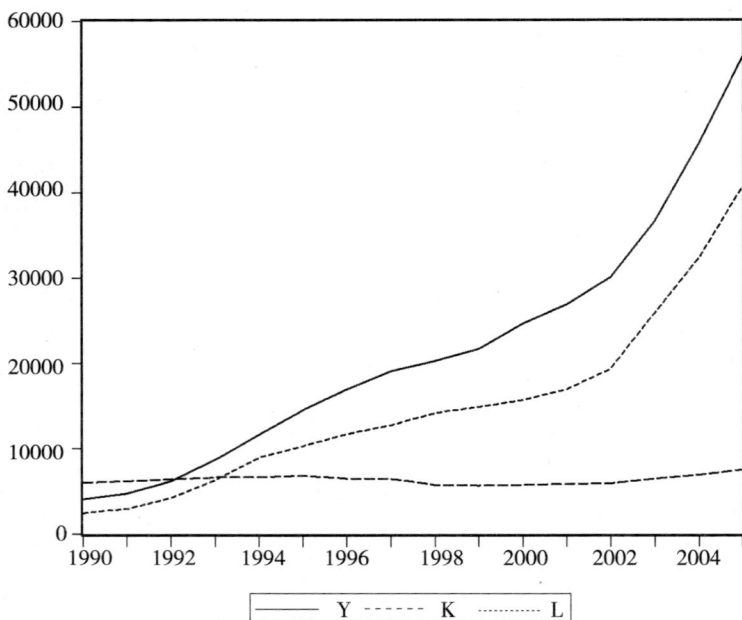

图 1　东部工业产出、资金投入、劳动力投入曲线

利用表 1 中的数据,通过 Eviews5.0 分别对东部与中西部进行分析,得出以下计量结果:

东部:

$$Y = 1.393K + 916.621 \tag{9}$$
$$(44.809)$$

中西部:

$$Y = 0.938K + 2907.008 \tag{10}$$
$$(22.233)$$

东部与中西部计量检验结果显示:调整以后的 R 分别为 0.97 与 0.99 说明曲线拟合度较好,并且均通过 t 检验,可以用来说明资金投入 K 对产出 Y 的关系。

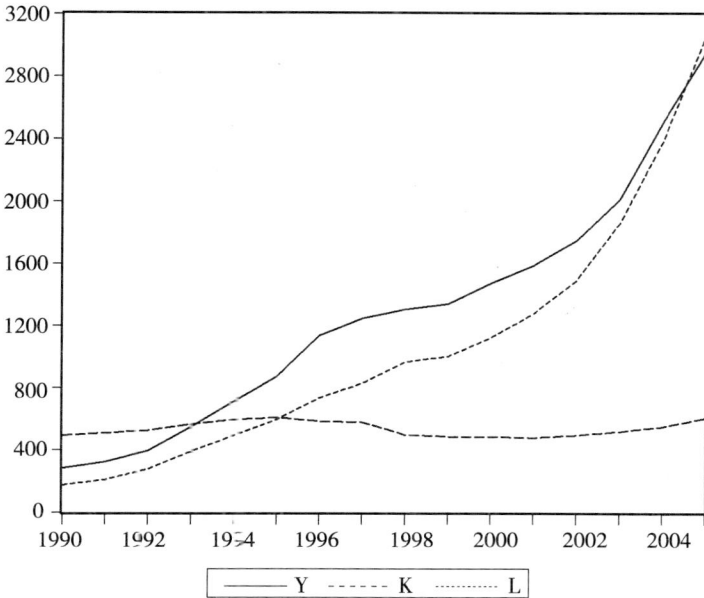

图 2　中西部工业产出、资金投入、劳动力投入曲线

3. 东部与中西部资本增加需要增加的劳动力的实证

从图 1 和图 2 中,我们可以看到东部与中西部劳动力基本保持稳定的状态,从 1990 年到 2005 年基本上没有出现上升或下降的趋势。生产中投入的资本与劳动力数量比例呈下降趋势,这也反映我国经济发展使得单位资本需要的劳动力逐渐下降。于是,我们采用近年来两地资本与劳动力结合的比例的平均数分析单位资本增加需要增加的劳动力数量。2003 年到 2005 年劳动力与资本结合的平均比例东部与中西部分别为 0.215 万人/亿元、0.235 万人/亿元。东部与中西部劳动力价格我们采用 2003 年到 2005 年东部与中西部平均工资来表示,具体如下表所示。

4. 产业地区转移条件实证

我们根据以上的结果对产业地区转移条件(7)式:

表2　2003年到2005年东部与中西部货币工资　　　　　　单位:元

年份	中西部	东部
2005	16176.68	21691.25
2004	14380.26	19112.42
2003	12629.21	16812.75
平均工资	14395.39	19205.47

$$w_1 \Delta L_1 - w_2 \Delta L_2 > (\frac{\partial F_1}{\partial K_1} - \frac{\partial F_2}{\partial K_2}) \Delta K + C_T(\Delta K) \text{ 进行分析。}$$

我们主要对 $w_1 \Delta L_1 - w_2 \Delta L_2$ 与 $(\frac{\partial F_1}{\partial K_1} - \frac{\partial F_2}{\partial K_2}) \Delta K$ 进行实证, ΔL_1 、ΔL_2

用我们已经计算出的劳动力/资本结合比例与 ΔK 的乘积来表示, $\frac{\partial F_1}{\partial K_1}$

与 $\frac{\partial F_2}{\partial K_2}$ 用产出/资本比例来表示。假定 ΔK 为1亿元,我们将计算结果

列在下表中:

表3　产业地区转移分析结果

	东部	中西部
投入资本 ΔK	1亿元	1亿元
需增加劳动力 ΔL	$\Delta L_1 = 0.215$ 万人	$\Delta L_2 = 0.235$ 万人
两地工资	$w_1 = 19205.47$ 元	$w_2 = 14395.39$ 元
产出增加额	1.393亿元	0.938亿元
$w_1 \Delta L_1 - w_2 \Delta L_2$	0.142亿元	
$(\frac{\partial F_1}{\partial K_1} - \frac{\partial F_2}{\partial K_2}) \Delta K$	0.455亿元	

四、结论与建议

由以上的分析我们可以得出:虽然我国东部与中西部地区劳动力

价格存在着较大的差异,但是资本与劳动力结合比例差距并不是很大,中西部地区劳动力成本低廉的优势并不足以抵消东部与中西部地区资本产出比例的差距,这是我国没有出现大规模产业地区转移的主要原因。同时,由于东部地区产业向中西部地区转移的过程中,不可避免地产生转移成本,在一定程度上使得传统产业地区转移更加难以进行。另外,在中西部地区市场配置与企业环境等方面与东部地区也存在着较大的差距,以企业为主体的产业转移必定会考虑这些问题,从而使得企业进行转移的动力降低。

在我国地区协调发展政策实施以来,在西部大开发和东北老工业基地的建设的战略形势下,东部资金已经开始向中西部转移,但是大规模的产业转移还没有出现。中西部地区应该加大对产业转移的支持,在税收、土地使用、政策环境方面提供优惠政策,东部地区减少对产业转移的限制,降低产业地区转移的成本。在传统产业地区转移的初期,金融机构应该对进行传统产业地区转移的企业给予借贷的优惠,财政方面可以适当地给予这些企业补贴,以此来抵消东部与中西部地区资本产出方面的差距,使得部分企业愿意进行产业的地区间转移;随着东部产业不断转入中西部地区,资本产出比例差距将会由于东部企业带来的技术以及产业规模效益的体现而缩小,当中西部劳动力的优势将会成为传统产业地区转移的主要动力时,再逐渐取消这些政策优惠,由于劳动力价格的差异,企业将自动地成为产业地区转移的主体。

参考文献

[1]段应碧:《鼓励、引导东部地区部分劳动密集型产业向西部地区转移》,《人民政协报》2005 年 7 月。

[2]查志强:《大都市魅力与地区经济融合——浙江产业区域转移的实证研究》,《上海经济研究》2002 年第 7 期。

[3]司春林等:《宏观经济学——中国经济分析》,上海财经大学出版社 2002 年版。

[4]易丹辉:《数据分析与 Eviews 应用》,中国统计出版社 2003 年版。

作者简介

王伟,男,1968 年生,浙江万里学院商学院副教授,博士研究生。

科技进步对黑龙江垦区经济增长的贡献率探析

邹积慧

黑龙江垦区经过半个多世纪的开发建设,已建成全国规模最大的国有农场群,成为国家重要商品粮基地、粮食战略后备基地,北大荒集团位居中国企业 500 强第 79 位。垦区耕地面积占全省的五分之一,粮食商品量占全省三分之一以上,粮食加工能力占全省的三分之一。尤其是近十多年来,垦区经济高速发展,农机装备和机械化程度接近发达国家水平,农业科技贡献率居国内领先地位,农业产业化经营格局已经形成,城镇化进程明显加快,社会事业协调发展,人均收入不断攀升。

统计资料[1]表明,在 1978 年—2005 年 28 年间,垦区国内生产总值平均增长速度高达 13.11% 。2005 年垦区生产总值占全国农垦的19.9% ,占黑龙江省的 4.9% 。而全面建设小康和构建和谐社会宏伟目标的实现,需要今后十几年间保持经济的又好又快发展。"科学技术是第一生产力",世界经济发展的历史进程也证明了每一次科学技术的突破,都带来了经济上的腾飞,而且这种促进作用越来越大。随着工业化阶段性转换和产业结构升级的推进,加快科技进步,不断增强综合实力,将是实现经济发展目标的主要途径之一。本文试就垦区科技进步的特点和科技进步对经济增长的贡献做以分析。

一、垦区科技进步的特点

与黑龙江省其他地市相比,垦区自然资源丰富、物质基础雄厚、生产经营组织化程度高、科技力量较强、社会事业体系健全,在科技进步方面表现出如下特点。

(一)装备优势。垦区顺应社会进步的潮流,十分重视用先进的科技成果提升生产力水平。在农业方面,2005年拥有机械总动力433.6万千瓦、农用机场57处、粮食处理中心156座、100马力以上大型拖拉机4172台,航化作业飞机31架,农业生产全过程基本实现了机械化,利用GPS卫星定位系统实施精准农业,推行了"863"智能化农业管理示范。在工业方面,规模以上企业122个,资产超过177亿元。在交通运输方面,拥有各类汽车10811辆。在通信方面,拥有电视转播台95座,宽带用户17542户。在建筑方面,自有机械设备2751台,技术装备率22236元/人,专业技术人员占从业人员的11.6%。

(二)人才优势。垦区实施"人才强垦"战略,大力开发人才资源,有计划地培养和引进一批高级企业管理人才、高知识层次的科技人才和关键岗位的专业技术人才,造就一批企业家和学科带头人队伍,高管人员培训成效明显,高校毕业生引进工作不断加强。专业技术人员50276人,其中专职科研人员1059人,占全国农垦的13.2%,占全省的3.3%,为又好又快发展提供人才保证。

(三)投入优势。"十五"期间,累计五年共完成投资204.5亿元,比"九五"期间的119亿元增长1.72倍。2005年垦区固定资产投资总额593665万元,在三次产业间的比例为28.8:41.6:29.6。

(四)研发优势。科技进步水平明显提高,第一生产力作用进一步增强。2005年,垦区总局和分局两级有独立研究与开发机构17个,科技人员448人,科研经费4331.9万元。当年开展的研究与开发项目187个,其中独立开展的研究与开发项目127个,有5个项目获省、部级科技进步奖,科技进步贡献率达65%。

(五)科技推广体系优势。垦区实施"科教兴垦"战略,加强科研机构建设,加大对农垦科学院和八一农大的科研投入,扶持龙头企业研发中心建设。加强东北"三省一局"科研协作,完善"产学研"结合的科技创新体系,形成"总局—分局—农场—农工"结合的技术推广体系,着力培育科技创新人才队伍,为垦区发展提供强有力的科技支撑。

二、模型和指标的选择及其计算

(一)模型的选择

衡量科技进步对垦区经济增长的影响,可供使用的经济数学模型有很多。依据科学性、普遍性、简单性、可行性等基本原则,本文采用现代经济增长理论中强调技术进步对经济增长的推动作用的索洛模型[2],分析科技进步因素对经济增长的贡献。索洛模型是一种产出型增长型生产函数。产出增长型生产函数是按绝对数表示的数学形式,在引入时间因素经过换算之后,就能得到以经济增长率表示的生产函数公式,即:

$$G = \alpha K + \beta L + A$$

其中:G 为产出的年增长速度;K 为资金的年增长速度;L 为劳动的年增长速度。α 为资金产出弹性系数(指在其他条件不变的情况下,资金增加 1% 时,产出增加 α%);β 为劳动产出弹性系数(指在其他条件不变的情况下,劳动增加 1% 时,产出增加 β%);A 为科技进步的年增长速度。

(二)指标选择及其计算

为了能够正确反映经济发展的实际情况,在测算科技进步对经济增长的影响时,必须慎重选择代表产出量、资金量和劳动量的指标。

1. 产出量的确定

国内生产总值(GDP)是指按照市场价格计算的、一个国家或地区所有常住单位在一定时期生产活动的最终成果。它是衡量经济增长规模与增长速度的基础指标。目前世界大多数国家或地区,依然使用 GDP 指标。尽管在可持续发展的理念引导下,以 GDP 核算有其局限性,但并不意味着全盘否定其合理性。目前在能够找到的资料中,尚没有政府公布的绿色 GDP 指标体系。所以,本文还是选用 GDP 来反映经济增长情况。以符号 G 来表示 GDP 增长速度。1978 年—2005 年，垦区各年 GDP 的环比增长速度，如表 1 所示。

表 1　黑龙江垦区 GDP 增长速度

年份	GDP 实际数（万元）	GDP 增长速度 G（%）
1978	96866	
1980	113420	8.2
1985	148093	1.52
1990	401974	17.26
1995	791074	21.49
1996	1088400	22.50
1997	1350782	20.94
1998	1410402	7.60
1999	1366008	5.10
2000	1457251	7.20
2001	1606628	11.40
2002	1718555	9.50
2003	1879502	11.00
2004	2361168	17.90
2005	2698322	13.10

2、劳动量的确定

劳动力资源包括劳动力人数和非劳动力人数两部分。劳动力人数是一个国家或地区一定年龄（通常 16 岁）以上、有劳动能力、实际参加或尚未参加社会经济活动的人口。在劳动力人数中，实际参加社会劳动并取得劳动报酬或经营收入的人员，称作就业人数。劳动量不应当是可能的劳动消耗，而应当是实际的劳动消耗。因此，在用宏观方法研究生产过程时，可以采用就业人数来说明劳动的消耗。以符号 L 表示就业人数增长速度，1978 年—2005 年，垦区各年平均就业人数环比增长速度，如表 2 所示。

表2　就业人数增长速度 L 及劳动产出弹性 β 计算表

年份	年末就业人数（万人）	年均就业人数（万人）	就业人数增长速度（%）	人　均GDP（元）	人均纯收入（元）	人均纯收入占人均GDP比重（%）	β
	（1）	（2）	（3）=L	（4）	（5）	（6）=β	
1978	864000			585	246	42.05	
1980	742000	803111	-0.07	729	327	44.86	
1985	783000	762500	-0.05	927	453	48.87	46
1990	813830	798415	0.05	2589	1217	47.01	
1995	766283	758114	-0.05	4981	2348	47.14	
1996	766864	766574	1.07	6949	2832	40.75	
1997	779627	773246	0.87	8608	3321	38.58	
1998	772703	776165	0.38	8930	3448	38.61	
1999	702348	737526	-4.98	8646	3216	37.20	
2000	707390	704869	-4.43	9254	3337	36.06	40
2001	698104	702747	-0.30	10169	3650	35.89	
2002	709310	703707	0.14	10877	3863	35.52	
2003	704813	707062	0.48	11601	4267	36.35	
2004	731203	718008	1.55	14973	5593	37.35	
2005	743997	737600	2.73	17049	6179	36.24	

3. 资金量的确定

根据有关测算方法,笔者认为,把每年的全社会固定资产投资额作为投入的资金总额,比较符合实际情况。以符号 K 来表示全社会固定资产投资增长速度,1978 年—2005 年,垦区各年全社会固定资产投资增长速度,如表3 所示。

4. 参数的选择

在应用索洛模型研究科技进步的作用时,必须确定资金产出弹性 α 和劳动产出弹性 β。在其他条件不变的情况下,劳动产出弹性是劳动者总收入与 GDP 之比。考虑到统计资料取得方便,我们采用人均收入与人均 GDP 之比,来替代劳动产出弹性 β。1978 年—2005 年垦区各年劳动产出弹性 β 计算结果,如表2 所示。再假定规模收益不变,

此时 α + β = 1 成立。这样,就很容易推算出资金产出弹性 α,α = 1 -
β。1978 年—2005 年垦区各年资金产出弹性 α 计算结果,如表 3
所示。

表 3　固定资产投资增长速度 K 及资金产出弹性 α

年份	全社会固定资产投资(万元)	环比增长速度(%)	资金产出弹性	综合系数
		K	α	α
1978	30651		57.95	
1980	43826	19.57	55.14	
1985	48587	2.08	51.13	54
1990	69629	7.46	52.99	
1995	135230	14.2	52.86	
1996	164434	21.60	59.25	
1997	235408	43.16	61.42	
1998	291700	23.91	61.39	
1999	290431	-0.44	62.80	
2000	219391	-24.46	63.94	60
2001	248520	13.28	64.11	
2002	358834	44.39	64.48	
2003	400273	11.55	63.22	
2004	443343	10.76	62.65	
2005	593665	33.91	63.76	

三、科技进步贡献率的测算结果及其分析

(一)科技进步贡献率的测算结果

一般说来,运用索洛模型计算和分析科技进步对一个地区或一个
国家在一定时期经济增长的贡献,通常要着眼长远。综观垦区 1978
年—2005 年国民经济发展历程,可以将这 28 年划分为两个阶段。第
一阶段为改革开放至"八五"计划期末,即 1978 年—1995 年;第二个阶
段为"九五"和"十五"计划时期,即 1996 年—2005 年。这两个阶段垦

区国民经济主要指标发展速度,如表4所示。

表4   1978年—2005年黑龙江垦区国民经济主要指标发展速度

阶段	GDP增长速度(%)	从业人员增长速度(%)	全社会固定资产投入增长速度(%)
第一阶段	7.1	−0.7	9.1
第二阶段	13.53	−0.60	15.36

依据国际惯例,劳动产出弹性和资本产出弹性分别为0.75和0.25。根据索洛的余值法,即:

$A = G - \alpha K - \beta L$

第一阶段科技进步贡献

$= 0.071 - 0.75 \times (-0.007) - 0.25 \times 0.091 = 5.35\%$

$5.35\% \div 7.1\% = 75\% = 3/4$

第二阶段科技进步贡献

$= 0.1353 - 0.75 \times (-0.006) - 0.25 \times 0.1536 = 10.1\%$

$10.1\% \div 13.53\% = 74.65\% \approx 3/4$

这表明在第一、第二阶段,科技进步对垦区经济增长贡献约占3/4,均超过2/3。

那么,垦区的科技进步贡献在这两个阶段的实际表现如何?

依据垦区实际情况,第一阶段的劳动产出弹性和资本产出弹性分别为0.46和0.54。第二阶段的劳动产出弹性和资本产出弹性分别为0.40和0.60。

则有:

第一阶段科技进步贡献

$= 0.071 - 0.46 \times (-0.007) - 0.54 \times 0.091 = 2.5\%$

$2.5\% \div 7.1\% = 35.21\% > 1/3$

第二阶段科技进步贡献

$$= 0.1353 - 0.40 \times (- 0.006) - 0.60 \times 0.1536 = 4.6\%$$

$$4.6\% \div 13.53\% = 34\% > 1/3$$

这表明在第一、第二阶段,科技进步对垦区经济增长贡献约占1/3。

1978 年—2005 年,垦区两个阶段劳动、资金、科技进步各生产要素在 GDP 增长中的贡献大小,如表 5 所示。

表 5　　1978 年—2005 年黑龙江垦区国民经济主要指标发展速度与国际惯例比较

年份	GDP 增长速度(%)	劳动对 GDP 增长的贡献(%)	资金对 GDP 增长的贡献(%)	科技进步对 GDP 增长的贡献(%)
第一阶段(垦区实际)	7.1	0.322	4.914	2.5
第一阶段(国际惯例)		0.525	2.275	5.35
第二阶段(垦区实际)	13.53	0.24	9.216	4.6
第二阶段(国际惯例)		0.45	3.84	10.1

(二)对测算结果的分析

1. 劳动要素对垦区经济增长的贡献总体上分量不足。表 5 数据显示,在 1978 年—2005 年的两个阶段,劳动要素对垦区经济增长的贡献分量不大。其中:第一阶段劳动贡献率实际为 4.5%,小于按国际惯例计算 2.9 个百分点;第二阶段劳动贡献率实际为 1.77%,小于按国际惯例计算 1.7 个百分点。虽然这两个阶段从业人员增速下降,从整个宏观形势看,但第一阶段,改革开放政策极大地调动了垦区广大劳动者的积极性,劳动力的生产效率得到提升。第二阶段,20 世纪 90 年代后期,我国农业生产出现卖粮难,我省产业结构的调整,使大量劳动力处于失业状态,垦区经济活动也出现了明显的"劳动稀释化"[3]过程。这表明,随着人力资源和人力资本投资理论研究的深入,人力资源作为知识的载体成为经济增长的原动力,对经济增长所起的作用越来越为人们所关注。在初级现代农业阶段,垦区必须扬长避短、充分发挥劳动资源充足、丰裕、廉价的优势,使劳动因素对经济增长做出突出贡献。同时,要改变粗放型扩大再生产方式,走出一条符合科学发展观、保持社会经济可持续发展的道路。因此,垦区经济增长中劳动因素的贡献还必须进一步提高。

2. 资金要素对垦区经济增长的贡献分量最重。表 5 数据显示,在 1978 年—2005 年的两个阶段,资金要素对垦区经济增长的贡献分量最大。其中:第一阶段资金贡献率实际为 69.21%,超过 2/3,大于按国际惯例计算 37.17 个百分点;第二阶段资金贡献率实际为 68.12%,也超过 2/3,大于按国际惯例计算 39.74 个百分点。总体上说,垦区的经济增长,主要还是依靠资金投入来带动,资金的贡献率在三种要素中一直是最大的。随着全面建设小康社会、振兴老工业基地政策的实施,垦区的新一轮发展将会不断拓展。可以断言,在相当长的时间内,资金因素依然是拉动经济增长的主要力量。这说明,垦区引进外商投资的力度不断增强,而且效果显著,但同时也反映出了垦区经济增长还是较为典型的粗放型扩大再生产,经济增长方式没有实质性转变。对此,我们必须有清醒的认识:一旦资金出现"断档",整个经济发展将会失去前进动力,这是垦区经济增长中不可忽视的潜在风险。

3. 科技进步要素对垦区经济增长的贡献不够稳定。从表 5 数据看出,1978 年—2005 年的两个阶段,科技进步对垦区经济增长的贡献率在增长,且分量越来越重。其中:第一阶段科技进步贡献率实际为 35.21%,虽超过 1/3,但小于按国际惯例计算 40.14 个百分点;第二阶段科技进步贡献率实际为 34%,也超过 1/3,但仍小于按国际惯例计算 40.65 个百分点。结合对两个阶段的分析,这一方面表明垦区大力实施"科教兴垦"战略的辉煌成就;另一方面也反映出垦区挖掘科学技术这个第一生产力的巨大潜力。在知识经济时代,科技革命日新月异,技术创新已经深刻影响着人们的生产方式与生活方式,国际间、区域间的激烈竞争归根到底是技术创新、知识创新和高新技术发展上的竞争,谁能抢先一步、高人一等,谁就能在激烈的竞争中赢得主动权和控制权。

4. 综上分析,一方面,垦区自身的两个阶段相比,第二阶段的劳动、资金科技进步贡献率比第一阶段呈现"一降两升"趋势,即获取相同 GDP 的增速中,靠增加劳动要素的比重在下降,反映出劳动者的数量虽然有所减少,但劳动者的素质在提高;获取相同 GDP 的增速中,增加资金和科技要素的比重在上升,反映出垦区在增加资金投入的同时,带来了科技进步的飞跃。另一方面,垦区的两个阶段实际的劳动、资金科技进步贡献与国际惯例相比,呈现出"两小一大"的状况,即垦区获取相同 GDP 的增速中,劳动和科技进步的贡献实际的小于标准的,反映出劳动和科技进步,特别是靠科技进步来拉动经济增长方面潜力很大;垦区获取相同 GDP 的增速中,资金的贡献实际的大于标准的,反映出垦区资金投入比重过大,经济增长主要靠资金投入来拉动。因此,用哲学的观点分析上述经济现象,我们既要看到垦区科技进步的良好趋势,还要看到垦区科技进步与国际标准的差距,积极探索提高垦区科技进步贡献率的有效途径。

(三)提高垦区科技进步贡献率的途径

提高垦区科技进步的水平,应该采取综合措施,保持自身科技进步贡献的上升势头,缩小科技进步贡献与国际标准的差距。

1. 加快创新型垦区建设。一是大力提高原始创新、集成创新和引进消化吸收再创新能力。认真落实中长期科技发展规划纲要和配套政策,集中力量实施先进制造与信息化、新能源与节能技术、农产品优质高产与精深加工、生物技术与医药、环境保护与公共安全技术等科技专项。加快知识创新、技术创新、国际科技合作、科技成果转化与孵化、公共服务等科技创新平台建设。二是加快建立以企业为主体、市场为导向、产学研相结合的自主创新体系。积极推动应用技术研究院所与生产企业联合、重组。充分发挥重点科研机构、高等院校、大型企业在自主创新中的骨干作用和引领作用,加强重点领域、重点产业、重点产品的重大技术创新。引导和鼓励企业加大科技研发投入,建立技术中心,真正成为研发投入主体、技术创新活动主体和创新成果应用主体。三是优化自主创新环境。改革的完善垦区科研创新体制,融入国家财政科技投入稳定增长机制,鼓励发展创业风险投资,形成促进自主创新的多元化投融资体系,大力推进科研成果转化和产业技术应用。

2. 大力推进现代农业建设。坚持用现代发展理念指导农业,用现代物质条件装备农业,用现代科学技术改造农业,用现代经营形式发展农业,走垦区特色农业现代化道路。搞好区域产业布局,突出发展优势产业和主导产品。积极推进农业科技进步,实施优质粮食产业工程和粮食丰产科技工程,扩大高效经济作物和饲草饲料生产。发展绿色农业,建设全国最大、世界有影响的无公害、绿色、有机农产品基地。推进低耗、清洁、高效生产,大力发展循环经济,发展资源节约型和环境友好型农业。继续加强生态林和经济林体系建设,壮大林业经济。建设防洪、除涝、灌溉和水土保持工程,进一步提高现代农机装备水平,切实强化农业基础设施建设。坚持农牧结合,培育壮大家庭牧场和股份制、股份合作制养殖场,加快标准化养殖小区建设,完善动物良种繁育体系,建设无规定疫病区和优良生态养殖区。适当扩大畜牧业产值占农业总产值的比重,使畜牧业成为垦区支柱产业。

3. 把工业发展为主导产业。坚持走新型工业化道路,尽快形成主业突出、集群发展,具有较强自主创新能力、整体实力雄厚的工业发展格局。积极提升农业产业化经营层次,做强做大以食品工业为重点的农产品精深加工业,加快北药开发和保健食品开发,着力发展生物化工、粮食化工、亚麻纺织等产业。大力发展农业生产资料、农机制造等农用工业。抓住"哈大齐"工业走廊建设契机,建设高新技术产业园区和工业园区。实施大项目牵动战略,组建跨行业、跨地域的特大型企业集团。抓紧培育若干个年销售收入十几亿、几十亿、百亿元以上的大企业。打造名牌企业和名牌产品,把"北大荒"培育成国内外知名品牌。推进建筑企业向集团化、复合型发展,提升市场竞争力。

4. 积极发展具有垦区特色的第三产业。构筑多层次、宽领域、开放式的第三产业格局。加快产地批发市场升级改造,大力发展农产品、农业生产资料和消费品连锁经营。整合物流资源,构建以大型现代物流骨干企业为轴心,以综合性、专业性物流配送为节点的现代物流体系,形成北大荒物流品牌,大幅度提高物流业销售收入。拓展垦区农业保险机构服务范围,逐步覆盖全省农村并向省外延伸。促进信息业发展,建设"数字化垦区"。着力发展农业观光、界江界湖、生态环保等特色旅游业。发展中介服务业和社区服务业。

5. 推进科教兴垦和人才强垦。一是加快创新型人才队伍建设。完善激发创新活力的人才制度和政策措施,创造人尽其才、才尽其用、用当其时的良好环境,造就与兴垦强垦相适应、特色鲜明、优势明显的人才队伍。培养、吸引和用好学术技术带头人等科技创新人才、懂科技会经营善管理的企业家人才、工人技师等高技能人才、农场实用人才和社会工作人才。健全人才柔性流动和区域合作机制,培养和引进顶尖人才和领军人物,形成高水平的企业家队伍、科技人才队伍和营销、金融、法律等专业人才队伍。二是加快以新品种培育、新产品开发为重点的原始创新,大力推进作物栽培、植物保护、动物疫病防控、集约化生产等应用技术方面的集成创新,不断加强先进设备和生产工艺引进后的消化吸收再创新,构建产业与科技相互支撑、经济与技术紧密结合的科技创新体系。依托垦区高等学校和科研院所,加强与国内外大学和科研机构的合作,组建"产学研"联合体。组建企业研发中心,建立孵化器和产业化基地,加快科研成果转化。三是完善科技推广体系,大力开展新品种、新技术、新机械实验、示范和推广。

只有这样,才能真正实现垦区经济增长方式的根本性转变,即从过度依赖资金、自然资源和环境投入,以量的扩张实现增长,转向更多依靠提高劳动者素质和技术进步,以提高效率获取经济增长,从而保证全面建设小康社会和构建和谐社会宏伟目标的顺利实现。

参考资料

[1]《黑龙江垦区统计年鉴》(1993—2006 各年度),中国统计出

版社。

　　[2]全国经济专业技术考试用书编写委员会:《经济基础知识(中级)》,辽宁人民出版社、辽宁电子出版社2004年版。

　　[3]董西明:《科技进步对黑龙江经济增长的贡献率》,《经济管理》2006年第5期。

第三篇

农业与农村发展

论农业产业化经营

邹积慧

一

党的十六届五中全会指出,加快建设社会主义新农村,必须优化农业生产布局,推进农业产业化经营,促进农产品加工转化增值,发展高产、优质、高效、生态、安全农业。笔者认为,加快发展农业产业化经营是转变农业增长方式,提高农业综合生产能力,实现城乡和农村经济社会协调发展,建设现代农业,推进全面建设小康社会的必由之路。

农业产业化是在市场经济发展到一定条件下,农业经济深化改革和发展的必然。农业产业化的提出,是因为国家经济体制改革和运行的变化导致农业同样面临市场化运作问题,改革开放对农业供给结构和供给质量提出了新的要求,结构战略性调整使农业生产面临着严峻局面,农业和农民收入增长速度趋缓或停滞。靠传统的农业发展思路和措施,已经无法解决农业、农村和农民发展面临的问题,因此,向市场经济过渡阶段,农业产业化作为解决中国农业发展的新思路、新举措就成为一条有效而可靠的重要途径。它综合地发挥了生产专业化、配置市场化、经营一体化、服务社会化、管理企业化等诸多方面的优势,有效地解决了农户经营规模小、农业生产比较效益低、农业科技含量低、农业剩余劳动力转移难等农业深层次矛盾的问题,对于推进我国农业现代化和农业市场经济体制建设具有深远意义。

农业产业化经营是以市场为导向,以家庭经营为基础,依靠龙头企业及各种中介组织的牵动,将农业生产的产前、产中和产后诸环节联结为完整的农业产业链条,围绕这一产业链,实行多种形式的一体化经营,形成系统内部有机结合、相互促进、利益互补、协调发展的经营机制,实现有限资源优化配置、协调发展、共同受益的一种新型的农业经营方式。农业产业化的实质是现代农业自我积累、自我调节、自我发展的一种基本经营方式,是多元参与者在生产经营活动中自愿结成一体化生产经营体系的经济利益共同体。农业产业化是在社会主义市场经济条件下解决当前农业和农村经济发展以及农民增收的深层次矛盾和问题的现实选择,是区别传统农业生产方式和组织形式的一种新机制。其在组织形式上,按照农业再生产规律,将农业的产前、产后诸多因素环节通过利益纽带结为一个完整的产业系统。在经营方式和经营内容上,适应市场经济要求,实行种养加、产供销、贸工农一体化经营。在生产经营目的上,提高产业化组织整体经济利益,提高农业增值能力和比较效益,实现农业增产、农民增收。

当前,农业产业化的发展呈现出形式多样、地域广泛、涉及行业众多的趋势,据有关资料显示,我国农业产业化广泛存在于种植业、畜牧业、林果业、水产业和蔬菜业中。农业产业化经营主要有以下几种类型:一是龙头企业带动型。这种类型是以农副产品加工或流通企业为龙头,通过合同契约、股份合作制等多种利益联结机制,带动农户从事专业生产,将生产、加工、销售有机结合,实施一体化经营。该类型以"公司 + 农户"为基本组织模式,是当前的主要形式。二是中介组织带动型。这种类型是以专业性合作经济组织(含农户各类专业技术协会)等为中介,通过合作制或股份合作制等利益联结机制,带动农户从事专业生产,将生产、加工、销售有机结合,实施一体化经营。该类型一般以"合作经济组织 + 农户"为基本组织模式。三是农副产品批发市场带动型。这种类型是以农副产品专业批发市场为纽带,带动主导产业,并通过合同契约或其他较稳定的经济关系,连接广大农户,实施产销一条龙经营。其基本组织模式为"市场＋农户"。

各种不同类型的产业化形式,都共同反映出遵循市场经济规律和原则,把农业生产、农产品加工和农产品流通诸环节有机结合起来,各种龙头企业与农户结成松散或紧密的经济利益共同体,都不同程度地体现出引导、组织、带动和服务农户的功能。我国的农业产业化大致有以下特征:一是市场化配置的特征。农业产业化经营离不开市场化配置,实现农业产业化经营,科学、合理地配置人才、技术、资金、物资、资源等要素是一个非常关键的问题。市场化配置能根据各个领域的不同需要,通过合理流动的方式,协调配置各种生产经营要素。市场化配置摆脱了传统的计划配置方式,打破了地域、国界,从较小区域延伸到全国乃至世界,有利于国内国外两种资源、两个市场的优化配置,促进农业产业化经营的发展。二是一体化经营的特征。农业产业化经营的范围广、层面宽、环节多,需要一体化协调发展,一体化经营方式是农业产业化经营的核心,"产加销"一条龙,"贸工农"一体化,是一体化经营的内涵,是农业产业化经营的主要特征。农业产业一体化经营,有利于农业从计划经济向市场经济体制的转变,有利于农业从单纯原料生产向完整的产业体系转变,有利于应用和推广先进的科学技术,加快实现农业现代化。三是专业化生产的特征。农业生产专业化是指依据客观条件,使农副产品生产的全过程或其中的主要环节实现生产集约化,以提高劳动生产率,提升产品质量,降低生产成本,提升产品竞争力。农业生产专业化主要包括:农产品生产的系列化、农业作业专业化和农业生产区域化等。四是企业化管理的特征。企业化管理就是按照市场经济运行的要求,以市场为导向,以经济效益为中心,以资源开发利用为基础,在现有农业生产力水平和经济发展水平的基础上,把农户组织起来,实行以龙头企业为主导,聚集资金、技术和力量,优化资源组合,扩大生产经营规模,改变传统的农业经营方式,由自然经济发展到商品经济,由分散的家庭经营发展到高效的规模经营,从而实现生产要素的合理配置,进一步降低生产成本,提高劳动生产率,提高经济效益。五是社会化服务的特征。社会化服务就是立足于当地资源优势,以农副产品加工、销售企业为核心,以经济利益为纽带,围绕龙头企业,形成种养加一体化和贸工农一体化的服务模式,把企业与农户结成利益共享、风险共担的经济联合体。这种经营服务模式有利于在较大范围内组织生产和流通,有利于推动传统农业向现代农业的转变,有利于提高农业生产的专业化、商品化水平。

二

农业产业化经营逐步引导农户走向大市场,克服农户小规模经营与大市场之间的矛盾,把分散的家庭经营同集中的市场需求有机联系起来,通过延长产业链条提高农副产品的附加值,通过各种中介组织为农户提供产前、产中、产后服务,这些龙头企业或中介组织,在农户与市场之间架起了相互沟通的桥梁,帮助农户规避自然风险和市场风险,提高农户的生产经营效益,促进农副产品走向专业化、商品化和品牌化经营。

实施农业产业化经营有利于农业经营体制的创新。在农业产业化的发展过程中,龙头企业和基地的联结形式不断完善和规范,出现了"公司＋农户"、"合作经济组织＋农户"、"市场＋农户"等多种形式。我国以"公司十农户"为主要形式的农业产业化经营,突破了原有农业双层经营体制的局限,丰富了为农户服务的内容,提高了服务的水平,在更大范围和更高层次上实现了农业资源的优化配置,是对统分结合的双层经营体制的充实、完善和发展,是农业经营体制的一次创新。家庭承包经营与农业产业化经营相结合,使农户找到了在社会主义市场经济条件下新的联合与合作方式,是具有中国特色和时代特征的农业经营形式。

实施农业产业化经营有利于加快建设现代农业的步伐。家庭承包经营是我国农村最基本的经营方式,它既有调动和保护家庭承包经营的积极作用,但也存在与发展现代农业相悖的分散性和落后性等弱势。在不改变现有的家庭承包经营的情况下,由龙头企业或中介组织与农户建立多渠道、多形式的联合与合作,实行农业产业化经营,使分散经营的小农户组合成专业的生产联合体和大规模的农产品生产基地,吸纳先进生产要素、提高农业整体规模效益、加快农业剩余劳动力转移,是实现我国农业现代化的现实选择和至关重要的一步。因此,实施农业产业化经营可以有效地优化社会资源配置、提高农业生产组织化程度、加强农业专业化、规模化生产和企业化管理、完善社会化服务体系,不断提高农产品的数量、质量和效益。

实施农业产业化经营有利于促进农业增长方式的转变。农业产业化经营改变了农业传统的生产经营模式,由单一的、简单的农业生产和流通到专业的、规模的、系列化的农产品生产和流通,形成了一套通过利益联结的生产经营体系,增加了农业生产经营的利润增长点和利润空间,转变了农业生产增长方式。农业产业化经营是通过市场细分确定目标市场,通过产品定位确定经营战略,最终实现小范围生产区域优势的发挥,是农业生产高度分工和社会化高度发展的标志,充分发挥生产的专业性,增加产品专业技术含量,提高产品质量,获得产品效益。通过发展农产品加工、搞活流通,提高农业的整体效益,让农户从生产环节增加收入,通过订单、合同等形式把龙头企业和农户联结在一起,让农户从加工流通等环节获取利润。

实施农业产业化经营有利于促进农业结构战略性调整。农业结构战略性调整是对农产品的农业区域布局、农产品品种和质量及农产品产后加工转化进行全面调整的过程,是加快农业合理布局、提高农业科技进步和农业劳动者素质、转变农业增长方式、提高农业综合生产能力的过程。农业产业化经营促进农产品加工业的发展,改变传统的农业生产经营方式,改变小农户盲目生产、分散经营的状况。农业产业化经营通过采取“公司＋农户”等多种联结方式,与农户建立稳定的产销关系,带动千家万户按照市场需求,进行专业化、集约化生产,避免分散的农户自发调整结构所带来的盲目性和趋同性,形成"政府调控市场、市场引导企业、企业带动农户"的结构调整新机制,可以全面推进新阶段农业的技术创新、组织创新和制度创新,最终推进农业结构的战略性调整。农业产业化经营把建设龙头企业和培育经营大户作为发展农业产业化经营的重中之重,不断培植结构调整的带动力量,把发展农业产业化经营完全融入结构调整的内容,直接推动农业经济的市场化、农区工业化、城镇化的进程。选择农业产业化经营,就是选择农业结构调整和农户增收的最佳组织形式。培育龙头企业和经营大户,就是培育结构调整和家庭增收的主体力量。

实施农业产业化经营有利于提升农业市场竞争力。我国的农产品生产和流通已经融入世界经济大循环的环境当中,优胜劣汰是市场竞争的法则,要增加我国农产品的竞争力,就要提高农产品的质量,降低农产品的成本。要提高农产品的质量,一定要有农业生产的标准化,而农业生产的标准化一定要有农业生产的专业化,农业的专业化又离不开农户的组织化。这一切,都与农业产业化经营有着密不可分的联系。凡是有龙头企业带动的地方,农产品的质量状况就会有很大改善,农产品的成本相对降低。农业产业化造就了一批有市场竞争力的龙头企业,龙头企业通过组织和带动农户,实行专业化、标准化和规模化生产,充分发挥家庭经营和劳动力成本较低的优势,依靠精深加工和提高科技含量,创出一批有较强市场竞争力的名牌农产品,能够非常强劲地在国内外市场上参与竞争赢得市场优势。

实施农业产业化经营有利于促进农业剩余劳动力转移。农业产业化经营是破除传统农业生产形式的一次重大变革和创新,是我国农业生产经营发展的一大进步。农业产业化经营围绕主导产品和相关的若干骨干农产品,以市场为导向组织农业生产,通过开展加工、购销,延长农业的产业链,将产前、产中、产后的各个环节组合成一个新的产业体系,实行种养加、产供销、贸工农一体化经营,更好地提高农产品附加值,进一步促使农业成为高效盈利产业,促使农业增长方式从粗放型向集约型转变,促使农业剩余劳动力的转移。一是农业产业化经营使农户实现专业化生产、规模化经营,使之有组织地进入市场,有利于农户扩大农业生产规模,更多地解决就业。二是农业产业化可以通过农产品的生产、加工、购销等,延长农业产业链,有效地消化部分农业剩余劳动力。三是农业产业化经营的发展,可以大力推进城镇化建设,从而引导农业剩余劳动力流入城镇发展第三产业,逐步脱离农业和农村,促进农业人口的大幅度减少。可以断言,随着一体化生产组织的日益完善,生产、加工、运输、仓储、销售等环节逐步配套,产业化所带来的生产能力的扩大和生产领域的不断扩展,以其对农区工业化、城镇化的强力推进,将吸纳更多的农业剩余劳动力,有利于农业劳动力的分流和就地转化。

三

在党和国家的高度重视下,农业产业化经营作为农业发展和农民增收的有效形式,得到了切实发展。但是,我们必须看到,当前农业产业化经营的发展仍然面临着一系列的问题,由此导致农业产业化运行成本较高,发展难度较大,对于促进农业增效,农民增收的贡献率亟待提高,农业产业化经营相关政策和制度有待完善。具体表现为:

宏观管理体制的不适应性,严重制约农业产业化经营的进程。长期以来,我国农业的产前、产中、产后环节相互脱离,不仅割断了三者之间的有机联结,也严重制约了农业产业链综合效益和竞争能力的提高。实施农业产业化经营应以提高农业、繁荣农村、富裕农民为重要前提,这就要最大限度地支持农业产业化的发展。但是,在实际工作中,由于产品管理、计划、财政、金融、工商、税收等部门的政出多门和各自为政所致,使中央和地方对农业产业化经营相继出台的很多优惠政策很难落实到位或不能如期到位,一些本来非常有利于农业产业化发展、有利于农民增收的好政策、好措施、好办法不能顺利实施或半途而废。宏观管理体制滞后成为农业产业化发展的阻碍性因素。

　　利益机制的不完善性,直接影响着农业产业化经营的发展。从当前农业产业化的运行情况看,我国农业产业化经营利益分配机制发育滞后,不尽完善合理,多数农业产业化经营的利润分配机制与农民致富的迫切要求不相适应,与农业产业化经营的根本目的不相适应,基本上还处于一种随意性、非规范性比较突出的阶段。龙头企业强调的当期利益而追求效益最大化,地方政府强调如何增加财政收入而忽视服务和扶持,农民强调眼前利益而不愿履行义务,导致农业产业化经营的利益机制十分薄弱。龙头企业与农户间不能充分协商,合同、契约内容、项目不完善,条款设置不合理,分配办法不健全,致使合同、契约无法得到制度与法律的有效保护,对农业产业化的利益主体缺乏有效的激励和约束,造成龙头企业不壮,基地不强,农民不富的发展态势。相当数量的农业产业化经营并未形成实质上的经济利益共同体,从而使龙头企业与生产基地和农户在产、加、销的生产经营过程中,造就很多不协调的相互抗衡态势,极大地影响了农业产业化发展。

　　政府行为的不规范性,加大了农业产业化经营的难度。推进农业产业化的过程,就是推进市场化的过程,而由于行政体制改革滞后,政府转变职能慢,行为不规范,造成了农业产业化发展的缓慢,增加了农业产业化的经营难度,出现了许多与发展农业产业化经营不相协调的情况。诸如不顾当地条件和市场需求,盲目上项目、定指标;政府职责不清,通过行政命令搞"富民工程";不是实行有效的资源、资本运作,而是以政府直接投资代替政府支持;政策调整滞后,很不适应发展农业产业化经营的需要;农业产业化经营的趋同性造成重复建设、无序竞争等等,不仅提高了农业产业化的推进成本和经营风险,而且还大大影响了切实解决"三农"的问题,阻碍了建设现代农业的进程。

　　市场发育的不成熟性,增加了农业产业化经营的风险。目前,我国农业产业化经营在不断向前发展。但是,农产品市场发育还很不成熟,因此,农业产业化经营还很难适应农产品市场的要求变化。一是国内农副产品消费市场有效需求不足,致使市场容量相对饱和,特别是农副产品市场短缺的情况已经得到解决,供求关系发生了改变,已由卖方市场转变为买方市场,农业生产面临着激烈的市场竞争,由于农村市场已经成为全国市场的一部分,来自外部市场冲击和信息骤然增加,农业面对的市场风险甚至比自然风险还大。二是市场机制尚未形成,应该由市场供需所决定的产品价格,往往为行政所干预,给农业生产带来经济损失是不容置疑的。三是市场体系不完善。首先,市场主体不明确。农户分散的生产经营方式限制了自己产品的组织化交易方式,大部分农副产品以无组织、分散状态进入市场,这些农副产品在市场上处于被动地位,缺乏市场竞争力和自我保护力,难以抗衡社会上各利益集团对农户权益的侵蚀和不正当竞争。其次,市场环境不完善。我国农副产品市场建设和市场运行中的行政干预、部门分割、地区封锁、行业垄断等情况比较严重,使农产品市场运行不规范;市场秩序尚不规范,干扰了市场的公平竞争;市场法规尚不完备,还未形成体系;市场监督管理政出多门,缺乏应有的权威性和统一性,计划经济体制还有残余和不可低估的影响。

组织载体的不健全性,弱化了农业产业化经营的优势。当前,我国农业产业化经营的问题和矛盾还表现在组织化程度低,组织载体不健全,产业化辐射带动能力弱上。多数龙头企业和其他产业化组织存在比较严重的小而全或大而全,竞争能力和发展后劲严重不足。一是产业化经营组织整体竞争实力弱。与发达国家和地区农产品企业相比,相当地区的农业产业化竞争力不仅体现在单项产品、单个市场主体竞争能力弱,而且体现在龙头企业规模、实力、科技和产品质量、品牌与价格以及经营方式在内的整个产业化体系的综合竞争能力也较弱。二是农户的组织化程度较低。由于农户的经营规模小、分散化程度高、投资能力弱、经营手段和经营方式相对不高,各类专业协会、中介组织发展缓慢。三是农产品生产、加工产业链条短。部分农产品研发能力低,新开发产品少,农产品专用程度和品质不能满足加工的需求,直接影响了农产品加工质量和加工品种的开发;农产品加工深度不够,农产品生产、加工的产业链条短,加工转化和增值率低,直接影响了农业产业化经营的发展。

四

为了加快发展农业产业化,不断提高农业生产力水平和农业综合效益,我们必须面对农业产业化现存的问题和矛盾,采取相应对策,加以调整和改进,不断完善加快发展农业产业化经营的措施和办法。

从宏观上看,农业产业化经营是实现农业现代化的根本途径,是全面建设小康社会的关键性措施。

发展农业产业化,在项目结构上,要根据资源优势,因地制宜,量力而行,着眼于农户参与面大、资源支撑面广、农户受益面宽的项目;在产业结构上,要突出绿、特、专和农副产品深加工,提高农副产品的附加值;在产品结构上,要彻底克服小规模经营与大市场的矛盾,要把名特优新产品作为重点,科技含量要高,规模要适度,要避免低质量、低水平和低档次重复建设;在发展方向上,要以市场为导向,面向国内外两个市场,积极发展适销对路、潜在需求大、农户收入高的产品;在组织形式上,要提倡多种所有制、多种形式并存,组织化程度高,走建、引、扶相结合,适合本地区自身特点的产业化之路。

从微观上看,要在发展农业产业化的过程中,切实注意把握以下环节:

加强对农业产业化发展的宏观指导。农业产业化经营关键解决了能否建立可以协调相关主体利益,科学地处理农业产业化总体利益、主体利益和不同主体利益之间关系的内在运行机制。在农业产业化经营运行之中,必须加强宏观指导,按照市场经济的思路不断实现各利益主体的效益追求,支撑农业产业化经营不断发展。一是建立健全法律保障体系,将产业化纳入法制化、规范化的轨道。实行农业产业化经营,势必涉及生产、流通、消费、金融、保险、外贸和科技推广等各个领域。因此,必须用法律法规的形式确立各类组织的地位,规范各方的经济行为,为各类组织开展经营活动提供相应的法律保障。二是积极培育、完善市场体系。采用多种多样的组织方式,把农户组织起来,提高农户的组织化程度,通过协作与联合,引导龙头企业与农户或基地结成一体化经济合作组织,健全以初级市场为基础,以区域性批发市场为骨干,以全国性批发市场为龙头的,多种经济形式和多种经营方式并存的农副产品市场网络;加强和完善农副产品市场管理和服务,建立良好的市场交易秩序;同时,要大力发展生产要素市场、土地市场、劳动力市场、技术市场、信息市场,促进农业生产要素的合理流动;积极培育中介组织,发挥中介组织沟通信息、协调生产、调控价格、保护农业生产的作用;进一步完善市场法规和监管体系,以保障市场体系的有序运行。三是要搞活经营机制。龙头企业类型多样,有国有国营、股份制、外资、合资、个体、私营的等等。在完善经营机制方面,要健全企业法人治理结构,完善监督机制,加快建立和完善现代企业制度。要以资本运营为纽带,着力盘活存量资本,整合资本、技术、人才等要素,增强企业发展后劲,提高竞争力。

把握好农业产业化的推进原则。农业产业化是一个不断传播、不断扩散、不断发展的长期过程,也是一场深刻的制度变迁和社会变迁过程。要以积极、稳妥的方式启动和推进。在农业产业化推进过程中,要把握好以下原则:农户自愿原则。农业产业化是农业生产者"自我发动、自我积累、自我投资、自我发展"的制度创新,尊重劳动者的意愿,通过典型示范和适当引入组织机能促进农户认识水平的提高和行为的转变,引导他们逐步实现这一过程。利益保护原则。农业产业化的发展过程伴随着各类农业生产要素的自由流动和重新配置。也是一个利益重新调整和分配的过程,势必出现大量生产要素(特别是土地)集中在少数人手中的情形。因此,保护那些低收入、缺乏资金和生产技术、缺乏市场信息和价格信号的农户的切身利益和长远利益,显得尤为重要。政府服务原则。农业产业化是"农民发动、政府推动"的过程。要为农户创造一个适应发展的条件和环境。政府应当完善政策,建立制度,并致力于公共投资以提高资源配置效率和比较优势,提高生产率和市场效率。效益兼顾原则。农业产业化是以盈利为目的,使农业生产结构趋于合理化。从而有利于发挥各地区和各生产部门之间的互相促进作用。因此,要充分合理地利用自然资源和经济资源,保证生态平衡,兼顾各种效益,使农业生产取得最大的经济效益、生态效益和社会效益。循序渐进原则。农业产业化是一个农户不断创新、不断学习、不断提高的过程,同时也是领导干部不断实践、不断总结、不断推进的过程。因此,农业产业化的过程是一个不断渐进的过程,由低级到中级再到高级。因地制宜原则。在推进农业产业化过程中不能搞"一刀切"、不能搞一个模式,不能搞强迫命令。

加强龙头企业建设。在推进农业产业化经营过程中,龙头企业可以在市场开拓、技术创新、资金融通、信息利用、品牌建设以及对基地生产和农户经营、组织引导、产业升级等许多重要方面发挥举足轻重的作用。龙头企业不仅关系到自身发展,还切实关系到"三农"问题的有效解决,关系到现代农业推进的程度,关系到全面建设小康社会宏伟目标的实现。因此,加快农业产业化经营步伐,龙头企业建设至关重要,龙头企业的发展水平是衡量产业化发展水平的重要标志。要集中财力办大事,对龙头企业实行"扶优、扶强、扶大"的原则,对于投资项目,要进一步增强集中度,选择项目的范围要紧紧围绕本地区特色优势农产品的重点龙头企业,不论所有制性质,把企业规模、科研开发能力、产品的市场占有率作为硬性指标来衡量。要特别突出龙头企业的科技进步和创新能力,重点支持经营机制好、产品竞争力强、带动农户面广的龙头企业。同时,鼓励支持重点龙头企业通过参股、控股、兼并、合并、租赁等现代经营形式,扩张规模,增强实力,发展成为大型龙头企业集团。必须转变经营理念,走新型农区工业化道路。要以工促农,拓宽发展空间。要以现有企业、现有产业为依托,以大项目为支撑,加速龙头企业建设,不断拉长产业链条,发展工业主导型经济。要引入国内外同行业战略投资者,实现与跨国公司在现代理念、高新技术、科学管理、专门人才以及成熟市场等要素接轨,迅速提高龙头企业的经营层次和竞争能力;要积极支持农业龙头企业的发展,尽可能提供扶持政策,引导他们发挥地方资源优势,选准主导产业和骨干产品。要建立健全各项规章制度,建立一整套完备的激励机制,增强企业活力,努力提高企业经营管理水平。农业产业化龙头企业在市场营销上要认真研究国内外两大市场,努力开拓市场,要充分运用信息技术和现代营销手段,建立和完善市场预测系统,及时掌握市场供求信息,按市场需求组织生产。在产品质量上要抓实抓好产品标准化生产,树立"质量第一"的观念,重视农产品及加工制成品的质量标准和食品安全,确保农产品的安全卫生。在产品品牌建设上要努力培育优质品牌和名牌产品,提升产品的市场竞争力;在企业创新上要创造具有自己特色和精神的企业文化和经营理念,积极向上,奋发有为。遵从社会道德规范和商业伦理,始终把诚信放在重要位置,对农户负责,对消费者负责。

完善农业产业化体系内部利益联结机制。科学、合理的利益分配机制,是农业产业化经营各主体在各个经营环节上实现利益平衡的手段和工具。建立和完善利益分配机制,要从农业产业化经营的根本目的出发,围绕有利于调动龙头企业和农户两个积极性,明确基本原则,加强政策引导,培育中介载体,逐步使其纳入规范化、制度化的轨道。要引导利益主体随着农业产业化经营制度的创新发展,不断更新观念,树立互惠互利、共同受益、长远发展的利益取向,正确处理好总体利益、主体利益和不同主体利益之间的关系,有效克服狭隘利益观念,立足长远,谋求发展。农业产业化经营,需要各组织形式之间的密切合作,龙头企业和农户之间在利益联结方式上要从实际出发,本着自愿、平等、互利的原则,建立合理的利益联结机制,确保双方利益不受损害。一是采取各种有效形式健全利益联结机制。通过实行农产品收购保护价、建立风险基金制度等多种联系形式,保护企业和农民利益,利益分配机制的内容、项目要完整、准确,明确不同利益主体的权利、义务、责任和利益。二要推行合同化管理。凡是通过农户建立基地的企业,必须经双方讨论同意后,在自愿、平等、互利的前提下,形成法律文书并由公证部门公正,签订购销合同。各利益主体都要增强履约意识,严格合同办事,努力避免当产品市场好时,农民违约卖高价,市场价格低时企业拒收拒购、抢收抢购、压级压价、拖欠货款等现象的发生。三要建立和完善监督约束机制。以行政、法律手段为内容的监督约束机制与"龙头企业"和农户间利益联结机制要有机地结合起来,增强各方的履约意识。各级政府要运用法律和政策,加强对经济合同的管理,认真处理经济纠纷,维护合同的严肃性,保护好利益主体的正当权益。四要加强组织制度建设。股份合作制既能发挥股份产权明晰的优点,又能保留合作制劳动联合的特点,使企业与农户的两个积极性都能得到发挥,真正形成互利互惠、兴衰与共的一体化经济实体,是从根本上强化"龙头企业"与农户间利益联结机制的措施,在指导农业产业化工作时应按此方向积极加以引导。因此,建立科学、合理的利益分配机制,是积极发展农业产业化经营的关键环节。农业产业化经营的发展与成熟,将最终取决于其利益分配机制的健全和完善。建立科学、合理的利益分配机制,将是我国农业产业化经营由初创阶段向积极发展阶段转变,由初级层次向高级层次转变的一项重要任务。

发挥好科技促进作用。在推进农业产业化经营过程中,必须高度重视农业科技进步要坚定不移地走科教兴农的路子,为增加农业产业链条的竞争优势提供有效支撑,真正把农业产业化转到依靠科技进步和提高劳动者素质的轨道上来。一要加强以改良品种为主的农业科技攻关,提高农产品质量和产量;二要进一步建立健全农业科技推广网络,要加快农业技术推广步伐,围绕主导产品,广泛采用先进技术,通过多种形式,把技术送到千家万户,充分发挥科技促进作用,加快科技成果的推广应用,全面提高农民的科技素质和科技水平;三要大力提高企业自主创新能力,促进企业上规模、上档次、上水平。重点支持农产品包装、分级、分销、品牌管理等方面的进步,加快高新技术改造传统农业的进程,不断提高农业产业化的发展层次和经济效益。农业科技研发和技术推广是提高农业产业化质量和水平的关键,龙头企业要加强与科研院所、大专院校以及推广机构的合作,走农科教、产学研相结合的路子,通过开发新产品,应用新成果,开拓新市场,提高企业市场竞争能力。有条件的龙头企业要组建自己的研究开发机构,加速科技成果的转化,逐步发展成为有较强自主创新能力的现代农业企业或企业集团。四要积极培养和建立具有创新能力的企业家队伍。在推进农业产业化经营的过程中,如果没有经营素质和科技素质较高、创新能力较强的企业家,就没有农业产业化的发展。在农业产业化经营的推进和企业技术创新的建设中,发挥企业家的核心作用居于至为关键的地位,因此,要注意为企业家阶层的成长创造良好的环境,鼓励企业家向职业化的发展,促进企业家的成长,结合宏观体制的改革与创新,积极为优秀企业家的脱颖而出创造优越条件。

农业产业化经营风险评估

罗东明

农业产业化经营是我国农业实现"两个根本性转变"的有效载体，也是我国农业产业化发展的方向。保证其健康发展，事关我国新世纪农村战略目标乃至国民经济发展的实现。既然实行农业产业化经营后，仍然存着风险，有时还通过某些途径加能放大，那么，从理论上提出农业产业化经营风险并加以防范，无疑具有十分重要的现实意义。事实上，风险防范体系的建立应作为推进农业产业化的基础工作，其构成就应包括政府、社会、产业化主体三方面。

一、风险评估的目的意义

风险分析是风险评估的基础，应在风险分析的基础上，对可能发生的某些风险进行预计度量和估定工作。为此要解决风险主体所关注的两个方面的问题：第一，风险损失方面，风险发生的可能性有多大以及如何发生，对风险主体造成的损失即风险成本有多少；第二，风险收益方面，风险主体得到利益的可能性有多少以及如何使风险得到避免或缩小，风险主体得到的风险收益有多大。

事实上，在风险防范方面意识得早的，分析做得好的单位，农业产业化经营发展的势头就好；相反，毫无思想准备，等到出了问题，再意识到风险存在，这时已经晚了。

在风险分析方面虽然农户和"龙头"单位均为风险主体，但由于农民文化程度较低,无论是风险意识,还是在风险分析技术掌握上均缺乏知识和信息,且受自然风险影响更直接,所以,重视风险分析的主要责任在于"龙头"单位,而分析的重点则在农户一方。

二、农业产业化风险分析三维立体树模型

农业产业化经营风险判定要形成多方位的综合体系,称为农业产业化的风险三维立体模型(The three—dimensional tree, model Of risk),它由三个维度构成:产业化主体分析、社会化分摊和政府防护,从而构成农业产业化的三维风险体系,如图 1 所示。

(一)农业产业化经营风险的主体防范

农业产业化风险的主体防范,是指农业产业化主体(龙头企业、科研单位、风险投资公司)采取各种措施对产业化风险进行防范。

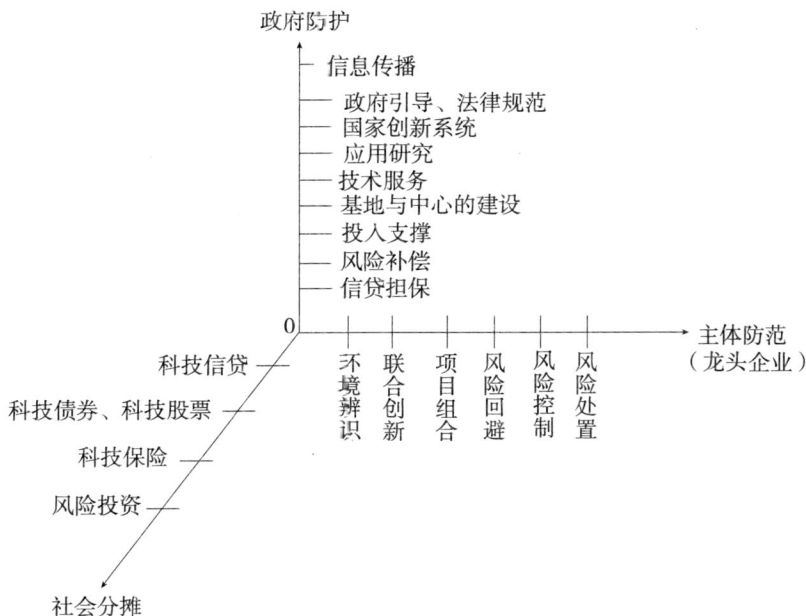

图 1   农业产业化风险分析的三维立体树模型

（1）环境辨识。不确定性导致风险，而不确定性又与信息不足有关，因此，通过充分的内外环境分析、技术与市场预测、农业产业化项目决策、可行性论证、风险预警监控等方法来扩展有效信息量，降低风险。

（2）联合创新。进行联合创新可以提高农业产业化项目的成功率，并可使风险得到分摊，从而减少每一风险承担者的风险。

（3）项目组合。根据投资组合理论，在一定条件下，当投资组合的项目数增加时，可以使项目组合的投资收益率的均方差减少，从而达到降低风险的目的。对于一些实力较强的企业，可以选择适当的农业产业化项目组合，以便分散风险，使农业产业化的总体风险降低。

（4）合理的风险回避。在必要的时候，通过必要的方式，回避不必要承担的风险。若企业一味回避农业产业化风险，只会导致企业科技水平低下、发展乏力；但在某些情况下，企业又应当策略地回避农业产业化中的某些风险。例如在下述情况下应适当进行风险回避：当某项农业产业化项目前景不明、信息不准时；当项目失败概率很高而效益情况不明时；当项目一旦失败会给企业造成致命打击时。另外，当实施某一农业产业化项目有多个备选方案时，应当回避高风险方案（史文清，2001年）。

（5）风险控制。对于农业产业化中的一些可控的风险，企业可以设法预先予以消除或使之减弱，以防患于未然。

（6）风险处置。当风险即将发生时，采用适当方法进行应急处理；当风险发生时，采取补救措施以抑制风险损失的扩大。

（二）农业产业化经营风险的社会分摊

按风险分摊与利益共享相对称原则，农业产业化风险投资社会分摊的方式有以下几种：

（1）科技信贷。在科技信贷中，龙头企业以一定的价格（利息）购买了银行的资金使用权，用于农业产业化经营，在此过程中，银行也承担了一定的风险。

（2）农业债券与涉农股票。企业通过发行农业债券与涉农股票来筹集农业产业化所需资金,从而使农业产业化的一部分风险由社会、个人及有关单位进行分摊。

(3)农业保险。保险是对付风险的一种理想形式。农业产业化风险通过农业保险方式只能实现风险的部分转移,保险公司只承担农业产业化的部分风险。

(4)风险投资。风险投资可以实现对农业产业化风险的多层次分摊(图2):第一层次,风险投资公司与龙头企业或从事农业产业化活动的中介组织之间实现风险分摊;第二层次,风险投资公司各股东之间实现风险分摊;由于风险投资公司的股东可以是企业、银行、保险公司、财政部门以及社会个人,因而这种分摊具有广泛的社会性;第三层次,政府分摊一部分风险投资的风险(这又属于政府防护范畴)。

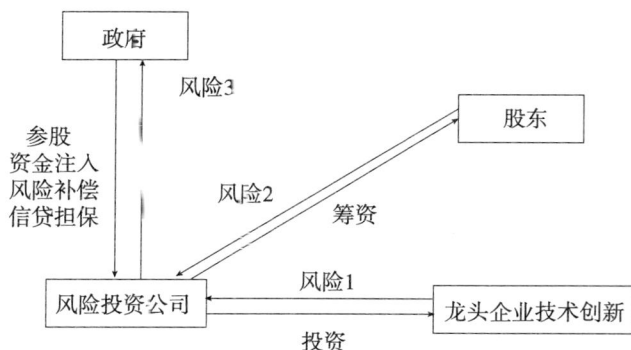

图2 风险投资的风险分摊

(三)农业产业化风险的政府防护

农业产业化不仅会给创新者带来收益,而且会通过技术扩散、产业带动、出口拉动、需求启动而使社会受益。因此,农业产业化风险在实现龙头企业主要承担、社会分摊的同时,还应当进行政府防护。农业产业化风险的政府防护体系主要包括以下几个方面:

(1)发布、传播科技信息,减少企业进行农业产业化活动的不确定性与信息风险。

（2）通过科技政策与法律、法规,规范、引导企业的农业产业化行为,以防止陷入误区。

（3）强化国家创新系统,并组织重大农业产业化经营宣传,化解企业进行战略式产业化的风险障碍。

（4）结合国民经济发展和科技进步的需要,大力开展实际指向性较强的应用研究,以减少从事超前性农业产业化余业的技术障碍。

（5）组织进行技术服务,如技术交流、技术咨询、技术交易、技术拍卖、技术招标投标、技术出口、科技成果展览、产学研合作等活动。

（6）通过建立和完善科研中心、行业中试基地等减少农业产业化中间阶段的风险。

（7）有选择地对农业产业化进行投入支撑,如对风险投资公司进行资金注入启动等。

（8）对某些农业产业化活动进行风险补偿,以减少企从事农业产业化活动的风险。

（9）进行农业产业化项目的信贷担保。

（10）对某些重大农业产业化项目,可在初期采取政府购买的方式进行市场启动,以帮助龙头企业化解市场风险。

三、农业产业化风险评估模型

（一）概括性定量评估

我们设农业产业化经营风险为 R,则:

$$R = (PX^{WX}, PY^{WY}, PZ^{WZ}, PI^{WI}) \tag{1}$$

在这里,PX、PY、PZ、PI 分别为自然风险、市场风险、政策风险和产业化加工风险的评价值,WX、WY、WZ、WI 分别为上述四个方面所对应的权重,且 WX + WY + WX + WY =1

在不同的农业产业化经营形式以及不同的发展阶段,PX、PY、PZ、PI 这些指标的情况各不相同,因而需要对各个风险值进行具体的评价。在这里,我们不妨以评价市场风险（PY）为例来说明如何评价 PX、

PY、PZ、PI。

为了简便起见,我们把市场风险的产生归于如下几方面:潜在的市场规模、市场开拓能力、市场增长潜力、市场竞争优势。假使这些可能性原因分别对应于一种计算指标 i,第 i 个指标的权数为 Wi,由此可以得到市场风险方面的综合评价值为:

$$PY = [(\sum_{i=1}^{n} w_i) \cdot \prod_{i=1}^{n}(TY_i)^{wi}]1/2 \qquad (2)$$

式中,TY_i 是通过功效系数法将各指标同度量化下所计算出的某一导致市场风险方面原因的该指标的同度量数值,其计算方法为:

$$TY_i = \frac{Y_i - Y_i(S)}{Y_i(h) - Y_i(S)} \qquad (3)$$

式中,$Y_i(h)$ 为该指标最佳值,$Y_i(s)$ 为该指标不允许值,Y_i 为该导致因素方面的某指标。

这些指标是可以通过历史数据或专家意见给予确定的。由此,我们完成了农业产业化风险的概括性定量评估。

(二)农业产业化风险投资的期望效应标准

在无风险投资市场上,若某项目投入资金 G_0,设项目从 n_1 年开始至 n_2 年产生效益,第 t 年的利润为 R_i,而 n_2 年末投资项目的残值是 J,设贴现率为 r,则该项目的总收益是:

$$R = \sum_{t=n_1}^{n_1} \frac{R_t}{(1+r)^t} + \frac{J}{(1+r)^{n_2}} \qquad (4)$$

当 $R \geqslant G_0$ 时,该项目的投资是合理的。在风险投资市场上,某项目投入资金 G_0 后,由于收益具有不确定性,项目的收益服从概率分布 $f(R)$。在有限责任制度运行机制下,经营者以所投资金对社会负责,因而收益可限定不为负。即可设定:$0 \leqslant R \leqslant R_{max}$,其中 R_{max} 为收益上限,收益的数学期望值为:

$$E(R) = \int_0^{R_{max}} R \cdot f(R) dR \qquad (5)$$

若只以期望收益为投资标准,则 $E(R) \geqslant C_0$ 时对该项目进行投资是合理的。但是,对于不稳定的收益,不同的投资者对风险的偏好程度是不一样的。因此,可引进期望效应函数 $U(R)$ 来表示某一投资者投入资金 C_0 后得到收益 R 时的主观产应满足程度,用以衡量其风险偏好程度,则可定义期望效应 $E(U(R))$ 为:

$$E(U(R)) = \int_0^{R_{max}} R \cdot f(R) \cdot U(R) dR \qquad (6)$$

在判定一个农业产业化投资项目是否可行时,用投资者的收益期望效应是否大于等于其投入资金 G_0 的效应作为标准,称为期望效应标准。在风险投资的期望效应标准下,当 $E(U(R)) \geqslant U(C_0)$ 时,该项投资是可行的。可将投资者按其风险偏好不同分为风险回避型投资者、风险偏好型投资者和风险中立型投资者三种类型。

风险回避型投资者的特点是:在期望收益相同的情况下,喜好收益分布比较集中的风险投资收益项目。其效应函数满足 $U(E(R)) > E(U(R))$,即在收益确定为函数形态如图 3 所示,$U(R)$ 是增函数且上凸,其一阶导数 $U'(R) \geqslant 0$,二阶导数 $U''(R) < 0$。

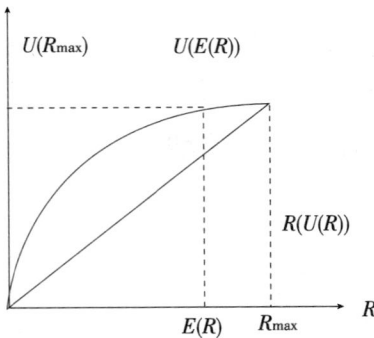

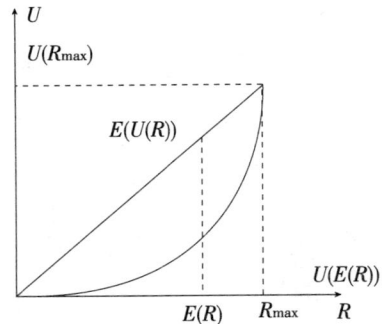

图3　风险投资的风险分摊　图4　风险偏好型效应函数

风险偏好型投资者的特点是:在期望收益相同的情况下,喜好分布更离散的收益,其效应函数形态如图 4 所示,满足 $U(E(R)) < E(U(R))$,$U(R)$ 是增函数且下凸,则 $U'(R) \geqslant 0$,$U''(R) > 0$。风险中立型投资者以最大化期望收益为投资标准。在期望收益相同时,无论其收

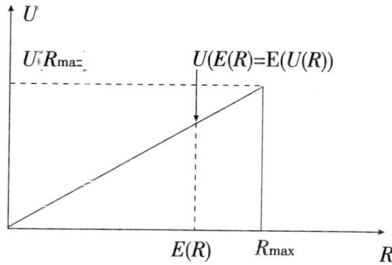

图 5　风险中立型效应函数

益分布集中度如何,都具有同样投资价值,其效应函数中效应 U 与收益 R 呈线性关系。其效应函数形态如图 5 所示,满足 $U(E(R)) = E(U(R))$,且 $U'(R) \geqslant 0$, $U''(R) = 0$。

从上述分析看出,风险回避型投资者和风险偏好型投资者的效应函数具有互补特征。利用它们之间的互补作用,可设计农业产业化风险投资的风险转移模型及开发者和投资者间的股份合作模型(史文清,2001 年)。

四、产业化项目实施前风险模式评估

(一)模糊综合评价法

在这里,我们以各风险因素为主导依据,提出农业产业化风险评价的指标体系如图 6 所示。

图 6 中,主因素层指标集为 $k = (k_1, k_2, \cdots, k_i)$,相应的权重集为 $A = (a_1, a_2, \cdots, a_i)$,其中 $a_k(k = 1, 2, \cdots, m)$ 表示指标 k 在其中的比重。

子因素层指标集 $R_k = (V_{k1}, V_{k2}, \cdots, V_{km})$,相应权重集为 $A_k = (a_{k1}, a_{k2}, \cdots, a_{km})$,其中 $a_{ki}(i = 1, 2, \cdots, m)$ 表示指标 a_{ki} 在 R_k 中的比重。

定义模糊评语集为 $w = (w_1, w_2, \cdots, w_n)$,其中 $w_j(j = 1, 2, \cdots, n)$ 表示由高到低的各级评语。本式中取 $n = 4$,w_1、w_2、w_3、w_4 分别代表评语为优、良、中、差,由此可以确定评价矩阵。

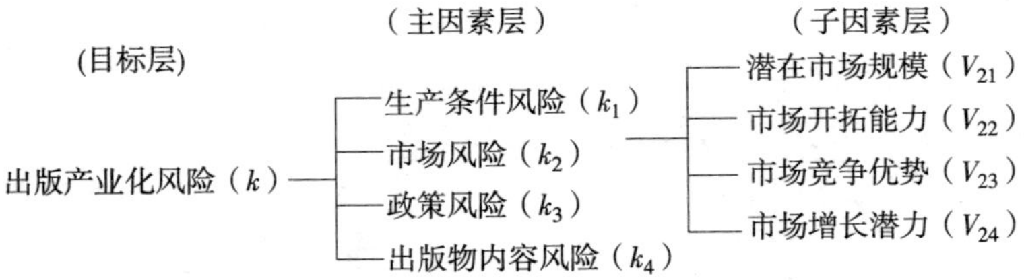

图6 产业化项目风险因素层级

从 R_k 到 W_i 的模糊评价矩阵为：

$$P_k = \begin{bmatrix} r_{11} & r_{12} & \cdots & r_{1n} \\ r_{21} & r_{22} & \cdots & r_{2n} \\ r_{m1} & r_{m2} & \cdots & r_{mm} \end{bmatrix} \tag{7}$$

其中 $r_{ij}(i=1,2,\cdots,m,j=1,2,\cdots,n)$ 表示子因素层指标 V_{ki} 对于第 j 级评估 W_j 的隶属度。r_{ij} 的值按如下方法确定，对专家评分结果进行统计合理，得到对于 V_{ki} 的 W_{i1} 个 W_1 评语，W_{i2} 个 W_2 级评语，以此类推。对于 $i=1,2,\cdots,m$，有：

$$r_{ij} = \frac{w_{ij}}{\sum_{i=1}^{n} w_{ij}} (j=1,2,\cdots,n) \tag{8}$$

在计算中，从后到前，先对各子因素层指标 V_{ki} 的评价矩阵 P_k 作模糊矩阵运算，得到主因素层指标 P_k 的对于评语集中 W 的隶属间量 B_k。

$$B_k = A_k \times P_k = (b_{k1}, b_{k2}, \cdots, b_{kn})$$

记

$$P = \begin{bmatrix} B_1 \\ B_2 \\ \vdots \\ B_l \end{bmatrix} = \begin{bmatrix} b_{11} & b_{12} & \cdots & b_{1n} \\ b_{21} & b_{22} & \cdots & b_{2n} \\ & & \vdots & \\ b_{l1} & b_{l2} & \cdots & b_{ln} \end{bmatrix} \tag{9}$$

自对 k 进行模糊矩阵运算，得到目标层指标 R 对于评估上 W 的隶

属的间量 B：

$$B = A \times P = (a_1, a_2, \cdots, a_l) \times \begin{bmatrix} B_1 \\ B_2 \\ \vdots \\ B_l \end{bmatrix} \quad (10)$$

当 $\sum_{j=1}^{n} b_j \neq 1$ 时，可以作归一化处理，即由 $\tilde{b}_j = \dfrac{b_j}{\sum_{j=1}^{n} b_j}$ 得到 $\tilde{B} = (\tilde{b}_1, \tilde{b}_2, \cdots,$ $\tilde{b}_n)$，$\tilde{B}_1, \tilde{b}_2, \cdots, \tilde{b}_n$ 分别表示对于评语 $w_1, w_2, \cdots, w_n$ 的隶度。对于每一级评语 $w_j (j = 1, 2, \cdots, n)$ 设定一个权值 f_j，用以反映该级评语的重要性程度，据此求出 $\tilde{b}$ 中各分别 $\tilde{b}_j$ 的加权平均值 V，即为最终评价结果。V 越高，说明项目在所评价指标上的综合表现越佳，从而该项目的风险越低；反之分值越低，农业产业化风险越高。

（二）专家意见评估法

在农业产业化经营风险评估中引入专家意见评估法，有如下积极意义：一方面，农业产业化经营风险评估是非常复杂的，对其评估需要多学科多专业的使用，评估过程中的难点问题、不确定性问题，都离不开专家的建议和指点，甚至专家的经验；另一方面，农业产业化经营风险评估指标体系中的各层次间的权重，对于预测的结果正确与否关系重大，因此，需要有经验的专家给予赋值。

1. 专家个人判断法

专家个人判断法是通过面谈或通信征求专家对一个问题的见解。这种做法的优点：一是最大限度地利用专家个人的创造力；二是不受他人的影响，专家没有心理压力；三是速度快，费用低，简便易行。其缺点：一是信息面狭窄，受专家所占有的资料和专家个人知识面的影响；二是深度受限于专家个人的水平与兴趣；三是具有一定的主观性。为了扬长避短，应多征求一些专家的意见，综合分析，服从多数专家的意见，结合其他专家调查法进行。

2. 专家群体会议法

为了克服专家个人判断的缺陷,很自然的做法就是把有关的专家请到一起进行座谈,征求意见,这就是专家群体会议法。这种方法的优点,一是占有的信息量大于单个专家的信息量;二是考虑的因素和影响要比单个专家要多;更能对风险做出客观的评估;三是提供的个案比较具体;四是有利于专家交换意见,相互启发,更能发挥集体的创造力。这种方法的缺点,一是易于出现多数人附和少数人的情况;二是善于言谈者有可能产生较大的影响;三是地位高的专家可能会产生一些不良影响;四是会议成员碍于"面子"而无法坚持自己的观点;五是召集人数和会议规模受经费和条件的限制。

3. 脑力风暴法

这是一种独特的专家会议方法,也叫智暴法。其方法是采取即兴问答的形式,激发专家的灵感,吸取专家的积极思维成果。它与专家群体会议法的区别是,事先不透露会议的内容,其主要目的是即时经过向专家们访问,激发专家的兴致和思维能力,对问题做出反应、解答、评判。尽管这是一种出色的专家会议预测评估法,但仍不避免具有专家会议法的主要缺点。

4. 德尔菲法

德尔菲法(Delphi Method)集中了专家个人判断法与专家群体会议法的优点,同时又克服了它们的缺点,是专家会议预测法的一种发展。它通过几轮信函征求专家们的意见。预测小组对每一轮的意见都进行汇总整理,作为参考资料再发给每一个专家,供他们分析,提出新的论证。如此反复,专家的意见就渐渐趋于一致,结论的可靠性也就越来越大。德尔菲法的基本程序是:①选择专家。选择专家时应注意什么是专家,怎么选择专家,选择什么样的专家,选择多少专家。②设计征询表格。设计征询表格时应注意:其一是问题清楚、准确;其二是问题集中并形成有机联系;其三是表格简化;其四是注意"自身意见不介入"原则。③专家评估预测。调查表格制定完成以后,就可开始预测了。

评估预测过程中要创造条件让专家能够自由、独立地进行判断。经典的德尔菲法是经过四轮进行。

第一轮：发给专家的第一轮调查表格不带任何框框，只是给预测或评估的主题。围绕主题，由专家确定应预测的或评估的事件。主持人对专家填写的调查表格进行汇总整理，归并同类事件，排除次要事件，用准确术语提出事件一览表，并作为第二轮表发给专家。

第二轮：专家对第二轮调查表所列的每一个事件做出评估，并阐述理由。由主持人对专家的意见进行统计整理。

第三轮：根据第二轮统计资料，专家再一次进行判断和预测，并充分阐述其理由。

第四轮：在第三轮统计结果的基础上，专家再一次进行预测和判断。根据主持人的要求，有的成员要熏新做出论证。

经过四轮，专家的意见一般会趋于一致。

五、经典德尔菲法案例分析

某机械化养鸡场的产品主要市场在本省。为了做好今后的发展规划，摸清今后 3 年内在本省的总需求量和本鸡场可能的市场占有量是十分重要的，同时也为是否扩大再生产提供依据。因此，采用德尔菲法对这一总需求量进行预测，并对养鸡场的生产及市场等风险进行分析。具体的做法是：

（1）选择了包括业务经理、经销商、经济学家在内的 10 位专家。

（2）准备的资料包括：本厂肉鸡及鸡杂的主要品质指标、特点、成本、准备销售的价格，外省市同类产品的质量和价格，各种肉鸡及鸡杂在本省历年的销售情况，人们今后 3 年内的收入情况（预测），目前本省肉鸡市场拥有量，国内肉鸡市场饱和度的拥有量等。调查表内容包括：最低需求量、最高需求量和最可能需求量，把调查表和资料发给每一位专家，填好交回。

（3）将专家意见汇总整理，匿名返回给各位专家，请他们进一步发表意见。如此反复 3 次,调查结果如表 1。

(4)根据市场的生产发展计划安排,结合市场等情况,进行风险分析,并据此调整生产计划。

表1　肉鸡需求量专家调查表

专家编号	第一次			第二次			第三次		
	最低	最可能	最高	最低	最可能	最高	最低	最可能	最高
1	7	10	12	8	10	12	8	10	12
2	13	15	20	13	14	18	11	12	15
3	5	7	10	5	9	10	5	9	10
4	8	12	16	8	12	16	8	12	16
5	10	12	15	9	11	14	9	11	13
6	5	6	8	5	8	10	6	8	10
7	11	14	18	10	12	14	10	12	14
8	8	10	12	8	10	12	8	10	12
9	7	11	14	7	11	13	8	11	12
10	9	12	14	9	12	13	10	12	13
平均	8.3	10.9	13.9	8.2	10.9	13.2	8.3	10.8	12.7

从表 1 看出,经 3 次反复调查,专家们意见已渐趋统一,特别是最可能需求量。因此,这时可以对专家意见进行统计处理并做出预测了。以最后一次调查为准,分别计算出最低需求量,最可能需求量,最高需求量(分别取各位专家预测值的简单算术平均值):8.3 万只,10.8 万只。对此三种需求量进行加权平均,权重分别取为 0.2,0.6,0.2,以此平均值作为需求量的预测值:

$$8.3 \times 0.2 + 10.8 \times 0.6 + 12.7 \times 0.2 = 10.68(万只)$$

我们这里计算最低、最可能、最高需求量时,是把 10 位专家的 10个预测值进行简单算术平均的。如果考虑到各位专家的权威性不同,也可赋予每一位专家以一个适当的权重,进行加权平均;或者为了避免个别专家的预测数字过分的偏高或偏低对平均值产生影响,也可取中位数作为平均值。

根据评估,市场总需求量如按 11 万只计,本鸡场市场占有率设为 50%,则需供 5.5 万只,这表明市场风险可控,如计划安排过大或过小,均可能面临价格等风险,应考虑调整计划。

作者简介

罗东明,男,1967 年 11 月出生,汉族,中共党员。1987 年毕业于原哈尔滨船舶工程学院(现哈尔滨工程大学)船舶与海洋工程系,留校进入校出版社。1992 年获工学硕士,2005 年获管理学博士学位。在哈尔滨工程大学出版社期间,历任编辑室主任、副社长、副总编,船舶工业教材编审室主任等职。2006 年 1 月起担任哈尔滨工程大学出版社社长兼总编辑、书记等职务。现兼任中国大学出版协会发行工作委员会、维权工作委员会常务委员。2005 年 8 月,晋升编审(正高职)专业技术职称。

建设社会主义新农村的
宏观宗旨与微观对策

吴　玲　郭翔宇

在一个农业人口占多数的国家里,农民是否安居乐业,对于全面实现小康目标、构建社会主义和谐社会具有举足轻重的作用。面对庞大的农村人口,且进城务工经商的大部分农村户籍人口事实上不能在城市安居乐业和完成劳动力再生产的现实,在未来相当长的一段时期,相当一部分人口还会"双向流动";即使我们的城镇化程度达到60%,未来的农村还会有五六亿的农民,一个国家有数以亿计的人口在农村,怎能不管不问,任凭农村凋敝?当前,中国社会已经进入了高增长、高风险时期,如何实现农业现代化、农村和谐繁荣、农民富裕,将成为决定中国现代化成败的一个关节点。建设社会主义新农村显然不是权宜之计,而是中国现代化建设中的战略目标。实现这个战略目标的要点是,在实现现代化的过程中,必须要让占中国人口多数的农民分享到现代化成果,使其能够安居乐业,过上体面而有尊严的生活。如何在城乡二元结构的基础上,以城乡统筹为基础,实现城乡良性互动,从而打造中国现代化的基础,应该是当前农村政策设计的焦点,也是建设社会主义新农村的大方向。

一、现代化进程中的盛世危言

经过全党和全国各族人民的共同努力,在20世纪末,我们实现了现代化建设"三步走"战略的第一步、第二步目标,人民生活总体上达到小康水平,中国社会运到了五千年来的盛世,取得了骄人的成绩:经济增长速度继续位居世界前列,人民收入稳步提高,政治和社会稳定,国际地位空前提高。在 21 世纪初,我国又进入了全面建设小康社会、加快推进社会主义现代化的新发展阶段。当前,我国人均国内生产总值突破 1000 美元,工业化、城市化呈现良好的发展趋势,开始向人均3000 美元的新目标迈进,这标志着我国经济社会发展进入了新阶段。这既是一个有利于"三农"问题根本解决的战略机遇期,也是一个容易忽略"三农"问题、导致社会各类矛盾凸显的社会敏感期。以往的发展忽视了农民的意愿和利益,导致农村经济萧条、社会发展滞后,致使全社会的发展不全面、不协调、不持续、不和谐与不公正,广大农民在发展中分享的成果日渐稀少,地位益发弱势,演变到有可能影响中国的现代化发展进程,成为中国社会最大的潜在危机因素时,全社会认识到"农民不富,中国不富! 农业不强,中国不强! 农村不好,中国不好!"的"中国真理",对这部分人利益的关心和补偿自然成为最大的政治。

处于经济大发展的"盛世",如果不能正视社会各群体的利益诉求,缺乏对社会公平应有的关注,将社会弱势群体排斥在经济、政治和社会生活之外,不能建立有效的社会利益表达机制以解决社会公平问题,而将其排斥于体制性利益表达之外,将在客观上积累社会动荡和爆发的能量。国情问题研究专家胡鞍钢教授认为,当前中国的社会形势是局部有所改善,形势不容乐观。改革以来,经济的持续快速增长,标志着中国进入了"盛世",但是在"盛世"之前加上"太平"两字,还需要付出更大的努力。国家发改委宏观经济研究所丁元竹研究员在 2004年发布的一份名为《2010 年中国的三种可能前景——对 98 名政府和非政府专家的调查与咨询》报告显示,在课题组调查的 98 位专家中,有 51 位认为"中国在 2010 年前会发生影响这个时期经济社会发展进程的重大危机",这很快就被人们称为"盛世危言"[1]。2004 年党的十六届四中全会提出了构建社会主义和谐社会的目标,这意味着中国经济社会发展战略的重大调整,开始关注经济建设与社会发展、城市与乡村的协调统一,强调经济增长的同时提高社会福祉,城乡共享经济社会发展成果,全社会形成一个大体均衡、利益和谐的格局。构建社会主义现代化的和谐社会不仅仅是理论逻辑的推演,而是与当代中国所处的社会发展阶段和所处的历史时期密切相关。无论是全面建设小康社会的发展新阶段还是改革发展的关键期,都要求我们必须关注民生、寻求和谐之道,努力构建社会主义和谐社会。

　　国际经验表明,工业化、城市化过程中伴随农业衰落和农村凋敝的现象比较普遍。而这种生态结果在数十年"以农哺工"的中国体制环境下尤为剧烈。前湖北省监利县棋盘乡党委书记李昌平"农民真苦,农村真穷,农业真危险"的呐喊言犹在耳;胡鞍钢教授的研究结论振聋发聩:"中国城乡居民的人均收入差距在 1995 年时为 2.5 倍,到 2003年时扩大至 3.23 倍,如果考虑到城镇居民获得的各种转移支付和补贴等,实际的收入差距则达 5 倍"。联合国驻华机构在《中国实施千年发展目标进展情况》的评估报告中写道:"从农村人口的收入增长率来看,中国已经从 1990 年初的每年 5.7% 降到 2002 年的 3.7% ,而在这期间正是中国经济高速增长的时候,但农业人口的收入增长率反而下降了","从人类发展指标看,上海跟葡萄牙这样的发达国家是接近的,但是西藏和贵州的农村地区只相当于非洲的纳米比亚或加纳这样的贫穷国家"。联合国开发计划署在 2005 年《人类发展报告》指出:"由于中国实行卫生体制的社会化改革,有 70%—80% 的农村人口没有医疗保障,这导致成千上万婴幼儿和农村人口等弱势群体不必要的死亡。"这一切无疑是农村、农民在整个社会发展进程中失去公允的浓缩[2]。

　　农业在国内生产总值中的比重逐步下降,是现代社会经济发展的必然规律,但即使农业的比重降得再低,它在保障食品供给、原料供应、就业增收、生态保护、观光休闲、文化传承等方面的地位仍然不可替代[3]。农业人口只有随着农业产值比重的下降而下降,农业才能逐步现代化,整个国家才能逐步现代化。因此,绝不能因为农业产值比重的下降而忽略农业、忽视农民。只要农村还是贫困、愚昧、绝望的汪洋大海,那么部分地区的繁荣将成为漂浮的冰山,而我们的未来将笼罩在不确定中。

二、社会主义新农村建设战略的宏观宗旨

城市化是一个国家经济社会发展不可逆转的趋势,但在正视与顺应这一趋势的同时,我们必须认识到中国特殊的国情:基于各种因素,面对庞大的农村人口基数,城市没有这样的负荷能力,能够进城的农民毕竟只是一部分,还要有一部分留在农村;工业化和城市化对农村劳动力的吸收能力也一直遵循着边际递减规律,完成数亿农村人口的城市化,也绝非一蹴而就可以实现的目标。即使到 2020 年农村人口占总人口的比例降到 45%,仍会有 7 亿农民留在农村,到 2030 年这个比例下降到 30%,还有 5 亿人生活在农村。无论将来社会如何进步,农业将永远存在,总有相当一部分农民要务农。然而,居住在农村的人口没有必要忍受落后的生产、生活方式。如果不在加速城市化进程的同时振兴农村,长期存在的大量农村居民将可能被排斥在现代化进程之外,这不仅使国民经济缺乏消费拉动力,而且更严重的是将形成尖锐的社会矛盾,甚至会打断现代化进程。我们要着力解决的是留在农村的人口如何实现生产方式、交换方式和生活方式的城市化,这将是一项长期而艰巨的历史任务。如果说城市化是社会主义新农村建设一个宏观、长期的方向,那么从微观角度和近期目标看,新农村建设主要是发展经济,改善农民生活。宏观政策的设计显然不能脱离这一最基本的主调。新农村建设主张的贡献在于把解决农村问题的视野从城市一极拉回到了全国一盘棋的整体局面中来,让农村既恢复作为众多人家乡的诗意面目,也让其成为释放产能的必要空间,从而推进经济发展进程,为自身的城市化助力。

十六大以来,中央提出了解决"三农"问题的新思路:城乡统筹发展,建设社会主义新农村,基本内涵可以概括为:把农业发展放到整个

国民经济发展中统筹考虑；把农村社会繁荣、进步放到城乡社会进步中统筹规划；把农民增收放到国民收入分配总体格局中统筹安排；把农村和城镇作为一个有机整体统筹协调，形成以城带乡、以工促农、城乡互动、协调发展的新机制，从城乡分割、二元经济社会结构逐步转向城乡一体、良性互动、协调发展的良性结构，科学发展观在这里得到了全面体现。中共十六届五中全会指出，建设社会主义新农村是我国现代化进程中的重大历史任务，十届人大四次会议批准的"十一五"规划中一项重要内容即是将建设社会主义新农村用法律形式转化为国家意志。党的农村政策主题思路清晰，保持了发展路径的连续性和一贯性：建设现代农业、繁荣农村经济、增加农民收入。2004 年一号文件《中共中央国务院关于促进农民增加收入若干政策的意见》，主题是千方百计增加农民收入；2005 年一号文件《中共中央国务院关于进一步加强农村工作提高农业综合生产能力若干政策的意见》，中心是提高农业综合生产能力建设；2006 年一号文件《中共中央国务院关于推进社会主义新农村建设的若干意见》全面部署了社会主义新农村建设；2007 年一号文件《中共中央国务院关于积极发展现代农业扎实推进社会主义新农村建设的若干意见》，突出了发展现代农业在新农村建设中的地位，既体现了持续扎实推进新农村建设的总体要求，又进一步明确了新农村建设中的首要任务。从"三农"问题作为经济工作的首位、"全党工作的重中之重"到"两个趋向"论断，再到建设社会主义新农村，体现了党对"三农"问题的重视程度和解决力度的不断增强。社会主义新农村建设具有深远的战略考虑。面对拉动中国经济急速扩张的投资和出口日渐式微，内需式消费将成为未来中国经济增长的主要方向。而城市居民消费却出现了边际消费倾向递减趋势，依靠城市居民的增量消费来拉动经济增长剩余空间显然不大。因此，立足于现有的城乡二元结构，发展现代农业、稳定农村、改善农民生活，启动占全国总人口60% 的农村居民消费成为中国经济未来的希望。

　　新农村建设与通常意义的城市化差别在于[4]，新农村建设主要以农村作为载体,更多体现的是"乡村城市化",通过改造农村社会的一系列硬件、软件环境,从农业生产力、农民生活水平、农村乡风、农村容貌、农村基层民主政治等方面进行全面提升,推进农村的城市化和现代化进程,缩小农村和城市的差距,最终实现农村与城市的协调发展;而通常意义的城市化主要以城市作为载体,更多体现的是"人口城市化",通过人口从农业到非农业、从农村到城市的行业和空间转移,以城市社会作为场所实现城市在社会结构中的主体地位,最终实现广大农民的城市化和现代化。应该说,新农村建设战略提出了一条更为现实、具有中国特色的城市化道路:一是由于农民的乡土意识、农村土地制度的安排、农民自身的素质等因素制约,进城农民工大多数并未实现真正意义上的个体城市化,因此通过人口流动实现城市化的经典模式在我国并不十分理想;二是在农村进行新农村建设,通过"乡村城市化"对农村生产力和生产关系进行科学调整,完全有希望在更为稳定的前提下,实现农村的城市化和整个社会的协调、均衡发展。

新农村建设是相对于"旧"农村建设而言,其目的是改变农村社会的落后状况,提高农民的生活水平。它通过工业反哺农业、城市带动乡村的途径,发挥农民的积极性和创造性,在党和政府的引导下,建设生产发展、生活富裕、乡风文明、村容整洁、管理民主的社会主义新农村。由此可见,新农村建设的根本目的是通过发展农村生产力、提高农民生活水平、建设农村物质和精神文明、推动农村基层民主政治建设,最终实现缩小城乡差距、全面建设小康社会、构建和谐社会的要求。在中国这样一个具有传统农耕文明的社会,农民依然占全国人口的大多数,这使得"没有农民的小康就不是全面的小康,没有农村的现代化就不是真正的现代化"的论断显而易见。农业对整个国民经济的基础作用和农民对整个社会经济的巨大影响,使得解决"三农"问题成为解决其他一切问题的前提和基本条件。

三、建设社会主义新农村的微观对策

20世纪80年代中期以来,我国城乡差距呈现出扩大趋势,"三农"问题日益突出,农业生产不稳,农民收入增长缓慢,农村环境条件差,不仅是全面实现小康社会宏伟蓝图的瓶颈,而且也严重制约了我国现代化的整体推进。当前,中国社会总体上已经进入了以工促农、以城带乡的新阶段,国家与农民之间的利益分配关系以及农业经营体制正在发生重大变化,农业结构调整的内涵和农业增长方式也在相应改变。"三农"问题的解决面临新形势与新挑战,如果仅在农业和农村内部寻找突破口,已不能从根本上解决问题,适时调整与农业和农村经济密切相关的宏观环境和制度,已经成为解决问题的关键,即要跳出"三农"看"三农"。但在发展观、发展模式和宏观环境、制度调整之际,农业和农村领域自身的改革也要随之进行,即跳出"三农"还要回到"三农"[5]。

在工业化、城镇化和建设新农村的进程中,实现"以工补农、以城促乡",缩小城乡差距,农民工是一支不可替代的生力军。过去的岁月里,农民工为工业化、城镇化做出了非凡的贡献;未来的日子里,农民工将成为工业反哺农业、城市支持农村的重要载体。农民工的大部分收入经银行和邮局汇回农村,是成本最低、效率最高、实效最强的投资,它成为"反哺"与"支持"的桥梁和纽带,紧密了工农关系,疏通了城乡血脉。农民工的回归风潮对建设新农村而言,未尝不是一个利好的消息,他们见过世面而视野更广、思维更活,是建设新农村的骨干力量。生产要素从农村向城市的单向流入正逐渐成为双向流动。城市的资金、技术、管理和人才向农村流动的规模和速度已经达到一定水平。

新农村建设不是要回到以农为本、自我封闭的传统社会,而是在承认城乡差距的格局下,给农村以更多的支持和发展机会;不是人为地抑制工业和城市的发展,而是在工业与城市的发展过程中促进农业和农村的发展;不是否定城市文明,重构城乡对立以及零和博弈,而是寻求

城乡和谐发展统一体。新农村建设不是使农民在农村画地为牢,而是要按照中央城乡统筹的大思路,把解决农村问题的视野从单纯的城市视角回归到全国一盘棋的整体统筹中,通盘解决城市发展和"三农"问题。新农村建设不是就农村建设农村,必须统筹工业化、城镇化和市场化不断发展的全局,站在更高、更新的起点,把握好减少农民、聚集农民、转移农民、富裕农民的趋势。

新农村的规划要体现减少农民的趋势。在新农村的规划中,要有战略眼光,因势而动,体现超前性、增强针对性、防止盲目性。目前,城市规划面对的是人口快速增加;而新农村规划面对的是人口、资源的逐步减少:一些农民举家进城,房屋空置;一些学校布点分散,生源不足,导致整体水平不高与部分资源闲置并存的矛盾。改善农村基础设施、发展公共事业,是新农村建设需要解决的突出问题,但要避免出现建房无人居住的"空心村"、建校生源不足的"空心校",避免浪费资源、占用土地。新农村的集镇要顺应聚集农民的趋势。随着农村经济社会的发展,必然是土地向大户集中、居住向集镇集中,要把集镇建设与新农村建设紧密结合起来,同步推进,为农民就近、就地转移打开通道。集镇的基础建设要充分考虑农民进镇居住;产业发展要充分考虑农民务工经商;市场建设要充分考虑农产品集散和日益增长的消费需求;文化服务设施要充分考虑农民的精神需求。

建设社会主义新农村,是加快农村经济社会发展速度追赶城市的发展过程,是城乡差距不断缩小、城乡二元结构不断消除的过程,是城乡一体化和城乡统筹发展的过程。要建设一个让农民出得去、回得来,可以容纳几亿农民在其中完成劳动力再生产,在其中过上体面而有尊严生活的社区共同体,从而使农村成为中国现代化的稳定器与蓄水池。当然,"统一"并不等于"同步","一体化"也不是"一样化"。所谓不"同步"是指城镇化和建设社会主义新农村都应根据不同情况和条件,有不同的步骤和安排,不一定齐头并进。所谓不"一样化"是指建设社会主义新农村与城镇化在本质要求上一致,但在建设格局、建设风格等方面,不能照搬城镇模式,更不能把新农村的建设简单地理解为就是"楼房化"、"别墅化",否则,也就无所谓"乡风"和"村容",也就无所谓"农村"了。

当前,我国农业正处于由传统向现代转变的关键期[6],必须以科学发展观统领农业、农村工作,加快农业增长方式转变,加快推进农业生产手段、生产方式和生产理念的现代化,实现农业又好又快发展。2007 年中央一号文件把发展现代农业作为新农村建设的首要任务、着力点,无论是保障粮食安全,还是促进农民增收,无论是应对国际竞争,还是持续推进工业化和城镇化,解决农业的深层次问题,实现农业发展、农村繁荣、农民增收这个中心任务,都有深远影响。从强化国民经济基础和推进工业化、城镇化的客观要求看,我国比以往任何时候都需要加快建设现代农业;从我国经济社会发展的状况看,我国比以往任何时候都更有条件支持、建设现代农业。发展现代农业的基本思路是:用现代物质条件装备农业,用现代科学技术改造农业,用现代产业体系提升农业,用现代经营形式推进农业,用现代发展理念引领农业,用培养新型农民发展农业,提高农业水利化、机械化和信息化水平,提高土地产出率、资源利用率和农业劳动生产率,提高农业素质、效益和竞争力。建设现代农业的过程,就是改造传统农业、不断发展农村生产力的过程,就是转变农业增长方式、促进农业又好又快发展的过程。

参考文献

[1]金长城:《"盛世"还需"太平"——关于和谐社会的理性思考》,《社会主义经济理论与实践》2006 年第 3 期。

[2]张锐:《"新农村建设"的经济学解读》,《经济导刊》2006 年第 3 期。

[3]张红宇:《发展现代农业需要关注的几个问题》,《人民日报》2007 年 2 月 16 日。

[4]张松山:《新农村建设与城市化——关于城市农民工适应性调

查的思考》,支农网. http://www. zhinong. cn/data/detail. php? id = 5736,2006 - 06 - 04。

[5]张晓山:《农村改革与发展面临的新形势》,《中国改革》2005年第12期。

[6]《中共中央国务院关于积极发展现代农业扎实推进社会主义新农村建设的若干意见》[EB/OL]. 中国网. http://www. china. com. cn/news/txt/2007 - 01/29/content_7730929. htm. 2007 - 01 - 29。

作者简介

吴玲(1970—),女,黑龙江绥芬河省人,东北农业大学人文学院副教授,博士,东北林业大学农林经济管理博士后流动站研究人员,研究方向:农业经济管理。

郭翔宇(1965—),男,黑龙江哈尔滨人,东北农业大学经济管理学院院长,教授,博士生导师,研究方向:农业经济管理。

黑龙江垦区农地制度的现状与创新路径

邹积慧

　　改革开放以来,黑龙江垦区坚持"稳定、完善、提高"的方针,实施"大农场套小农场"的农业双层经营体制改革,转换了国有农场传统的经营机制,促进了垦区经济增长方式的转变和经济效益的提高。但是,随着垦区建设社会主义新农村步伐的加快,垦区现行农地制度的弊端日益显现出来。因此,进一步深化垦区农地制度改革,对于促进垦区新农村建设,实现垦区经济社会更快更好发展尤为必要。

一、垦区农地制度的现状

　　垦区现行的农地制度,是 1983 年以后在全国农村经济体制改革进程中结合垦区实际确立起来的,主要形式为在国有农场实行家庭农场、家庭承包、联户农场、机组承包等多种联产承包经营形式,形成在土地国有的基础上"大农场套小农场"双层经营体制。当前,垦区农业双层经营体制下的承包经营形式主要有:有机户家庭农场、无机承包户、兼养型家庭农场、联户家庭农场、规模大户家庭农场。其特点是,将国有土地的所有权和经营权分开,所有权归农场,经营权归职工,以职工家庭为生产经营单位。这种经营方式改变了原来国"营"农场的经营体制和以生产队为基础的生产组织形式,在一定程度上规范了垦区的农地产权关系,是农地产权制度的一种创新。由于确立了家庭经营的主导地位,实现了土地这一基本生产资料所有权与使用权的合理分离;在分配形式上打破了"大锅饭"的平均主义,贯彻了按劳分配的原则;职工有了经营自主权,主人翁责任感得到了一定程度的体现,调动了广大职工生产经营的积极性,相当多的农场在短期内走出了亏损境地。垦区改革开放以来,农业生产之所以能够大幅度增长、职工经济收入之所以能够成倍提高,其根本原因就在于垦区实行大农场套小农场的双层经营体制的改革,使垦区生产关系较好地适应了生产力水平。在垦区由计划经济向市场经济转变过程中,对于推动垦区经济发展起到不可或缺的作用。

但是也应当看到,由于诸多方面的原因所致,垦区尚未在现行经济体制框架内完全构建起同社会主义市场经济相适应的农地产权制度。随着时间的推移,垦区现行农地制度深层次矛盾已经显现出来。

(一)土地虽然相对固定,但承包期较短,种植业经营人员经营预期不明朗。垦区农地的承包经营期限,一般每期3—5年,利费一年一调。这种做法相对弱化了农地使用权,不利于种植户形成长远经营行为,他们不愿投入,不敢投入,短期经营和掠夺性生产方式比较普遍,其经营的随意性和盲目性,难以提高土地的产出率和优化农业内部结构,在一定程度上阻碍了生产力的发展,这种承包方式和管理制度存在着非规范性。

(二)种植业经营者没有真正成为"四自"主体。改革以来,垦区农业经营的生产费用和生活费用均由职工自理,农场不再垫资。垦区农业职工在农业生产经营中逐步确立了"投资主体、经营主体、盈亏主体、销售主体"地位,职工等、靠、要的思想已经彻底打破,然而,在市场经济条件下,"自主经营、自负盈亏、自我发展、自我约束"的经营机制还没有真正形成,多数家庭农场没有注册办理营业执照,不是真正的独立法人。

(三)土地规模小,效益低,没有形成规模效益,难以增强农业发展后劲。土地规模小,决定了经济效益低,家庭农场特别是小型家庭农场的经济积累不足,难以进行农机具更新换代,难以进行农田基础设施投入,难以引进新科技、新品种、新技术等,其结果是农业发展的后劲严重不足。土地规模小而分散,难以形成规模化经营新格局。垦区在农业双层经营体制下存在着经营规模偏小的家庭农场和手工户,在科学技术推广和农业先进机械应用上,难以实施和推行,束缚了农业生产力的进一步发展。

(四)没有完整配套的转让制度,土地不能自由流动。一般说来,垦区组织制度与农地产权制度和市场流转制度一起构成农地制度体系。农地流转制度方面,作为建设社会主义市场经济体制的一部分,要求土地要素市场发育完善,但农地资源的稀缺性和使用权转移中的障碍,致使农地的流转和集中机制难以形成,严重制约了以农地集中规模经营为特征的农业现代化进程。

二、垦区农地制度改革的必要性

20世纪90年代中后期以来,垦区农业承包经营随着国家粮食生产和流通体制的重大变化,先后出现了阶段性供大于求和供不应求的局面。这种"卖方"和"买方"市场的相互作用,直接导致了"承包难、种地难、收缴难"和"抢包热、种地热、种粮热"的两种截然相反的局面,这在一定程度上影响了垦区农业双层经营体制的稳定、完善和提高。因此,改革垦区现行农地制度,建立符合社会主义市场经济要求的,充满活力和竞争力的土地承包经营新机制,已经刻不容缓。

(一)深化垦区农地制度改革是农业发展的必然趋势。一是随着经济体制改革的不断深入,家庭农场承包经营形式的局限性日益显露出来,家庭式的过于狭小和分散土地经营规模,束缚了垦区生产力的进一步发展,严重阻碍了农业生产力的社会化、专业化、机械化的进程和新技术的推广应用。深化农地制度改革逐步形成合理的农地流转制度,可以解决土地规模小、经营分散的问题,使土地向种植能手和经营大户集中,有利于农业生产的快速发展。二是家庭农场因小规模经营,不愿意也不可能对农业有较大的投入,导致农业生产发展到一定程度后难以继续向前。农业投入不足,基础设施老化,造成生产后劲不足,劳动生产率难以提高。深化农地制度改革,土地流转畅通,资金实力强、种田经验丰富、农业机械设备齐全以及管理和销售能力强的种植户会扩大种植面积,加大农业投入,创造规模效益,提高农业劳动生产率。

(二)创新垦区农地制度是农业经济体制改革的内在要求。市场经济条件下的农业经营体制改革是一种内在需求的改革,带有诱导性,它是一个自下而上、由少数人开始,多数人模仿的推进过程,是市场进步和农业发展内在动力推动和引导的自发性体制创新,是经济发展的必然结果。市场经济条件下的农业经营体制改革,标志着垦区农业进入家庭农场承包形式更加稳定,农业经营方式和管理体制更加创新,市场经济加快发展的新阶段。农业生产力的发展,必然引起农业职工对组织形式的重新选择,推进农业经营方式及农业产销方式的进步,农地流转制度的建立,能够引导分散的农业劳动力进入社会大市场,排除传统体制障碍,形成规模优势,提高农业效益。

(三)深化农地制度改革是土地市场化运作的必然选择。随着双层经营体制的确定,大农场和小农场分别从所有权和经营权的分离中,进一步明确了双方在社会主义市场经济运作中的责权利关系。土地、土地使用权(经营权)作为特殊的生产要素与商品进行市场化运作,实现商品化经营,这是市场经济资源配置的基本要求。土地也只有在不断流动中才能形成真正的价值。土地一旦形成了合理流动,便可以实现土地资源利用合理化、利用关系协调化和土地效益最大化。

(四)深化垦区农地制度改革是实现农业现代化的客观要求。当前垦区土地承包经营规模普遍狭小和零碎分散,在经济快速发展的今天,有的方面已经不利于垦区农业的规模化经营、专业化生产、企业化管理和社会化服务,不利于垦区农业产业化结构调整,不利于垦区农业的可持续发展,难以实现规模效益,难以抵御自然和市场带来的风险。市场经济与现代农业呼唤规模经营,从长远发展的观点看,改革农地制度实行农地合理流转,可以从根本上摒弃双层经营体制的弊端,畅通农地在种植户之间合理流转的渠道,促进耕地向懂技术、会管理、能经营的种田能手集中,大幅度提高农地产出率,提高劳动生产率,达到土地、资金、劳动力、生产资料等诸多农业生产要素优化组合的目的,更好地应对国内外农业市场的激烈竞争,全面提升垦区农业竞争力。深化垦区农地制度改革是建设国家重要商品粮基地、加速实现农业现代化的必由之路。

(五)深化垦区农地制度改革是促进农业结构调整的现实需要。根据党和国家振兴东北老工业基地和黑龙江省委、省政府"努力快发展全面建小康"的战略部署,黑龙江垦区肩负着建设国家重要商品粮基地、全国最大的畜产品基地、全球有影响的无公害、绿色和有机食品生产基地的历史重任。建设好"三大基地"要始终把握好质量和效益的根本要求,以市场为导向,加大农业经济体制、农业内部结构、垦区经济结构的调整,优化布局,促进均衡发展。因此,必须依照社会主义市场经济要求,按价值规律、供求规律办事,实行市场调节,组织引导职工有组织、有计划、有效地从土地中转移出来,真正根据市场需求调整农业产业和产品结构,发展效益更高的经济作物、养殖业和出口创汇农业,通过结构调整实现增收;为粮食主产区和种植大户腾出更大的市场空间,促进商品粮生产和市场稳定发展,从而实现"三大基地"建设目标,实现垦区经济和职工收入双赢。

三、垦区农地制度的创新路径

从垦区农地承包经营的实际出发,可从以下几方面探索和创新垦区农地制度改革的路径。

(一)完善农场土地承包经营制度,稳定土地承包关系

继续巩固和完善以家庭承包经营为基础、统分结合的双层经营体制,加快推进以"两田制"为核心的土地承包制度改革。合理确定土地使用权的配置方式,保障农业职工群众承包土地的权益,防止资源过度占有造成收入畸高畸低,逐步扩大中等收入比重。稳定土地承包关系,

适当延长土地承包期。正确处理土地收益分配关系,严格按照基本田、规模田和机动地的定价原则,合理确定土地承包费的价格和实现形式,建立促进职工增收的长效机制。争取国家政策支持深化农场税费改革,将土地承包费中类似"乡镇五项统筹"的费用全部减除。

(二)建立合理的土地流转制度,使土地市场化

建立依法、自愿、有偿的土地承包经营权流转机制,推进土地适度规模经营。一是在稳定家庭农场承包关系的基础上,积极推进农地流转。确保农场土地承包关系长期稳定,赋予农场职工长期而有保障的土地使用权,维护农地承包关系的长期稳定,土地承包要尊重大多数的意愿,坚持公开、公平、公正的原则,处理好国家、集体和职工的利益关系,在稳定承包关系的基础上,支持和保护土地承包经营权依法自愿、有偿流转。对承包合同实施有效管理的基本原则,对家庭农场承包经营的农地范畴、资源配置方式、农地发包方的权利和义务、承包的原则和程序、承包合同、土地承包经营权的保护、土地承包经营权的流转以及土地承包合同纠纷的仲裁等,要在国家有关政策和法律法规之下,进行调整、规范和完善,以法律形式确认有关农地制度建设的一系列方针、政策。推动土地制度的制度化和规范化,从根本上保障农业职工对土地经营的合法权益。

二是妥善分流农业剩余劳动力,为农地流转创造有利条件。实行农地流转制度,也就意味着土地规模经营,劳动生产力大幅度提高,大量的农业劳动生产力将从土地上转移出来。安置农业剩余劳动力是推行农地流转制度的瓶颈,农业剩余劳动力的消化有多种渠道,非农产业的发展、小城镇的开发利用、劳动力输出(向城市输出)以及发展劳动密集型企业、引进、开发非农产业和劳动密集型企业等等,都是转移和分流农业富余劳动力的有效途径和方法,要结合垦区撤队建区工作加快小城镇建设和结构调整的步伐,积极消化农业剩余劳动力,为农地流转铺平道路。

三是积极稳妥地推进农地流转,提高农地流转的效率和效果。推

行农地流转制度要从实际出发,积极、稳妥推进,要切实讲究方法和实效。一要稳步推进,不能一哄而起。经营体制改革涉及面广,政策性强,要在先试点的基础上,探索经验,创造条件,有计划、有步骤的稳步推进,切不可急于求成,一哄而起。二要分类指导,不搞一刀切。垦区各农场的经济条件和发展水平不同,经营方式和组织形式有区别,要根据自己的实际情况,寻求适合于本农场的推进落实办法,切不可用一个模式生搬硬套。三要加强教育,积极引导,不搞强制命令。职工群众是改革的主体,要事事、处处尊重职工意愿,教育和引导职工群众提高对农地改革的认识,调动职工参与改革的积极性。

(三)推行规模家庭农场承包经营,实现风险效益的统一

规模大户家庭农场是近年来出现的一种新型土地承包形式,就是规模大户家庭农场与国有农场以合同和契约形式,凭借自己的经济实力和管理、技术水平,或个人或合伙或股份制出资承包土地,从事农业生产经营。其承包土地的规模大,所承担的风险较大,所获得的利益相对也大。推行规模大户承包经营土地,给垦区的农业生产经营带来了新的活力。

一是有利于垦区经济稳步、快速发展。垦区统分结合的农业双层经营体制的建立,极大地调动了广大职工的农业生产积极性,解放和发展了垦区的农业劳动生产力,促进了垦区经济的发展;农业职工"等、靠、要"的思想彻底打破,锐意改革、勇于探索的新思想、新思维活跃,人们投身改革、支持改革的积极性空前高涨;通过规范职工家庭农场,大部分土地逐步向懂管理、会经营、业务素质较高、资金相对雄厚、机械力量强的种植户手里集中,形成资源的最优配置和组合,增强农业抵御自然灾害和承担市场风险的能力,同时,从土地分离出来的人员加快了畜牧业和垦区二三产业的发展,从而优化产业结构,增加经济总量,促进经济持续、快速、健康发展。

二是有利于职工自觉地走向市场。垦区职工家庭农场生产经营全部实现生产费和生活费自理,已经完全没有从前职工工资的概念,彻底

解决了"农场出钱、职工种地"和"家庭农场负盈不负亏"的问题,增强了家庭农场的风险意识。

三是有利于职工整体素质的提高。农业生产的自身要求、市场竞争的外部影响和追求效益最大化的经营目标,增强了职工学习农业生产科学、技术的主动性,增强了职工应用新技术、引进新品种的积极性,增强了职工加强管理、强化经营的自觉性,使农业职工的整体素质大大提高。

四是有利于界定和明确家庭农场的权利和义务。农业双层经营体制的确立,建立起了家庭农场利益、风险、积累和经营机制,消除了平均分配的弊端,确定了职工在农业生产中的主导地位,实现了土地所有权和经营权的分离,使家庭农场更加关心自己的生产经营成果,千方百计提高产量,降低成本,追求经济效益的最大化;家庭农场产权清晰,形成了"谁投资、谁所有、谁受益"的利益机制,使职工家庭农场舍得投入,敢于投入。

五是有利于建立和完善社会化服务体系。随着垦区农业双层经营体制的建立和完善,富余下采的职工开始瞄准服务行业,围绕农业生产形成了一系列服务企业,如运输业、修理业、加工业及农业农机公司、配件商店、润滑油商店等等服务行业应运而生,促进了垦区社会化服务体系的建立和完善,成为农业生产不可或缺的组成部分。

(四)加速工业化、城镇化进程,促进农业富余劳动力的转移,提高农地生产效率

一是以农地流动和相对集中为前提,不断提供新的就业机会,让一部分职工从土地上转移出去,从而减少农业人口,扩大农业的经营规模。据统计,垦区农业人口占总人口的70%左右,尽管其中包括一部分从事其他非种植业的人口,农业人口仍然过多,这是农地集约化程度低的重要原因之一。从垦区实际看,减少农业人口除有赖于大工业吸收一部分外,主要依靠发展第二、三产业和小城镇建设。因此,保持工业化与城镇化协调推进、农业发展与其他各业发展同步应当成为垦区

农地产权制度变革所必须创设的一个重要条件。

二是坚决引导职工从土地上分离出来。解决土地承包纠纷的长远措施应着眼于减少种植业从业人员,减轻土地的人口承载力,缓解土地压力。因此要多渠道、多途径转移富余人员,缓解人地矛盾,减轻土地压力。进一步引导、鼓励职工发展二、三产业,加快建设小城镇步伐,就近转移人员;大力发展打工经济,多渠道、多途径输出,远距离转移种植业富余人员;积极向农业的深度开发、广度开发进军,发展劳动密集型农业,比如蔬菜、食用菌、经济作物、农产品加工等产业就地转移种植业富余人员。以场直为骨干,选择部分条件好的管理区重点加以培植,要搞好政策配套,做好统一规划,高层次、高起点,建设就业门路广、人居条件好、吸纳能力强的两直小城镇和管理区,使生活、娱乐、环保、服务等行业与经济同步发展,全方位多层次地促进城镇化发展步伐;大力发展个体私营经济,进一步拓展职工经营空间。个体私营企业有机构成低,占用活劳动多,有利于扩大劳动力就业;推进农业产业化经营,多层次全方位开辟劳动力就业渠道。农业产业化经营一头连农户,一头连市场,既能带动农业,又可带动工副业、运输业、信息服务业等,涉及面大,启动层次多,吸纳劳动力多。

三是坚定不移地加快撤队建区步伐。加快农场组织结构调整,实行撤队建区改革是总局党委深化垦区体制改革、全面建设小康社会率先实现农业现代化的重大战略部署,撤队建区有利于促进土地流转、推进农业规模经营和农业劳动力转移,促进产业集聚和人口集聚,加快农业现代化和垦区城镇化进程,促进农业可持续发展。引导职工积极投身于畜牧养殖、发展有机食品、商贸流通行列中来。做好种植业富余人员的疏导教育工作,防止已转移的职工回流。用8至10年时间全面完成撤队建区目标,使95%以上的农业富余劳动力从土地上分离,基本结束居民组的职能。

四是坚定不移地用先进农机具装备农业。用先进农业机械装备农业是垦区生产力发展水平的重要标志,是大力开展科技创新、提高农业生产力水平、提高土地综合产出率、增加农场效益,增加职工收入、实现农业可持续发展的物质保证,是促进垦区经济持续稳定健康发展,加快农业产业化进程,实现农业现代化的重要条件,是垦区推进经济结构战略性调整,提高农业生产效率,提升农业产业化水平,加快农业标准化建设,提高农产品质量,增强市场竞争的客观要求,有利于发挥垦区在全省现代农业及提高农业综合生产能力中的示范带动作用。垦区应利用5年左右的时间为90%以上的旱作面积配备大马力配套农机具,以进一步提高农业的集约化水平。

总之,加快垦区农地制度改革创新,是实现垦区新农村建设目标的有效途径。

参考文献

〔1〕姜春云:《中国农业实践概论》,人民出版社、中国农业出版社2001年版。

〔2〕黑龙江省农垦总局统计局、黑龙江省农垦总局《2003年国民经济和社会发展统计公报》,《农垦日报》2004年2月9日。

论农民工土地权利的法制保障

刘兆军　韩学平

当前农民工的权益保障问题已成为社会关注的焦点。2003 年末开始为农民工追讨工资的"清欠行动"后,城市农民工的维权问题被提到议事日程中。但农民工的双重身份属性也决定了他们在农村中还应得到相应的权利保障,农地权利的保障就是其中最关键的一个内容。

一、问题的提出

农民工进城就业充分反映了社会分化、流动及农村社区的变迁过程。有统计表明,1978 年至 2003 年,农村劳动力外出就业人数从不足 200 万增加到 9900 万,其中 80% 以上进入城镇转变为农民工。值得我们注意的是,中国农民在中国城市化过程中放弃的土地财产权的价值远远超过 3 万亿元,也远远超过目前我国的社会保障资金的总规模(党国英,2004 年),农民工向城镇流动便是以放弃在农村集体中享有的土地权利为代价的,尤其是通过转包、上缴或其他形式转让出了土地承包经营权,宅基地使用权也已出租或出卖。即使农民工法律地位上仍然体现为农民身份,但在土地上已与集体隔离开来,也意味着暂时失去了作为集体成员应具备的最基本民事财产权利,因此他们付出了相当高的成本。而当前城镇务工与生活的风险使得很多农民工产生了返乡念头。据专家对北京、无锡、珠海三个城市农民工的典型调查显示:已经有 17.7% 的农民工选择回家务农;16.5% 的农民工处于不确定状态,如在经济发展较慢的城镇这个比例更高,农民工回流会成为一种普遍现象,能否重新拥有土地承包经营权便成为他们维持生活的首要条件。此外,还有具备一定经济基础的农民工,愿意返乡生活甚至创业,即使不再要求承包地的分配,他们仍想重新取得宅基地使用权。然而村内宅基地等建设用地的取得更为困难,东南沿海等人地关系紧张的地区更是如此。所以如何在维护其他成员的利益前提下,重新赋予这些农民工的土地权利,缓解人员回流后的人地矛盾,也是当前农村基层急需解决的问题。

可以说,承包经营权与宅基地使用权是农民土地权利体系中的核心内容,在农民工没有完全从农民阶层中脱离出来前,适度合理地保障这项基本权利更应是维护农民工权益的一项重要组成部分。目前关于农民工权益问题的研究,主要集中在如何提高他们在城市中的生活质量、维护其地位与劳动权益等方面,但关于农民工在原集体中的权益保障,特别是对农民工土地权利保障进行研究并没有深入展开。因此,从农民工土地权利延续的角度探讨农民工权益问题,将有助于加强农民工的归属感,并最终为农民工权益保障设置一道最根本的底线,使其在城市享有的权利保障制度得到补充和完善,这也具有积极的社会意义。

二、农民工土地权利相关制度安排现状与反思

（一）土地承包经营

1. 现有法律规范的相关规定

《中华人民共和国土地管理法》(以下简称《土地管理法》)、《中华人民共和国农村土地承包法》(以下简称《承包法》)等重要法律都确立了承包期内农民土地承包经营权受到法律保护的原则,以调动他们在土地上进行长期投入的积极性。另一方面,随着工业化和小城镇的发展,今后将有更多的农民不满足于承包土地所带来的收益,他们首先会以农民工的身份进入城镇从事二、三产业,或者实行兼业经营,以此来拓宽就业渠道。但目前我国城镇的社会保障制度尚不健全,如这部分

农民在城镇遇到工作困难,还将回到农村从事农业生产,作为基本的社会保障。如果他们回到农村以后没有承包地可以耕种,就会失去生活来源,并造成严重的社会问题。因此,中共中央、国务院1999年发布的《关于促进小城镇健康发展的若干意见》明确指出:对进镇落户的农民,可根据本人意愿,保留期承包土地的经营权,也允许依法有偿流转。

在这个基础上,《承包法》第26条第2款规定承包方全家迁入小城镇落户的,按照其意愿保留其土地承包经营权或者允许依法流转。因此,承包法中已经对进入城镇的农业人口原有土地承包经营问题做出初步规范,这一规定对于保护农民工的土地承包经营权具有极为重要的意义。

2. 制约因素分析

尽管国家出台的相关法律直接或间接地为农民工土地经营提供了原则性保护,但远未能解决实际情况中的人地纠纷。归纳起来主要有以下制约方面:

(1)法律规范不健全

农地承包经营权流转已成为合理流动土地资源、增加农民收入的有效途径,因此《承包法》对流转的规范较为详细。特别是2005年3月正式施行的《农村土地承包经营权流转管理办法》(农业部令第47号)进一步消除了经营权流转的法律障碍。然而,直接针对农民工并具有操作性的农地流转规范制度极为缺乏。上述法规只是鼓励、保护进城人员土地流转中的合法权益,但流转合同生效期间的农民工回乡后该如何续存其承包经营权却没有任何规定。当城镇用工环境未能全面得到改善,出现大批农民工返乡的回流时,他们首先便想到收回自己的承包权,然而当初流转合同的另一当事人也要维护自己的利益,不愿轻易放弃或遭受损失。这种矛盾致使土地纠纷大幅上升。

(2)土地承包中的遗留问题突出

全国第二轮土地承包的工作早已完成,但部分后返乡的农民工仍然主张为其分配承包地。黑龙江省某些农村集体中的问题更为突出,在第一轮土地承包开始时,进城较早的一些集体成员就没有签订承包合同,也未宣称放弃或上交承包经营权,这给基层组织依法调整农地资源带来了困难;第二轮延包时,在外的一些农民工依然没有重视承包权的获取权利,更没有返乡说明情况。两次承包过程遗留下的问题在作为"准城镇人口"的农民工回乡后变得越发突出,如何保护现有承包经营人的利益并维护返乡农民工的权利,协调相互关系已是村集体亟须解决的一个难题。

(3)农民工自身心理不稳定

除了务工环境质量的影响外,农民工自身心理也受到一些因素的影响而产生变化。例如,正当很多城市为"民工荒"而焦虑之时,不少农村地区也正面临着"争地风"的考验。近来在全国农业大省的调研表明,随着中央"一号文件"、"三补一免"等支农政策的稳步落实,却出现了大批农民工陆续返乡要田的现象。一个最直接的原因就是土地的"含金量"提高了,可以用"负担轻、效益高"来概括现在经营土地的特点;全国农产品价格上涨也让土地的价值攀升。这使得部分农民工又产生依靠土地的心理,并力争重新拥有土地。但在粮价低、负担重时他们把土地流转出去,而在形势好转时出现反复心理和行为,又成为返乡后产生人地矛盾的主要诱因之一。

(二)宅基地使用

1. 现有法律规范的相关规定

宅基地的使用一直是我国农村社会中的一个关键问题。农民工原来所属的村集体依照各项法律规范为其赋予了宅基地使用权。为加强农村宅基地的使用,正确引导村民节约使用土地,《土地管理法》、《村镇建房用地管理条例》和《确认土地所有权和使用权的若干规定》等法律法规都规定农村村民一户只能拥有一处宅基地,农村村民出卖、出租住房后,再申请宅基地的,不予批准。2004年11月国土资源部发布了《关于加强农村宅基地管理的意见》,再次强调了严格规范农村宅基地的申请条件。在实践中,各地省级人民政府结合所管辖农村住宅用地和人口情况,制定了宅基地占用标准,将宅基地无偿分配给农民使用,形成"一户一宅"的具有中国特色的农村宅基地福利性分配制度。

2. 制约因素分析

上述法规与政策在商品经济意识不浓、生活水平不高的农村实行得还比较好。然而,农村经济的发展,农民工举家外出打工引发的人口流动等情况的增多,在我国中、西部农村闲置已分配的宅基地的问题比较突出,甚至导致了"空心村"的出现,这同在我国人多地少的现实条件下应当合理利用土地资源的要求极不相符。与此同时,东部江浙一带经济发达、人口密度大、宅基地分配紧张的地区,相当一部分农民工由于各种原因更愿意返乡生活,但其原有住所早已出卖,由此对新增宅基地产生了旺盛需求。而当地宅基地的控制指标十分严格,用地需求与用地指标的矛盾也非常突出,要求增加宅基地数量的愿望无法实现。因此,各项政策与法律对于农民工回迁后宅基地获取的灵活性还需要进一步探讨。另外,现有法规对宅基地使用权的流转规定不够具体。各界也持有不能流转、不限制流转和限制流转的不同意见,对于宅基地使用权能否流转,尚待进一步研究(胡康生,2004 年)。可见,我国农村宅基地使用权流转短期内无法走上规范化、法制化的轨道。

三、加强当前农民工土地权利保障的几点建议

1. 将农民工原有的土地权利转化为财产权利

当前,农地使用权流转已是关系到我国社会经济持续发展与小康建设的重大问题。在农民工流动程度高的地区,土地流转更是集体及其成员经济活动的主要内容。因此,要积极推进外出农民工承包土地使用改革。可以在构建合理的产权制度与流转机制方面入手,在明确界定集体产权的前提下,把农民工拥有的土地权利转化为一种财产权利,那么农民工离开集体经济组织后,仍可根据实际利用特点,保留其继续分享集体积累收益的权利并承担相应的义务,从而为农民工土地承包经营权利的续存提供长久保障。具体可以实施因地制宜的不同形

式,如按照城乡土地市场一体化要求,农民工以土地折股,建立土地股
份合作社或股份制农业企业,使土地使用权作为生产要素实行有偿转
让,即使返乡后仍可以在一定期限内继续获得收益,保护其从转租出
去的土地上获得收益的权力;实行土地置换的办法,由政府建立土地置换
公司,农民工可以将农村承包土地使用权与城市住房基地按照3:1或
4:1等具体情况置换,还可推动土地向种田能手集中,促进规模经营的
发展;对于历史遗留问题则需综合考虑各种因素后,适度调整村集体内
部人地比例关系加以解决。

2. 在集约用地的前提下规范宅基地流转行为

从长远考虑,在减轻进城农民工负担并逐步取消户籍等限制、赋予
农民工城镇居民同等待遇后,多数农民是愿意定居城市的,所以他们将
最终放弃农村宅基地使用权。在人口迁出后空置宅基地比例较高的地
区,即使出现大批农民工暂时返乡现象也不会引发对宅基地的过度需
求,所以必须对"空心村"进行土地整理、重新规划,避免土地的闲置与
浪费;在经济较发达的农村地区,普遍富裕起来的农民工返乡时,应在
原有宅基地上重新建房;或集体为缓解宅基地紧张局面,在村内规划的
指导下,与农民工联合建设公寓房,或者推行宅基地有偿使用的政策,
使有经济实力、早已出卖宅基地的农民工重新购买,这样不仅使土地利
用更合理化,也增强了农民对待土地的经济意识,从而推进我国农村宅
基地流转的法制化进程。由于我国立法还未就此做出明确的规范性规
定,地方上缺乏统一的法律指导,所以操作中必须兼顾各方利益,否则
易导致经济水平差异较大的农户之间宅基地面积分配不公,或借此进
行权钱交易,滋生腐败的现象。

3. 完善相关的法制建设与社会保障制度

农民工各项土地权利的保障必须依靠法律规章的强制力来保证实
施,做到有法可依、有章可循,因此必须加强相关的法制建设。从农民
工土地流转的特点出发,可以出台直接针对其承包经营权流转形式、期
限及主体所需承担权利义务等内容的规范,以此作为《承包法》的完善

与补充,为实现农村宅基地流转的市场化与法制化建设,更需研究相关法律制定的可行性。在农村,土地是农民工的生活保障手段,而这个手段也可以转化为他们进入城市、获得城市社会保障的手段。通过建立适合农民工特点的社会养老保险制度,促进农民工率先完成从传统土地保障到现代社会保障的过渡,解除农民工的后顾之忧,推进农业规模经营,有利于加快城镇化和农村现代化进程,为有效解决"三农"问题创造宽松的环境。

参考文献

[1]《农村土地承包经营权流转管理办法》,农业部 2005 年 1 月 19 日发布。

[2]《关于加强农村宅基地管理的意见》,国土资源部 2004 年 11 月 2 日发布。

[3] 王超英:《中华人民共和国农村土地承包法实用问答》,中国法制出版社 2002 年版。

[4] 王卫国:《中国土地权利研究》,中国政法大学出版社 2003 年版。

[5] 四川省委党校课题组:《四川省外出农民工承包土地流转对策研究》,《四川行政学院学报》2003 年第 5 期。

[6] 郑珍远:《关于中国农民权益保护若干问题的思考》,《福建论坛》(经济社会版)2003 年第 10 期。

作者简介

韩学平 男,1962 年生,黑龙江省克东县人,1984 年于东北师范大学获法学学士学位,1987 年于东北师范大学获法学硕士学位,2005 年于东北农业大学获管理学博士学位。东北农业大学法学院院长,博士研究生导师,兼任中国农业经济法研究会副理事长,黑龙江省法学会农业法研究会会长,黑龙江省及哈尔滨市政府农业立法咨询专家,校重点

"法学"专业带头人,主讲土地法学等精品课程。近年来,重点研究经济法理论与实务热点问题,并利用农业大学的农科优势拓展涉农经济法领域研究,关注农村法制进程,在解决区域农业经济与农村社会法制建设现实问题中实现"法"与"农"的有机结合,对省内代表性问题展开了卓有成效的研究。现已在农业与农村经济法制建设等方面取得了系列特色研究成果,主要涉及土地制度建设、农地流转、农民权益保护、农村社会保障等领域,逐步形成了农业高校法学专业的研究优势。同时,在合同法、农业法制建设和农村社会法律制度研究领域中发表代表性论文20余篇,出版《农地承包经营权流转法律问题研究》、《民法学》等专著教材7部,承担并完成省部级课题十四项,获省级奖励四项,在涉农法领域具有较高的知名度和学术影响。

农村法治进程中非正式制度的绩效评价与利用

韩学平　刘兆军

　　孟德拉斯指出,"二十亿农民站在世界文明的入口处:这是 20 世纪下半叶世界向社会科学提出的重要问题。"[1]在依法治国进程的新阶段,我国亟须有效解决农村法治建设问题。值得注意的是,农村社会天然的特殊性,使得其空间内的各种法治资源纷繁复杂,特别是长期积淀下来的非正式制度因素作用显著。因此,如何在已有制度安排的基础上,充分发挥农村非正式制度的特有绩效,使之成为推动农村法治建设的积极力量,需要理论与实务界不断深入研究。

一、非正式制度的理解

　　根据诺斯的观点,制度由非正式约束(如道德约束、禁忌、习惯、传统等)和正式的法规组成,其中的非正式约束即非正式制度。显然,非正式制度由某些社会公共认可却是不成文的规范形成,虽然最初只是人们在社会交往中无意识地产生,但越发受到社会成员的自觉遵守并不断延续,这些规范便具有了持久的生命力,得以代代相传,因此非正式制度可称为"社会潜网"或"非制度化规则"[2]。

　　具体地说,在人们意识形态的潜在作用下,非正式制度主要表现为人们的价值观念、伦理规范、道德观念、风俗习惯等方面。从农村社会的历史来看,在正式制度设立之前,人们之间的关系主要靠上述非正式制度诸要素来维持,即使在当前我国关键的农村正式制度、政策法规体系安排下,农村特有的意识传统仍需要非正式制度约束人们社会行为。此时,农村非正式制度在很大程度上影响着正式制度的拓展与细化,并在农村社区内部演变为某种公共关系和规则。

二、农村非正式制度对法治进程的主要影响

农村法治建设过程最终将实现"从法的精神到法的制度的整体由传统走向现代的时代变迁过程"[3]。这一进程必须要依靠驾驭各种现有社会资源才能得到实现,而不是仅靠一种社会资源就能完成。因此,我国农村的法治实践,就是对农村社会内全部法治资源不断进行整合的过程,其本质是对范围中的各种现存制度(正式与非正式)运用公共规则加以引导,以达到维持公共秩序、增进社会公益目的。结合当前我国农村法治建设的现状,本文着重分析其中的非正式制度因素产生的影响,主要体现在以下方面:

(一)产生农村社会二元的法治资源形态

我国曾经构建了高度的社会一元化制度,在那样的结构下,法治只能被理解到法制层面,并被作为整个政权制度建设的组成部分予以重构,法治实践则相应地被当做一项依靠政府力量自上而下推进的官方统治行为。但在当前农村急剧的社会转型中,国家力量从对农村社会的全面监控、干预中收缩回来,国家与民间社会高度融合的局面发生变化,法律运作便出现了一定的不适应。这时,历史发展所形成的农民文化、传统、风俗习惯等意识影响体现出特殊作用,例如普遍存在的村规民约,从规范的角度说,这些非正式因素历史地形成了自己的公共关系和规则,但它是以某种文化状态存在,即不必言明却可以合意的形式在人们心目中存在。在现代农村社会生活状态较丰富的前提下,农村除了施行国家的正式制度,还由可供选择的非正式制度进行规制,形成了并存的二元制度格局,它们相互作用,共同规范农村社会秩序。

另一方面,农村社区空间为特殊的二元法治资源,揭示出在国家与社会之间事实上存在着"两种行为标准的对立,即公共规则与各人活

动领域规则的对立(R.昂格尔,1994年)"[4],体现出国家与社会的二元性发展趋势。尽管这种"对立"在很大程度上正在不断相互交流与渗透并消除界限,农村法治建设需要建立一套适合于这个多元行为标准、多元秩序或多元社会文化形态的,有利于实现国家法治资源与农村法治资源良性互动的机制[5]。这也有待于农村二元制度格局的真正融合。

(二)农村差序格局的社会关系作用显著

费孝通先生对农村内人们的社会关系进行定位——"差序格局",即农村生活的特殊方式形成了一种成员以"自己"为中心,按照亲属关系的远近向外扩展的亲属关系网。虽然在集体化时期,我国建立了"三级所有,队为基础"的组织格局,并在特定时期具有极强的组织能力。但是,经过土地家庭承包经营的制度变迁,农村基层组织的管理和动员能力急剧降低,而此时家庭重新成为农村社会结构的核心,亲属关系成为农村社会中主要社会关系之一,在此基础上拓展了亲朋好友等关系网。特别是在当前农民并不能有效得到国家救助与保障的情况下,通过社会资源进行互助成为农村居民常见的保险形式,因而进一步强化了"差序格局"。

这种格局对人们的家庭等社会关系施加的作用是不言而喻,并进一步影响着人们的道德、伦理等观念,成为非正式制度在农村中的一个突出表现。它直接引起了农村社会有限资源与血缘家族之间的结合,其中二元结构的法治资源也是如此。

一定程度上,这种差序格局下的家族意识对于农村法治进程起到了消极作用,例如当前的村委会换届选举,血缘的关系仍然对公共事务起到一定的决定性作用。当然,随着业缘关系的发展,血缘关系正逐步失去地缘的支持,已经很难绝对干涉一个社区内的公共事务,但中国农村社会结构的核心依然是家庭,在较长时间内农村法治建设依然受"差序格局"的影响。

（三）农民非正式地参与基层政治

由来已久的习俗、处世方式等非正式制度因素决定性地影响着农民的意识状态，所以中国农民更多地把自己定位为"义务人"，习惯了不断履行各种不同名义的义务，而真正享受政治权利、维护自身正当利益的意识十分淡薄。虽然宪法确立的农村基层群众自治形式已使农民享有更多的政治知识和政治训练，成员的现代政治和维权意识有所提高。但农村自治组织的政治效能未能达到高效的运作状态，因此，在农民自身权益严重受损并无法忍受时，出现了农民以非正式的方式进行政治参与的情况，例如出现越级上访、报复农村干部，与农村干部发生武力冲突乃至集体冲击国家机关或政府部门等。另一方面，乡镇选举和村委会选举中又存在扰乱、暴力手段破坏选举，贿选或以威胁、恐吓手段胁迫选举的问题。农民政治参与的非制度化，使得政治体系中政治角色或政治机构活动不能按照法定的程序和规定进行，势必影响农村法治进程中的政治制度化的实现。

（四）制约农民法律意识的提高

《1996—1997 年世界发展报告》的研究曾指出发展中国家普遍存在"法律缺乏综合症"，当时的中国农村更不例外。2002 年以来，我国连续制定或修订农业农村的相关法律条例等，并颁布农村新政，为农民的权益保护构建了新的制度体系。通过多方面的综合宣传，"法律缺乏综合症"有所减弱。但实际上农民整体法律意识仍然淡薄，例如某些违反《土地承包法》规定的土地承包、调整行为发生时，正当权利人可能认为不公但仍予以默许；很少有人知道《农业法》等重要法律的修订；对某些惠农政策并不了解；某些新法规（如《畜牧法》）的颁布更是无从所知。究其原因，来源于非正式制度因素的阻碍。农村是一个人口流动相对较小的聚居区，这一空间内的人熟悉程度最高，缺乏流动也使他们自身获得的信息较匮乏，因此更多地接受了所熟悉的村委会成员的意见和做法。但村委会大多依靠传统的村庄治理方式，即礼和情来调节村内关系，此时的法律等正式制度与农村传统非正式规范发生冲突,甚至是多余的,因此很难实现宣扬法律、充分运用法律维护权益的预期目标;同时,村民还会认为诉诸法律并不容易(成本较高),这就逐渐形成了农民厌讼的心理[6],这些原因都在抑制农民法律意识的增强。

三、新形势下非正式制度因素的变迁

由上述分析可看出,我国农村法治建设的起点并非建立在理想的民主政治、法律至上观念的基础上,而是建立在具有农村传统特色的非正式制度之上。农村法治建设与农村政治、经济文化等各要素之间正不断地进行交换,互相联系与作用,共同构成了农村法治建设系统的农村社会整体。其中,非正式制度将以其特有的功能继续发挥作用。

(一)非正式制度自身的不断嬗变

在当前的新农村建设中,国家会运用更多的政策、法律等正式制度,直接对农村人文社会等各因素加以引导、改造。由于农村法治建设并不是农村系统内部自发产生的,而是国家试图从外部加于其中的,考虑到农村社会面对的环境,它也在与不同的农村社区、城市社会等国家外部环境和国际大环境进行经济、文化往来,直接或间接地受到环境的影响与作用。因此,原有的传统、习俗等非正式制度因素终将发生本质变化。改变后的农村非正式制度因素将吸收更多现代社会的意识和理念,其中对农村法治建设的某些消极制约因素有希望消除,整体上更加适应国家法治资源在农村的适用,这对农村法治建设起到积极促进作用。

(二)非正式制度与正式制度的整合

面对现实社会的多元性,我国农村法治道路也应具有多元灵活的特性。在国家的正式制度确立的前提下,当前的农村法治实践仍需依靠农村特有的"乡土社会"来进行,这是农村多元法治实践获得成功的基础之一。在社会转型期,国家与农村社会秩序与规则存在着分离状态,表现出国家法律与民间习俗、国家法律制度与农村非正式制度同样

存在明显界限。国家法律制度与农村非正式制度并没有完全整合,甚至在一定情况下非正式制度的功能更强,由此形成的国家法治资源与农村法治资源特别是本土法治资源之间的对抗与紧张关系,这极不利于农村法治建设的推进。因此,从二元法治格局的现实出发,农村法治建设的关键是要将非正式制度影响下的民间规范与国法协调统一,完成对二者的互动整合,真正实现"双方基于内在的张力而达至的均衡互动状态"[7]。

四、农村法治建设中非正式制度因素的改造与利用

我国当前的农村法治进程需要各方面积极力量的推动,构成农村法治资源的非正式制度也将在一定条件下发挥自身的良性作用。但对于怎样消除各种非正式制度因素的消极影响,促进其尽快符合现代法治精神的要求,并没有明确的规制对策。除了广大农村地域的异质性外,其原因还在于非正式制度的变迁并不像正式制度那样,可以迅速地移植[8],非正式规则的转换更多的是通过人们在生活环境中的适用和改造而实现的。因此,最主要应从农村社会法制环境和农村人口自身两个角度入手改造所融合的非正式制度因素。

(一)将积极的非正式制度因素纳入民间法体系

由于非正式制度的作用,我国农民更多地受到人情、礼俗、宗法、习惯等的非正式规范秩序约束,这种机制在主体意识中具有国家法(自上而下颁布实施)所无法产生的指令下效力,这些在农村真正存在的礼俗、人情、习惯等非正式制度约束也就成为与"国家法"相对应的"民间法"(自发形成并遵守),而好的、被大家公认的有效的民间法对于任何一个国家来说都是必需的。面对我国农村法律体系没有充分有效建立的现实,某些传统或地方性知识是经由不断试错、日益积累而艰难获致的结果,符合当地习惯而作为乡土社会自发秩序的规则,同样可列入社会规范范畴,这种有益的经验总结在特殊的转型时期甚至成为农村法治实践的重要补充。因此,这些因素有其存在的价值和土壤,在纳入

民间法后将会进一步发挥其作用,从而逐渐加以改造。

（二）大力开展"法律进乡村"提高农民的法律意识

农民自身素质是影响非正式制度绩效的关键因素。我国农村普法水平历来较低,农村人口整体法律意识缺失,不懂得如何运用法律维护权益,正式制度功能弱化;相反,地方习俗等非正式因素却很容易代替了法律,出现此消彼长的状态。为使消极的非正式制度退出,必须大力开展"法律进乡村"活动,借助新一轮"五五普法"的实施,促进社会主义新农村建设。特别是要把法制宣传教育纳入政府对农村公共服务的重要内容,努力培养和提高农村各级干部运用法律手段管理农村各项社会事务的能力;开展法制宣传资料、法制信息、法制文艺和法律服务进乡村活动,真正提高农民的法律意识和法制观念;同时加强农村法律服务力度,扩大教育服务的覆盖范围。

（三）不断完善农村法律体系建设

我们讨论非正式制度的重要影响,并不忽略农村既有的正式制度,因为各项法律法规、政策的有效实施在农村社会转型中起着决定作用。在改造农村非正式制度并提高农民法律素质的同时,转型时期的农村法治建设更需依靠正式制度的健全。在当前农村法治资源亟待完善的重点方面进行建设,例如实现农村村民自治法治化和农村基层组织人格法律化;全面实现农村依法行政和执法监督;建立和健全农村司法体系和农村基层法律服务体系;使农村产权制度化、明晰化、法律化,并保证农民依法行使各项权利等。在这些体系的构建与完善中,民间法也会被吸纳进来,其中包含的积极非正式制度因素进一步得到调整与改造,消极因素最终则被消除,这是一个相辅相成的系统过程。

参考文献

[1]H.孟德拉斯著、李培林译:《农民的终结》,中国社会科学出版社1991年版,第13—15页。

[2]张继焦:《非正式制度、资源配置与制度变迁》,《社会科学战

线》1999 年第 1 期。

[3]徐亚文:《论当代中国法制现代化的现实目标——依法治国论》,武汉大学出版社 1997 年版,第 46—47 页。

[4]R. M. 昂格尔著、吴玉章、周汉华译:《现代社会中的法律》,译林出版社 2002 年版,第 112—113 页。

[5]田成有、王鑫:《转型期农村法治资源的发现、重组与良性互动》,《现代法学》1999 年 8 月第 21 卷第 4 期。

[6]姜地忠:《制度冲突视野中的农村法治建设障碍及其突破》,《学术交流》2006 年第 9 期。

[7]刘武俊:《法治、国家与社会》,《检察日报》1998 年 11 月 9 日。

[8]李一平:《加强非正式制度建设　推进城郊失地农民市民化进程》,《中共杭州市委党校学报》2005 年第 5 期。

建立农村免费医疗制度探析

陈永志

一、新型农村合作医疗存在的问题

中国实行经济体制改革和对外开放的政策以后,随着第一次农村合作医疗制度的解体,政府试图恢复农村合作医疗制度,并几经反复,在 2002 年以后,国家投入专项资金,建立机构开始逐步推行新型农村合作医疗,先进行试点,再向全国逐步推广。2006 年 2 月 21 日由新华社授权播发《中共中央国务院关于推进社会主义新农村建设的若干意见》的一号文件明确指出,要"积极推进新型农村合作医疗制度试点工作",确认了"从 2006 年起,中央和地方财政较大幅度提高补助标准,到 2008 年在全国农村基本普及新型农村合作医疗制度"的目标。中央和地方财政对参加合作医疗农民的补助标准由 20 元提高到 40 元,中央财政为此将增加支出 42 亿元。2008 年 1 月 15 日,财政部副部长王军提出我国将提高新型农村合作医疗财政补助水平,各级财政对新农合的补助提高到每人每年 80 元。到 2008 年年底,要在全国农村基本建立新型合作医疗制度和医疗救助制度。

由此可见,国家本着"以人为本"的原则对以新型农村合作医疗为主体的农村医疗保障制度投入了大量的财力物力,但是在制度的运行过程中出现了很多问题,不能真正的解决农民的医疗保障问题。出现的问题主要有以下两点:

1. 农民参加新型农村合作医疗的自愿原则和强制原则的矛盾冲突问题无法根本解决,由此所带来的问题表明了制度本身的不科学性

现行的农村合作医疗以自愿为原则,即使以家庭为参保单位,逆向选择问题也非常严重,年老多病的人必然愿意参保,而那些年轻力壮的农民大多不会参保,这样一来势必会增加新农合的成本。另外,以自愿原则为基础,富裕群体成为新农合的主要参加者,当然也是受益者。根据福利经济学理论,货币收入就如同三明治,边际效应是递减的。收入越高,边际效应越小。同样的 100 美元,如果送给一个富豪,或许人家还不屑一顾;可是送给一个穷人,就是雪中送炭,社会总收入不变,但社会经济福利却由于穷人收入的提高而得到改善[1]。政府通过税收方式将富裕群体的一部分收入转移支付给贫困群体,虽然社会总收入没有变,但是社会效果却增加了。很明显这种情况的出现违背了社会保障制度设计需要突出的保护弱势群体,缓解不平等的原则。

由于新型农村合作医疗制度本身的复杂性,必然存在信息不对称的情况,为了提高参保率,扩大新型农村合作医疗的覆盖面,政府采取包括向农民扩大宣传在内的一系列政策,而农民参保的积极性是以利益为转移的,这样无形当中增加了成本。特别是自愿原则所带来的农民参保的随意性,与制度建设所要求的稳定性原则相悖,对国家的相关政策执行不力。

鉴于自愿参保会有上述弊端,有些学者提出对于参加新型农村合作医疗采取强制措施,龙桂珍、骆友科认为新型农村合作医疗坚持农民自愿参加无法达到应有的覆盖率,容易引发"逆向选择",不利于筹资机制的稳定。应以立法的形式强制参加[2]。社会保险是由国家通过立法形式,为依靠劳动收入生活的工作人员及其家庭成员保持基本生活条件、促进社会安定而举办的保险。社会保险是一种特殊的强制性保险[3]。他们认为农村合作医疗制度既然是一种社会保险,在理论上也应该采取强制措施让农民参保。新型农村合作医疗是采取国家、集体、个人三方筹资的方式,可问题在于对于有些富裕或者收入水平比较

高的地方来说,农民还能够承担参保费用,但是那些贫穷的地方农民就很难负担得起这笔费用,要是在政策实施过程中采取强制措施必然会产生损害农民利益的事情发生,与新型农村合作医疗制度建立的初衷相左。

综上,对于农民参加新农合无论是采取自愿原则还是强制原则,都不能从根本上解决农民的医疗保障问题。

2. 新型农村合作医疗和农村医疗救助制度无法覆盖所有农民,制度设计的缺陷使很大一部分农民被排斥在农村医疗保障制度之外

前面提到对于农民参加农村合作医疗以自愿为原则,致使有一部分农民没有纳入到新农合的范围之内。

新农合采取国家、集体、个人三方筹资,但是集体经济早已名存实亡,尽管国家对新农合投入了一部分资金,而且每年都在增加,可也满足不了农村医疗保障的需要。实际上有很多地区只有农民和国家在出资,对于贫困地区的农民来说负担很重,农民参保以后,基层普遍反映农民报销费用程序烦琐。由于没有专门的管理人员,基层都在兼职,所以不能及时的审核报销医疗费用,有的农民好几个星期都报不了,因为他们不知道什么时候是报销时间,报销人员也不知道明天是否可以报销费用。

新型农村合作医疗制度以保大病为原则,致使农民的常见病多发病的治疗被排斥在新农合保障范围之外,众所周知,小病不治,往往会发展成大病,农民普遍有"拖"病的习惯,再加上新农合制度"保大病"原则的引导,很大一部分农民很可能会等小病养成大病才去治疗,不但造成了医疗资源的浪费,更严重的是损害了农民的健康。而农村医疗救助也是针对大病的防治,而且范围过小,主要对特困群众,并且国家对农村贫困家庭又没有科学的界定,致使大部分农村特困群众很难得到救助。

本人认为农村医疗保障制度的保障范围应该是针对全体农民的所有疾病,只有这样才能充分的保障农民的健康。制度的设计本身存在

漏洞,如果制度再继续运行下去,可能会产生与预期相反的结果。新农合和农村医疗救助制度都以保大病为主,对大病和特困群众的界定不同地方的标准不同,很多都不是很科学,如果国家花大力气去制定一些标准,就又加大了制度设计的成本。

二、建立农村免费医疗制度的可行性和必要性

针对新农合上述制度缺陷,本人认为最能从根本上解决农民医疗保障问题的方案就是建立农村免费医疗制度。

免费医疗也称公费医疗,指国家对公民提供一种福利,代为支付医疗费用。欧洲发达国家如英国、瑞典、瑞士、丹麦,都是全民免费医疗,一切费用国家全包。美国、日本等国实行医疗保险制度,但是对于退休老人、穷人,则是免费医疗。俄罗斯,只要是在俄国土地上的人,无论本国人、外国人,一概免费医疗。发展中国家如印度为人口大国,也施行全民免费医疗制度,古巴、巴西和智利实行全民免费医疗保健制度,全民普及基本卫生服务,人均期望寿命、婴儿死亡率、孕产妇死亡率等国民健康指标都位居世界前列。连朝鲜都是免费医疗,可是号称社会主义大国的中国,到现在也没有实行免费医疗的计划。

在2006年3月4日上午举行的政协分组讨论会上,全国政协委员、卫生部部长高强在被问及印度的全民免费医疗制度时说,印度在1949年就建立了这一制度,"但这个免费医疗制度是低水平的,治疗手段简陋,药品廉价"。在高强看来,就中国目前的情形而言,全民免费医疗制度是行不通的———"如果再建一个特别低水平的保障制度,老百姓也不会满意,但是建高水平的,无论如何做不起来"[4]。

有的学者也认为,在我国的城乡二元结构下实行全民免费医疗,"如果建立一个覆盖全民的免费医疗制度,将农村的医疗保险费用向城市靠拢,国家肯定承受不了;要求城镇居民医疗费用向农村靠拢,城镇居民肯定不满意;城乡差别明显,在短时间内是不允许实施一个一体化的全民免费医疗保障体系,时代的发展已经不允许我们再着手建立

一个低水平的医疗保障制度"[5]。

　　针对当前形势和我国国情,如果完全效法印度、巴西实行全民免费医疗,必然会加重国家财政负担,不利于经济发展,另外,城市医疗保险体系覆盖面已经很广泛,而且保障效果也很好,没有必要另起炉灶。因此,建立农村免费医疗制度最为合适。

　　1. 建立农村免费医疗的可行性分析

　　建立农村免费医疗制度,不但能够避免新农合中自愿参保与强制参保所带来的问题,更重要的是扩大医疗保障的覆盖面,将所有农村居民都纳入到保障范围之内。特别是把常见病、多发病和小病纳入到医疗保障范围之内,可以从源头上控制大病的发生。当然,农村免费医疗可能是低水平的,但是农民的医疗要求并不高,比如在有的地方,农民凭几片安乃近就可以治疗感冒。对于农村中富裕群体要求较高医疗服务的问题,可以效法印度,医疗保障制度坚持两手抓,既扶持政府医院的稳定运转,又鼓励私立医院健康发展。这种公立私立医院并存的模式使富人和穷人病患者各有所依[6]。

　　关于国家财政负担的问题,中国公共卫生支出占国民生产总值的4.5%,在全球191个国家中排名第188位。美国是13.9%,瑞士是10.9%,WTO制定的最底投入标准为5%,世界经合组织为8.4%。中国农村人口占总人口的70%,但医疗服务支出不到全国总支出的20%,印度、巴西、古巴这样的发展中国家都能负担全民免费医疗,我国经济实力比这些国家要强很多,对于农村免费医疗的财政承担应该不成问题。另外,国家可以鼓励行业联合组织和慈善机构,国际组织,针对发病率较低但医疗费用较高的大病风险,积极介入农村医保,帮助农民投保,这样可以缓解国家财政压力。

　　关于医疗机构的建设,有的学者提出应该着力建设乡村两级免费医疗机构,并在县级医院建设针对农民的完全免费的大病救助中心[7]。本研究认同这种观点。乡村两级免费医疗机构除了为广大农民提供免费的医药服务之外,还为他们提供定期体检服务,以便广大农民也能够及早发现疾病并及早治疗,并且能够及时发现传染性疾病,便于及早控制,从而既保障了农民的生命安全,又为国家节约有限的医药资源。

为了保证制度运行的科学性,可以借鉴巴西"分区分级"的治疗原则。所谓"分区分级"就是农村居民看病必须先到所在的村卫生站,如医治不好,则根据病情分级转向设备和医生水平较高的乡级医院、县级医院。实行"分区"原则的好处是便于医疗机构随时了解当地居民的健康状况,及时防治传染病和流行病,控制病源,开展健康教育。"分级"的好处是可以合理配置人力和医疗设备,节约开支,避免患者不管病大病小都到大医院就诊。

2. 建立农村免费医疗的必要性分析

农民看病难、看病贵问题,"因病致贫,因病返贫"问题,以及其所带来的恶性循环问题影响着农村的社会稳定,甚至影响到中国 21 世纪全面建设小康社会的战略。正如胡鞍钢指出的那样,"中国健康不安全问题已经超过其他不安全因素对人们的影响,对中国发展构成最大的威胁"。

建立农村免费医疗是保障农民生命健康权的需要。在我国二元结构社会中,农民属于弱势群体,根据公平正义学说,保障农民生命健康是国家不可推卸的责任。新农合不切合中国农村实情,免费医疗能够从根本上解决农民医疗保障问题。因此建立农村免费医疗制度成为形势需要。

建立农村免费医疗制度是全面建设小康社会,促进社会和谐的需要。农民的健康是一种消费品和投资品,国家对农民健康投资,保障农民健康,一方面会为我国经济的持续发展提供人力资源;另一方面,农民就会把解决健康问题的资金投入到其他领域中去,这样提高了农民的购买力,扩大了内需。从而促进了经济发展,对缩小城乡差距有重要作用。

三、建立全民免费医疗制度是医疗保障制度发展的趋势

　　2008 年 1 月 23 日,国家发展和改革委员会建议中国在今后三至五年里取消实行了半个多世纪的户口制度。主管户口问题的中国公安部到目前为止的官方立场则是,户籍制度不会取消,但户口迁移将继续放宽[8]。这表明,随着户口制度的改革,城乡一体化进程正在加快,农民到城市打工、经商的人员逐渐增多,现行的适合二元社会结构下的相关制度必然也要随之变革,农村免费医疗也不能解决农村流动人口的健康问题,因此建立全民免费医疗是医疗保障制度发展的趋势,随着我国经济的高速发展,经济实力的逐步增强,我国完全可以参照英国、丹麦、印度、巴西等国家建立全民免费医疗制度。

四、总结

　　正在实行的新农合不能从根本上解决农民的医疗保障问题,虽然建立全民免费医疗制度是我们的目标,但是为了避免我国目前的财政压力,应当采取逐步推进的方式建立农村免费医疗体系。

参考文献

　　[1]上官厚兵:《福利经济学评述》,第 19 页。

　　[2]龙桂珍、骆友科:《新型农村合作医疗应由农民"自愿参加"走向"强制参加"》,《中国卫生经济》2005 年第 4 期。

　　[3]邓大松:《社会保险》,2002 年版,第 9 页。

　　[4]《新京报》2006 年 3 月 5 日报道。

　　[5]龚幼龙:《全民免费医疗保障应该缓行》,《中国全科医学》2007 年 2 月第 10 卷第 4 期。

　　[6]中国医药指南记者刘洋综合整理:《解读印度免费医疗》,《中国医药指南》2007 年第 5 期。

　　[7]季中扬:《应该尽快建设农村免费医疗体系》,"中国医疗改革

向何处去"讨论之五，2007 年 5 月。

[8]《新晚报》2008 年 1 月 25 日报道。

农产品加工业对拉动农村经济
增长的贡献分析

邹积慧

农产品加工水平是衡量一个国家农业现代化程度的重要标志。农产品加工业是农业产业化经营的有机组成部分,是创新农村经营体制的有效形式,是农村产业结构调整的带动力量。本文试分析发展农产品加工业,对拉动农村经济增长的贡献。

一、本文涉及的主要术语定义及理论支持

(一)主要术语

农产品:指种植业、养殖业、林业、牧业、水产业生产的各种植物、动物的初级产品及初级加工品。具体包括种植、饲养、采集、编织、加工以及捕捞、狩猎等业的产品。这部分产品种类复杂、品种繁多,主要有粮食、油料、木材、肉蛋奶、棉、麻、烟、茧、糖、畜产品、水产品、蔬菜、花卉、果品、干菜、干果、食用菌、中药材、土特产品以及野生动植物原料等。

农产品加工业:广义的农产品加工业是以人工生产的农业物料和野生动植物资源为原料进行工业生产活动的总和。狭义的农产品加工是指以农村牧渔产品及其加工原料的进行的工业生产活动。

农业产业化经营:农业产业化经营是以市场为导向,以家庭承包经营为基础,以龙头企业及各种中介组织为依托,以经济效益为中心,立足于当地资源开发,确立农业主导产业和主导产品,将农业再生产过程

的产前、产中、产后诸环节联结起来,实行种养加、产供销、贸工农一体化经营、把分散的农户小生产联合成为社会化、专业化大生产,并形成系统内部有机结合、相互促进和风险共担、利益共享的企业化经营机制,以实现资源的优化配置和农产品的多次增效①。简单地说,农业产业化经营就是在市场经济条件下,通过各种利益机制,在经济上和组织上将农业生产全过程的诸多环节联结成为一个完整的产业系统。农业产业化经营的实质是通过一体化的经营形式,形成农产品生产、加工、销售有机结合、相互促进的机制,实现农户与市场的有效对接,推进农业向商品化、专业化、现代化转变,以达到农业效益最大化。

农业可持续发展:就是要合理利用资源,保护生态环境,在不断满足当代人对农产品需求且不妨碍后代人的生存与发展的基础上,提高农业的综合生产能力,实现当前利益和长远利益的有机统一。

(二)支撑发展农产品加工业的理论模式

发展经济学提出了多种以工促农、以城带乡的理论模式,这些模式完全能够成为支撑发展农产品加工业,进而实施农业产业化经营,促进农业可持续发展,加快社会主义新农村建设的理论武器。

1. 二元经济发展理论,认为加快农业部门商品(富余产品)向现代工业部门转移是以工补农、以城带乡的重要途径。美国著名的发展经济学家刘易斯指出,发展中国家发展的重心是传统农业向现代工业的结构转换,经济发展的过程就是通过扩大现代工业部门来为农业富余产品提供市场增值机会。这个理论回答了如何通过转移农村富余产品来实现城乡二元结构一元化的问题,为我国促进农村富余要素向非农产业和城镇转移,消除体制性障碍,建立城乡一体化的机制提供了重要的理论依据。

2. 非平衡增长理论,认为应把产业支持放在以工补农、以城带乡

---

① 本定义出自姜春云主编:《中国农业实践概论》,人民出版社、中国农业出版社2001年版,第298页。

的优先位置。美国经济学家赫尔希曼认为,发展中国家在资源不足限制下,应优先发展对整个投资决定形成更大刺激和压力的"直接生产性活动"。这个理论回答了发展中国家选择何种发展战略问题,为我国在实行工业反哺农业,城市支持农村方针过程中处理效率与公平,产业发展与收入扶持之间的关系提供了重要的理论依据。

二、我国农产品供求状况

2005 年我国粮食种植面积 10427 万公顷,棉花种植面积 506 万公顷,油料种植面积 1431 万公顷,糖料种植面积 156 万公顷,蔬菜种植面积 1774 万公顷。全年粮食产量 48401 万吨,棉花产量 570 万吨,油料产量 3078 万吨,糖料产量 9551 万吨①。改革开放特别是进入新世纪以来,中央一系列的惠农政策,极大地调动了亿万农民的积极性。

（一）农产品市场供给情况

近年来,我国农业综合生产能力稳步提高,实现了粮食等主要农产品供给由长期短缺到总量基本平衡,丰年有余的历史性转变(参见表1)。粮食、棉花、油料、肉类、禽蛋、水产品产量都已跃居世界首位,人均占有量已经达到或超过世界平均水平(参见表2)。

表 1　我国农产品产量表　　　　　　　　　　　　　　　　单位:万吨

年份	粮食	油料	棉花	糖料	肉类	水果	水产品	奶及奶制品
1980	31822	769.1	270.7	2911.2	1205.5	679	499.7	114.1
1981	32502	1020.5	296.8	3602.8	1260.9	780	460.5	129.1
1982	35343	1181.7	359.8	4359.4	1350.8	771	515.5	161.8
1983	38728	1055	463.7	4032.3	1402.1	949	546	184.5
1984	40712	1185.2	607.7	4794.6	1525	985	606	221
1985	37898	1578	415	6038	1755	1164	697	250

①　《中华人民共和国 2005 年国民经济和社会发展统计公报》,《人民日报》2006年 3 月 1 日第 6 版。

年份	粮食	油料	棉花	糖料	肉类	水果	水产品	奶及奶制品
1986	39109	1473	354	5859	1918	1348	813	286
1987	40241	1525	419	5482	1780	1668	940	319
1988	39401	1320	420	6237	2188	1666	1046	369
1989	40745	1291	379	5793	2328	1837	1148	380
1990	43500	1615	447	7180	2504	1876	1218	413
1991	43524	1638.3	566.3	8263	2712.2	2158.4	1339	462.6
1992	44258	1640	452.8	8753	2933	2440	1546	501
1993	45644	1761	376	7623	3780	3011	1785	498
1994	44450	1984	425	7339	4300	3478	2098	530
1995	46500	2250	450	7800	5000	4190	2538	548
1996	49000	2200	420	8250	5800	4570	2800	625
1997	49250	2158	430	9387	5354	5089	3561	681
1998	49000	2292	440	9765	4355	5453	3854	745
1999	50800	2600	383	8400	5953	6100	4100	807
2000	46251	2950	435	7450	6270	6225	4290	919
2001	45262	2872	532	8790	6340	11436	4375	1123
2002	45711	2900	492	10151	6590	6809	4513	1400
2003	43067	2805	487	9670	6920	14470	4690	1846
2004	46947	3057	632	9528	7260	15243	4855	2369
2005	48401	3078	570	7551	7700	16076	5100	(1909)

注:①（　）内的数据系根据地方 2005 年度统计公报加总而成(未含江西、四川、西藏、新疆)。
　　②水果产量 2003 年起包括种植业中的瓜果产量。

表2　我国农业主要产品产量居世界位次（1949 年—2003 年）

项目	1949 年	2001 年	2002 年	2003 年
谷物		1	1	1
肉类	3	1	1	1
棉花	4	1	1	1
大豆	2	4	4	3
花生	2	1	1	1

项目	1949 年	2001 年	2002 年	2003 年
油菜籽	2	1	1	1
甘蔗		3	3	3
茶叶	3	2	2	2
水果		1	1	1

注:选自《中国农产品加工年鉴(2004)》,中国统计出版社。

(二)农产品市场需求情况

近年来,我国农业部门的发展,以增加农民收入为中心,以推进农业和农村经济结构战略性调整为主线,在克服诸多不确定因素影响的情况下农产品市场仍保持了健康的发展势头(参见表3)。

表3　农产品需求总量表　　　　　　　　　　　　　　　　单位:万吨

		1999 年	2000 年	2001 年	2002 年	2003 年	2004 年
粮食	城镇居民人均消费	84.91	82.31	79.69	78.48	79.52	78.2
	农村居民人均消费	247.45	249.49	238.62	236.50	222.44	218.3
	合计	24015	23947	22816	22445	21260	
油料	城镇居民人均消费	7.78	8.16	8.08	8.52	9.20	9.3
	农村居民人均消费	6.17	7.06	7.03	7.53	6.27	4.3
	合计	847	945	948	1017	964	
水果	城镇居民人均消费	54.21	57.48	59.90	56.52	57.79	
	农村居民人均消费		18.31	20.33	18.77		
	合计	2372	4119	4497	4307	3027	
蔬菜	城镇居民人均消费	114.94	114.74	115.86	116.52	118.34	
	农村居民人均消费	108.89	111.98	109.30	110.55	107.40	
	合计	13962	14319	14265	14500	14452	
畜产品	城镇居民人均消费	24.92	25.5	24.42	32.52	32.94	
	农村居民人均消费	16.35	18.30	18.21	18.60	18.24	
	合计	2432	2650	2623	3088	3127	
蛋产品	城镇居民人均消费	10.92	11.21	10.41	10.56	11.19	
	农村居民人均消费	4.28	4.77	4.72	4.66	4.81	
	合计	478	600	596	623	586	

		1999 年	2000 年	2001 年	2002 年	2003 年	2004 年
奶产品	城镇居民人均消费	7.88	9.94	11.90	15.72	18.62	
	农村居民人均消费		1.06	1.20	1.19		
	合计	345	542	667	882	975	
水产品	城镇居民人均消费	10.34	9.87	10.33	13.20	13.35	
	农村居民人均消费	3.82	3.92	4.12	4.36	4.65	
	合计	357	363	376	391	410	

注：①资料来源：1999 年—2003 年数据摘自中国国家统计局网站。2004 年数据摘自《中国农村统计年鉴》(2005 年)。

②城镇居民人均消费单位和农村居民人均消费单位均为公斤。

三、我国农产品加工业的基本特征与贡献分析

(一)农产品加工业发展的现状

20 世纪 80 年代,我国农产品加工业得到了较快发展。从产值来看,1980 年到 2004 年全国农产品加工业产值由 1665 亿元增加到 36000 亿元,增长了 21 倍,年均增长 13.6%,与农业总产值之比(以农业总产值为 1)由 1∶0.89 提高到 1∶1.13(参见表 4)。

表4　我国农产品加工业发展情况

年份	加工业产值(亿元)	年均增长(%)	与农业总产值之比 (以农业总产值为1)
1952	197		0.43
1957	316	8.2	0.59
1960	405	7.1	0.89
1965	518	3.7	0.62
1970	683	6.2	0.65
1975	991	7.7	0.74
1980	1665	8.6	0.89
1985	3235	10.4	0.89
1990	8281	9.6	1.09

年份	加工业产值（亿元）	年均增长（%）	与农业总产值之比（以农业总产值为1）
1995	28427	14.8	1.40
1997	36874	10.1	1.50
2000	21070	比1995年9.2	1.34
2003	31000	比2002年17	1.15
2004	36000	比2003年16	1.13

注：①总产值按当年价格计算，增长速度按可比价格计算。

②资料来源：1952年—1997年数据，摘自马晓河《中国农产品加工业的市场供求前景与政策选择》，《管理世界》2000年第2期。2000年数据，农业部《全国主要农产品加工业发展规划》（2002.6）。2003年—2004年数据，中国乡镇企业信息网，www.cte.gov.cn。

据第一次全国经济普查公布的数据，2004年我国农产品加工业营业收入达到45227亿元，其中全部国有及规模以上非国有企业营业收入37557亿元，占83%，比2003年增长16%。目前，全国共有农产品加工企业44.8万个，其中规模以上的农产品加工企业达7.1万多家，占全部农产品加工企业的16.2%。农产品加工业从业人数达2839万人，占全部制造业从业人员的33.8%①。目前，农产品加工业是我国国民经济的第一大支柱产业，也是发展最快的产业之一。

（二）农产品加工业发展的特征

1. 持续快速发展，总量不断增加。从表3可以看出，2004年比1980年增长21倍，年均增速在13.6%。"九五"以来，我国农产品加工业保持较快增长，在国民经济中的比重不断提高，是我国经济发展的一大亮点。据国家统计局对全国年销售收入500万元以上的规模企业统计，这个期间农产品加工业增加值年均增长8.5%。到2002年底，规模以上农产品加工业实现增加值7800亿元，占全国工业增加值

———

① 选自农业部农产品加工业领导小组办公室《2005年加快发展农产品加工业情况》。

的 25% ①。

2. 需求收入弹性高的产业增长快,产业结构趋向合理。随着人民生活水平的提高,我国农产品加工业中,需求收入弹性高的皮革毛皮羽绒及制品工业发展最快,其次是服装及其他纤维制品业,第三是食品加工业。需要特别注意的是,随着城乡居民生活水平的提高,对动物性食品的需求迅速增加,对健康食品、方便食品、营养食品以及饮料的消费数量急剧上升,从而带动了我国食品加工业的快速发展,呈现出农产品加工业向以食品加工业为主体发展的趋势。

3. 一体化经营趋势发展迅速,空间布局平衡化。巨大的市场拉动和市场机制的日益完善,使我国农产品加工业出现了基地、储运、保鲜、加工、销售一体化的趋势,以市场为导向,"企业＋基地＋农户"的生产经营模式发展迅速。同时,产地的就近加工打破了企业向大城市向东部沿海发达地区、向国有企业集聚的工业空间布局,呈现出均衡化。农产品加工业的属地化,既刺激了农业发展,又节约了加工成本。当然不同农产品加工类型对密集的需求各异,纺织业需要大量的密集,而食品加工则不十分明显。

4. 企业实力不断增强,呈现专业化、集团化趋势。改革开放初期,我国农产品加工业多为小规模经营,加之工艺设备落后陈旧,市场竞争能力不强。进入 20 世纪 80 年代中期,农产品加工业出现了专业化、集团化趋势,许多企业纷纷引进先进的技术与工艺设备,不断扩大经营规模,壮大企业实力,使竞争能力显著增强,出现了一批大型的农产品加工企业。2004 年全国 500 强工业企业中,有 70 多家是农产品加工企业。

(三)农产品加工业对农村经济增长的贡献分析

1. 国民经济部门三次产业分类法表明,根据对劳动对象的加工顺序,可将国民经济各部门划分为第一产业、第二产业和第三产业。第一

---

① 摘自《农业经济导刊》2004 年第 6 期。

产业是直接利用自然资源的产业。包括农业林业牧业渔业等,第二产业是对资源进行加工的产业,包括加工业、采掘业、制造业、建筑业,第三产业是提供服务的产业,包括流通部门和服务部门。三个产业的关系是:第一产业是第二、三产业发展的基础,第二产业为第一、三产业提供制成品和技术支持,第三产业为第一、二产业提供服务。这种分类方法动态地反映了部门结构的产业化发展方向,整体地反映了各部门的发展状况。农产品由原字号初级产品向加工业方向转移运动的规律,符合三次产业演进规律。

农产品由第一产业向第二、三产业转移之所以能够促进农村经济的增长,是因为不同产业之间的投入产出效率各不相同,农产品从投入产出效率较低的产业转移到投入产出效率较高的产业,可以提高整体投入产出效率。我国农村非农产业的投入产出效率远高于农业的投入产出效率。如表5所示。

表5　中国农村产业间的投入产出效率比较

（以农村剩余劳动力的产业间转移替代农产品等生产要素转移）

年份	农村投入产出效益（Y/L）	农业投入产出效率 $P_1 = (Y_1/L_1)$	非农业投入产出效益 $P_2 = (Y_2/L_2)$	比较投入产出效益		非农投入产出比较（1%）(L_2/L_1)
				相对值（位）(P_1/P_2)	绝对值（元）(P_2-P_1)	
1985	801.33	674.21	1376.01	2.04	701.80	18.11
1986	847.02	680.61	1521.08	2.23	840.47	19.80
1987	909.29	706.98	1677.39	2.37	970.41	20.85
1988	942.32	687.28	1873.99	2.73	1186.71	21.49
1989	912.44	580.62	1797.33	2.64	1216.71	20.76
1990	961.13	721.36	1882.66	2.61	1161.33	20.65
1991	1047.91	764.15	2137.15	2.80	1373.00	20.67
1992	1167.28	756.85	2607.22	3.44	1850.37	22.18
1993	1408.99	822.39	3182.95	3.87	2360.56	24.85

注:①劳动力生产率按照劳动力人均创造的附加值计算。农村整体以及各产业的附加价值,则是以其产值为基础,根据全国社会总产值中附加价值所占的比例折算而得。

②选择 1985 年—1993 年间作为研究对象时期主要是考虑了数据的可得性。

③资料来源:根据《中国农业年鉴(各年版)》,中国农业出版社,《中国农村统计年鉴(各年版)》,中国统计出版社有关数据计算整理。

2. 非均衡增长模型及其估计结果

在新古典学派的增长模型中,由于假定生产要素市场是完全竞争的市场,劳动与资本无论投入到哪个部门均可获得相同的报偿。所以,产业间的生产要素转移对经济增长并不重要。与此相反,在非均衡增长模型中,则关注发展中国家普遍存在的非完全竞争的生产要素市场的存在,从而各产业之间的生产要素生率并不均等,这样,生产要素从低生产率产业向高生产率产业的移动,就成为经济增长的重要源泉之一。

以费德(Feder,1983 年,1986 年)的非均衡增长模型为基础,我们可以扩充得到两部门非均衡增长模型。

假定农村经济由农业($i = 1$)与非农产业($i = 2$)构成,则各产业的产出均由投入该产业的资本与劳动所决定,得到如下生产函数:

$$Y_i = F_i(K_i, L_i) \tag{1}$$

这里 $i = 1$ 或者 2。Y_i 是 i 产业的产出,K_i 与 L_i 分别是 i 部门的资本投入与劳动投入。

假定农业与非农产业之间,存在着固定比例的边际生产率差距,则资本边际生产率的产业间比率与劳动边际生产率的产业间比率如下式所示:

$$(FK_2/FK_1) = 1 + \delta \quad (FL_2/FL_1) = 1 + \mu \tag{2}$$

这里,FK_i 与 FL_i 分别是部门资本边际生产率与劳动边际生产率,δ 与 μ 的符号可正可负。

因为 $\delta = \mu = 0$ 表示经济处于资源最佳配置的状态,所以非均衡增长的经济效果,即产业间生产要素转移对经济增长的贡献,可以由 δ 与 μ 表示。

据(1)式,可得 i 部门产出的增加为 $dY_i = FK_i \cdot dk_i + FL_i \cdot dL_i$,所

以农村总产出 $Y(=Y_1+Y_2)$ 的增长,可以表示为:

$$dY = dY_1 + dY_2 = FK_1 \cdot dK_1 + FL_1 \cdot dL_1 + FK_2 \cdot dK_2 + FL_2 \cdot dL_2 \quad (3)$$

使用(2)式以及 $dK = dK_1 + dK_2, dL = dL_1 + dL_2$,对(3)式进行整理,可得

$$dY = FK_1 \cdot dK + FL_1 \cdot dL + \{\delta/(1+\delta)\} \cdot (FK_2 \cdot dK_2 + FL_2 \cdot dL_2)$$
$$+ [\{\mu/(1+\mu)\} - \{\delta/(1+\delta)\}] \cdot FL_2 \cdot dL_2 \quad\quad (4)$$

与布鲁诺(Bruno,1968 年)同样,我们假定各产业的劳动生产率与农村全体的劳动平均生产率之间存在线性关系,也就是 $FLi = \beta i \cdot (YL)$。将之代入上式,两边同除以 Y 得到农村经济增长的模型如下式所示:

$$(dY/Y) = FK_1 \cdot (dK/K) + \beta_1 \cdot (dL/L) + \{\delta/(1+\delta)\} \cdot \{(dY_2/Y_2)(Y_2/Y)\} + \{[\mu/(1+\mu)] - [\delta/(1+\delta)]\} \cdot \beta_2 \cdot (dL_2/L_2)(L_2/L)$$
$$(5)$$

这里 $Y(=Y_1+Y_2)$ 是农村总产值,$K(=K_1+K_2)$ 是农村总资本,$L(=L_1+L_2)$ 是农村总劳动力,Y_2 与 L_2 分别是非农产业的产值与劳动力。变量前的 d 表示变量的增量。Fk_1 是农业的资本边际生产率,β_1(β_2)是根据假定 $FLi = \beta i \cdot (Y/L)$ 推导出来的农业(非农业)产业的劳动边际生产率与农村劳动生产率的比率。

产业间农产品等生产要素转移对经济增长的贡献,仅应在(5)式的第 3 项与第 4 项。具体来说,第三项 $\delta \neq 0$,反映了产业间投入产出效率不相等对经济增长的贡献,而第 4 项 $\mu \neq \delta$,反映了资本边际生产率与劳动边际生产率不均等对经济增长的贡献。如 $\mu = \delta = 0$,则(5)式右边的第 3 项和第 4 项都为零,表明产业间的生产要素转移对经济增长没有贡献。这时,(5)式就等同于一般新古典学派的增长模型。

在实际估计模型时,为了同时反映研究对象时期内每一期的成长率变化情况,我们将估计模型变换为

$$\ln Y = \alpha_0 + \alpha_1 \ln K + \alpha_2 \ln L + \alpha_3 \{\ln Y_2 \cdot (Y_2/Y)\} + \alpha_4 \{\ln L_2 \cdot (L_2/L)\}$$
$$+ \varepsilon \quad\quad (6)$$

这里 $\alpha_1, \alpha_2, \alpha_3, \alpha_4$ 分别是(6)式对应项的估计参数,而 α_0 与 ε 分别为常数项与误差项。

估计模型(6)式时,需要使用农村总产值、农村总资本、农村总劳动力,以及农村非农产业的产值与劳动力数据。这里采用国家统计局公布的1985年—1993年间的以省市区为单位的横断面与时间序列的混合数据。农村总产值是按照可比价格计算的农村附加值,等于农业附加值与非农产业附加值之和。农业附加值是按照1980年不变价格计算的种植业、林业、畜牧业与渔业的附加值①。非农产业附加值包括农村工业、建筑业、运输业、商业饮食业等的附加值,利用工业品物价指数扣除了物价因素的影响②。农产品加工量采用当年农产品产量减去年农产品自用量,得到农产品加工(含流通)量③。农村总资本是指用于生产的农村固定资产总额,利用农村工业品物价指数扣除了物价因素的影响④。考虑到中国东部、中部与西部地区的农村经济增长的显著差别,我们分地区估计非均衡增长模型的估计结果如表6所示。各

---

① 农业附加值(农业净产值)根据《中国农业年鉴(1986、1987、…、1994)》,中国农业出版社。但是,由于1991年—1993年间,只有1990年不变价计算的数据,所以,根据以1990年的分省分产业计算的1990年不变价格值与1993年不变价格值的比率,换算成了1980年不变价格值。

② 关于农村非农产业,既没有附加价值的数据,也没有中间投入的数据。这里,利用全国非农产业中分部门(工业、建筑业、交通运输业、商业)的附加价值占总产值的比率,从农村非农产业各部门总产值中推算出了农村非农产业的附加价值。推算所用的数据来源于《中国农业年鉴(1987、…、1994)》,中国农业出版社,《中国统计年鉴(1986、1987…1994)》,中国统计出版社。

③ 数据来源于《中国统计年鉴(1986、1987、…、1994)》,中国统计出版社。

④ 1989年与1991年—1993年间的数据来源于《中国统计年鉴(1990、1993、1994)》,中国统计出版社。1990年的数据是1989年数据与1991年数据的平均值。1985—1988年间的数据根据"乡村企业固定资产总额＋农户固定资产总额"推算而得。乡村固定资产总额数据来源于《中国统计年鉴(1988、1989)》,中国统计出版社,《中国农村统计年鉴(1989)》,中国统计出版社。农户固定资产总额根据"农户均固定资产总额×农户数"计算。计算所用的农户均固定资产总额数据来源于《中国统计年鉴(1987、1988、1989)》,中国统计出版社,农户数数据来源于《中国农业年鉴(1986、1987、1988、1989)》,中国农业出版社版。

估计模型的决定系数较高,而且根据 t 统计量判断,在 0.01 的水平下显著不为零,说明模型拟合良好。

表6　中国农村经济非均衡增长模型的估计结果

回归编号	1	2	3
地　区	东　部	中　部	西部
常数项	0.1356 (1.19)	0.9828＊＊ (3.22)	− 0.8235＊＊ (−3.00)
$\ln(k)$	0.4599＊＊ (6.61)	0.4919＊＊ (4.97)	0.8547＊＊ (5.39)
$\ln(L)$	0.3417＊＊ (7.30)	0.2308＊＊ (4.45)	0.2411＊＊ (2.37)
$(Y_2/Y)\ln(Y_2)$	0.3090＊＊ (9.25)	0.3718＊＊ (3.69)	0.2373＊＊ (2.19)
$(L_2/L)\ln(L_2)$	− 0.1353 (−4.38)	− 0.4070＊＊ (−3.05)	0.0244 (0.10)
$AdjR^2$	0.984	0.790	0.937
n	96	90	81

注:①(　)内是 t 统计量,n 是样本数。＊＊表示在 0.01 的水平内显著不为零。
　②地区划分如下:东部地区包括辽宁、北京、河北、天津、山东、江苏、上海、浙江、福建、广东和海南;中部地区包括黑龙江、内蒙古、吉林、山西、河南、湖北、湖南、安徽、江西和广西;西部地区包括新疆、青海、宁夏、甘肃、陕西、西藏、四川、贵州和云南。

　　非均衡增长模型中,表示产业间农产品等生产要素的转移对经济增长贡献的系数都在统计学上有意义。$\ln\{Y_2\cdot(Y_2/Y)\}$ 系数的 t 统计量,无论是在东部(9.25)中部(3.69)还是西部(2.19),都在 0.05 的水平上均显著不为零,也就是说产业之间生产要素的边际生产率并不相等,产业间的农产品转移对农村经济增长具有重要意义。

3. 农产品加工业对农村经济增长的贡献

　　估计模型(6)式用一期的平均变化来表示,则可以得到(7)式。根据(7)式,我们可以对经济增长的影响因素进行分析。

$$GY = \alpha_0 + \alpha_1 GK + \alpha_2 GL + \alpha_3\{GY_2\cdot(Y_2/Y)\} + \alpha_4\{GL_2\cdot(L_2/L)\} \quad (7)$$

这里,GY,GK,GL,GY_2,GL_2 分别是分析时期内 Y,K,L,Y_2,L_2 的年平均增长率。而(Y_2/Y)是同时期农村总值中非农产业所占部分的平均比重,(L_2/L)是同时期农产品总产量中转移到加工流通等非农产业中农产品所占部分的平均比重。

产业间农产品转移对农村经济增长的贡献,可以由(7)式中第 4 项与第 5 项的和来表示。如表 7 所示,1985 年—1993 年间,东部、中部和西部地区农村附加值的年均增长率分别为 12.1%、7.2% 和 7.0%。其中,由于农产品加工等生产要素的产业间转移带动的部分分别为 3.0%、1.2% 和 1.0%,对经济增长的贡献率为 25.2%、18.8% 和 14.9%,三个地区简单平均贡献率为 20%。而且,越是乡镇企业较为发达、农村经济发展较快的地区,农产品转移等对经济增长的贡献率也就越高。

表 7　1985 年—1993 年间中国农村经济增长的因素分解分析　　（单位:%）

地　区	东　部	中　部	西　部
计算依据	1	2	3
$G(Y)$	12.079 (100)	7.227 (100)	7.048 (100)
$G(K)$	5.106 (42.27)	1.397 (19.33)	1.972 (27.98)
$G(L)$	0.596 (4.94)	0.582 (8.05)	0.649 (9.21)
$G(Y_2)(Y_2/Y)$	3.269 (27.06)	1.918 (26.54)	1.028 (14.58)
$G(L_2)(L_2/L)$	-0.220 (-1.82)	-0.559 (-7.74)	0.027 (0.38)
残差	3.323 (27.55)	3.890 (53.82)	3.372 (47.84)

注:①（　）内为对农村经济增长的贡献率。
②计算依据的编号是指表 6 中的回归编号。

四、制约我国农产品加工业发展的主要障碍

（一）国际农产品竞争日趋激烈

经济全球化、知识经济的发展，在带给各国利益的同时也对其造成巨大的冲击，它使处于"弱势地位"的发展中国家的产业和国内市场受到不同程度的冲击，我国农产品加工业正是处于"弱势地位"的产业。

1. 贸易自由化程度的不断提高和海外产品的涌入对本来"弱势"的农产品加工业造成剧烈冲击。我国农产品加工业由于起步较晚，无论从企业生产规模、技术水平，还是产品质量、档次等都与发达国家的产品有一定差距，大部分产品均缺乏与国外产品同台竞争的能力。近些年来，我国传统农产品加工企业不景气，乡镇企业增幅回落，在一定程度上与国外产品大量进入国内市场有关；而国内农产品价格不乐观、增产不增收，也与国际市场农产品供过于求价格下跌有一定关系。

2. 企业起主导作用的生产全球化对我国农产品加工业构成威胁。我国农产品加工企业绝大多数生产规模小、技术、设备落后，应对全球化大企业严峻挑战的能力不强。根据联合国《1997年投资报告》的统计，全世界已有4.4万个跨国公司和28个在国外的子公司和附属企业，形成了一个庞大的全球生产和销售网络。这些跨国公司控制了全世界1/3的生产、掌握了全世界70%以上的专利和其他技术转让。由于跨国公司通过直接投资在全球范围内组织生产和销售，使国际关系中投资的重要性和发展速度大大超过了贸易。

3. 国外技术密集型精深加工的高档农产品的进入，对国内同类产业冲击较大。我国的中低档产品在国内外都已有较大的市场占有率，而部分高档产品的质量和档次尚有一定差距。目前，发达国家进入我国市场的大多是附加值高的制成品，它们将种植业、加工业与流通业融为一体，将科技、文化、管理融为一体，在占领中国市场的同时，稳定地赚取高额利润。

4. 国外资本随农产品加工业进入我国，加快兼并，重组我国的相

关企业。外国资本会把触角伸向广大农村,建立与其产业体系配套的生产基地,逐步使周围的农户进行商品化、专业化生产,或成为其雇佣劳动者,从而使我国规模小、技术设备落后的加工企业受到极大冲击。

(二)国内农产品发展的制约因素

1. 缺乏科学的认识。长期以来,我国对农产品加工业的发展在认识上存有偏见。在生产方面,长期追求数量第一目标,以满足鲜食为首位需求。存在着优质产品鲜食而劣质产品加工的传统观念,造成产业结构的严重失调和经济结构的不合理,也造成农业收益的低下。在消费方面,由于同样原因,消费者偏爱鲜食,对加工品持有偏见,我国目前的国民膳食结构中,消费的农产品加工比例不足 30% ,而发达国家则为 80%①。

2. 加工品种缺乏,原料基地建设滞后。国外农产品加工业之所以发达,除有先进技术外,另一个重要原因是有专用的加工原料品种,并且建立固定的原料基地。而我国由于长期的直接需求,农作物育种多注重鲜食需要,很少考虑加工的特殊需要,使得品种类型单一,适宜加工的优质、专用品种缺乏,导致我国农产品加工业长期处于"有啥用啥"的落后状况,加工要求具有专门的品种和稳定的规模化、专业化的原料基地,才能保证加工品的质量。我国基本上没有固定的专用原料生产基地,收购的原料也是品种混杂,难以加工出高质量的产品,造成加工企业成本增加,加工产品质量低劣。

3. 技术创新能力弱。国家科技储备不足。我国在农产品加工的基础研究方面起步较晚,应用基础研究和新技术研究薄弱,高新技术及相关学科的相互渗透不够,缺乏自主创新技术,我国农产品加工整体上处于初加工多、水平低、规模小、综合利用差,耗能高的初级阶段。我国农业科技工作的重点一直放在产前、产中领域,产后领域的科技工作未

---

① 选自农业部课题组:《建设社会主义新农村若干问题研究》,中国农业出版社版,第327页。

得到应有的重视,投入严重不足。造成农产品加工领域技术创新能力
较低,科技储备,特别是基础性的技术储备缺乏,使得我国农产品加工
业的发展靠科技创新上水平的动力不足,由于对农产品加工科技认识
不到位,项目经费强度低,我国农产品加工科研安排以"短、平、快"项
目居多。科研单位大量的科技成果由于缺乏资金、技术不配套,成果成
熟度低,未进行工业性试验,无接产单位等而难以实现产业化。

　　4. 宏观管理体制不顺,缺乏统一协调。长期以来,我国农产品加
工业分别由计划、经贸、轻工、商业、内贸、外贸、粮食、农业、林业及供销
总社等各个部门分头管理,完整的产业链条被部门人为分割,造成产、
加、销产业链断裂,生产与市场需求脱节,项目、投资重复、管理、经营混
乱,产业整体效益低下,严重制约农产品加工业发展。产、加、销脱节管
理,使得种养业、加工业、流通环节之间信息不畅,不仅造成了大量的重
复研究与建设,还形成了加工企业原料缺乏,而农产品原料却大量积
压,外销不畅,内销不旺,以致成为我国农业可持续发展的首要问题,这
样的管理体系很难适应调整产业结构,增加农民收入,扩大内需的形势
要求,更不能促进我国农产品加工业的迅速发展以应对日趋激烈的国
际竞争。

　　5. 财政及金融支持力度不够。由于农产品加工业具有市场风险
和自然风险,除极少数龙头企业外,绝大多数中小企业难以得到政府或
金融部门的支持,企业融资能力较弱,融资范围较窄和融资难度较大,
严重制约了企业的快速发展。直接影响企业对农产品加工技术投入的
积极性。

　　6. 企业与农户利益联结机制不完善。多年来,在各地实践中初步
形成了龙头带动型、协会带动型、直接租赁型和订单农业型等各种形式
的企业与农户联结经营模式,但在这些模式中,农产品加工企业与农户
之间的关系在很大程度上是松散式的买卖关系,相互之间缺乏履行机
制,压价收购和价高惜售等现象时有发生,尚未形成利益共享、风险共
担、长期稳定的利益联结机制,农民很少或很难得到加工与流通环节的

利益。

（三）我国发展农产品加工业的政策取向

据农业部建设社会主义新农村若干问题研究专题调研成果资料显示，我国"十一五"农产品加工业发展的总体目标是：大幅度提高农产品加工业与农业产值比和农产品加工转化率，实现农产品多元、多重增值，为农民增收开辟新途径；优化农产品加工业布局结构、产品结构和企业结构，提高产品质量，增强国际竞争力；基本形成与国际接轨的农产品加工标准体系和全程质量控制体系；初步形成具有中国特色的、产学研相结合的研发机制和成果推广体系；形成较为完善和功能健全的各类服务体系与机制①。

具体目标主要包括：在结构调整和产业不断升级的前提下，预计"十一五"期间我国农产品加工业增加值年均增长速度达到14%左右，农产品加工业产值与农业的产值之比力争超过1.5∶1。主要农产品加工转化率（粗加工以上）达60%以上②。

实现上述目标，则应选取如下政策方向。

1. 加大财政、金融及税收等方面的扶持力度。在财政方面，设立农产品加工业发展专项资金，加大对农产品加工业的财政支持，加强对重点优势农产品加工业的设施建设，关键技术研发、引进和推广的支持；加强对农产品加工业创业扶持，鼓励农民个人或各类农村合作经济组织在主要农产品产地新办以吸纳当地农民兴业为主的农产品加工企业由财政给予适当的投资补贴。在金融政策方面，推行积极的金融政策，拓宽农产品加工企业融资渠道，不断扩大对滚动资金的支持范围。政策性银行加大对农产品加工企业信贷的支持力度，鼓励和支持农产品加工企业利用资本市场直接融资。在税收方面，调整农产品加工企

---

① 选自农业部课题组：《建设社会主义新农村若干问题研究》，中国农业出版社，第331页。

② 选自农业部课题组：《建设社会主义新农村若干问题研究》，中国农业出版社，第332页。

业增值税高征低扣政策,调整农产品加工企业对废弃物开展综合利用所得部分的企业所得税政策,调整对农产品加工企业在加工专用原料基地从事种养业的减免征收所得税政策。

2. 鼓励探索企业与农户利益联结新机制。进一步完善"龙头企业＋农民专业合作经济组织＋农户"、"龙头企业＋农村经纪人＋农户"和"龙头企业＋基地＋农户"等各种企业与农户利益联结模式。探索农民合作组织兴办农产品加工业、农民土地经营权入股式转移、公司＋中介组织＋农民形式的股份制合作组织等新型模式和机制,以加强企业和农户间的利益联系,建立利益共享、风险共担、长期稳定的利益联结机制,使农户最大限度地分离农产品加工、流通等环节的利益,促进农民增收。

3. 建立健全社会服务体系。围绕农产品加工业的需要,充分发挥现有各类组织在行业状况调查、产业规划制度、行业诚信体系建设、项目评估、技术咨询、人才培训、质量检测等方面的作用,使我国农产品加工业的行业管理逐步规范化。鼓励同类型的农产品加工企业之间组建专业协会,加强行业自律、协调解决行业内部矛盾,促进行业健康发展。政府部门应对有关农产品加工业的创业辅导、融资担保、科技服务、信息传播、政策咨询、科技培训、标准体系建设等的公益性服务提供有效支持,健全服务网络,强化服务功能。

4. 加快技术创新步伐。通过有效整合大专院校、科研单位和企业的力量,鼓励发展多元化的农产品加工技术创新体系,进一步完善农产品加工科技成果转化机制,形成以国家投入为主导,"官民"结合的多渠道、多形式、多层次的多元化科技投入体制、创新机制和推广机制。建立国家及重点农产品加工研究中心和工程技术中心。在优势农产品主产区,依托现有科研机构,建立一批重点农产品加工技术分中心。建立完善企业技术创新机制,推广一批重大关键技术,加大对农产品加工技术创新体系的政策和资金支持,不断提升农产品加工业的原始创新能力和核心竞争力。

五、结论

（一）发展农产品加工业有利于提高农村经济增长水平

通过分析,可以看出发展农产品加工业,可以实现农产品多级增值,不仅使农民获得农产品的直接销售收入,还可以让农民获得加工与流通环节的利益,对促进农民增收具有重要作用。同时,农产品产后加工的巨大空间使农的就业岗位不再局限于土地。为农民在相关二、三产业就业开拓新的渠道,促进农村富余劳动力转移。实际上,农产品加工业是农业产业化经营的一个重要组成部分。农业产业化经营直接涉及国民经济三个产业,并在市场开拓、加工增值、资本积累、技术进步等诸多方面,与国民经济其他部门有着紧密的联系。搞好农产品加工业,不仅能带动一产,而且能推动二产、活跃三产,使整个农村经济活起来;不仅能促进农民增收,而且能使企业增利、国家增税,是三者关系的有机结合点;不仅能促进农业市场化、农民组织化、农村城镇化,而且是国民经济一个富有生机和活力的新增长点。

（二）发展农产品加工有利于增强农业产业内部劳动力消化能力

农产品加工业是现代农业产业链条中的重要环节,已经成为国民经济的一支重要力量和新的增长点。我国农产品加工业产值与农业产值的比值每增加0.1个点,就可以带动230万人就业,带动农民人均增收190元[1]。因此通过政策倾斜,帮助技术改造,推进标准化生产,完善产业化运作模式等措施,着力扶持一批农产品加工龙头企业,带动农产品生产基地建设,辐射千家万户,形成一个完整的产业链条,实现规模化的农业产业化经营,拓展农业内部就业渠道。

（三）发展农产品加工业有利于推进社会主义新农村建设

目前,我国农业和农村经济发展进入新阶段,农产品加工业的发展

---

① 选自农业部课题组:《建设社会主义新农村若干问题研究》,中国农业出版社,第322页。

将有利于社会主义新农村建设。第一,农产品加工业的兴起将成为农村经济的增长点。通过带动农村工业的发展,促进农村工业化进程,提高农村工业化的质量,进而提升农村产业结构的优化,特别是引导乡镇企业向农产品加工业调整。其次,农产品加工业的发展将促进农业生产的专业化、规模化、农业经营的产业化、一体化,从而大幅度提高农业整体素质和效益。第三,农产品加工业的发展将有利于区域经济的协调发展,尤其是将极大地促进农产品主要生产基地的经济发展,缓解农产品生产基地经济发展迟缓、利益分配不均衡的矛盾,有效增加农民收入,调动农民的生产积极性,保证农业生产持续稳定健康发展。

参考文献

[1]农业部课题组:《建设社会主义新农村若干问题研究》,杜青林、尹成杰,中国农业出版社 2005 年版。

[2]姜春云:《中国农业实践概论》,人民出版社、中国农业出版社 2001 年版。

[3]魏礼群:《政策研究与决策咨询》,中国言实出版社 2004 年版。

[4]孔祥智:《中国三农前景报告》,中国时代经济出版社 2005 年版。

[5]马晓河:《中国农产品加工业的市场供求前景与政策选择》,《管理世界》2000 年第 2 期。

[6]中国农业年鉴编辑委员会:《中国农业年鉴》(各年版),中国农业出版社。

[7]国家统计局农村社会经济调查总队:《中国农村统计年鉴》(各年版),中国统计出版社。

[8]科学技术部农村与社会发展司、中国农业机械化科学研究院、中国包装和仪器机械总公司:《中国农产品加工年鉴》(2004),中国农业出版社 2005 年版。

[9]中华人民共和国科学技术部农村与社会发展司、中国农村技

术开发中心:《中国农产品加工发展战略》,科学技术出版社 2005 年版。

[10]曹建兴、肖兴志:《中国市场前景报告》,中国时代经济出版社 2005 年版。

[11]中国国家统计局网站,www. stats. gov. cn 。

新农村建设中的土地利用问题与对策

包喜利

党的十六届五中全会通过的《中共中央关于制定国民经济和社会发展第十一个五年规划的建议》，提出了建设社会主义新农村的重大历史任务。坚持统筹城乡经济社会发展的基本方略，在积极稳妥地推进城镇化的同时，按照生产发展、生活宽裕、乡风文明、村容整洁、管理民主的要求，扎实稳步推进新农村建设。

马克思指出，土地是一切生产和一切存在的源泉。土地资源是无法替代的重要的自然环境资源。它是人类赖以生存的立地之本，是不可缺少的宝贵资源。然而，人口在增加、土地总量的有限性和土地供给的非完全弹性在客观上要求我们对土地资源特别是耕地的有效充分利用进行科学合理规划。充分合理地利用每一寸土地，提高农村土地资源的配置效率，在新农树建设中显得尤为重要。

一、目前我国农村土地的现状

（一）耕地面积快速减少

据国土资源部调查，截至 2000 年 10 月 31 日，中国耕地面积为 1.3 亿公顷，年内净减少耕地 96 万公顷。在减少的耕地中，全年建设占用耕地达 6.2 万公顷；当年灾毁耕地 76 万公顷；全国因农业结构调整减少耕地 27 万公顷；全国生态退耕 76 万公顷。现有耕地中，大于 25 度的陡坡有 610 万公顷，有水源保证和灌溉设施的只占 40%，中低产田占耕地面积的79%(黄爱民,2003年)。

（二）耕地质量明显下降

据统计,全国高、中、低产田比例已由过去的大致3:3:3变为2:5:3,在全国14亿亩耕地中,目前旱涝保收的面积仅占20%。目前全国耕地有机质含量仅为1.5%,东北地区近年来土壤有机质含量由5%—8%下降到1%—2%(徐海新,2005年)。

（三）大量耕地非农化

经济要发展,占用一定数量的耕地是不可避免的,但是有些是非正常减少,出现了盲目占用、宽占窄用、占而不用和乱占滥用的情况。

（四）缺乏耕地产权市场

国家尚未建立一种土地合理利用的宏观调节机制,用于土地有效转让的市场,使农户的土地占有权、使用权逐步强化。但农户却缺乏组织能力调节内外关系,合理经营土地。另外,土地法制建设不完善也导致土地使用和管理上弊端丛生(黄爱民,2003年)。

二、新农村建设中的土地利用中出现的问题

（一）没有在农村土地利用方面使用好国家政策

在新农村建设中,有些地区对农村土地的使用没有注重以人为本、科学协调、"五个统筹"全面的发展观,片面地追求GDP的增长,使在农村土地利用方面出现了严重的浪费。

（二）耕地面积减少,大量耕地被占用

《中共中央关于制定国灵经济和社会发展第十一个五年规划的建议》中指出:着力加强农民最急需的生产生活设施建设。加快实施农村饮水安全工程。加强农村公路建设,基本实现全国所有乡镇通油(水泥)路,东中部地区所有具备条件的建制村通油(水泥)路等一系列新的政策出台。这样就会使一些地区为了响应国家政策,尽快步入新农村的行列,盲目投入到新农村的建设中,导致耕地面积减少,大量耕地被占用。

（三）对土地的投入减少，导致耕地质量下降

对土地的投入减少最直接的表现是化肥投入量增加而有机肥使用量减少。究其原因主要有：一是农民过多地使用化肥，基本不使用土肥，造成了土地肥力衰竭。新农村要建设现代农业，稳定发展粮食生产。农民为达到保证粮食的稳产，重用轻养，重产出轻投入，重化肥轻有机肥的掠夺式经营等，导致土壤有机质下降，耕地中的氮、磷、钾不平衡。

（四）大量耕地非农化

耕地非农化，究其原因：第一，比较效益的问题。推进新农村建设是一项长期而繁重的历史任务，必须坚持以发展农村经济为中心。由于现在各产业间投入产出比大致分别为：工业 1:8，农村商业服务业 1:6，种植经济作物 1:5，种植粮食作物 1:3，由于效益悬殊，加剧了耕地非农化进程；第二，土地无偿使用。近年来国家虽然征收少量耕地占用税，但不足以对非农化地使用者构成一定的经济负担，起不到有效控制耕地大量"农转非"的作用；第三，土地管理体制不健全。领导体制缺乏条块之间相互制约的机制，造成一部分领导干部以言代法、以权代法；第四，节约用地、合理用地作为一项基本制度还未能形成。

（五）土地产权模糊

市场经济要求产权必须明晰，但我国的产权问题一直"剪不断，理还乱"。新农村建设中，有些地区仍然存在这些问题。《中华人民共和国土地管理法》第 6 条规定：农村和城市郊区的土地，除法律规定属于国家所有外，属于集体所有；宅基地和自留地、自留山属于集体所有。但这个集体究竟是"三级"中的哪一级很不明确，加上集体土地的所有权又缺乏人格化的代表，也不能从经济上得以体现。一方面，所有权主体不能对来自政府方面的侵权行为进行约束；另一方面，所有权主体对使用者即农户在使用土地过程中的机会主义行为也不能给予约束和监督。这些问题使农民对增加土地肥力，进行集约经营的动力不足，他们关心土地资产的保值增值，容易为获得短期效益而进行掠夺性经营，导

致土地浪费现象严重。

就土地使用权来说,由于土地承包期的不稳定以及责任田的频繁调整,影响了农民的投资预期与投资积极性,导致农民对土地使用的短期行为;就土地收益来说,目前我国农村的地税制度,既有明税,又有暗税,其中暗税的随意性相当大,往往夹杂着农民的乱摊派、乱收费,严重侵害农民的利益,极大地削弱了对农业生产的激励作用;就土地的处置来说,虽然法律上规定,农村土地使用权可以转让、转包,但由于种种主客观的原因,目前发生流转的土地还不到1%,不少地方政府部门强行低价征收土地,剥夺农民对土地的所有权,使农民丧失土地所有者地位,也丧失土地资本化过程应取得的价值效益。

(六)土地利用中的违法现象屡见不鲜

由于新农村建设需要对土地做出合理的规划。虽然本着保护耕地的原则,但未批先占地、少批多用地、土地投机及农村宅基地扩展迅速等问题还未杜绝。虽然国家各部门的齐抓共管,但土地违法案件仍旧有增无减。

三、针对农村土地利用问题应采取的对策

党的十六届五中全会通过的《中共中央关于制定国民经济和社会发展第十一个五年规划的建议》,明确了今后5年我国经济社会发展的奋斗目标和行动纲领,提出了建设社会主义新农村的重大历史任务,为做好当前和今后一个时期的"三农"工作指明了方向。我们必须认真落实,保证新农村建设中土地的合理利用。

(一)加强耕地保护

坚持最严格的耕地保护制度,确保基本农田总量不减少、质量不下降,保护农民的土地承包经营权。加强以小型水利设施为重点的农田基本建设,改造大型灌区,加快中低产田改造,提高耕地质量和农业防灾减灾能力。改革传统耕作方式,推行农业标准化,积极发展节地、节水、节肥、节药、节种的节约型农业。科学使用化肥、农药和农膜,推广

测土配方施肥、平衡施肥、缓释氮肥、生物防治病虫害等适用技术。按照节约土地、设施配套、节能环保、突出特色的原则,加强宅基地规划和管理,大力节约村庄建设用地,向农民免费提供经济安全适用、节地节能节材的住宅设计图样,引导农民合理建设住宅,充分立足现有基础进行房屋和设施改造。村镇用地一般宜在生产作业区附近,尽可能选择在荒地、薄地和山坡地上,少占或不占耕地、林地、人工牧场。

(二)推进农村土地制度改革

加快农村土地市场化,通过市场的作用,达到农村土地资源的合理配置。我们必须尽快推进土地制度改革,促进农业的现代化规模经营,达到集约利用农村土地和合理配置农村土地资源的目的。土地承包长期化是一种解决办法,不妨让这个期限再长一些,能否土地承包永久化? 如果能做到土地承包永久化,同时允许土地使用权的自由转移买卖,那么通过市场机制的作用,自然可以达到土地资源的合理配置。在新农村建设时,稳定和完善以家庭承包经营为基础、统分结合的双层经营体制,健全在依法、自愿、有偿基础上的土地承包经营权流转机制,有条件的地方可发展多种形式的适度规模经营。

(三)大力加强农村土地整理

坚持统筹城乡经济社会发展的基本方略,在积极稳妥地推进城镇化的同时,按照生产发展、生活宽裕、乡风文明、村容整洁、管理民主的要求,扎实稳步推进新农村建设。我们必须对农田中的零星闲散地、道路、田埂、废弃沟塘、居民点用地进行综合整治,可以增加耕地质量,改善农村的生态环境,增强土地生态系统调控能力,美化农业环境。土地整理的目的不只是为了多增加耕地,而是更好地进行新农村建设。

(四)建立农用地质量评估体系

对整个农村土地的管理不仅要管数量,而且要注重农地质量的管理。在新农村建设中,会投入大量的人才,利用这个机会构建评估农田质量的评估体系和保护农田质量的法律法规。对过去的占用耕地,所谓的占一还一的制度进行修订,通过质量评价体系来确定补偿。

(五)优化农业用地结构,提高农业土地利用综合效益

在新农村建设中,由于出现了很多新的政策。优化农业用地结构,使农用地利用向有序的专业化方向发展。在空间有序化的前提下,按照土地投入产出的大小顺序决定土地的使用。

新农村建设事关农业和农村长远发展,事关改革开放和现代化建设大局。耕地作为一种特殊的资源,由于其数量的有限性。使其日益成为影响和制约当今和长远社会经济发展的主要因素。农业和农村发展的好形势,对保持国民经济平稳较快增长和社会稳定,发挥了重要的支撑作用。但必须看到,当前农业和农村发展仍然处在艰难的爬坡阶段,必须在土地利用政策方面"科学规划,因地制宜"是解决好"三农"问题,加速农村工业化、城镇化进程中重大而艰巨的历史任务。

参考文献

[1]黄爱民等:《我国农村土地利用中存在的主要问题及解决措施》,《河北师范大学学报》第 27 卷第 3 期。

[2]徐海新:《关于我国农村土地利用问题的思考》,《中共成都市党委校学报》2005 年 2 月第 13 卷第 1 期。

[3]杨继瑞:《农村土地产权制度创新与市场化配置》,《经济理论与经济管理》1996 年第 3 期。

[4]钟效光:《农村土地利用问题与对策》,《中国土地》1998 年第 11 期。

[5]中国国土资源部土地管理局:《土地年鉴 2000》,中国大地出版社 1998 年版。

[6]张辉:《我国农村土地利用的现状及对策》,《江西农业经济》1996 年第 3 期。

[7]国家土地管理局土地利用规划司:《全国土地利用总体规划研究》,科学出版社 1997 年版。

[8]肖春华:《我国土地资源前景甚忧》,《国土与自然资源研究》

1997 年第 3 期。

[9]《中共中央关于制定国民经济和社会发展第十一个五年规划的建议》。

作者简介

包喜利,男,1968 年生于黑龙江省肇州县,1992 年毕业于东北农大出版规划专业,留校任教。2000 年硕士毕业,现攻读管理学博士。主要研究领域为城市规划。

农地使用制度创新的发展趋势及保障体系

吴玲　梁学庆

当以生产力为中心的诸项因素发生变化时,当在家庭承包制下无法取得外部利润,而这和潜在利润又确实存在时,导致新的制度需求,进行制度创新势在必行。同时,改革以来所形成的比较宽松的宏观环境,使得农地使用制度创新的政治风险大大降低,随着人们观念的变化、对新制度接受能力的提高以及制度知识在理论与实践上的积累,都使制度创新的成本下降而预期收益提高,从而使适宜的制度供给具有现实可能性。农地使用制度变迁的实际动机和能力的具备,决定了制度需求与供给的不垃衡状态具有不可持续性,因此,它必将从非均衡走向新的均衡,实现农地使用制度的创新。

一、现阶段农地使用制度创新的发展趋势

1979 年我国农村实行家庭承包制以来,极大地提高了农民生产的积极性,粮食生产连年大幅度提升,农业取得的成就举世公认,但是在1985 年以后的几年里,粮、棉、油等主要农产品产量徘徊不前,农业生产发展速度放慢。这是改莗初期农地产权制度缺陷在农业生产中的部分暴露,中国农村改革再一次处于十字路口,面对农业出现的新问题,要求适时对农地经营制度进行改革创新。为了减轻制度变迁的成本和风险,中共中央于 1987 年建立农村改革试验区,先后在贵州湄潭、广东南海、江苏苏南地区、山东平度、北京顺义、湖南怀化、陕西延安等七个

地市县,进行农地制度完善与产权制度创新方面的改革试验。目标是要解决两个问题,一个是怎样稳定农户的农地使用权,二是怎么防止农地的进一步细化,希望通过流转和集中,提高规模经营和农地利用效率[1]。

改革试验表现出明显的区域分布特征。"两田制"在全国都有发生,而规模经营与农地股份合作制的制度安排多集中于东部沿海发达地区以及大中城市郊区,"四荒"使用权拍卖大多出现于西北、西南等山地、丘陵地区的欠发达地区。从制度变迁方式观察,需求诱致性的制度安排是农地使用制度变迁的主导方式。规模经营尽管更多地表现为地方政府供给的制度安排,但从一定的范围观察,它仍是一种发生于有限区域的诱致性制度安排。不同地区制度安排的约束条件不同,从而决定了制度变迁的方式和制度内涵规则的区别,或许趋于满足社区内农地分配公平的需要,或许趋于农地资源如何配置更有效率的制度设计,都需要做出正确的选择。而各种农地使用制度的存在和发展,都是基于经济当事人的理性选择[2]。

1. 农地使用制度创新方式的诱致性与强制性

我国农地使用制度的实践,虽然多有地方政府参与和介入,渗透了地方政府的意志,就其制度的发端而言,仍然属于诱致性制度变迁,是各地民间自发探索和创新的结果,反映了各地农民的愿望和需求。但这种自发创新的制度设计,往往由于忽略了某些利益而不能协调和兼顾各方利益均衡,会出现违背初衷的结果。因此诱致性制度变迁总是不断地走向强制性制度变迁,这是制度变迁的路径和规律。一是因为当前的制度创新已从外围进入了核心,从"浅水区"进入了"深水区",单靠农民的自发摸索难以突破制度瓶颈。二是改革已从单项突破进行到整体调整阶段,需要政府对改革做出整体规划、统一部署,否则单兵突进难以有大的作为。三是利益集团势力比较大,没有政府的支持与强制推进,单靠农民为创新主体的努力,既得利益集团的利益根本无法打破。所以在改革的动因上,只能从诱致性制度变迁向强制性制度变迁转变。

2. 农地使用制度创新模式的多元化

既然农地产权制度创新是自发的选择,便不可避免地要走向多样化。这种多样化来自两方面:一方面,农地产权制度的核心——农地所有权权能具有多样性,是一组权利束的集合,当权利束中的权利在村集体和农户之间进行不同程度的分割时,农地使用制度表现为不同的形式;另一方面,农地使用制度是地方条件的函数,由于各地的自然、经济和社会条件差距甚大,在不同经济发展地区,人们对权能的需求程度不同,导致各地农村自发创新的农地使用制度的差异[3]。在经济比较发达地区,由于乡镇企业(或个体经济)较多,非农就业机会比较多,农民收入来自农业生产的比重较小,农民更渴望得到的是农地转让权和有保障的使用权,然后才是独享农地收益权。在经济欠发达地区,农村鲜有乡镇企业(或个体经济),农民除了外出打工几乎没有什么非农就业机会,其收入主要来自于经营耕地的所得,因而独享的农地收益权和稳定的使用权是这一地区农民期望的主要权利,而农地转让权次之。

改革试验区的经营模式与改革方案都是基于本地区农地经营过程中的问题和矛盾而设计,因此都有其一定的适用范围和条件,在试验的过程中都取得了一定的效果,同时也出现了一些不容忽视的问题,因此这几种农地改革方案设计都存在区域性特色,不具有广泛的适应性。

总之,推进农地产权多元化,明晰产权边界,这是提高产权效率的有力举措,公平也只有通过效率才能得到保证。为此,一是廓清农地产权结构,建立符合市场需求的现代产权结构。农地产权主要有所有权、承包权、占有权、经营使用权、收益权、分配权、抵押权、开发权、处分权等。当前我国设置了所有权、承包权、经营使用权、收益权、有限处置权等。这些权利既可以与所有权集于一身,又可以相对独立地存在产权结构中。二是增设权能,完善农地产权结构。根据当前和未来发展的需要,明确承包权的物权性质,可增设抵押权、发展权、开发权等。三是明晰产权边界,界定各权能之间的职能。相对产权不明晰状况而言,明晰产权边界本身就是对农地资源的一种配置,能减少农地资源的浪费,提高农地经济效益。

3. 农地使用制度创新手段的有效性

农地使用制度创新的基本宗旨是农地资源的优化配置与农地投入产出效率的提高,农地经营规模作为农地使用制度创新的一个有机组成部分,作为一个量化标准,它只能是提高农地经营运行效率与创新效果的一种途径和手段,是达到某一特定目的的基本方式,农地经营规模不应作为农地使用制度创新的主要目标。农地使用制度创新的最终目标,应该是追求农地资源的优化组合与投入产出效率的改善。许多实证研究表明,农场规模与生产率之间一般存在反向关系,即小农场的生产率一般高于大农场效率[4]。

因此,在现实的农地使用制度创新过程中,对于农地经营规模的追求应立足于农村生产力发展水平,不应把它作为基本目标来追求,否则必将妨碍农地经营制度有效运行目标的实现。如果农地经营制度的变革与运行达不到或者人为超越了适合本地区实际的规模,那么农地经营制度应有的经济潜力不可能正常有效地释放,农地资源优化配置的目标同样无法实现。

4. 农地使用制度供给与需求的均衡性

制度的有效性来自于制度供给与需求的均衡性,它是特定的政治、经济及社会诸多因素共同作用的一种合力,我国农地制度只能在一定的框架内生成,是一系列因素处在耦合和均衡状态时的产物。

我国农地产权制度创新必须在中国国情的框架内进行,缺乏这一背景基础将会给制度变迁带来巨大的社会压力和高昂的政治风险。我国制度供给的约束条件主要有:坚持社会主义生产资料公有制的物质基础是中国农地使用制度创新的制度前提;人多地少的矛盾冲突是农地使用制度的资源约束;大部分人口在农村,大部分劳动力在农村就业是农地使用制度的社会约束;农村生产力比较落后,大部分农民正处于温饱或小康水平是农地使用制度的经济约束;保证农村、农业和农民稳定是政治约束。

从农民对农地产权制度的需求意愿看,公平地拥有一份农地是农民最基本的愿望;长期而有保障的农地使用权是现阶段农民的根本要求;家庭经营是最受农民欢迎的组织形式;农业收入最大化是农民最现实的目标。

上述条件表明,我国现阶段农地产权制度创新的空间只能沿着这一方向推进:一是在农地集体所有制的前提下寻求更有效地实现形式;二是在家庭经营不变的基础上探求农地资源有效的配置方式和有利于实现农业现代化的农地利用形式。

二、现阶段农地使用制度创新的保障体系

任何制度安排的效率不仅取决于制度自身的效果,同时还取决于周围辅助性制度实施力度的影响,即依赖于制度结构中其他制度安排的效率。农地使用制度创新不仅是农地产权制度自身的功能是否优化,而且要求相关制度与其保持良性的动态平衡,这是一个相互关联的社会系统工程,因此,应将农地改革放到国民经济和社会发展的总体环境中去考察,在进行农地使用制度创新的同时,作为一种整体协调与配套,社会保障制度、户籍制度、就业和教育制度等相关制度与宏观环境也必须进行同步的创新。

1. 推进工业化、城镇化的进程

加快城市化进程、实现农业人口的转移是解决人地矛盾的有效途径。一方面,城市化发展能够产生聚集效应,更加集约地利用农地,二者之间呈现一种负相关[5],我国 668 座城市在 0.2% 的国土面积上,积聚了 16% 的人口。另一方面,城市化的过程也是农村人口的非农化转移,通过转移农村人口来改变人地资源的相对数量关系,进城的农民随着收入水平的提高和收入多元化,会自愿割断同农地的联系,推动自身的转移和农地的流转,农民的小型化家庭经营格局才能得以改变,农业产业化、机械化、规模化经营才能实现。

　　城市是现代文明的象征,是先进生产力的代表。改革开放以来,我国城市化在市场和政府的共同作用下迅速推进,城市化水平由 1978 年的 17.92% 上升为 2003 年的 40.53%。目前,中国的城市化滞后进一步加剧了农地的人口负担,不利于已转入非农产业的人口从根本上改变其生产方式,影响了农业经营的规模化、产业化和劳动生产率的提高;低下的比较收益制约了农民收入的增长。同时,城市化滞后阻碍了城市文明的扩散,既影响了农民生活质量和自身素质的提高,并最终影响到整个国家的未来发展。

　　城市化的进程是一个自然的经济过程和社会变迁过程,有其自身的经济动力和运行规律,但政府的主动参与必不可少。通过一定的政府行为,既可加快城市化进程,又可做到行之有效,以尽量避免或减少可能引发的社会震荡。因而加快以第二、三产业和扩大内需为特点的城市化建设,进一步提高城市化水平,把加速城市化作为大容量转移农村劳动力的最大载体是政府的重要职责。就我国目前的实际情况看,城市化具体方针应该是合理发展与改造大城市,重点发展中心城市,适度发展中小城市,增加城市的就业岗位,增强城市对农村劳动力的吸纳能力。加大户籍制度改革力度,破除制约农村劳动力流动的樊篱是当务之急。中小城镇户籍管理制度改革尤其要先行,须尽快把一部分在城镇工作多年的农民转为市民,并在子女入学、就业等方面享受与城镇居民同等待遇。

　　从发达国家的经济发展历史来看,农村工业化和城市化保持了极高的相关度,表现在随着工业化速度的加快,人口城市化水平也迅速提高。但是在我国农村,在经历了一个工业化快速发展阶段之后,城市化的速度远远滞后于工业化发展,农村剩余劳动力的转移极其缓慢。从农地产权制度的角度分析,农村剩余劳动力的转移速度缓慢不仅是农业规模经营难以形成的结果,同时也是农业规模经营难以形成的原因,即正是由于农地的流转、集中与农地规模经营难以实现,才使农村劳动力被约束在农地和农业这一狭小的空间,而大量的农村剩余劳动力被束缚在农地上,在我国人多地少、人地矛盾相对突出的具体国情下,则又使农业经营规模的扩大难以实现。在这里,农地产权制度对农村剩余劳动力转移的阻碍作用表现在:农民无法通过农地的转让来完成其职业的转变,因为放弃农地得不到任何经济补偿,而只能是自身利益的流失,所以造成了大量的农业剩余劳动力以兼业形式存在,这不仅不利于农业现代化的发展,而且阻碍了农村工业化、城市化的进程,强化了农村与城市、工业与城市、工人与农民之间严重隔离的二元经济格局,因此,从农村经济发展的需要出发,农地产权制度创新必须有助于解除农地对农民的束缚,有助于农村工业化、城市化的发展,有助于二元社会经济格局的打破。

2. 培育农地租赁市场

农地是最基本的生产要素之一,没有农地市场,要素的流动将受到极大的限制,资源配置很难达到优化状态。农地使用权流转是市场经济的内在属性和基本要求,因为只有流动起来才能实现最优配置,只有进入市场才能产生交换价值。国内外经济发展的历史表明:一切稀有资源优化配置的主要途径是流通转让,而最能体现农地流转市场机制的是农地使用权租赁市场的完善。换言之,培育农地租赁市场是比较现实可行的促进农地使用权流转的新思路。通过农地租赁实现农地使用权流转,是世界上通行的作法。大量的文献资料认为,农地租赁市场可以规避风险、使资源利用效率更高、更有利于形成规模经营。在一个机能健全的市场里,租赁交易不会破坏农地使用保障的基础,也不会导致投资下降。如果租赁市场能够有效运行,就能替代由村干部实施的农地调整,而不会损害群众积极性。

培育和开辟农地使用权流转市场,必须确立承包权流转的农户自由原则和辅以政府、社区服务的原则。自由原则实质上是农户作为经济当事人自治原则,即农户是否转让农地使用权,转让给谁,与谁订立契约,订立什么样的契约,只要不违背国家法律和社会公共利益,都应由经济当事人自主决定。农户自由原则对开辟农地承包权市场具有重大意义。比如,农地租赁价格,"地租"多少,因时、因地、因人而异,应由转让双方自主议定。政府和社区的过多干预,往往阻碍了农地的合理流动。农地使用权流转的形式也应以农户自由流转为主。所谓政府和社区的服务,一是指对农地流转要加强管理;二是这种管理必须适度,不能不管,不能乱管,管理的对象、原则都要有明确的法律规定,使这种管理和服务能为无序的农地使用权流转提供规范的制度性基础,同时为农地使用权的有序流动创造良好的外部环境。

3. 建立农村社会保障体系

建立农民社会保障制度是全面建设小康社会的主要目标之一,发展社会主义市场经济的必然要求,保持社会稳定和国家长治久安的根本大计,更是推动我国农地产权制度变迁协调配套的制度安排。

在人地关系高度紧张的背景下,我国均田承包的农地制度提供了对农民的保障功能,但却阻碍了农地的流转和效率的提高,制约了劳动力转移,刺激了人口的增长,抑制了农民增收,固化了城乡二元格局,弱化了农村社会保障制度建立的紧迫性。在现阶段家庭分散经营的格局下,农地的保障功能远远大于生产功能。绝不能把农民的保障系于农地,应该逐步淡化农地的保障功能,由农地保障转变为农地保障与社会保障并举,并最终建立完善的农村社会保障体系。

4. 打破城乡分割的二元社会体制

为了实现农地产权制度创新的目标,促进农业规模经营和农业现代生产方式的形成,提高农地利用效率,加速农村工业化、城市化的进程,必须同时改革城乡分割的二元社会体制,消除阻碍农村劳动力转移的非经济因素。

我国城乡分割的二元社会体制源于1958年的《中华人民共和国户口登记条例》,以它的颁布为起点,国家将城乡居民分为农业人口与非农业人口两种不同的户籍,建立了极为严格的控制农村人口流动的户籍管理制度,这种户籍管理制度和与此相配套的一系列社会制度(包括生活资料的计划供应制度、统包统配的就业制度和福利制度等)一起,在城乡之间筑起了一道制度性壁垒,形成了城乡分割的社会体制。这种二元社会结构导致城乡居民在就业、教育、住房等各方面的差别,造成了农民即使在城市就业、居住、纳税,也无法获得合法身份成为城市的一员。由此可见,农地制度创新虽然可以产生对农业劳动力和人口向工业和城镇转移的向外推动力,但城乡分割的二元社会体制对于农村人口自由流动的限制将从相反的方向极大地削弱这一制度的改革绩效。所以,必须打破城乡二元格局,由城乡分割体制过渡到城乡平等体制,实现城乡联动,使户籍制度、就业制度与农地产权制度的改革相适应,其核心内容是建立城乡统一的户籍制度,打破"农业人口"和"非农业人口"的户口界限,剔除依附在户籍关系上的种种社会经济差别,真正做到城乡居民在发展机会面前地位平等,获得统一的社会身份。因此,应使户籍制度只承担对人口的社会管理职能,不再与特定的经济利益粘连在一起。同时,建立市场化的就业制度,实现生活资料供给的商品化,取消政府财政对城市居民生活消费品供给的普遍补贴,在福利制度方面,应由政府统包统配转为社会化的福利保障制度[6]。

三、结论

迄今为止的农地使用制度创新实践都是在家庭承包制的框架内进行,都未触动农地集体所有的性质,改革试验表现出明显的区域分布特征,或许趋于满足社区内农地分配公平的需要,或许趋于农地资源配置效率选择,都是基于经济当事人的理性选择。

农地使用制度创新不仅是农地产权制度自身的功能是否优化,而且要求相关制度与其保持良性的动态平衡,这是一个相互关联的社会系统工程,因此,应将农地改革放到国民经济和社会发展的总体环境中去考察,在进行农地使用制度创新的同时,作为一种整体协调与配套,社会保障制度、户籍制度、就业和教育制度等相关制度与宏观环境也必须进行同步的创新。

参考文献

[1]张红宇、刘玫、王晖:《农村土地使用制度变迁:阶段性、多样性与政策调整(二)》,《农业经济问题》2002年第3期。

[2]张红宇:《中国农村土地产权政策:持续创新——对农地使用制度变革的重新评判》,《管理世界》1998年第2期。

[3]陈志刚、曲福田:《农地产权制度变迁的绩效分析——对转型期中国农地制度多样化创新的解释》,《中国农村观察》2003年第1期。

[4]罗伊·普罗斯特曼、蒂姆·汉斯达德、李平:《中国农业的规模经营:政策适当吗?》,《中国农村观察》1996年第6期。

[5]曹雪琴:《城市化与土地制约》,《经济经纬》2001年第2期。

[6]吴玲:《新中国农地产权制度变迁研究》,《中国优秀博硕士学位论文全文数据库》,东北农业大学2005年博士论文。

作者简介

吴玲(1970—),女,黑龙江绥芬河人,东北农业大学人文学院副教授,博士,东北林业大学农林经济管理博士后流动站研究人员,研究方向:农业经济管理。

梁学庆(1942—),男,黑龙江哈尔滨人,东北农业大学资源与环境学院,教授,博士生导师,研究方向:土地经济管理。

我国农村医疗保障现状及前景分析

陈永志

一、农村医疗保障制度概述

从本质上讲,医疗保障应是面向全民的,不应有农村与城市之分。但我国社会城乡二元结构的格局,导致了城乡之间在生产方式、经济生活、思想观念等诸多方面的巨大差别,医疗保障制度也同样如此,所以,农村医疗保障是相对于城镇居民医疗保障而言的一个概念。

"农村医疗保障",是指以政府为主体,通过制度安排、基金筹措、公共服务、监督管理,保障农村居民获得基本医疗和预防保健服务的一种医疗保障制度。既包括医疗支付需求的保障制度,也包括预防保健和基本医疗服务供给的保障制度。它属于社会保障的范畴,因而具备了社会保障的一般特征;它是一种社会福利制度,具有福利制度的一般特点;它是一种准公共产品,具有非排他性和竞争性。

二、农村医疗保障制度的历史演进

(一)第一次合作医疗

第一次合作医疗制度,起源于 20 世纪 30 年代陕甘宁边区的"医药合作社"[1],到 1979 年,全国 90% 以上的生产大队办起了合作医疗。其经费来源于个人和社区集体共同负担。虽然学者对当时的合作医疗制度存在这样或者那样的争议,但是不可否认的是它在我国历史上曾取得辉煌的成就,婴儿死亡率由建国初期的200‰下降至25.5‰;产妇死亡率由1500/10万下降至51.3/10万;人口死亡率由17‰下降至6.42‰;人均期望寿命由35岁提高到71岁,基本上保障了广大农民的健康,有效地提高了劳动生产率,为当时农村经济发展做出了贡献,正像世界卫生组织和世界银行在20世纪80年代的一份考察报告中所说的:"中国农村实行的合作医疗制度,是发展中国家群体解决卫生保障的唯一范例"。但是在改革开放以后,随着农村经济体制的变革,农村合作医疗制度赖以存在的经济基础不复存在,其本身也没有随着形势的发展而采取相应的改革措施,第一次合作医疗跌入低谷。

（二）第二次合作医疗

20世纪80年代到2001年左右的20年时间里,农村合作医疗制度处在由计划经济向市场经济转型的整体制度变迁过程中,出现解体、反复和探索过程,是农村合作医疗制度变迁的僵滞阶段。20世纪90年代,政府试图在第一次合作医疗的经验基础上重建,并出台了一系列政策,各地方的合作医疗也出现多种形式,具体有初级合作医疗、风险型合作医疗、福利型合作医疗、合作医疗保险等。但是这一时期是农村合作医疗的探索阶段,也是农村医疗保障制度的真空阶段,80%以上的农民陷入自费医疗的境地。

（三）新型农村合作医疗

随着市场经济的发展,城乡收入差距的扩大,基本处于自费医疗状况下的广大农民无法负担高昂的医疗费用,出现了"因病致贫"、"因病返贫"的现象,农民的生命健康权无法得到保障,影响农业劳动生产率的提高和农村经济的发展和中国的社会稳定,并成为中国经济均衡、可持续发展的障碍。2002年10月19日,全国农村卫生工作会议后,下发了《中共中央国务院关于进一步加强农村卫生工作的决定》,要求到2010年,使农民人人都能享受初级卫生保健。从2002年起,政府陆续出台了关于农村合作医疗的相关政策法规,国家直接指导,分批分区试点,总结经验并加以推广,2006 年 2 月 21 日由新华社授权播发《中共中央国务院关于推进社会主义新农村建设的若干意见》的一号文件明确指出,要"积极推进新型农村合作医疗制度试点工作",确认了"从2006 年起,中央和地方财政较大幅度提高补助标准,到 2008 年在全国农村基本普及新型农村合作医疗制度"的目标。中央和地方财政对参加合作医疗农民的补助标准由 20 元提高到 40 元,2008 年 1 月 15 日,财政部副部长王军提出我国将提高新型农村合作医疗财政补助水平,各级财政对新农合的补助提高到每人每年 80 元。

胡锦涛总书记在党的十七大报告中指出:"要实现全面建设小康社会奋斗目标的新要求,就要加快发展社会事业,全面改善人民生活,人人享有基本医疗卫生服务,并强调健康是人全面发展的基础,关系千家万户幸福。今后要加快推进以改善民生为重点的社会建设,就要建立基本医疗卫生制度,提高全民健康水平。强化政府责任和投入,完善国民健康政策,鼓励社会参与,建设覆盖城乡居民的公共卫生服务体系、医疗服务体系、医疗保障体系、药品供应保障体系,为群众提供安全、有效、方便、价廉的医疗卫生服务。"十七大报告指明了农村医疗保障制度建设的发展方向,并且更加明确了政府责任。

(四)小结

新型农村合作医疗制度同传统的合作医疗是不同的。首先,新型农村合作医疗制度是建立在市场经济基础之上的;而传统合作医疗则是建立在计划经济和集体经济基础上的。其次,在新型农村合作医疗中,政府要加大财政投入并给予农民医疗补贴,而传统合作医疗,政府投入很小,并没有进入到制度内部来,充其量也不过是一个秩序维护者,医疗筹资来源主要靠集体支持和农民互助。

三、农村医疗保障制度的现状分析

新型农村合作医疗制度从开始试点至今,广大农民的医疗保障问题得到了各级政府的重视,最主要举措是开始全面推进新型农村合作医疗制度并且取得重大进展,织密了医疗卫生保健的"网底"。如今,看病能报销的农民在全国已有 7.2 亿人。截至 2007 年 6 月 30 日,参加新型农村合作医疗的人数占全国农业人口的 82.83%。全国开展新型农村合作医疗的县(市、区)达到 2429 个,占总数的 84.87%,计划 2008 年基本覆盖全国所有县(市、区)。目前,我国居民的期望寿命已接近 73 岁[2]。但是用一句话来评价当前农村医疗保障的情况那就是"整体不错,局部堪忧"。出现的问题主要有以下几点:

(1)政出多门,九龙治水。中央和地方的政策存在冲突,上下级之间,各部门之间职责不明确,政策不统一,没有统一的规划和执行方案,停滞,既影响了新农合的推广进程,又浪费了国家资源。例如,国家民政部规定,为了建立合作医疗制度,地方政府可以向农民收取一定费用。而农业部等部委颁布的有关减轻农民负担的多个文件中,合作医疗项目被列为"交费"项目,属于增加农民负担的乱收费,从而禁止征收。

(2)新型农村合作医疗制度以自愿原则为基础,逆向选择问题严重。社会保险是由国家通过立法形式,为依靠劳动收入生活的工作人员及其家庭成员保持基本生活条件、促进社会安定而举办的保险。社会保险是一种特殊的强制性保险[3]。关于新型农村合作医疗的性质,本研究认为其实质应为一种社会保险,既然是社会保险必然应该采取强制性参保的形式,否则必然会出现逆向选择问题。年老多病的人必然愿意参保,而那些年轻力壮的农民大多不会参保,这样一来势必会增加新农合的成本。另外,以自愿原则为基础,富裕群体成为新农合的主要参加者,当然也是受益者。根据福利经济学理论,政府通过税收方式将富裕群体的一部分收入转移支付给贫困群体,虽然总量没有变,但是社会效果却增加了。很明显,这种情况的出现违背了社会保障制度设计需要突出的保护弱势群体,缓解不平等的原则。

(3)给付结构不合理,农户承担绝大部分医疗费用。据调查,由于很多农民认为新农合报销比例很低,报销程序复杂烦琐,影响了农民参加新农合的积极性,农民基本医疗需求满足程度改善不明显。

(4)以保大病为主的原则,不能切实保障农民健康,与新农合建立的初衷相左。农民的疾病多以多发病、常见病为主,将保障目标定位为保大病,不可能获得良好的卫生投入绩效。很多大病都是因小病得不到及时治疗所致,小病不治养成大病再治,增加了国家支出,浪费了资源。即便是保大病,经对若干地区实施方案的测算,参保人可获得的大病补贴最多只能达到30%—40%,这样就会影响农民参加新农合的积极性,也会出现逆向选择问题。

(5)农村人口流动给新农合的推行带来新的问题。随着市场经济的发展,农民经济意识的增强,再加上农村剩余劳动力的增加,到城市经商打工的农民越来越多,农村人口大量涌入城市,人户分离的现象非常普遍。这对合作医疗的推行产生了重要影响。首先,外出打工的农民因为常年在外,认为即使参加了合作医疗,也无法享受,还不如不参加。基于这种情况,参加合作医疗的人数必然减少,而且参加者多为妇女、儿童和老年人,这些人对卫生服务利用率高、医疗花费大。由这些人员组成的基金抗风险能力弱,容易导致合作医疗基金收支失衡。另一方面,大部分外出的农民没有合作医疗的保障,其就业单位也没有提供其他形式的医疗保障。看病就医只能自费,加上收入水平低、生活居住条件差、卫生知识水平相对较低等原因,该人群正成为城市中新的弱势群体,在传染性疾病(如结核病、性病)、生殖健康等方面存在大量问题,引起了很多研究者和卫生管理工作者的关注。

四、改善农村医疗保障制度的措施及前景分析

(1)出台《农村医疗保障法》,建立一整套系统科学的农村医疗保障法律体系。实践证明,法律的出台不仅可以巩固改革成果,还能使一项摇摆不定的政策走上规范化、制度化的道路。农村医疗保障关乎9亿农民的健康,一定使其要走上法制化的道路,是保障农民基本权利的关键环节。这样做具体来说有以下几点优势:一、保障农民基本人权即

生命健康权。生命健康权是一个人最基本的权利,政府有责任保障每一位公民的基本人权。二、通过制定法律法规可以规范上下级机关,同级别各部门之间的责任,这样可以提高农村合作医疗制度运行的效率,节省了国家资源。三、把政府责任通过法律形式确定下来,使其成为农村医疗保障制度参与的主体。

(2)继续增加财政投入,多方统筹资金。虽然我国政府在近些年来在农村卫生财政支出上逐年增高,但是还远远不能满足广大农村居民健康保障的需要。因此一方面继续增加财政投入,另一方面,政府支持鼓励一些民间慈善机构,国际组织参与到其中来,这样既可以鼓励全民参与的热情,最重要的是解决了资金的问题,缓解了政府财政的压力。

(3)规范程序,加强监管力度。新型农村合作医疗制度在运行程序上还不够规范,具体表现为报销程序复杂,因此应当适当简化程序,规范运行。建立农村医疗机构的竞争机制,实现农村医疗卫生资源的优化配置。与此同时,加强包括卫生服务、资金运行等各个环节的监督,保障各项国家政策得到有效实施。

(4)采取措施,吸引和培养医疗卫生人才,提高服务质量。一方面,国家要采取相关措施提高农村卫生服务人员的待遇,吸引更多的优秀卫生人才到农村工作;另一方面,国家应当通过定向委培的方式培养专业卫生服务人员,或者参照现在实行的免费师范生的培养机制,国家对志愿到农村医疗服务机构工作的医学院在校大学生,免收学费,给予补贴,大学毕业以后到农村工作一定年限,这样既可以缓解当前大中专毕业生的就业压力,又为农村医疗保障制度提供了人力资源,实现了资源的优化配置。

(5)扩大农村医疗救助的范围,不仅针对农村无力承担医疗费用的特困群众,还要将其救助范围扩大到全体农村居民的常见病、多发病的治疗。对于农村医疗救助制度的概念,有人认为它是政府拨款和社会各界自愿捐助等多渠道筹资,对患大病农村五保户和贫困农民家庭实行医疗救助的制度[4]。

前面已经提过,新型农村合作医疗制度以保大病为原则使农民的常见病多发病的治疗被排斥在新农合保障范围之外,而农村医疗救助的范围过小,并且国家对农村贫困家庭又没有科学的界定,致使大部分农村特困群众很难得到救助。因此,本研究认为,参照印度医疗制度的成功经验,在我国农村建立公立医院,对所有农村居民的常见病、多发病免费进行治疗,这样才能把所有的农村居民纳入到农村医疗保障的范围之内。当然,新农合还是以保大病为原则,对所有的患病农民都实行免费医疗势必会产生道德风险,增加国家负担。

(6)在经济比较发达的地方,国家鼓励扶持发展商业保险,以实现多层次性的制度安排。由于我国农村经济发展是不平衡的,农民的医疗需求也是不同的,商业医疗保险可以有效解决需求水平与保障水平之间的不平衡性问题。商业性保险的介入,有利于农村社会医疗保障的深层次发展。社区保障和商业性保险有机结合在一起,将使农村社会医疗保障向多形式、多层次城乡一体化的方向演进,农村社会医疗保障将迈上新台阶。

(7)建立城乡统一的医疗保障制度体系。医疗保障制度作为一种准公共产品,具有社会福利的属性,每一位中国公民都应该享有这个权利,而不能因为二元户籍制度的存在而否定农民对该项权利的享有。纵观世界各国医疗保障制度并无城乡差别,农民和城市居民参加同一个保险组织。新中国成立以来,我国对城市医疗保障投入很大,城市居民以较小的投入享受着企业和政府提供的高质量的医疗服务,而农村居民自第一次合作医疗在农村名存实亡后,国家投入很小。目前约占中国总人口15%的城市人口享受2/3的卫生保障服务,而约占85%的农村人口却只能享受不到1/3的医疗卫生保障服务。在卫生费用负担的公平性方面,我国排在世界卫生组织191个成员中的第188位[5]。因此,应当给予城乡居民同等的医疗待遇,最终建立城乡统一的医疗保障制度。2007年1月23日,国家发展和改革委员会建议中国在今后三到五年内取消实行了半个世纪的户口制度,以便让农民可以享受到城里人一样的社会地位[6]。随着城乡一体化进程的加快,实现城乡医疗保障的衔接成为不可阻挡的历史趋势。建立城乡统一的医疗保障制度不但能够从根本上解决农村流动人口的医疗保障问题,而且能实现卫生资源的合理流动,资源的整合和优化配置。

五、结论

当前,要总结新型农村合作医疗制度推行过程中的成功经验并加以推广,巩固新农合与农村医疗救助制度,发展商业医疗保险,逐步完成城乡医疗保障制度的对接,建立城乡统一的医疗保障体系。

参考文献

[1]费孝通:《江村经济:中国农民的生活》,江苏人民出版社1986年版。

[2]人民网,2007年10月9日。

[3]邓大松:《社会保险》,中国劳动社会保障出版社2002年2月第1版,第9页。

[4]魏嫚:《农村医疗保障制度研究》,第34页。

[5]SIDELV:《中国的新教训:农村医疗中的平等与经济学》。

[6]《中国日报》2007年1月23日报道。

第四篇

城市化与经营

中国房地产市场的特征分析

黄辉玲

自住房体制改革以来,中国房地产市场蓬勃发展,主要得益于城市化进程的加快、国民经济的持续、快速增长以及银行的金融支持。但房地产市场目前出现了种种非理性的现象,其中房价上涨过快使房地产市场成了 2005 年和 2006 年国家宏观政策调控的主要对象。至今虽有一些地区房价出现淖头(如深圳、上海、北京市),但在大多数城市房价整体上还是处于上升趋势,宏观调控政策收效甚微。笔者的研究表明,房价的居高不下与房地产市场的内在特征紧密相联。

一、区域性寡头垄断市场特征

通常根据市场的基本特征将市场划分为完全竞争、完全垄断、垄断竞争、寡头垄断四种市场结构。寡头垄断市场是指市场上存在少数实力雄厚的企业,市场的主要份额为几家企业所占有,从而每一个企业对整个行业的价格和销售量都具有举足轻重的影响,而这几家企业之间通常又存在着不同形式的竞争。其主要特点是:在产品市场上,仅有少数几家大企业提供全部或大部分产品,每家企业的市场份额足够大,以至于对市场价格产生举足轻重的影响;寡头企业间的产品可能是同质的,也可能是有差别的;寡头企业在生产规模、技术水平、产品声誉等方面已形成明显的优势,构成很高的进入壁垒,大量的沉淀成本造成很高的退出壁垒,因此,市场内企业构成相对稳定;寡头企业之间存在明显

的相互依赖性,企业行为可以相互影响。据研究,我国房地产市场呈现区域性寡头垄断特征,主要表现在:

(1)房地产市场的区位性垄断特征:由于房地产区位特征表现明显,进入区位市场中的房地产商主要是与邻近的几家房地产商展开竞争,与区位较远的企业竞争较少,其他区位市场的产品替代性不足,所以竞争很难在整个城市房地产市场展开,这就使区位市场内的开发企业垄断了区位市场;

(2)不同企业虽然生产同类产品,提供着同样的功能,但由于房地产产品在位置、结构、功能、质量、服务、品牌等方面存在异质性,使城市房地产商品完全差别;

(3)部分房地产开发企业的资质不良,其准入并不主要在于真正的资质,主要是靠"路子",有办法搞到钱和地者则可能形成"寡头"。根据1998年公布施行的《城市房地产开发经营管理条例》,房地产开发企业的设立应具备下列条件:①有符合公司法人登记的名称和组织机构;②有适应房地产开发经营需要的固定的办公用房;③注册资本100万元以上;④有4名以上持有资格证书的房地产专业、工程专业的专职技术人员,2名以上持有资格证书的专职会计人员;⑤法律、法规规定的其他条件。这些条件对于潜在进入者来说,难以构成进入障碍,一是门槛太低,二是可以作假。由于房地产经营的虚拟特征明显,理论上一个房地产项目所需投入资金少则数千万,多的甚至达几亿、几十亿,是一个进入壁垒高的企业,但实际上,中国城市房地产开发企业的资产负债率一般都高于75%(苗天青,2004年),属高负债率经营,再加上中国城市房地产企业熟练的一种资本经营方式是拥有20%—30%的土地首付款→获得土地使用权→以土地抵押向银行贷款冲抵部分土地出让金→建筑企业垫资施工→主体封顶(或未封顶)预售或假按揭→资金回笼。所以开发商自有资金很少就可以操作一个很大的项目,实际的资金量难以构成进入壁垒;真正的进入壁垒在于土地的一级市场的国家垄断:政府是土地市场上的唯一者,形成了卖方垄断,开发商获取了土地这一核心资源后,才具备开发房地产的现实能力。中国的土地出让采用招拍挂方式的所占比例少,大都采用协议方式出让土地。这就造成,最终谁能取得土地的使用权很大程度上在于开发商的公关能力和政府的主观偏好,拿到土地开发权的开发商就拥有了对该土地的垄断处置权,具有排他性,别的房地产开发商无法进入。土地一级市场的政府垄断构成了中国城市房地产业实际的进入壁垒,对于没有政府关系的开发商形成了真正的障碍。

(4)房地产商意识到,当只有少数几个销售者时,自己的行为对竞争者产生相当大的影响,打价格战会危及整体利益。他们通常默契合作,合谋价格,通过这种方式实现整体利益的最大化,从而抬高区域内房地产价格。

尽管北京市有几千家开发商,他们实际上并非在同一市场上竞争,构成竞争的只是相邻少数几家开发商。同时,相邻且相竞争的开发商,其定价采取了价格领袖制的形式,也就是说,由首先来此地开发的开发商制定房价,后来者跟随其定价。在北京市27家开发商中,有两家开发商与其他开发商共同定价 有17家开发商跟随其他企业定价(况伟大,2006年)。广州房市在2003年以前一直被认为是价格合理的典范,但在2003年和2004年十大房地产商两次峰会之后,价格上涨速度很快,2005年一年竟上涨了30%。这也印证了房地产市场存在价格领袖制或价格合谋。其实,这种合谋和垄断已成为中国整个房地产业的一种潜规则。

中国房地产市场的区域性寡头垄断特征造成了中国城市房地产价格受成本的约束力很小,简单的供求关系也决定不了价格。除非引用反垄断法限制大房地产商占有的市场份额,鼓励市场竞争,否则任何调整利息、控制土地审批等措施都收效甚微。只要开发商有能力操纵价格,哪怕利率和土地价格提得再高,他们也很容易将负担转嫁给消费者。

二、房地产的虚拟资产特征

早在 19 世纪,马克思就在《资本论》中提出了虚拟资本的概念,用来概括那些本身没有价值,却可以通过资本循环运动产生利润,获取剩余价值的股票和债券等金融资产。S. 德·布吕诺夫在《新帕尔格雷夫经济学大辞典》中将虚拟资本定义为通过信用手段为生产性活动融通的资金,虚拟资本的形成被叫做资本化,当人们按平均利息率计算定期取得的各种既定收益的资本问题时,资本化就发生了(S. 德·布吕诺夫,1992 年)。虚拟经济的概念在 20 世纪 90 年代被正式提出来,相关的理论得以逐步建立。目前对虚拟经济较为完整的概括是"以资本化定价方式为其行为基础的一套特定的价值关系,其运行特征相对于实体经济具有更大的不确定性和波动性,是以观念支撑的定价方式。"(刘骏民,2005 年)从而区别于传统的以成本为基础的定价方式。

比较成本定价与资产定价理论发现,金融制度与金融工具的出现为资产定价理论提供了广阔的市场空间。在金融资产迅速积累的同时,一些资产或商品的定价更多地考虑未来的收益情况,以资本化方式定价,而成本对价格的影响在下降,甚至影响微弱,如知识产权、专有技术、商誉等无形资产。这种定价方式的改变与传统的以成本定价为基础的实体经济相区别,意味着价格波动与此相关,经济运行的特征可能会发生改变。

土地是最早采用资本化方式进行定价的资产之一,早在威廉·配弟和亚当·斯密时期就产生了地租理论,认为土地价格是多年地租的现值总和,土地价格取决于未来租金的资本化,至今在房地产投资与融资实务中,按房地产的现金流量进行估价的"收益资本化法"仍是房地产估价中主要的估价方式。

另外,虚拟资本一般不直接参与生产实践,中国房地产业自身并不直接从事生产活动,而是将自己不具有相对优势的业务,如设计、施工、策划、营销等"外包"给各专业化的企业,其核心能力就是对各方面的资源进行"整合",从而"生产"出房地产产品。我们习惯上将房地产开发活动细分为设想的提出、可行性分析、细节设计、合同与建筑施工、市场营销、市场化管理六个步骤,如图1。

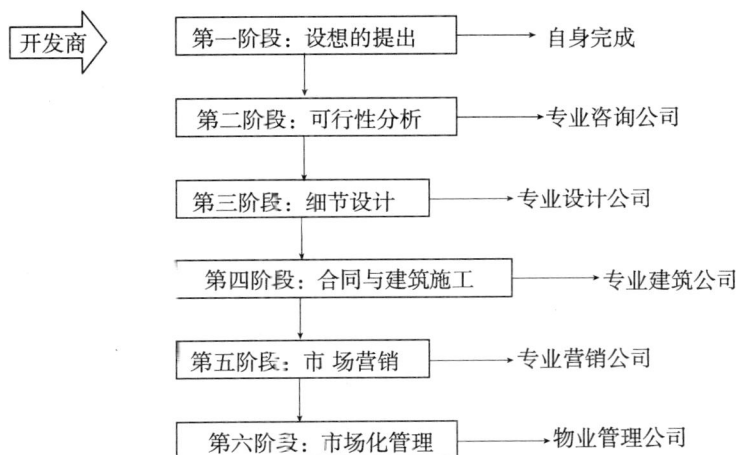

图1 房地产开发的六个环节

可见,房地产开发业务流程中,房地产企业几乎将除建设设想之外的其他阶段全部外包给专业公司,自己只不过是把各种生产资源进行整合,将"设想"变成现实的房地产产品,房地产企业没有参与实际的生产,从这个意义上说,房地产企业的性质带有虚拟经济的特征(苗天青,2004年),房地产企业的资金也带有了虚拟资产的特征。

再者,房地产已成为一种重要的投资工具和投资方式。出于房地产未来升值的预期,众多投资者将资金投入房地产以期保值增值。有的是为了短期获利;有的是为了获取租金,产生纯收益;有的是为了规避投资风险。无论投资者出于哪种目的,其进行房地产投资的行为与投资于金融证券的行为在本质上是一致的,即购买与持有资产的目的在于获利,而并非直接参与生产和消费等实际经济领域的活动(郭金兴,2005年)。再者,房地产市场与金融市场有千丝万缕的联系,如果把房地产市场比作一架高速航行的飞机,金融则是它源源不断的引擎动力。房地产业对金融资本的高度依赖这一特征使得它从开始起步发展时就同金融业结下不解之缘，金融支持贯穿于整个房地产的生产、流通和消费环节，可以说，没有金融业的支持就没有房地产业的发展；房地产交易市场是权属交易的市场，通过房地产权属证书转让实现交易，房地产权属证书本身不具有价值，但房地产权属证书类似有价证券能给持有者带来资本收益，并可按一定价格在交易市场进行买卖；房地产预期的因素极其复杂，一旦预期未能实现，就将产生价格的非理性大幅波动。

综上所述，虽然房地产作为一种实物资产，用于实际的生产和生活，但它同时具备虚拟资产的特征。这种特征随着经济的发展不断增强，这在成熟的市场经济国家体现得尤为明显。但同时也要认识到房地产市场的运动必须以实体经济为依托，如果它脱离实体经济极度膨胀时，就会形成泡沫经济，爆发严重的金融危机。

三、二手房市场的高价特征

二手房市场是指以存量房交易为特征的住宅市场，其基本特征是卖方先获得住宅的产权，然后通过法定的产权交易程序转让给买方。二手房的市场交易价格虚高，2005 年哈尔滨市商品房的平均售价为2472 元/ 平方米，二手房的平均售价达 2000 元/ 平方米水平以上。但是部分地区 20 多年房龄的二手房的售价超过了 2700 多元/ 平方米（孙殿喜，2006 年），虽然这些房屋往往位于城市中心，交通方便，配套设施完善，户型建筑面积在 50 至 80 平方米的居多，且邻近重点中、小学校，但从影响二手房价格的因素看，房龄、面积、朝向、户型、楼层等都是构成二手房价的重要因素。一般来讲，如果房屋使用年限为 50 年，则每年折旧率为 2%；"三小"房屋还要减价 10% 左右；没有南向采光的房屋也要减价 5% 左右；一层和顶层都要减价 5%—10% 不等。二手房的小区的绿化、平面布局、外观造型等要逊于一手房，所以，尽管处于较佳的地理位置，这些因素会使房屋降价。由此估算，二手房的价格虚高。上海有多家银行对房地产评估公司施压,要求其对二手房的房产交易"谨慎"评估,许多银行现在认可的二手房交易评估价格都低于目前的市场价格。

部分二手房呈现质低价高的"高价柠檬"特征。美国经济学家 Akerlof 指出,当市场参与双方信息不对称时,由于买主缺乏专业知识而良莠不分,从而不愿多花钱买二手物品,二手物品价格总是比新商品的价格低得多,导致该市场难以吸引拥有较高品质物品的出售者,从而出现大量次品充斥的市场,即"柠檬市场"(Akerlof,1970 年),"柠檬市场"是真正意义上的廉价或低价物品市场。通常卖方先期居住过该类房屋,楼层不好、朝向不好、结构不好的房屋不可避免地占有很大比重。所以,二手房市场呈"柠檬市场"特征。以 2004 年 7 月从南京房地产信息网采集到的 2800 多个中介有效售房信息和 2400 多个个人有效售房信息为例,一楼占 23.5%,多层建筑的顶楼占 26.4%,1995 年以前的房子(注:据南京市房产局的信息基本属于小客厅、小厨房、小卫生间的"三小"住房)占 37.9%,面积在 60 平方米以下的占 46.7%,2000 年以后的房子,主城区以外的占 69.3%(李涛等,2005 年)。这部分的二手房市场为"高价柠檬"市场。

部分二手房是炒家为了获利而炒卖的空关房,这类二手房在位置、户型、朝向、采光、交通等往往较有优势,随着房价不断攀升,"水涨船高",他们也要喊出高价继续"人为造市"。

通常卖者具有"不能比邻居卖得便宜"的比价"惜售心理"。他们有的是为了置业升级,追求居住水平的提升,通过卖旧房买新房,所以他们必须考虑置换新房的成本;随着商品房价的不断上涨,他们出售旧房的心理预期价格也不断攀升,"惜售心理"得到进一步的强化;二是随着营业税、个人所得税等交易环节各种税收政策的出台,房屋出售收益下降,部分业主或持房惜售,退出交易市场,减少房源供给(间接提升房价),或将税金转嫁给买主,直接抬高房价;再有就是部分二手房的物业费偏低,有的属单位公房,对本单位职工的供暖费上还有减免等因素使这类二手房成为居民的首选。二手房的价格居高不下,一方面体现了城市房地产保值增值的特征,一方面是源于中国城市房地产市场供给结构所致,位于城市中心的中、小户型偏少,单价虽然较高,但总价却还让人接受。

在当前市场价格非理性上涨的情况下,尤其是在高档住宅供给过剩,中、小户型住宅严重短缺的情况下,众多中低收入者不得不为"高价柠檬"住宅买单;而卖者也会因为过分比价和"惜售心理"丧失许多改善居住条件的机会。二手房的"高价柠檬"特征加速了中国城市房地产市场的非理性发展。

参考文献

[1]苗天青:《我国房地产业:结构、行为与绩效》,经济科学出版社2004年版。

[2]况伟大:《宏观调控为什么撬不动房价》,《财经时报》2006年1月1日。

[3]S.德·布吕诺夫:《新帕尔格雷夫经济学大辞典》,经济科学出版社1992年版。

[4]刘骏民:《虚拟经济理论与实践》,南开大学出版社2002年版。

[5]郭金兴:《房地产的虚拟性及其波动研究》,南开大学出版社2005年版。

[6]孙殿喜:《哈市二手房价格总体平稳》,《生活报》2006年3月30日,第4版。

[7]Akerlof. George. 1970. The Market for lemons: Quality Uncertainty and the Market Mechanism. Quarterly Journal of Economics. (84), 488 – 500.

[8]李涛、熊志飞:《中国城市二手房市场"高价柠檬"悖论》,《南京理工大学学报》2005年第8期。

黑龙江省城市化中的主要问题及对策

李春林

一、问题的提出

2001 年诺贝尔经济学奖获得者之一的斯蒂格列茨认为 21 世纪对于中国有三大挑战，居于首位的就是中国的城市化，改革开放 30 年来，我国的经济建设取得了突飞猛进的发展，尤其是工业化发展迅速。然而与之相对应的城市化却未能与工业化同步发展，城市化水平滞后于工业化水平。与全国城市化水平滞后于工业化水平的现状不同。黑龙江省的城市化水平 20 世纪 90 年代达到 52% 的平均水平，居于全国前列，城市化水平超前于工业化水平。黑龙江省的城市化面临着机制转型和优化调整。就黑龙江省来说，城乡居民收入 2001 年为 2.38:1；2002 年则为 2.5:1，差距继续拉大。而且农村剩余劳动力连年增多，如不能适时转移，既影响农村的人均收入，又影响农村社会主义事业的发展。而解决"城乡二元结构"和"三农问题"根本出路在于加快农村城市化进程。通过对黑龙江省城市化问题的研究，特别是提出城市化数量与质量相协调的发展理念，将能促进城市管理者自觉增强城市的聚集效应，加大城市聚集、创造财富的能力，带动辐射能力，加大提高城市的产出水平。同时，也促进城市市民更快更好地积累和更新人力资本，为城市化发展积累后劲。通过对城市化制度、政策的研究，能为城市化发展提供良好的制度与政策供给,从而更快地促进黑龙江的发展与振兴。

二、中外城市化模式分析

(一)发达国家城市化发展模式

1. 北美大都市区的发展

大都市区规划是北美调控城市化发展的重要手段,目前正在探索的大都市区规划有两种主要模式:①团体和战略规划模式。这种模式强调大都市区的竞争战略,核心是通过提升核心竞争力使区域在全球竞争中处于强势地位,美国纽约大都市区规划代表了这种模式。该规划拟通过五大战役来达成 3E 的目标。3E 的目标是经济(Economy)、环境(Environment)和公平(Equity)。五大战役是指被、中心、机动性、劳动力和管治。规划从整体上清楚说明了纽约与相邻两州区域共同增强经济繁荣、社会公平与环境质量的前景,还强调了社会公平与环境的重要性,其目标实质上就是达成区域可持续发展的竞争力。②环境和社会规划模式。这种模式强调适宜居住性、社会凝聚力以及区域差异性的保持,核心是适宜居住性,即营造优美宜人的环境,加拿大大温哥华地区规划是这种模式的代表。大温哥华地区规划的目标是使该区域成为这样的都市区:人类活动将改善而不是降低自然环境质量,建成环境接近自然,种族和宗教的多元化转化为社会的力量而不是冲突,人们掌握自己的命运,衣、食、住、行和安全等都有充分的保障。规划提出了四个基本方略:保护绿色地带、建设完善的社区、达成紧凑的大都市区和增加交通选择。规划强调提出自然环境对于生活质量和地方感知是十分重要的,强调要确定绿色区域以保持该区的自然状态特征。

2. 西欧和北欧的城乡协调发展

与北美的情况一样,近年来,西欧和北欧的人口增长和城市化水平提高幅度很小。西欧城市发展在 20 世纪 70 年代发生了重大而又非常出乎意料的变化,出现了被称之为"反城市化"的情况,反城市化并不是说大批人口从城市流向农村,而是他们从大城市和大都市区流向较小的城市地区,从而使城市人口得以分散。欧洲城市与乡村间的差距越来越小,只有百分之几的劳动力从事农业生产,让大部分乡村劳动力要么乘车到城市地区工作,要么从事非农业工作,如果按照是否按农业或林业谋生来区分农村和城市人口,那么,这样区别"乡村"和"城市"就已经失去了它的意义。另外,西欧多数乡村家庭如今都在享受以前只有城市地区才能享受的服务水平如自来水入户、通有排污网络和垃圾定期收集。由于许多乡村家庭如今能够享受到剧院、电影院、迪斯科舞厅和其他一些以城市为基础的文化娱乐活动来区别乡村与城市,其界限也模糊不清了。

3. 日本的城市化模式

亚洲城市发达地区包括新加坡、以色列、日本、韩国、科威特等城市国家,其中新加坡、科威特等国家和受自然条件影响的以色列的城市化水平均达到90%以上。日本、韩国则是地域狭小,人口密集国家城市化的典型代表,特别是日本城市化模式经常为我国学者所借鉴。日本的城市化是与工业化稳步推进的。日本选择高度集中城市化战略,促进了城市化的快速发展,但是,它不是孤立地发展大城市,置农村于不顾,而是十分注意城乡的协调发展。所以日本各城市的城市建设计划就包括城乡两大主体的统一规划建。又如,城市功能的设置不再限定于城市内,而是把周围农村地带也包括在内,呈放射型移动。城市里的商业和娱乐业的设置空间和建设规模是严格按照辐射圈范围的大小合理调整建设的。所以使得日本的城市化得以迅速发展。

(二)发展中国家城市化代表模式

1. 东南亚地区的"desakota"模式

在城市化迅速发展的过程中,东南亚地区在大城市与大城市之间的地带出现了人口密度很高、农业劳动与非农业劳动高度混合、劳动密集型工业、服务业和其他非农行业迅速增长、商品和人口相互作用十分强烈的广大区域,加拿大地理学家麦吉(T. G. McGee)把这类地区叫做

"desakota"。在 Bahasa 印尼语中,kota 指的是城镇,desa 指的是乡村,desakota 指的是城乡混合地区,是麦吉通过对印度尼西亚的爪哇岛进行长期的研究后,对其区域发展的特征加以归纳,从而创造出的词汇。desakota 也是我国城乡一体化模式研究中经常借鉴的模式。亚洲发展中地区 desakota 区域的出现虽然促进了农村地区的经济增长,但是土地利用的混杂性也导致了一些问题的出现,这些问题主要表现为可耕地面积的大量减少以及工业"三废"对环境的污染和对农地的破坏。

2. 拉丁美洲的过度城市化问题

拉美城市发展的主要原因不是技术的进步,而是人口的膨胀,后者成为导致 20 世纪 80 年代之前拉美城市化进程日益加快的决定性因素。由于城市化完全处于自发状态,又缺乏发达国家那样有效的社会保障体系,在很多大城市里,尤其在居统治地位的首都,往往有 1/4 的居民生活在居住条件十分简陋的贫民窟里。他们被排斥在现代生活之外,这也是拉丁美洲发展战略失败的一种表现。拉丁美洲自发城市化引起的主要危险是:进入城市的人所受教育少,专业水平低,使城市居民继续不断地涌向那些生产停滞不前的部门,经济发展难以保持持续增长,同时城市人口中的主要的并不断增生的部分不能实现经济和社会一体化,就会进一步加剧社会不平等,最终把社会引向危机的边缘;同时,由于资金有限,在城区的高额投资将削弱包括农业在内的经济方面及其他生产部门的投资。

三、黑龙江城市化发展现状与问题

1. 城镇化率已经达到一个较高水平,但质量较低,属于显性城镇化状态。目前,黑龙江省城镇人口占总人口的比例虽然较高,但是反映城镇化水平的其他指标则没有这种优势。以 2001 年为例:工业化率,全国为 50.8%,黑龙江省是 57.4%,仅高出全国平均水平 6 个百分点。而第三产业增加值占国内生产总值的比率,全国平均水平是 33.2%,黑龙江省是 31.6%,排在全国倒数第二位;劳动力就业的非农化比率,全国平均为50%，黑龙江省是49.5%；城镇居民年平均可支配收入，全国平均为6280元，黑龙江省是4913元，比全国平均水平低22%。

2. 城镇化发展表面上的高水平，掩盖着统计方法带来的虚高。按照党的十六大全面建设小康社会的目标，到2020年，全国城镇化水平将达到50%以上，而黑龙江省到2002年底已达到53%。但是，这一数据既不是黑龙江省经济和社会发展水平的真实反映，也不意味着黑龙江省城镇化发展的目标提前实现了。因为我国目前的城镇化水平仍然是按照传统的人口统计方式，即以城镇人口占全部人口的比率来表示的，而黑龙江省存在着大量的农场、林场和矿山镇，把这部分人口统统计算在城镇人口中，从而得出的城镇化水平必然存在着虚高的成分。据统计，目前黑龙江省农垦系统人口约180万，森工系统人口约166万。两项之和346万，约占城镇化水平的10个百分点，还有相当数量的矿山镇。这部分人口虽然在户籍统计上表现为城市人口，但事实上大多数人并没有实现区域和产业转移，他们的生产和生活方式还缺少城市特征，只享受到有限的城市文明，绝大部分人还在从事第一产业，严格地说，这部分人口还不是真正意义上的城市人口。如果将这部分人口从城市人口中扣除，那么黑龙江省的城镇化水平大体相当于全国的平均水平。

3. 城市规模结构不合理，特大城市比例偏低，区位优势不明显。目前，黑龙江省有设市城市31个（县级市19个），建制镇464个。同全国的城市结构相比，黑龙江省人口在100万以上的特大城市比例明显偏低。而且大城市产业门类齐全、经济活力强、消费水平高、对周围的辐射带动作用大等优势没有得到充分发挥。人口在50万以下的中小城市比例虽然高于全国平均水平，但同样存在着城市功能不完备、集约程度不高、产业单一等问题，一些资源型工矿城市更是面临较多困难。

4. 城镇基础设施落后，功能不完善，城镇化发展呈粗放型。由于资金短缺，城市建设投入不足，导致我省城镇基础设施普遍落后，影响了城市功能的发挥。以2001年为例，城镇居民人均住房面积，全国平均为 15.5 平方米,黑龙江省是 12.7 平方米,全国排位倒数第二;人均绿地面积,全国为 7.6 平方米,黑龙江省是 7.2 平方米,全国排位第 13 位;人均铺装道路面积,全国平均为 11.6 平方米,黑龙江省是 8.7 平方米,全国排位第 21 位;自来水普及率,全国平均是 96.7%,黑龙江省是 86.5%,全国排位第 16 位;万人拥有公共汽车,全国平均为 9.81 辆,黑龙江省是 7 辆,全国排位倒数第五;燃气普及率,全国 60.4%,黑龙江省是 64.1%,全国排位第 20 位。垃圾无害化处理率只有 20% 左右,同样落后于全国平均水平。由于历史欠账多,城市管理跟不上。特别是后升格的中小城市基础设施的改善,需要做出更大的努力,如城市建设用地拆迁过程中如何协调好各方面利益关系问题,寒地城市冬季供热体系改革和管理问题都需要认真解决。

5. 城镇化发展动力不足,近些年来发展速度明显落后于全国的平均水平。如前所述,黑龙江省城镇化发展目前在统计数字上表现出的高水平,并不是经济、社会发展的结果。因此,改革开放以来,全国城镇化发展进入加速时期,而黑龙江的城镇化发展速度则逐渐放缓,明显落后于全国的平均水平。统计资料表明:从 1990 年至 2000 年,全国城镇化水平年均增长 1%,而黑龙江省年均增长 0.39%,比全国低 0.6 个百分点。

四、黑龙江城市化发展对策

根据全省城市化发展的主要机制,顺应城市化发展趋势,黑龙江省的城市化发展应重点实施以下对策:

1. 寻求合理的城市化进程,创造可持续发展的城市化空间

近代城市化进程与工业化息息相关,以目前我国、黑龙江省的发展进程而言,仍处于工业化发展时期,工业化将仍然是带动城市化最重要的因素。黑龙江省人口城市化与工业化程度较高,工业结构偏重,产品层次偏低,使黑龙江省城市化质量不高,城市经济效益、城市基础设施及城市生活质量等都与高人口城市化不相对应。所以,黑龙江省城市

化进程应从重数量向重质量转变,在相对合理的城镇化速度下,着重加强城镇质量的建设,建设经济活跃、社会繁荣、环境优美的可持续的城市化空间。

2. 通过制度创新和资源整合促进中心城市的发展,形成强有力的"增长极核",加快若干城市群的建设

强有力的聚集效益,对资源的高效集约利用,使大城市的发展在我国日益受到重视,过去那种盲目反对发展大城市的观念正逐渐改变。建设高标准、高效率、辐射力强的大城市进而带动整个区域的发展,正是我国目前发展阶段城市化进程的必然选择。黑龙江省目前已形成了哈、齐、牡、佳、大等实力较强的中心城市,并且以其为中心,初步形成了哈—大—齐城市群以及若干小城市群。借鉴美国"城市群"和日本"都市圈"的城市发展模式,结合我省实际,应加强这些城市群的内部联系,并使之进一步拓展,发挥城市在区域经济发展的极核作用。

3. 促进经济发展与城市化的互动

经济发展是推动城市化的根本力量。据统计我国 GDP 每增长 1 个百分点,可以提供 80 万个新的非农业产业就业岗位。同时城镇化也是促进经济增长的重要推动力,中国社会科学院经济研究所的研究表明,中国经济增长已开始由工业化单引擎发展到工业化与城市化的双引擎。第三产业等劳动密集型产业的拉动无疑将成为城镇化的重要力量。另外,从经济增长的角度,我国新一轮经济增长以住宅、汽车、通信、城市基础设施建设等产业为龙头,拉动钢铁、机械、建材、化工等中间行业,然后再拉动电力、煤炭、石油等基础性行业。可见,推动城市化的直接投入已成为拉动经济增长的主要力量之一,黑龙江省城市化应抓住这一机遇,努力提高城市化质量,重点加大对区域和城市基础设施、生态设施的政策性投入。经济发展所提供的正规就业岗位明显不能保证人口城市化发展的需要,因此要推进城市就业的制度创新。通过低息贷款、减税等方法扶持中、小企业发展,扩大就业渠道;调整就业方式,鼓励灵活就业方式,特别是减少岗位成本较低的非正规就业的诸

多歧视性政策(全国仅有约 1/4 的劳动力可以进入城镇正规就业体系);完善劳动力市场机制和转换效益,逐步实现城镇的劳动力市场。

4. 建设国际性城市,发展外向型的省域城镇体系

作为省域中心城市和东北重要城市之一的哈尔滨市,很早就提出了建设东北亚国际经贸城,将建设国际性城市作为其重要的发展战略之一。而黑河、绥芬河等边境口岸城市近年来已与境外对应城市建立了良好的关系。纵览世界城市发展趋势,在边境地区建设国际性城市已成为发挥这些地区"边缘效益"的重要途径。建设国际性城市将为黑龙江省城市走向现代化提供良好的契机,也将为形成外向型的城镇体系提供良好的基础。

5. 正确处理城市综合发展与专门化之间的关系,建立合理的城镇体系职能分工结构

应充分发挥各城市现有产业基础与资源等方面的优势,合理确定各城市的性质和功能发展方向,正确处理城市综合发展与专门化之间的关系。中、小城市要努力改变产业结构趋同、低水平竞争的状况,提高专门化水平,有效组织城市间的协作。中心城市应在进一步强化自身优势产业的基础上,积极完善城市的中心职能,以在区域中发挥更强有力的辐射作用。资源型城市应改变产业结构单一、层次偏低的状况,强化城市其他职能的建设,加强在市场中的竞争力和应变力。

6. 加快小城镇建设,促进农村城市化

与国内其他省市相比,黑龙江省小城镇的发展与建设的差距很大。小城镇发展与建设的滞后是影响黑龙江省城市化速度和质量的重要制约因素。小城市是接纳农村剩余劳动力的重要途径之一,其发展是促进区域经济协调发展,避免城乡矛盾加剧的关键因素之一。所以,黑龙江省应在重视中心城市建设的同时,坚持"两条腿走路",积极推进小城镇的发展与建设。

7. 加强城市特色的创造,提高城市建设品位

在城镇体系的规划与建设中,应当充分体现"以人为中心"的原

则,注重城市居住舒适度和城市文化品位的提高。各城市要高起点规划、高标准建设、高效能管理,做到规划布局合理、功能完善、设施齐全、景观宜人、管理先进、环境优美,彻底改变城市"脏、乱、差"的现象。各城市要根据自身的发展特点,积极创造城市特色,避免盲目、低水平地模仿建设,改变目前"千城一面"的城镇建设局面,形成鲜明的城市特色体系。

8. 加快社会组织结构与城镇空间结构调控

社会组织结构的变化对城市化有着重要的意义。要实现由"单体制"向"社区制"的社会组织结构转变,推进城乡社会发展要素的自由流动。对于老工业基地和资源型城市内部单位"圈大院"等空间浪费现象要通过规划手段逐步加以扭转,建设具有地域人文特色和归属感、认同感的城镇社会空间体系。城市内"退二进三"、棚户区改造、沉陷区治理等既是提高城市化质量的重要手段,也是实现老工业基地和资源型城市调整改造的具体措施,应当给予政策上的倾斜,这对于盘活城镇土地存量、改善城镇硬环境有着极为重要的意义。要采取积极的城市更新策略,通过规划建设优化投资环境,重塑地方人文精神,为老工业基地调整改造提供高质量的空间载体系统。

9. 促进区域合作与协调发展

东北经济区一直被认为是我国一个相对独立的大经济区,老工业基地调整改造中,能否形成良好的区域协调机制一直是一个谈论的热点。从发展的现状看,东北地区的三省从经济角度互补性并不强,甚至可能更多的是竞争关系。但是如果将市场范围扩大到全国甚至全球,这种竞争可能转换为一种区域合作创新系统,共享信息、市场、研究成果等,则可能形成良好的协调发展格局。区域协调中要把握好政府的角色,长期以来东北地区市场竞争力下降在很大程度上实际上是地方政府间的无序竞争造成的。都市圈、大城市带内的协调发展与此面临同样的问题。实现宏观区域协调更现实的政府间合作应以推动实现城市化外部环境的优化为目标,加强在"东边道"建设、"北水南调"工程等重大区域基础设施、生态保护等方面的协调。

区域协调更重要的是大、中、小城市、小城镇以及城乡的协调发展，逐步实现城镇化的良性发展。区域协调机制主要是要建立城乡统一的经济运行系统、劳动力市场、基础设施和生态设施体系。

参考文献

[1]约翰·M.利维著、张景秋等译:《现代城市规划》，中国人民大学出版社 2003 年版，第 8—9 页。

[2]联合国人口中心编著、沈建国等译:《城市化的世界》，中国建筑工业出版社 1999 年版，第 33—34、264—265 页。

[3]唐璐、薛佳升、许学强:《北美大都市区规划及其对珠江三角洲的启示》，《人文地理》2004 年第 1 期，第 66—67 页。

[4]朗贝尔、G.M.马丹:《拉美国家的城市化特点》，中国城市科学研究会中国城市规划设计研究院情报所 1987 年版，第 204—209 页。

作者简介

李春林(1968—)，男，东北农业大学博士研究生，黑龙江工程学院管理系副教授，研究方向:宏微观经济学。

论城乡土地市场的协调发展

作为配置土地资源的重要手段和方式,土地市场在提高土地资源利用率、满足不同用地者需求方面具有重要作用。城镇土地市场的建立主要源于城镇土地使用制度改革,城镇土地市场建立后,改变了过去土地资源的行政分配,而是由市场在不同使用者间调配土地资源。虽然中国的改革是从农村土地开始的,但改革仅涉及土地的承包经营权。不仅没有考虑到农村范围内非农用地,而且由于特殊的所有制——农村集体所有制的存在,反而加大了城乡差别,促进了城乡二元结构的形成和固化。由于城镇土地价值量巨大,地方政府往往利用自身的权力,大量征地,以低价补偿农民,然后再将所征土地出让,从中获取大量土地收益。在这一过程中,农民的利益被侵害。造成这一问题的原因,一是征地制度的不合理,二是国家限制农村土地进入土地市场,城镇和农村没有形成协调统一的土地市场。因此,建立城乡协调的土地市场不仅有利于土地资源的集约利用和有效配置,符合我国社会经济发展的目标。十一五规划纲要中也提出要坚持统筹城乡经济社会发展的基本方略,在积极稳妥地推进城镇化的同时,扎实稳步推进新农村建设,而土地市场的发展和建设无疑对社会主义新农村的建设具有重要意义。

一、城乡土地市场协调发展的内涵

城乡土地市场的协调发展就是要完善土地资源的配置机制,充分发挥市场在资源配置中的基础性作用,在农地市场和建设用地市场相分离的条件下,打破城乡人为划定的界限,把城乡土地作为一个整体,使城镇土地市场和农村建设用地市场在市场机制的作用下协调发展。可见,城乡土地市场的协调发展就是要改革现行的征地制度,允许农村建设用地进入土地市场进行使用权流转,在全社会范围内、在各行业间进行土地资源配置,而不再以使用者的身份作为是否可以使用农村土地的标准。

(一)城乡土地市场协调发展的内容

要实现城乡土地市场的协调发展必须改革相应的制度和政策,大力发展城镇土地市场和农村土地市场,实现城镇土地市场和农村土地市场运行的和谐统一。具体来说,城乡土地市场的协调发展应包括以下几方面的内容:

(1)城乡土地资源配置方式的协调一致。主要是指城乡土地市场土地资源的配置方式都应以市场机制为主要的配置手段,发挥市场机制的基础性作用,提高土地资源的配置效率。实现城乡土地资源配置方式的协调一致就是要提高城镇土地和农村土地的市场化配置水平,不仅要改革农村土地使用制度,促进农村农用地的流转,允许农村建设用地进入市场,以市场的方式进行配置,还要改革征地制度,提高城镇土地资源配置的市场化水平。

(2)城乡土地管理制度的协调。主要是指政府在管理城乡土地市场时,必须坚持适度统筹原则,在关注城镇土地市场发展的同时,加大对农村土地市场建设的力度。多从制度和政策的角度给予农村土地市场的发展一定的支持和帮助。推动农村土地市场的发展,完善城镇土地市场的建设,促进两个市场的和谐统一。

(二)城乡土地市场协调发展的特征分析

城乡土地市场的协调发展表现为土地使用权在城乡间的流动,城镇土地市场和农村土地市场的全面、协调和可持续发展。在统筹城乡土地市场发展的过程中,要深刻认识和全面把握城乡土地资源配置的现状、矛盾及其演变趋势,按市场经济运行规律切实做好城乡土地资源的整合,充分利用土地资源,全面提高土地资源配置效率,促进城乡土地市场的共同进步、全面繁荣。

城乡土地市场的协调发展就是改变城镇土地市场和农村土地市场发展不协调的现状,推动城镇土地市场和农村土地市场的共同发展。城乡土地市场的协调发展具有以下基本特征:

(1)城镇土地市场和农村土地市场均有较高的市场化水平

城乡土地市场的协调发展必须以城镇土地市场和农村土地市场两个市场的全面发展为基础。也就是说,两个市场均具有较高的市场化水平,两个市场均较为发育和健全。在城镇土地市场和农村土地市场中,土地资源的配置以市场机制为手段,并采用公平竞争的方式,如拍卖,来选取土地使用者。在市场中,中介服务机构充分发挥服务职能。对于某块土地的价格,中介评估机构能给出一个客观公正的价格。

(2)城乡建设用地的统一配置

在城乡建设用地统一配置的框架下,土地使用者仅以土地的区位及价格是否符合自身需要为出发点来选择使用某块土地,而不再顾及某块土地属于集体所有而不能使用的问题。也就是说,不再以土地使用者的身份来作为限定其使用土地的条件。改变过去那种只能是乡镇企业或是集体成员才能使用集体土地的局面。只要土地使用者对该块土地的利用符合土地利用规划及相关的制度和政策,就不能排斥其获取土地使用权的可能。

(3)城乡土地市场土地管理制度的协调统一

城乡土地市场协调发展一个重要特征就是城镇土地市场和农村土地市场管理制度的协调统一。例如土地使用权进入市场交易的条件、土地税收制度等。城乡土地市场的协调发展必须以城镇土地市场和农村土地市场管理制度的协调统一为基础。当然这并不是说,所有的制度必须一致。由于我国特殊的社会现实条件,城镇土地的全民所有制与农村土地的劳动群众集体所有制同时并存,因此对于城镇土地市场和农村土地市场来说,在制度层面上存在着一定的差异也是允许的,只要这种差异不是决定性的根本差异,我们还可以说两者是协调发展的。

二、城乡土地市场协调发展过程中城乡土地市场的关系分析

在城乡土地市场协调发展的过程中,城镇土地市场和农村土地市场具有同等重要的地位。城镇土地市场完成城镇土地资源的配置,它直接关系到我国房地产业等部门的运行,并对国民经济产生影响。而农村土地市场,尤其是农村建设用地市场与城镇土地市场关系密切,两者相互影响。作为建设用地市场,由于所配置的土地具有相同的利用方式,不涉及土地利用方式的转变,尽管所有制等方面还有一定的差异,但两者间的协调统一是比较容易实现的。通过农村建设用地入市,土地使用者可以在土地市场中任意选取能满足自身需要的城镇土地或是农村建设用地,实现城镇土地市场与农村建设用地市场的协调统一。而对于农村农用地市场来说,由于其所配置的土地是农用地,与城镇土地市场中配置的建设用地存在利用方式上的不同,而我国又实行土地用途管制制度,两者间的相互转化必须经过政府及土地管理部门的批准。在现行征地制度条件下,农用地通过政府行使征地权,将属于农村集体的农用地征为国有建设用地,并由政府以出让或其他形式将其分配给土地使用者使用。两者间的关系多表现为农村农用地转变为国有建设用地,这种转化是单向的,是非市场化的,是以行政命令为基础的。因此,农村农用地市场与城镇土地市场的协调必须以征地制度的改革和完善为基础。

三、城乡土地市场协调发展的目标

城乡二元结构的产生及存在有一定的历史原因和背景。由于多年的发展,它已经植根于中国社会的各个方面,包括法律、制度和政策。因此,短期内打破城乡二元结构,消除城乡差别是不可能的。城乡土地市场协调发展也正是在这一历史背景下提出的,也必将受到这一客观

现实的影响。城乡土地市场协调发展的实现是一个较长期的过程,因
为它不仅包括城镇土地市场和农村土地市场的建设和发展,还包括相
应制度的协调统一。其中涉及的关系非常复杂。因此说,城乡土地市
场协调发展的实现是一个长期的过程。由于城乡土地市场协调发展的
目标并不是单一的,因此可以根据实现时间的远近进行划分。

　　近期目标:农村土地市场化水平的提高和城镇土地市场的完善。
这一目标的实现主要包括允许农村建设用地入市,制定管理办法,引导
建设用地使用权的合理流动;修改《土地管理法》等相应的法律法规,
承认农村建设用地入市的合法性;促进农村农用地的合理流动;改革征
地制度,并建立失地农民的社会保障体系;完善城镇土地市场。

　　中期目标:农村土地市场与城镇土地市场制度的协调统一。主要
是改革不同的土地管理制度及政策,如税收政策等,以消除城乡土地市
场协调发展的制度障碍。

　　长期目标:建立城乡统一的土地市场。这也是城乡土地市场协调
发展的最终目标。建立城乡统一的土地市场,就是要打破城乡二元结
构,使城镇土地市场与农村集体建设用地市场的合并运行,形成一个统
一的建设用地市场,实行建设用地市场与农用地市场的分离,最终实现
土地资源在全社会范围内的合理有效配置。

四、城乡土地市场协调发展的对策

（一）允许农村集体建设用地入市

　　随着我国社会主义市场经济体制的逐步建立和民事法律制度的逐
步完善,农村集体建设用地的资产性质逐渐显现出来,以出让、转让
（含以土地使用权作价出资、入股、联营、兼并和置换等）、出租和抵押
等形式自发流转农村集体建设用地使用权的行为屡有发生,在数量和
规模上有不断扩大的趋势。集体建设用地隐形市场客观存在,反映了
市场经济条件下对农村集体建设用地使用权流转的内在需求。国家应
顺应客观现实的需要,明确农村建设用地入市的合法性,并从制度上加

以规范,引导农村集体建设用地的高效、合理利用。

农村建设用地进入市场必须遵循同种产权同等对待原则、自愿、公开、公平、等价有偿原则、统一管理原则、用途管制原则。不同的主体对流转年限有不同的偏好。用地者多期望拥有较长的使用年限,以获得稳定的用地环境。而土地管理者和所有者则希望使用年限较短,以便于及时调整土地利用方向,合理配置土地利用结构,土地所有者可依据地价的变化及时调整土地收益,获得土地价值的增量。从我国目前的实践来看,各地试点时确定的使用流转的年限也各不相同。有的 3 至5 年,有的 10 至 15 年。建议参照城镇国有土地使用权出让、转让和出租的有关规定来确定年限范围。具体的使用年限可由集体组织与土地使用者协商确定。

农村建设用地进入土地市场后,土地资产性充分显示出来。面对价值量较大的土地收益,应明确其分配和使用:集体建设用地流转的收益绝大部分应归集体经济组织;集体建设用地使用者将无偿使用的集体建设用地(包括宅基地)流转后,所获收益应由集体经济组织与其共享,协商分成;集体建设用地在流转中的土地收益应主要归原土地使用者,有增值收益的,应按合同约定与土地所有者分享;集体经济组织所获得的土地收益,一半以上应用于农村社会保障体系的建立,如农民的养老保险、医疗保险等。剩余部分,可部分用于集体发展村集体经济,其余的应分配给农民。鼓励农民将这部分收益以股份方式,投入发展股份制集体经济,以获得长期稳定的收益;市、县政府可以对农村集体建设用地使用权出让、转让、出租和抵押等行为,依法征收有关税费。农村集体建设用地使用权出让、转让后有增值的,参照《中华人民共和国土地增值税暂行条例》的标准缴纳土地增值税[1]。

(二)改革征地制度

1.明确征地权的使用范围。一般来说,“公共利益的需要”应当是指以服务于公共利益为目的,而非以营利为目的的。既然是公共利益,在受益权上不具有排他性。可见,“为公共利益的需要”的事业或项目主要应包括:国防建设用地、水利建设项目、公共事业用地(包括医疗卫生用地,慈善、福利事业用地,教育用地)、政府机关用地、交通用地、"经济适用房"用地以及其他公益事业的用地等。然而由于经济发展、建设用地需求量激增,若仅符合要求的项目才可以征地,势必造成土地价格高涨,制约经济发展。因此对于非公益性的经营用地可以采用农用地转用的办法依法按市场交易规则加以解决。这样,根据不同情况分别采用不同的获取土地的方式,既可以满足用地需求,又符合法律的规定。

2. 做好安置工作。安置工作事关农民失去土地后的生存与发展问题,是关系到农民切身利益的大事。被征地农民的安置问题之所以难以解决原因有以下几个方面:一是农民自身的文化素质较低,且缺乏劳动技能,难以适应企业用人的要求;即便是暂时得以安置,大部分也很快因企业关、停、并、转和精减人员而下岗或离岗[2]。二是由于我国经济欠发达,乡镇企业、第三产业发展缓慢,客观上没有条件给予安置。也正因为如此,劳动力的安置,尤其在经济欠发达地区,对农民更具有重大意义。由于各地情况各异,对征地农民的安置也必须根据当地的经济发展情况而定。可采用多种形式:调地安置、就业安置、货币安置、投资入股安置、留地安置等方式,而对于不能安置的,也可以一次性发放安置补助费,使有一技之长者自谋职业,走多元化安置之路。

3. 提高征地补偿标准。征地补偿实质上是农地所有权转移的价格。征地虽具有强制性的特点,但它应体现在征地行为因国家需要而必然发生上,而非补偿的不对等上。按市场价格确定补偿标准不仅是社会主义市场经济体制的内在要求,也是农村土地集体所有权同国家土地所有权平等地位的体现。以市场价格为基础,充分体现土地的区位因素,农民能够获得较高的补偿,在农地所有权转移的价格中,必然含有国家投资、土地的无可增加性等因素。因此,国家还应当对其增值部分按一定比例征收土地增值税。对于国家的交通、水利、通信等基础性设施建设项目,在原有补偿标准的基础上应给予提高,要充分考虑到土地对于农民的保障功能。当然以市场价格确定补偿标准的实现应当是一个渐进的过程,而且它的实施还需要许多相关配套措施的制定。

4. 增加征地补偿的内容。作为集体经济组织中的一员,农民终身拥有土地所有权;同时,作为土地承包经营者,农民对一块土地拥有30年的承包经营权。然而在计算征地补偿的过程中,仅对土地价值、劳动力安置、青苗损失及地面附着物予以补偿,显然补偿内容还不完善。应当增加农民在30年内土地正常收益权损失、土地潜在收益损失、相邻土地的损害[3]。

5. 明确征地补偿的分配办法。对于征地补偿的分配,由于没有统一的规定,因而较为混乱,农民意见很大。产生这一问题的根源在于农村土地所有权产权关系不清。农民集体所有的土地依法属于村农民集体所有的,由村集体经济组织或者村民委员会经营、管理;已经分别属于村内两个以上农村集体经济组织的农民集体所有的,由村内各该农村集体经济组织或者村民小组经营、管理;已经属于乡(镇)农民集体所有的,由乡(镇)农村集体经济组织经营、管理。虽然在《土地管理法》中已有明确规定,但实际上很难界定哪一类产权主体能实际拥有土地所有权,使农村土地所有权在实际中存在产权主体模糊和缺位的现象。由于产权主体的模糊与缺位,造成征地补偿分配的混乱。

要改变征地补偿分配混乱的局面必须明确产权关系,即明确产权主体,并完善土地主权权能。可以通过发放集体土地所有权证的方法来实际确认集体土地所有者。

6. 制定《土地征收征用条例》。征地具有强制性,涉及国家、集体、个人三方的利益。而且由于其中潜在的巨大经济利益,使得征地逐渐成为土地问题中迫切需要解决的一项。在我国,目前仍没有一部单独而完善的法律对征地行为加以规范,加剧了征地过程中征地权滥用、补偿标准低、补偿资金不到位、被征地农民得不到安置等问题。目前,关于征地的法律规定仅在《土地管理法》中有较为详尽的体现,由于受各种因素的限制,内容不够全面具体。鉴于征地的重要性及实际操作的复杂性,建议对土地征收征用制定专门的法律规范。虽然宪法修正案中区分了征收和征用,但并没有对征收和征用做出详细的解释和说明。因此,制定《土地征收征用条例》时,首先应明确征收和征用的内涵。根据2004年颁布的宪法修正案,所谓土地征收,是指国家为了公共利益的需要,根据法律、法规规定,强制性地获取集体土地所有权,并给予补偿的行为。而土地征用,是指国家为了公共利益的需要,根据法律、法规规定,临时使用公民、法人和其他经济组织的土地,使用到期后予以归还的行为。其次,对征地的范围、审批程序、执行过程、补偿方式、安置办法等内容做详细的规定。制定时应尽量全面、详细、具体、公正、可操作性强。任何含糊的规定都会让某些土地使用者有机可乘,导致寻租行为和投机行为的发生。

7. 建立被征地农民的社会保障体系。土地对于农民来说不仅是重要的生产资料,而且也是一种保障。正是由于土地对于农民的特殊含义,所以许多农民即使举家迁入城市,也不愿放弃土地。基于此,应当对失去土地的农民给予一定的社会保障。政府应尽快把"失地农民"纳入整个社会保障体系,并由国家、集体、个人三者共同来承担费用。

(三)完善农村农地流转市场

1.进一步完善农村土地产权制度

应在确保农村土地所有权归农村集体所有的前提下,要明确界定农民的土地财产权利,特别是明确农民土地承包权的物权性质,使农户真正享有"占有、使用、收益和处分"四权统一的承包经营权,赋予农民对承包经营的土地更多的权益,如抵押、转让、租赁、入股等等,让农民作为非所有权人享有的土地使用权得到充分的发挥,利用土地产权权能,优化土地资源配置。这些权能需要在政策和法律上予以明确,给予肯定和保护,要使农村家庭承包经营权流转纳入法制化轨道只有农民的土地承包经营权构成了完整的产权,农户土地流转的主体地位才能真正确立起来,土地使用权主体的权利才能得以明确。这是我国土地流转健康发展的前提。

2. 建立农地市场基准地价,并定期公布

农村土地基准地价的建立对于农村土地市场的发展具有重要意义,它是农用地转用、征地、土地流转的重要依据。农村土地基准地价主要包括农村农用地基准地价和农村建设用地基准地价。农地基准地价是指在农村范围内,以县域为单位对现状利用条件下不同级别的土地(主要是耕地),或者土地条件相当的地域,按照土地所有权、土地使用权等不同权利分别评估确定的某一时点的平均价格[4]。农地的基准地价确定后,应及时公布并根据经济的发展和变化及时更新、修订。

3. 发展农村土地中介服务机构

农村土地市场的建设和发展离不开中介机构的服务,因此,对中介服务机构的培育和管理也成为当务之急。在农村,应根据土地市场所需的服务内容——地价信息、土地供求信息、物业管理、土地经纪和资金融通,建立农村土地中介服务体系,主要应包括:土地评估机构、土地市场信息咨询中心、物业管理机构、土地经纪机构和土地金融部门[5]。要建立健全土地流转市场信息、咨询、预测等服务系统,有条件的地方,要尽快建立农村土地使用权流转的经营公司[6]。

4. 建立多层次的农村社会保障体系,完善农村社会化服务体系

土地是农民谋生和福利的主要保障,如果不能解决好包括就业、医疗和养老在内的农村社会保障等问题,开展长期、广泛、有效的土地流转就是一句空话。因此,必须建立多层次的农村社会保障体系,包括农村社会保险、社会救济、社会福利、优抚安置、社会互助以及发展和完善农村合作医疗制度等。要逐步弱化土地的福利和社会保障功能,为土地转出者解决后顾之忧。此外,要完善农村社会化服务体系,特别是强化农村合作经济组织的服务功能,在农业的产前、产中、产后为农民提供资金技术、农产品加工及销售等配套服务,为农村土地市场发育提供良好的外部环境。

5. 规范集体组织的行为

在农村土地纠纷中,有相当一部分是由于集体组织的违约、违法行为造成的。因此,要发展农村土地市场,必须首先规范集体经济组织的行为。坚决杜绝村委会未经村民同意私自进行交易,将土地出租或转让。坚决杜绝村委会对与农民签订的合同随意变动,影响农民的生产积极性。

(四)提高城镇土地资源配置的市场化水平

在建立和发展社会主义市场经济的条件下,要规范发展土地市场,取消"双轨制",实行"单轨制"是势在必行的。对军事、国防等公共事业用地可以由中央政府或国土资源部把关,进行特批。对于城市建筑用地等经营性用地要实行公开拍卖,既要使土地价格以基准地价为依据,又要使土地价格的形成能够反映土地市场的需求[7]。协议出让土地使用权的方式人为的可操作性太强,容易导致寻租活动。竞争机制不能引入到土地出让中来,导致土地资源配置的低效。因此要在征地制度改革、完善招标和拍卖出让的基础上逐步取消协议出让。

(五)规范政府行为

1. 转变政府功能,净化政府环境

政府既是行政部门,也是服务机构。长期以来,政府部门忽视了服务职能,给老百姓留下了"门难进、事难办、脸难看"的印象。要规范政府行为,就是要改变过去那种只发布行政命令、以权压人的工作作风,充分体现其服务职能。通过提供优质的服务,实现土地使用权交易信息的公开透明等手段来促进土地市场的建设,而不是直接干预市场,甚至从土地市场中获利。转变政府职能就是要改变政府工作人员的观念,树立服务意识。要提高政府工作人员的素质,一是要加强队伍的组织建设,保证队伍的纯洁性。二是要加强队伍的思想建设,保证队伍的廉洁性。三是要加强队伍的制度建设,保证队伍的纪律性。四是加强队伍的素质建设,保证队伍的高效性。五是加强队伍的装备建设,提高队伍的战斗力。

2. 界定政府的行政空间和职能范围

政府管理行为的不规范主要是行政权力的滥用。行政权力的干预扰乱了市场机制配置土地资源的效率,从而造成土地资源的低效利用,土地市场混乱。因此必须严格界定政府的行为空间和职能范围,该政府行政干预的不能不管,该由市场配置的政府不能参与,真正做到政府调控和市场机制相互配合,实现土地资源的优化配置。首先,明确划分各级政府、土地管理部门及职能部门的职责范围,明确权力分工,既不能越位,也不能缺位。第二,健全法律制度,实现政府经济职能的法制化。以法律的形式明确规定政府的行政行为,切实保护市场中各方的利益。第三,遵循市场经济规律,合理确定供应土地的数量、时机、出让方式、年限、价格等,实现土地的集约利用和节约利用。

3. 提高行政能力和透明度

为防止土地市场中出现"寻租活动"、"隐形市场",变暗箱操作、灰箱操作为公开交易,政府应公开办事程序,严格界定并向社会公开有关出让方式的适用范围及有关规定。首先,要公开出让土地和转让土地的过程中所涉及的政府及各职能部门(土地行政管理部门、银行、财政、工商、税务等)的内部工作制度和程序。让所有土地使用者明确办理的条件和要求,这样不仅可以提高办事效率,而且可以更有效地监督政府部门办事人员的行为。其次,向社会公布各职能部门的职责权限,使公众了解各行政机关的权力、职责内容和范围等,以便于社会更有效地监督各部门的行政行为,防止个别执法机关和管理部门的非理性行为,如乱收费、乱罚款等。

4. 完善监督机制,加大处罚力度

要完善监督机制,加强对政府用地行为的监督和检查,越来越多的事实表明,政府及其职能部门违法在土地违法案件中占有较大比重。近年来政府及职能部门违法案件数量虽有所下降,违法用地量却大幅度增加[8]。因此必须深化治理整顿,减少政府用地的违法行为。执法监察队伍要严格执法,对于土地违法案件要公开查处,及时通报,让群众切实参与到土地违法案件的监督管理工作中来。同时,改革领导干部的考核制度,对于土地管理工作的情况也要计入考评成绩。坚决打击土地使用权出让过程中的腐败问题。

（六）发展中介服务市场，规范中介服务机构行为

中介机构是土地市场发展过程中不可缺少的组成部分。要发展土地市场，必须完善中介服务体系。政府部门要加强对中介机构的管理，包括从业人员的资格管理、机构的资质管理、技术标准的制定和信息服务管理。对违规机构要加大处罚力度，促使其成为独立经营、自我发展、独立承担风险的市场主体，真正保证中介组织能独立、客观、公正地从业。土地市场中介组织也应注重自身的完善和发展，加强内部的管理和创新，增强竞争力。从实际需要出发，培养既了解国际服务贸易规则，又对经济发展形式具有较高判断力和掌握新技术的高素质的土地中介服务人员，以适应入世后我国的新形式。

（七）制定科学的招标拍卖规则和计划

制定科学的招标拍卖规则就是要改变过分强调"价高者得"，变单一标准和指标体系为从多个角度综合评价并最终确定土地使用者。借鉴国外招标时对方案评价的四个标准——方案、经济贡献、项目产生是否会对地区造成负担和价格。在进行土地招标拍卖时，在价格的基础上，应对企业提出的可能方案进行评判。此外，还应考虑开发企业的资质、经济实力和信誉等条件。也就是说在招拍挂的过程中，要改变目前以价格为主的选取标准，采用综合评标方式确定地块获得者，使中标者真正是优质开发企业，以实现土地的最优化配置。

（八）鼓励存量土地入市

存量土地的开发潜力巨大，而且对缓解城镇土地需求压力，减小城镇扩张规模具有重要作用。因此，必须鼓励存量土地进入市场。一要加强原划拨土地的管理，严禁划拨土地使用权非法交易。二要挖掘现有城镇建设用地的潜力，促进城镇土地的集约利用。此外，还应转变依靠占用耕地扩大城区面积的旧有模式，尽量发展由非耕地转化的增量土地市场，以满足社会经济发展的要求。

五、结束语

城乡土地市场的协调发展以城镇土地市场的完善为基础,以农村土地市场的改革和建设为重点,以集体建设用地入市和征地制度改革为纽带,以法律法规的协调统一为条件,两者相互促进,共同发展,并最终实现城乡土地市场的和谐统一。由于目前我国城乡差别较大,因此城乡土地市场的协调发展将是一个长期而漫长的过程,需要很长的一段时间。本文也仅对目前我国城乡土地市场的建设提出了初步的对策和建议,对于农村土地市场的深入改革和城镇土地市场的完善还有待于进一步探讨。

参考文献

[1]国土资源部土地利用管理司:《集体建设用地流转调研报告》,2001年。

[2]朱明芬:《浙江失地农民利益保障现状调查及对策》,《中国农村经济》2003年第3期。

[3]汪晖:《城乡结合部的土地征用、征地权与征地补偿》,《中国农村经济》2002年第2期。

[4]毕宝德:《土地经济学》(第4版),中国人民大学出版社2002年版。

[5]王克强、刘红梅:《中国农村地产市场研究》,上海财经大学出版社2003年版。

[6]韩连贵:《关于农村土地使用权流转的发展趋势分析》,《经济研究参考》2005年第10期。

[7]陈翠芳、娄策群、朱青:《我国土地市场的发展现状与对策》,《经济问题研究》2004年第8期。

[8]操小娟:《土地利益调整中的地方政府行为分析》,《中国软科学》2004年第5期。

我国房地产市场理性发展评价

黄辉玲

目前,关于泡沫论与反泡沫论、房地产开发投资过热与反过热说、空置率争议、物业税收、国家调控收放、土地供应制度改革等各界人士争论不休。如何切实可行地制定国家调控政策、规范房地产市场,亟须对现实的可搜集的数据进行客观、公正的评价,以供决策者参考。我国的城市房地产市场在其发展过程中,其对经济效益、社会效益、生态效益造成的影响都不可忽视,坚持科学发展观,积极开展城市房地产市场理性发展评价,高度重视房地产业各要素的最佳配置,使房地产市场内部功能及外部功能(生态效益、社会效益)最大限度地优化,使其与国民经济充分协调发展,具有十分重要的意义。

房地产评价方法很多,涉及的内容和指标也不尽相同。本文将其归纳为单指标评价和综合指标评价两大类。

一、单指标评价

单指标评价是指用一个指标来对房地产市场进行评价,一般选用房价收入比、租售比值、空置率和住房消费支出比重等具有代表性的指标来进行。它们虽然不能全面系统反映市场的情况,但可以从一个重要侧面反映市场概貌。本文选择的几个指标,主要是从房屋价格上对市场趋势进行评价,简单、快捷,易于操作。

（一）房价收入比

关于房价收入比（Housing – Price – to – Income Ratio）的定义较多，本文以联合国人类住区（生境）中心的定义为准：房价收入比是指居住单元的中等水平住房的自由市场价格总额与中等家庭年收入之比。其计算公式为：

房价收入比＝一套中等水平住房的市场价格总额/城镇居民中等家庭年收入

在计算房价收入比时遇到的最大困难就是计算口径问题，争论颇多。主流观点认为中国的房价收入比在 10∶1 左右，远远高于西方发达国家的合理阈值 3—6∶1，而华远集团董事长任志强的一份地产报告显示，中国的房价收入比中位值在 3.32∶1，房价合理（盛磊岚，2005 年）。为了减少不必要的争论，计算房价收入比时一定要统一口径：首先是房价应采用市场中位价。按照联合国人居中心所发布的《城市指标指南》的规定，中等住房价格是指在售房者不是迫不得已而卖房的情况下，住房进入市场适当长的时期后的出售价格，该地区内有 50% 住房的价格低于这种住房；有 50% 的住房价格高于这种住房，无论是新的还是旧的。因此，按联合国人居中心的要求，房价是指市场上各类住房的中位市场价格，而不是平均价格。对于以多大面积来计算一套住房的总价值，不同的学者取不同的数值：有的取 50 平方米，有的取 60 平方米，有的取 70 平方米。这样的计算自然会得出不同的房价收入比。据建设部统计，2006 年底，我国城镇人均住宅建筑面积达 27 平方米，按平均每户家庭人口 3 人算，每套住房面积为 81 平方米，考虑我国 1.12 亿平方米的空置房大部分是 100 平方米以上的大户型，以 80 平方米作为一套或一个居住单元来计算应该更为符合实际。这刚好与苗天青（2004 年）、梁荣（2005 年）的研究结果吻合。

其次，是关于家庭收入问题。联合国的计算采用的是房价中位数与家庭收入中位数之比，而不是平均数，因为考虑居民住房的购买力主要看中等收入家庭是否具有购买力，他们是需求的主体。根据《城市指标指南》中的定义,中等家庭收入是指一个中等家庭所有来源的总收入,包括工资、薪水、业务活动或非正式行业活动的收入、投资收入,以及在能够获得有关信息的情况下,还包括诸如消费本可以出售的农产品这类的隐含收入。但国内研究者大多以城镇居民的人均可支配收入再乘以家庭平均人数(以3人作为一个中等家庭人数基本符合国情)作为家庭收入,即以平均家庭收入代替中位、中等家庭的收入。这样计算是否合理呢?且看表1。

表1　中国不同收入组群收入或消费所占份额

收入组群	最低20%	第二个20%	第三个20%	第四个20%	最高20%
消费占比(%)	5.9	10.2	15.1	22.2	46.6

数据来源:汪利娜:《房价走高辨析》,《中国房地产信息》,2005年,转引自《2000—2001世界发展报告》,中国财经出版社。

如果以总人数为100人,总收入为100元为例,则可算出平均收入为1元/人;但计算中位数人群收入则应以第三个20%人群收入为准,即中位数人群人均收入为15.1/20,即0.755元,仅占平均收入的75.5%,相差很是悬殊。

当然,在中国1999年住房制度改革前,国家是给大部分城镇政府部门的职工和国有企业的职工分配住房的,住房改革使公房以很低的价格销售给本单位的职工,职工将从单位获利的福利房上市出租出售,尽管房屋因建造年限、地段和品质等可能不及新建商品房,但在北京等大城市,仍可获利20万至60万元的收益,这相当于普通工薪阶层几年、甚至几十年的收入,这种巨大的收入是绝对不能忽略的。而且,联合国考虑的是各种收入,而中国各种福利性收入和隐性收入都没有计算在内(见表2)。

表1　城乡居民储蓄存款与工资总额　　　　　　　　（金额单位:亿元）

年份	职工工 资总额	城乡居民 储蓄存款	储蓄存款 增加额	储蓄增加额/ 工资总额
1998	9296	53407	7615	81.9%
1999	9875	59621	6253	63.3%
2000	10656	64332	4977	46.7%
2001	11831	73762	9458	79.9%
2002	13161	86910	13233	100.5%
2003	14743	103617	16631	112.8%
2004	16900	119555	15929	94.25%
2005	19980	141051	21496	107.6%

资料来源:《中国统计摘要》(2006),中国统计出版社(各年)。

上表中列出了城乡居民储蓄存款和职工工资总额的数据,从中不难看出,从2002年以后,居民存款增加额已超出了职工工资总额,2004年二者几乎相等。如果职工工资总额就是全部收入,那么在老百姓不吃不喝的情况下,存款还比总收入高,这些存款的钱都是从哪来的? 可以推断,居民的收入是多元化的,职工工资只不过是其收入的一部分而已。

综合来看,笔者认为虽然以平均家庭可支配收入替代中位家庭收入明显抬高收入值,降低房价收入比,但福利房上市的获利、隐性收入及其他福利性收入无法计算,所以真正的房价收入比与以平均家庭可支配收入计算出来的房价收入比趋于一致,可以用平均家庭可支配收入来计算房价收入比。

按照国际惯例,房价收入比以3—6:1为宜。据1990年联合国人居中心与世界银行共同发起,对全球具有不同收入水平与不同地理区域中,有代表性的52个国家(地区)的城市进行的住房调研结果表明,全球52个国家的住房价格与家庭年收入比平均为5(林志群,1994年)。而我国的房价收入比明显偏高(见表3)。

从这组数据看,在全国范围内,房价的上涨伴随着居民收入的上升,整体上虽没有什么严重扭曲。但大部分地区的房价收入比畸高,则成为市场运行不良的重要表现,也是人们关注房地产市场的热点。例如上海,是房价收入比处于中国高位的城市,2004 年的平均价位是6000—7000 元/平方米,20000 元/平方米以上的楼盘比比皆是,其房价收入比更是在 10 倍以上。以房价收入比作为房地产市场理性评价的单一性指标,可以反映中国房地产市场的有效需求和有效供给,房价收入比过高,房价超出了居民的消费能力,居民的有效需求不足。导致房价收入比高主要有两方面原因:一是过高的商品房价格;二是偏低的居民收入。过高的房价收入比引发房屋空置率的居高不下。

表3　1998 年—2005 年我国的房价收入比情况

年份	商品住宅平均销售价格（元）	人均可支配收入（元）	平均每户家庭人口（个）	房价收入比
1998	1854	5425	3.16	8.7:1
1999	1857	5854	3.14	8.1:1
2000	1948	6279	3.13	7.9:1
2001	2017	6859	3.10	7.6:1
2002	2092	7702	3.04	7.1:1
2003	2197	8472	3.01	6.9:1
2004	2549	9421	2.98	7.6:1
2005	3010	10493	2.97	7.7:1

注:房价收入比 = 总房价/总收入;总房价当年房价乘以 80;总收入城镇居民家庭平均每人每年可支配收入乘以居民家庭平均户规模。
数据来源:《中国统计年鉴》(各年)。

(二)租售比值

租售比值(Rent to Sale Ratio)是指在特定时期某一国度或地区内,平均一套住房租金与售价之间的比例关系,可以反映住房租赁市场和买卖市场上住房租金和售价之间的关系。用以下公式来表示:

租售比值 = 住房租金(月或年)/住房价格

租售价格应保持合理的比价关系,经验数据是:如果按月房租计算,租售比价应为1:100;如果按年房租计算,租售比价为1:8。

　　相对于房价来说,租金更稳定一些,租房人的目标是居住,而没有投机的因素。消费者可以根据租售比价在买房和租房行为之间作一衡量。在一定的条件下,由于房屋销售与房屋租赁间存在着一定的互动性,也就是说房屋售价上涨会引发房租上涨,同理房租上涨也会在一定程度上导致房价上涨。我们在同一坐标系上来描绘房屋销售与房屋租赁两个市场(如图1),在供给一定的情况下,假设房屋销售与房屋租赁市场的均衡分别是 P_3、P_4,当商品房销售价格上涨为 P_1 时,一部分有效需求将会转移到租赁市场上来,从而使商品房租赁市场价格上升为 P_2;如果商品房租赁价格从 P_4 上升为 P_2,租赁市场上的有效需求将会转移到销售市场上,从而带动销售市场价格的进一步攀升。由此可以看出,实际租金①在很大程度上影响着消费者的购房行为。房租很便宜,消费者没有动力购买房屋;租售比价高,不但能激发起消费者的购买欲望,有的人甚至购买多套住宅收租金,从而引发投资需求。一直以来,房屋租赁市场是我国房地产市场的“短板”。从 1979 年至 1998 年,我国房改经历了漫长的 20 年,房改的内容包括“提租增资”,就在 1997 年,在国务院的统一部署下,全国包括上海、天津、广州等 21 个大中城市提高了公有住房的租金标准,平均租金由每平方米使用面积 0.85 元提高到 1.19 元,与同期的商品住宅平均销售价格 1790 元/平方米相比,月租金与房价的比例仅为 1:1504,严重偏低。极大地抑制了居民购买住宅的需求。1998 年后,实行货币化分房,这种情况才得以改善。

　　根据网上搜寻的结果,在报价上减去 5% 作为实际租赁价格,计算实际售价也做这样的处理,得出中国城市房地产的租售比价为 1:200—400 之间。租售比价具有很强的区位特征,不同物价、不同收入水平的不同地区,以及就业人口、就业机会的差异,都会表现不同的租售比价。

　　在租售比值严重偏低的情况下,购买需求依然旺盛,商品房价格还

---

　　①　即实现了的租金,不是标价租金。因为标价不能真实反映市场供求关系。

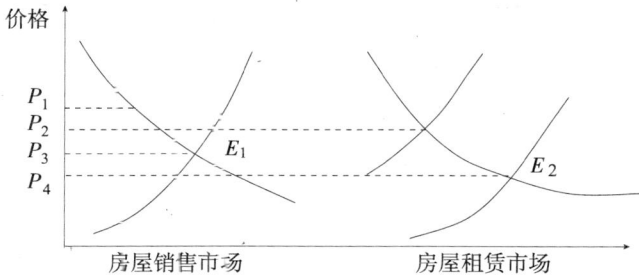

图 1 房屋销售市场与租赁市场的互动机制

处于上涨趋势的现象是有悖于市场发展规律的,城市居民在住房政策的引导下过分地追求"拥有"住房是不现实的、也是不符合房地产住宅市场的梯度消费规律的。应在政策宣传上大力引导部分中低收入居民以租为主,一边大力营造廉租住房,一边对经济适用住房实施租售并举,积极推动住房二级市场的发展。

(三)空置率

目前对于空置率尚没有统一的定义,主要是由于空置率的计算方法存在着差异性,所计算出来的空置率大小也存在差异。

毕宝德教授认为空置率(Vacancy rate)是指存量房屋空置面积占存量房屋总面积的比重,是计算某一时点的相对数据,反映的是现有房屋的利用状况。其计算公式为:

房屋空置率(%)=存量房屋空置面积/存量房屋总面积×100%

还有的学者研究报告期商品房空置率的公式为:

报告期(当年)商品房空置率=报告期(当年)空置面积/报告期(当年)可供销售面积×100%

建设部则是把空置面积除以前三年竣工面积之和作为空置率①。公式为:

---

① 建设部是把竣工一年以内的房屋作为待销房,竣工一年以上三年以内的商品房作为滞销商品房,竣工三年以上的房屋才作为空置积压房。

商品房空置率＝当前商品房空置数量/近三年的商品房可供数量×100%

空置量是指报告期末已竣工的可供销售或出租的商品房屋建筑面积在规定期限内尚未销售或出租的部分,但不包括报告期已竣工的拆迁还建、代建、公共配套建筑、房地产公司自用及周转房等不可销售或出租的房屋面积。在中国通常空置量以平方米为计量单位。

虽然统计的方法不一,但可以认定的是,无论采取哪种方法,只要能客观、全面、真实地反映房地产市场现状就是好的。

经研究表明,中国商品房空置率高于国际警戒线 10% ,研究如何消化并力图减少商品房空置率已是迫在眉睫的事。尽管用当前空置面积除以近三年竣工面积得出商品房空置率有不足之处[①],但还是可以反映出商品房空置变动情况(如表4)。

2006 年底我国商品房空置面积是 1.21 亿平方米(还有一些学者认为真的空置面积远大于此数),其中商品住宅空置面积为 6204 万平方米。空置一年以上的超过 50% ,占压资金超过 2500 亿元。据国外研究机构表明,商品房空置率的合理区间一般为 3%—10% ,如果小于 3% ,可供消费者选择的商品房就过少;如果空置率大于 10% ,则商品房积压太多,资金严重滞留在固定资产中,流动资金周转率低,容易引发经济问题。

章林晓(2006 年)认为:"高达 1.25 亿平方米商品房空置面积,无疑成为悬在银行头上一把'达摩克利斯之剑',蕴藏了巨大的风险。"这句话说出了问题的关键,空置房如果占压的是房地产开发商的资金,问题就简单了,目前大量的空置房占压的是银行的资金,开发商将房屋"卖"给自己,再通过银行将资金套出,等于说 1.25 亿平方米空置房的风险是由银行承担的,囤积房卖出后赚了是开发商的,赔了也赔不到开

---

① 有学者认为:用空置面积以近三年竣工面积来计算空置率,不是很合理。主要的问题是竣工面积包含不可销售面积,对此极有问题。

发商,大不了不要那套房子,任凭银行将已严重高估的房产拍卖。对此,开发商人相当精通,他们是不愿意将手中的房产马上兑换成人民币的(除非资金紧张)。这也是中国空置商品房中的产品结构问题突出的原因。

表4 中国商品房空置率的情况

年份	竣工面积(亿平方米)	空置面积(亿平方米)	空置率(%)
1998	1.75	—	—
1999	2.14	—	—
2000	2.51	1.12	17.5
2001	2.99	1.23	15.5
2002	3.50	1.25	13.9
2003	4.15	1.34	12.6
2004	4.25	1.23	10.3
2005	4.88	1.12	8.4

数据来源:各年统计年鉴。

(四)住房消费支出比重

住房消费支出比重(Housing Consumption Rate)是指居民家庭的住房支出占生活消费支出的比重。目前,国际上对用于住房方面的消费支出有不同的表述,主要有以下三种:①仅指房租支出,这似乎过窄;②居住支出,除包括房租支出外,还包括水、电、燃料及其他家具和设备服务等支出,这似乎又过宽;③指住房支出,以房租为主,加水电费等。本文选择第三种为测度标准,其基本分析公式为:

住房消费支出比重 = 居民住房消费支出/居民家庭消费总支出

通过分析其他国家(主要是发达国家)的住房消费,不难发现,在相同恩格尔系数下,总体上中国城市居民的住房支出占总消费支出的比重偏低(见表5)。

我国在恩格尔系数逐年下降的情况下,住房消费支出并未大幅提高(见表6)。

表5 恩格尔系数与住房消费支出比重之间的关系

消费水平	恩格尔系数(%)	平均住房支出比
以经济发展阶段划分	食物支出变动百分比/总支出变动百分比	住房支出变动百分比/总支出变动百分比
温饱型	55—59 50—55	7.6 11.2
小康型	45—50 40—45	12.1 18.9
丰裕型	39—20	20.0—30.0

数据来源:中国社会科学院社会学所课题组:《建立城镇住房新体制房改论文集》。

表6 中国住房消费支出比与恩格尔系数

时间(年)	1992	1993	1994	1995	1996	1997	1998	1999	2000	2001	2002	2003	2004
住房消费支出比(%)	2.14	2.51	2.77	2.93	3.17	3.55	3.99	4.24	4.03	4.09	4.02	3.94	3.45
恩格尔系数(%)	53.0	50.3	50.0	50.1	48.8	46.6	44.7	42.1	39.4	38.2	37.7	37.1	37.7

数据来源:《中国统计年鉴》各年。

住房消费支出比最高是1999年,也只有4.24%,进入21世纪以来,一直徘徊在3.40%—4.10%之间,与同等恩格尔系数的其他国家的18%相比,相差太大。住房分配货币化改革以前,中国实施住房实物分配政策,租金低微到可以忽略不计的地步,所以住房消费支出比低,那时虽然中国城市居民收入不高,但多有房可住(尽管居住条件差),这是中国住房制度安排的结果。实施住房分配货币化政策以后,住房消费支出比依然偏低,排除统计方面的问题,尚有很多原因:物业管理费在统计口径上不计入住户消费;部分人量入为出的传统观念导致不善于借贷,对未来的收入预期不确定,教育支出过高,没有完善的社会保障制度都使得城市居民倾向于储蓄,不敢消费或不愿消费;少部分公房没有变为私产,租住公房的租金依然偏低等。

据焦点房地产网提供的数据,少部分人(多指二三十岁的年轻人成家立业时)贷款买房的房贷月供占家庭收入的 20%—50%,甚至达52%,更多的占收入的 70%。由于房贷所占家庭收入比例过高,有27.61% 的家庭开始省吃俭用;32.33% 的人工作求稳;5.21% 的人为此减少社交活动。这也会造成一种情况:年轻人在年轻时支出大笔资金购房,以后随着年龄的增长将不再支出或很少支出,从而形成不了住房消费上的年龄梯度,不利于住房消费的长远发展。

住房消费支出比重过低或过高都会出现问题,国民经济是一个典型的宏观经济系统,在这个系统中,各个行业的发展速度和规模相协调,才能使整个系统的功能最优,不管是出现"短板",还是某个行业过速增长,都会破坏系统的功能,房地产业也不例外。系统论告诉我们,结构在很大程度上决定着系统的功能。不同的要素配置结构,必然有不同的价值输出功能。在结构配比较差的情况下,其结构的功能效益往往低下。我国城市房地产市场的理性发展要求住房消费支出比重在一个合理的阈值内,过低和过高都将影响经济建设的速度和人民生活的质量。一方面,我们要鼓励居民的正常消费,在稳步增加居民收入的同时,积极调整产业结构,增加居民能够消费得起的住房供给,以构建阶梯式的房地产供给市场和消费市场;一方面要抵制奢侈风,引导消费者理性消费,租房→买小房→买大房逐步过渡,不要盲目崇尚"一步到位"。

二、综合指标评价

单一指标评价虽简单易行,但它还不能全面反映市场态势,欲全面评价,则应采用综合指标评价。综合指标评价是指用一系列指标进行评价,通过对各指标的测度、计算、比较得到综合结果。

(一)综合评价程序

房地产市场理性发展评价属宏观评价,其涉及的面广,且因素复杂。评价的具体程序见图2。

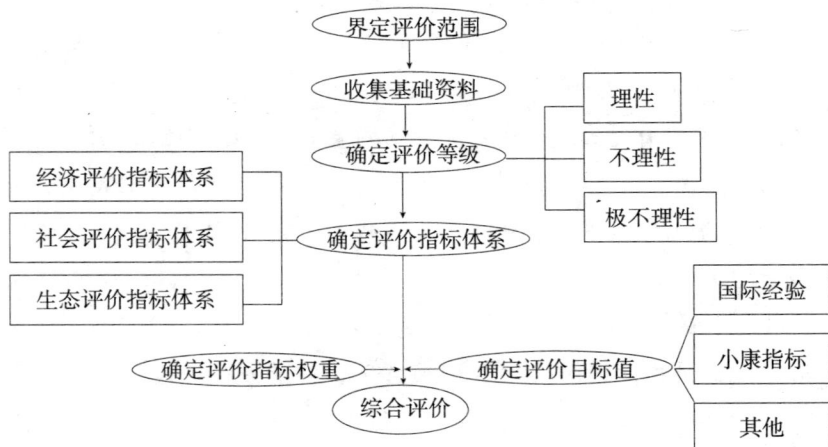

图2　城市房地产市场理性发展评价流程图

（二）综合评价指标体系的确定

城市房地产市场的发展是否理性体现的是经济系统、环境系统、社会系统等多方面效益的均衡。评价指标的选择要表现这样的多维矢量，必须运用综合指标体系。综合指标又分为经济和生态等因素层，在三类因素下设若干具体指标，见表7。

（三）综合评价指标权重及目标值确定

本文认为，要达到房地产市场趋于理性的发展，即要取得经济效益、社会效益和生态效益的和谐与统一，各个指标都很重要，都要兼顾。可以对每个评价指标进行比较研究，全面权衡、系统分析，来确定每个指标的权重大小。本文为了既突出重点又兼顾一般，简化计算，采用等权重法为评价指标赋予权重，或者说就不用确定指标权重。

表7　评价指标体系

指标分类	指标名称	指标说明
经济评价指标	房地产开发投资增长率（年）	房地产开发投资指各地房地产开发企业完成的房屋建筑及基础设施投资；其增长率等于报告期比基期增加的投资与基期投资之比。
	房价收入比	指一套中等水平的住房的市场价格与中位年住户收入的比例。
	租售比值	是指在特定时期某一国度或地区内,平均一套住房租金与售价之间的比例关系,可以反映住房租赁市场和买卖市场上住房租金和售价之间的关系。
	住房消费支出比	指居民家庭的住房支出占生活消费支出的比重。
	空置率	指存量房屋空置面积占存量房屋总面积的比重,是计算某一时点的相对数据,反映的是现有房屋的利用状况。
	房地产自有资金比重	指在房地产开发资金来源中,自有资金与全部开发资金之比。反映房地产开发在资金来源上对银行的依赖程度,该指标也反映房地产市场波动对金融市场的冲击力度和影响程度。
社会评价指标	普通商品房和经济适用住房供应量占住房供应总量比例	是反映住宅供应结构的指标。该指标反映了国家对中低收入人群的住宅保障力度。
	人均居住面积	指城市家庭居民按人口平均摊得的居住面积数。是衡量家庭居住状况的主要指标之一。
	住房成套率	指城镇居民居住的有独用上下水道、厨房、卫生间等设施的住房占全部住房的比重。它反映居民的生活质量。
	城镇最低收入家庭人均住房建筑面积	城镇最低收入家庭居民按人口平均摊得的建筑面积数。反映中国保障最低收入家庭的居住情况。
	农业用地被征面积增长率（年）（%）	农业用地被征面积指报告期由于房地产开发而被征用的农业用地面积,包括耕地、园林、林地、苗圃、牧场、养殖水面等各种专门用于农业生产的土地被征用面积;其增长率等于报告期比基期增加的农业用地被征面积与基期农业用地被征面积之比。该指标可以监测房地产业的发展对农业用地资源和农业以及人类后代生存环境的影响。

指标分类	指标名称	指标说明
生态评价指标	节能住宅占比	节能型住宅占总住宅的比率。
	安全水普及率	指能够使用经过改善的水源的人口比重。
	空气质量	利用空气污染监测结果,对照空气环境质量标准,对其进行质量划分,界定区域空气质量等级。
	区域环境噪声平均等效声极值[分贝(A)]	在区域声场内的一定点位上,将某一时段内连续暴露的不同A声级变化,用能量平均的方法以A声级来评价该时段的噪音大小。
	城镇污水处理率	经过各种水处理装置净化处理后的外排污水量占城镇总污水排放量的比值。
	人均公共绿地面积	指城市中每个居民平均占有公共绿地的面积。其计算公式为:人均公共绿地面积＝城市公共绿地面积/城市非农业人口

　　房地产市场的理性发展是社会经济发展对资源合理利用的必然要求,也是可持续发展的必然要求,它是一个永无止境的过程。然而,自然禀赋不同,历史基础不同,行为准则不同,发展水平不同,即各区域系统及其历史阶段的自然环境和社会经济发展的差异性,决定了不同的城市房地产市场发展的评价标准和方法难以有个统一的标准。所以根据不同指标特征和城市自身发展特征,可参考以下方法来确定目标值。

　　(1)国外水平参考;

　　(2)全面建设小康社会指标体系;

　　(3)全国的平均水平;

　　(4)采用省或地方的标准;

　　(5)采用同类城市的标准;

　　(6)采用专家咨询法;

　　(7)国家的政策、法规、指令等要求的必须达到的标准。

　　这实质上是将已有的科学合理的研究标准作为参考,或将域内、域外比较确定一个目标值,以此来判断城市房地产市场发展状态的理性程度。笔者在构建城市房地产市场理性发展评价时,在住房消费支出

比、人均居住面积、住房成套率、城市最低收入家庭人均住房建筑面积、
节能住宅占比、安全水普及率、空气质量、区域环境噪声平均等效声极
值[分贝(A)]、污水处理率、人均绿地面积目标值的确定上采用了全
面建设小康社会的指标;在房价收入比、租售比价、空置率目标值的确
定上采用了国际经验的数据;房地产投资增长率的目标值的确定上以
有的学者研究的标准为依据;房地产自有资金比重的目标值确定以
2004 年 4 月国家发改委出台的《关于固定资产投资项目资本金制度》
标准为依据;普通住房和经济适用住房所占比重目标值以 2006 年 6 月
颁布的"国六条"细则为准;农业用地被征面积增长率的目标值以"十
一五"规划纲要中提出的耕地保有量为界。见表 8。

(四)综合评价方法及评价等级的确定

(1)求取等标比值。把搜集到的实际数据称为实际值。将实际值
与表 9 的目标值比较,计算出等标比值。其公式为:

表 8   评价指标体系目标值

指标分类	指标名称	标准值来源	目标值
经济评价指标	房地产开发投资增长率(年)	经验指标	16%—20%①
	房价收入比	经验指标	3—6:1
	租售比值	经验指标	月房租 1:100
	住房消费支出比	小康社会居住指标	25%
	空置率	经验指标	10%
	房地产自有资金比重	国家管理条例	35%②

---

① 李倩:《房地产市场综合评价指标体系初探》,《理论观察》,2004 年第 1 期。
② 2004 年 4 月 30 日,国家发改委出台的 2004[746]号《关于固定资产投资项目资本金制度》文件中明确指出房地产自有资金比例不得低于 35%。

社会评价指标	普通商品房和经济适用住房供应量占住房供应总量比例	国家管理条例	70%
	人均居住面积	小康社会居住目标	35 平方米
	住房成套率	小康社会居住目标	95%
	城镇最低收入家庭人均住房建筑面积	小康社会居住目标	20 平方米
	农业用地被征面积增长率(%)	国情	0.26%/年①
生态评价指标	节能住宅占比	小康社会居住指标	80%
	安全水普及率	全面建设小康社会第十三项指标	100%
	空气质量	小康社会居住目标	国家二级
	区域环境噪声平均等效声级值	小康社会居住目标	日间 50 分贝(A)
	城镇污水处理率	小康社会居住目标	75%
	人均公共绿地面积	小康社会居住目标	8 平方米

$$P_i = \frac{C_i}{C_o}$$

式中, P_i ——第 i 个评价指标的等标比值;

　　　 C_i ——第 i 个评价指标的实际值;

　　　 C_o ——第 i 个评价指标的目标值。

(2)求取调整值。当我们求得等标比值后,还要调整等标比值的极性。因为求取综合值时不管用加和平均法还是积算法,指标的极性一定要一致,否则求取出来的结果就不科学。例如:以哈尔滨市为例,房地产投资增长率的等标比值为 0.84,房价收入比的等标比值为

---

① 该数据等于(1.22 - 1.2) ×80%/(1.22 × 5)。按照《中国经济和社会发展第十一个五年规划纲要(草案)》,"十一五"期间要保证 1.2 亿公顷耕地保有量。而"十五"期末,我国的耕地保有量已减少至 1.22 亿公顷,所以,1.2 亿公顷耕地保有量指标,要分解落实到各省(区、市),纳入各地区、各部门经济社会发展综合评价和绩效考核,具有不可违背的强制力;建设部提供的一份数据显示,建筑要对 80% 的农地减少负责(本文忽略每年土地整理、复垦等可增加耕地面积的各种情况)。

1.22,都偏离目标值较远。加和平均法的结果是 1.03,积算法的结果是 1.02,这两个结果反而接近目标值,显然不科学。所以,对等标比值做以下调整,如表9。

表9　调整值的求取

	等标比值 < 1	等标比值 > 1
实际值比目标值大且不健康的	健康,另其为 1	保留
实际值比目标值小且不健康的	2 - 等标比值	健康,另其为 1
实际值比目标值大、小都不健康的	2 - 等标比值	保留

例:第一个指标房地产开发投资增长率实测为 16.8%,目标值为 20%,即可得等标比值为 0.84,再经过调整,属实际值比目标值小且不健康的,用 2 减去 0.84,得到 1.16,即可用此数据参与评价,作为确定理性区间的依据。

(3)求取综合值。因为本评价采用的是等权重法,把第 1 个到第 i 个调整后的等标比值相加再除以 i,即得综合值。其基本模型为:

$$P = \frac{1}{i} \sum_{i=1}^{n} p_{ij}$$

式中,P——综合值;

i——等标比值的项数;

p_{ij}——第 i 个评价指标的调整值;

综合值即可作为评价的依据参与最后的评价。

(4)评价等级的划分。根据经验确定具体指标的评价等级,评价等级分三等:理性、不理性和极不理性。一般是根据国外经验再加上其他学者的研究和自己的判断,为各个调整后的比值给出了一个大概的范围用以判断其理性程度,以 1 为理性临界点,如果调整后的比值是 1—1.20,表示本项指标是理性的;如果调整后的比值在 1.21—1.40,该指标就不理性;如果数据大于 1.40,则该指标就极不理性(如表10)。再用综合值与评价等级进行对比,判断其理性程度,做以综合评价。

表 10　评价等级的划分

	理性	不理性	极不理性
调整后的比值	1—1.20	1.21—1.40	>1.40

（五）中国城市房地产市场理性发展评价

1. 收集基础资料

本次测算的数据主要来源于：《中国统计年鉴》（2004 年、2005 年）、中国房地产相关网站和统计局官方网站、《中国房地产发展报告》（No.2—No.4）及《中国城市竞争力报告》中的大量基础数据。

有一点要说明的是，由于数据的局限性，本次研究中有些数据不得不用相关数据来代替，对于个别没有 2005 年的数据，在对结果影响不大的情况下进行了推算或直接采用 2004 年的数据代入，今后将会进一步完善。

2. 确定评价等级及评价指标体系

评价等级分三等：理性、不理性和极不理性。测度中国城市房地产市场理性度遵照表 10 的研究内容。

本次测算采用综合性评价指标体系，即对中国城市房地产市场做经济评价、社会评价和环境评价。评价指标的选取依据表 7 研究的内容，但在计算中国城市农地征用占比及最低收入人群人均居住面积时，几经努力，无法取值，故将该指标放弃，今后将会进一步完善。

另外，评价指标权重的确定和目标值的确定遵照表 8 的研究内容。

3. 计算理性评价比值

通过计算等标比值和调整值，得出以下结果，如表 11。

表 11　理性评价比值表

	评价指标	实际值（C_i）	目标值（C_o）	等标比值（$P_i = C_i/C_o$）	调整后的等标比值
经济评价指标	房地产投资增长率	21.8%①	16%—20%	1.09	1.09
	房价收入比	7.70	3—6:1	1.28	1.28
	租售比值	1:250	1:100	0.4	1.6
	住房消费支出	10.18%	25%	0.41	1.59
	空置率	8.4%	10%	0.84	1
	自有资金占开发资金的比重	9.6%②	35%	0.27	1.73
社会评价指标	普通住房和经济适用住房所占的比重	64.6%③	70%	0.92	1.08
	人均居住面积	26.11 平方米	35 平方米	0.87	1.13
	住房成套率	97%	100%	0.97	1.03
生态评价指标	节能住宅占比	28.0%④	80%	0.35	1.65
	安全水普及率	91.09%	100%	0.91	1.09
	空气质量达二级的天数占比	83.4%	100%	0.83	1.17
	区域环境噪声平均等效声极值[分贝（A）]	54.82	50	1.10	1.10
	污水处理率	45.67%	75%	0.61	1.39
	人均绿地面积	7.89	8 平方米	0.99	1.01

---

①　资料来源：《中国统计年鉴》。

②　资料来源：《中国房地产发展报告》（No.4）：2006 年中国房地产国内贷款 5263 亿元；自筹资金 8587 亿元；定金和预付款 12635 亿元；国外资金 395 亿元。据央行《2004 中国房地产金融报告》显示，房地产开发资金来源中，自筹资金间接来自银行，即自筹资金主要是商品房销售收入转变而来，这部分资金主要来自个人住房按揭贷款，按首付 30% 计算，企业自筹资金中 70% 来自银行贷款；定金及预付款中有 30% 来自银行贷款。房地产开发投资中实际使用银行资金的比重为 36.4%，如果扣除其他资金来源中购房定金及预收款，房地产开发企业实际投入的自有资金比例为 9.6%。

③　数据来源：《中国房地产发展报告》（No.4）。

④　笔者粗略地用 1999 年以来中国竣工住宅面积各年之和比 2005 年末实有住宅建筑面积得出该比值。

4. 评价结论

城市房地产市场理性发展指标体系用一系列有代表性的指标来衡量、监测经济、社会和生态环境的发展现状,研究经济、社会、生态各要素的相互关系和发展趋势。通过对经济评价指标、社会评价指标和生态评价指标的调整值的求取,可以分析出:

(1)有四个指标处于极不理性范畴:

自有资金占开发资金的比重过低构成了中国城市房地产市场的突出矛盾,其调整值 $P=1.73$ 处于极不理性范畴,2001年—2006年房地产金融相关的政策文件共20件,经历了一个对房地产投资贷款和个人住房信贷由松到紧的过程,但几年来房地产开发资金的来源构成改变不显著,房地产融资渠道狭窄,过度依赖银行,已是不争的事实,而且短期内很难改变。如何建立以银行为主要渠道的多元化融资方式,即间接与直接融资渠道并用是未来发展的主要方向。

节能住宅占比过低也是中国城市房地产市场的主要问题,其调整值是 $P=1.65$。中国城市房地产建筑能耗大、不认真执行建筑节能设计问题严峻,建筑越多,对环境的破坏就越大,这绝对不利于"十一五"规划期间中国要实现单位 GDP 能耗下降20%的目标的实现。如何在建筑中大力开发资源节约、省地型住宅是中国面临的一个迫在眉睫的问题。

租售比值低,其调整值 $P=1.6$,中国城市的租售比值是 1:250,超过发达国家或地区的房地产市场房屋租售比值的警戒线 1:200,租售比值能比较客观在反映当地房地产市场的供求状况,因为租房体现的是一种真实需求,当一个地区房地产市场价格迅速上升而租金却没有随之出现明显上涨时,就表明该地区的房地产市场存在价格虚高或投机行为,北京、深圳、上海、杭州城市的中心城区的租售比值已高达 1:270—1:400,房价明显虚高。

住宅消费支出比低也是中国房地产市场的突出问题,其调整后的比值 $P=1.59$,这在前文已有较为详细的论述。

(2)从经济评价指标分析,房地产投资增长率、房价收入比、租售比值、住房消费支出、空置率和自有资金占开发资金的比重的调整值分别为1.09、1.28、1.6、1.59、1 和1.73。加和之后的平均值即

$$P_1 = \frac{1}{i} \sum_{i=1}^{n} p_{ij} = 1.38$$

参照表10,属于不理性范畴。

(3)从社会评价指标分析,普通住房和经济适用住房所占的比重、人均居住面积、住房成套率指标的调整值分别为1.08、1.13、1.03,加和之后的平均值即

$$P_2 = \frac{1}{i} \sum_{i=1}^{n} p_{ij} = 1.08$$

属于理性范畴。

(4)从生态评价指标分析,六个指标求和之后的平均值为

$$P_3 = \frac{1}{i} \sum_{i=1}^{n} p_{ij} = 1.24$$

属于不理性的范畴。

(5)总体评价。采用等权重法,将上述15个调整后的等标比值相加之后再除以15,即

$$P = \frac{1}{i} \sum_{i=1}^{n} p_{ij} = 1.26$$

对照表10,1.25介于1.21—1.40之间,属于不理性范畴,可以得出结论:中国城市房地产市场总体上不理性。其主要问题存在于自有资金占开发资金的比重过低、节能住宅占比过低、租售比值低、住宅消费支出比低、污水处理率低以及房价收入比高。

参考文献

[1]盛磊岚、徐寿松:《2005 中国房地产:激荡市场的六大争论》,《中国国土资源报》2005 年12 月28 日,第6 版。

[2]林志群:《联合国〈住房指标调研项目〉成果简介》(一),《中国

房地产》1994 年第 1 期。

　　[3]林志群:《联合国〈住房指标调研项目〉成果简介》(二),《中国房地产》1994 年第 2 期。

地籍信息产业化探讨

杭艳红

一、地籍信息产业化内涵

地籍信息是国家的重要资源与资产,在国土资源管理、国家经济建设中发挥基础作用,并且随着社会经济的发展,其作用越来越重要。

地籍信息的产业化是改变以往传统的地籍信息管理和服务模式,引入市场机制,通过地籍信息的信息化,更好地为社会提供利用的过程。地籍信息的产业化包含以下三个方面的内容:

(一)地籍信息的信息化

地籍信息的信息化是通过采用先进的数字技术与网络技术,对地籍信息进行数字化,建立起多层次、多种类地籍信息资源与有效、快捷的地籍信息服务网络体系,实现地籍信息资源的网络管理和合理配置,形成向全社会开放的服务平台 实现地籍信息资源的共享,从而实现地籍的社会价值和经济价值。

地籍信息的信息化是实现地籍信息产业化的重要前提和基础。地籍信息数量巨大,并伴随着社会经济的发展不断地增加,只有信息化才能实现对海量地籍数据的有效处理与运用。同时,也只有信息化才能保证地籍信息效用的充分发挥。

根据《地籍管理十一五发展规划纲要》的要求,按照应用主导、资源共享、技术创新、面向市场的发展思路,大力采用和推广3S技术等高新技术,最终建成统一规划、统一技术标准、网络互通、数据权威、高效运转的全国性地籍信息系统,全方位、多层次地满足各种业务需要和社会需求。这是当前地籍信息信息化的主要目标。

(二)地籍信息的社会化服务

地籍信息的服务社会化就是要在传统地籍信息服务的基础上,扩大信息服务的层面与水平,并逐步建立起有偿的社会化服务体系。

地籍信息服务社会化是地籍信息产业化的客观要求。地籍信息对于实现国土资源的科学管理,维护土地产权人的合法权益,实现国家经济社会发展的作用越来越重要,社会对于地籍信息的需求也越来越大、越来越迫切。正是地籍信息的服务面越来越广泛,其社会化存在才使得地籍信息产业化得以存在和实现。

(三)地籍信息的市场化

地籍信息的市场化是指在地籍信息的获取、处理与应用过程中,引入市场机制,对地籍信息有偿使用,使地籍信息的资产价值显化,进一步实现地籍信息效益的过程。

地籍信息的市场化是地籍信息产业化的重要手段。在地籍信息的形成与应用中按照市场经济规律,借助社会力量节省资金投入、扩大服务范围、有偿使用地籍成果资料,实现地籍成果的公益性和商业性应用,是地籍信息产业化发展的保证。

任何一个产业的兴起,都需要存在一定的基础,地籍信息产业化同样需要一定的基础支撑。具体来讲,应具备以下基础要素:

1. 主体

主体是产业的基本细胞及产业形成的基础。地籍信息产业的形成也必须由一定的主体参与。这种主体主要以企业的面貌出现。从事地籍信息开发与应用的企业数量直接影响到行业的结构、竞争力、投资规模。企业参与产业的开拓和扩展,产业才能够得以萌芽和发展。此外,由于地籍信息具有大量信息保密性这一特殊性,使得地籍信息产业中的主体离不开信息管理的主体——政府,在现实当中体现为代理政府进行具体事务管理的国有土地资源管理部门中的地籍管理部门。

2. 利益驱动

产业经济学认为利益驱动是产业兴衰的原动力。地籍信息产生与利用,产生巨大的经济利益,吸引企业进入、扩张,促进产业的发展。当然同时它也能产生社会效益和生态效益,驱动政府参与其中。企业可以通过中介服务,软件及地籍相关产品开发、研究、推广,地籍信息的利用产生利润,维持企业生存与发展;政府可以通过为社会提供地籍信息服务,直接实现土地的经济价值,通过以地籍信息为依据,制定管理、保护土地及促进社会经济发展的计划与决策间接的实现土地的社会效益与生态效益。

3. 资本支持

一个产业的形成,需要资本的支持。通过资本投资活动,才可使各生产要素得到组合,使新技术得到开发、推广和应用,从而促进产业的形成。地籍信息的形成与应用的过程中,需要耗费大量的人、财、物,只有有效融资,扩大资本投入,才能推动地籍信息的产业化步伐。

4. 社会需求

社会需求是产业存在与发展的最基本和最重要的条件。现代地籍是以宗地作为空间信息的最小载体,以准确性、现势性为特点,以多用途功能为目标的地籍,所以地籍信息具有显著的空间特性,有丰富的属性描述,有强烈的时态性。正是这些特点,使地籍信息可以广泛应用于各个领域,既可以直接应用于地政管理,也可以间接应用于土地产权人、其他政府部门。地籍信息及地籍产品有着广泛而巨大的社会需求,市场前景良好,社会的客观需要要求地籍信息的产业化出现。

5. 产品资源

土地是人类生存不可替代的资源,也是经济社会中重要的资产,为保证有限土地资源的可持续利用,以及为人类不断地提供物质产品,就需要掌握土地的现状、变化趋势和运动规律。这决定了社会需要源源不断的地籍信息,也表明了地籍信息资源是稳定的,能保证产业化的物质来源。

二、地籍信息产业化的必要性与可行性分析

（一）地籍信息产业化的必要性分析

《地籍管理十一五发展规划纲要》提出："进一步完善和规范地籍成果资料,加大成果应用力度,主动将地籍管理服务于社会管理、促进经济发展、保护用地者的合法利益、规范国土资源管理等方面。显化地籍成果的商品属性,引入市场机制,开展地籍成果应用,逐步形成促进地籍管理发展的良性机制。"表明地籍信息产业化是社会发展的必然趋势。

1. 地籍信息产业化有利于保障地籍工作的顺利实施

地籍管理工作的目的之一就是获取有关地籍信息并提供相关服务,而地籍信息的数量巨大,常规管理方式是不适应现代地籍管理的需求的,因此,数字化地籍成为地籍管理的方向。数字化地籍需要相应的软件、相关产品与服务的支持,地籍信息产业化可以为运用数字化手段进行地籍管理提供更好的基础。

地籍信息的形成与更新,需要大量的资金投入,单纯的财政投入与土地登记费用收取,是不能满足地籍管理工作的开展对经费的需要。我国一些地方地籍工作不完善、地籍资料难以保持现势性等问题,经费不足是一个很重要的原因。通过地籍信息产业化,引入社会资本,实现地籍信息的共建共享,或者通过提供地籍信息服务,取得收益,保障地籍工作费用,从而保证地籍资料的现势性。

此外,地籍信息产业化还可以提高地籍管理工作的效率和水平。地籍管理部门可以将有关地籍信息的某些技术性工作通过外包的形式,由社会从事地籍信息工作的专业企业来完成,以更快地获取高质量的地籍信息。

2. 地籍信息产业化有利于地籍信息更好的服务社会

地籍信息由于具备能够呈现土地最小空间单位(宗地或地块)的

详尽信息这一特性,其社会服务的范围非常广泛。从权利主体上讲,涉及土地的所有者、使用者与管理者,地籍信息能够提供土地登记信息供土地的所有者或使用者查询、提供土地的权属与利用等信息为管理者进行管理提供依据;从利用主体上讲,涉及国家、各级政府、各个部门、企事业单位及个人,地籍信息提供了国家与政策进行宏观管理的基础数据,提供了不同政府部门进行行政事务管理的辅助支持,提供了企事业单位或个人进行经营管理与保障自我权益的基础信息。

当前我国的地籍信息多以原始的状况,保存于地籍管理部门,提供服务的方式落后、范围狭窄,信息的需求者获得信息十分不便,地籍效益得不到充分的发挥。

通过地籍信息产业化,对地籍信息进行数字化处理,按照需求者的不同需要对地籍信息进行整合,提供多层次、多类别、多形式的地籍信息服务,使地籍信息的效益得到更充分的发挥。

再者,地籍信息产业化还可以以数字化为基础,应用网络技术,提供地籍信息的网络共享与服务,方便地籍信息需求者,扩展地籍信息的服务覆盖面,提高地籍信息的利用率。相关权益人可以通过网络查询地籍信息,了解土地实际情况,维护自身权益,进而维护市场秩序;政府各个部门则可以通过资源共享,开展管理活动。如税收部门就可以通过与地籍部门进行联网,依据地籍现势信息,调整土地税额。

3. 地籍信息产业化有利于培育新的经济增长点

地籍信息产业化必然会造就新的产业价值链,建立起新的一系列产前、产中、产后提供不同功能服务的价值型企业或单元组成的价值创造系统,进行创造价值的产业活动。在产业化的进程中,会产生诸如提供地籍信息化、网络化保证的软件及相关产品开发、研究、维护、推广的组织,或涌现出信息采集、处理、再开发、制作及提供服务的机构等,这些组织机构进入市场,在获得利润、实现价值的同时,增加了社会财富,开创了新的就业渠道,促进社会经济的发展,为国家提供了新的经济增长点。

（二）地籍信息产业化的可行性分析

尽管我国地籍信息产业化还处于起步阶段，但是产生与发展的一些基本条件已具备：

1. 基本具备了地籍信息化的基础构成要素

产业化形成的基础构成要素：主体、利益驱动、资本支持、社会需求与产品资源基本已经具备。

地籍、数字化信息化是地籍管理的发展方向，既需要产品与服务支持，又产出新的产品与服务。从主体上看，当前已有多家企事业单位进入地籍信息产业领域。如中地、超图等公司，一直从事地籍信息化所需要的软件及相关产品的研究、开发、应用与推广工作。开发的 MAP-GIS、SUPERMAP 等产品已在地籍管理中广泛的应用，前景非常广阔。这些企事业单位在经营中也获得了一定的利润。而国家也通过这样的过程开发出不同用户需要的地籍信息资源，从而显化了地籍信息的价值，并获取利益。由于地籍信息经营管理中的利益驱动及利用价值，社会资本将不断的投入进来。如广州市黄埔区双沙村为乡镇企业改制的需要而投资进行地籍测量、形成地籍图件，并予以发证。一方面使得国土部门及时获得完整地籍信息，解决覆盖全区的地籍修测、补测、建立数据库和信息系统的问题；另一方面也使得该村及时获取土地证书，保证了社办企业转制工作的顺利进行（夏鸣放，2003 年）。随着土地在社会经济发展中的地位越来越重要，社会需要提供更多的地籍信息服务，需求群体也将越来越多。

2. 地籍信息化的发展为地籍信息产业化创造了基础条件

信息化技术的发展，全站仪、扫描仪、GPS、数字化仪、GIS 软件、数据库软件、地籍应用软件等的相继出现，使地籍管理进入一个崭新的阶段。从 20 世纪 90 年代末期，我国逐步开始着手进行地籍的信息化工作。附着地籍信息软件系统与有关地籍数字化、信息化产品的研发与应用，我国大部分地区都开始引入数字化手段开展地籍管理工作。利用扫描仪等仪器设备与地籍信息系统软件将原地籍信息数字化，在变更调查中,利用数字化手段采集地籍信息,输入地籍信息系统进行地籍信息更新,提高了地籍管理的水平。与此同时,通过地籍信息化一方面为地籍信息化产业创造了产品市场;另一方面对地籍信息资源进一步整合,借助网络等科学技术为不同的需求群体提供更为丰富、适宜的服务,奠定了基础,进一步拓宽了地籍信息产品的市场。

3. 社会经济发展为地籍信息产业化的发展提广阔的空间

社会经济的发展使得社会对地籍信息的需要在增强,同时使得市场本身不断地完善,为地籍信息产业化的发展创造了条件。

以往人们通常认为地籍信息的作用主要在于为保护土地产权人的合法权益服务、为进行土地管理服务、为征收土地税费服务以及参与国家宏观调控、为制定土地政策及国民经济发展规划或计划服务。但是,随着社会经济的发展,土地对人类生产与生活的影响越来越大,政府、其他组织及个人对土地也越来越重视,地籍提供服务的范围也越来越广,可以扩展到公安、消防、人口管理、邮政、旅游、供水、供电、供气等诸多方面。如,深圳宝安多用途地籍数据库中对宗地中的每栋建筑物的结构、户型、层数、面积等进行记载,由此可以容易地辨别出所有建筑物的耐火等级,通过地形要素可以很容易的测算出建筑物之间的间距,有了这些基本条件,再加上风向、风速、火源等级等要素,借助计算机系统,就可以很容易模拟出一场火灾的发生和发展趋势,进一步可以模拟出消防站与火源地之间的关系,从而为布置消防指挥做出决策(林增杰,2006年)。地籍信息服务社会化要求日益增长,势必推动地籍信息产业化的发展。

改革开放后,我国开始实施社会主义市场经济。市场机制能起到,充分利用资源、实现资源最佳配置的目的。地籍信息是一种重要的资源,在市场经济条件下才能充分体现其价值。产业的存在也要以市场为依托,才能充分的发展。社会经济的发展将使我国的市场经济日趋成熟,为地籍信息产业化奠定坚实的基础。

三、地籍信息产业化的制约因素

尽管地籍信息产业化发展有着广阔的前景,但是目前仍有诸多因素抑制了地籍信息产业化的兴起。

（一）观念的制约

地籍信息产业化刚刚兴起,人们的认识还处于比较浅显的状态。对于许多地籍管理部门而言,眼前应做的应是地籍管理的日常业务,其次在地籍管理工作中引入数字化手段,至于地籍信息的效益的发挥以及地籍信息产业化尚不在考虑的范畴之内。绝大多数企业,即使是从事地籍数字化新产品的开发与推广,也没有意识到面对社会广泛需求者更深入地开发地籍信息服务产品。而土地产权人及利益相关者,虽然重视产权的归属,却很少接受通过中介组织获取地籍信息服务,影响地籍信息产业化的扩展。

（二）法制的制约

地籍信息产业化的发展需要一整套严格的法律或规范作为保证。当前的法规主要集中在《土地登记资料公开查询办法》、《土地登记代理人职业资格制度暂行规定》和《土地登记代理人职业资格考试实施办法》等相关办法规定上,有关地籍信息产业化的基本规定政策比较欠缺,特别是缺少包括中介机构成立与管理、地籍信息社会化服务种类、服务对象、收费以及保密措施等地籍信息社会化服务问题的规定。

（三）市场的制约

产业的发展必须依托市场。

从资金链条上看,企业作为生产者,其资金可以依托金融等手段获得。生产数字化地籍产品的企事业和为地籍部门提供信息化服务的其他企事业单位,其利润主要来源于地籍部门——即政府,而政府对地籍的投入是有限的,土地登记收费也不能满足地籍信息化、社会化服务建设的需要,限制产业的经营。

从产业的主体来看,一是缺少从事地籍信息服务与服务产品深入开发的企业,二是缺少真正具有市场意义的企业。由于体制原因,许多从事地籍信息业务的单位,都是国土资源部门下属的事业单位或名义上脱钩改制的企业,难以形成公平的市场竞争环境。即便是真正与政府完全脱钩的企业自身也不成熟。

从产品资源上看,对提供给需求者更高层次的产品或服务的开发与推广不够,以前面提到的深圳多用途地籍数据库为消防提供服务为例,不过是个特例,并没有推广,没有形成广泛的市场。

(四)技术的制约

地籍信息产业化是以数字化、信息化、网络化技术为基础的,需要技术支持,也需要懂得计算机技术、网络技术、3S 技术、测绘技术等技术的工作人员。由于技术水平的限制,当前的数字化地籍软件与相关产品虽然不少,但主要用于土地调查与土地登记方面,还不能完全满足地籍管理工作的需要。电子政务使人们可以上网查询地籍管理的法律法规与业务进程,但是却不能通过网络查询权限许可范围内的信息,地籍部门也没有和其他行政管理部门形成地籍数据网络共享。加上技术人员缺乏,许多地方地籍管理的基本业务工作还不能完成,地籍的信息化任务还有待推进,更不用说按需求者要求整合并提供出不同的地籍信息服务。即使在信息化水平比较高的地区,这一点也没有实现。

四、推进地籍信息产业化进程的措施

地籍信息产业化应该是一个循序渐进的过程,从现状与趋势分析,应采取以下措施,推进地籍信息产业化的进程:

(一)更新观念

地籍信息管理工作要从传统的封闭式管理走向现代产业化管理,必须在思维、观念、管理方式、工作结构等方面进行根本性的转变,才能适应地籍信息产业化的发展需要,推动地籍信息产业化的发展。地籍管理部门应作为先行者积极推动地籍信息的信息化、社会化服务与市场化进程。认识到地籍信息蕴涵的巨大价值,宣传地籍信息的作用,培育更多的信息需求者。广大的企事业单位、科研部门也需要将眼光放得长远,积极参与地籍信息服务新产品的研究、开发与推广。

(二)加快地籍信息产业化配套法律法规的建设

市场经济需要法制维护。在当前,推动地籍信息产业化首先要制定规范地籍信息社会化服务方面的法律法规。明确从事地籍信息中介业务的中介机构成立的条件与要求、明确地籍信息社会化服务种类、服务对象、确定收费标准以及对地籍信息的保密措施等。再依据产业化的现状,制定实施配套的法律措施。

(三)加快地籍信息化的步伐

地籍信息的信息化是产业化的重要前提。加快地籍信息化的进程,作为从事地籍数字化产品生产、研发的企业应不断地提高产品的应用性与适用性,增加科技含量。地籍管理部门应全面运用数字化手段替代常规管理手段,提高信息化管理的水平。特别是在一些中小城市,地籍管理的现代化手段还没有广泛应用,信息化的工作更为迫切。

(四)加大地籍信息社会化服务的推进力度

通过地籍信息社会化服务,才能充分发挥地籍信息的价值。地籍管理部门要建立起多层次、多种类、跨系统的地籍信息资源,为不同的用户提供服务,不断拓宽服务范围;建立起有效、快捷的地籍信息服务网络体系,形成向全社会开放的服务平台,实现地籍信息的网上查询与网络资源共享。首先,应当与房地产管理部门,税收部门等部门形成网络资源共享体系;其次,要建议地籍信息网络查询系统,供利益相关者依权限进行产权信息等的查询;最后,还要积极与消防、城建等部门联系,进行地籍信息系统软件的二次开发,主动为各个部门提供优质服务。

(五)加速地籍信息市场化的进程

进行体制改革,让从属于国土资源部门的事业单位进入市场,将土地调查、地籍测量等技术性的地籍工作交给市场,建立和完善地籍信息市场的中介机构,提高地籍信息产品的市场化水平,提高地籍信息产品与服务的水平。扶持地籍信息软件的开发、推广与应用,加快地籍信息产品的开发与研究,实现地籍信息产品的市场效益最大化。开拓投资渠道,在地籍工作政府投入与收取土地登记费的基础上,引入社会投资。总之,政府行政管理部门应该在提供社会公共物品与服务的同时,尽可能地退出市场,让社会承担起产品的开发、生产等功能,培育地籍信息产品、服务市场,充分发挥地籍信息的效益。

（六）加强人才培养

人才是地籍信息产业化的关键。地籍信息产业化需要高级的复合型人才,需要掌握地籍管理、地籍测量、3S技术、网络技术等,既要较强理论水平,又要具备实践能力。培养地籍信息产业化所需的技术人才,要从多个途径着手。一方面由高等院校及科研单位设置相关专业,进行专业教育,培育从事地籍信息产品开发、生产、营销、管理等方面的人才;另一方面,地籍管理部门要加强对现有地籍管理工作人员的培训,保证与推动地籍信息化、社会化服务的展开。

五、结论

地籍信息产业化刚刚起步,形成一个完整的产业结构还要经历漫长的过程。需要伴随着地籍信息的信息化、市场化,实现社会化服务的目标,更全面地发挥地籍信息的功能和效益。但是,地籍信息产业化具有关广阔的发展前景。因此,我们应努力做好地籍信息产业化的基础工作,扎实推进地籍信息产业化进程,培育出新的社会经济增长点。

参考文献

[1]《地籍管理"十一五"发展规划纲要》,国土资发［2006］137号。

[2]姜武汉、詹长根:《地籍信息社会化服务思考》,《兰州学刊》2007年第2期。

[3]景贵飞:《我国地理信息系统技术发展和产业化分析》,《地理

信息世纪》2004年第8期。

[4]林增杰:《地籍学》,科学出版社2006年版,第10页。

[5]王丽娟、徐梦洁、温顺红:《浅谈经营地籍》,《河南国土资源》2007年第7期。

[6]王英华:《对档案信息产业化的战略思考》,《科学之友》2005年第7期。

[7]夏鸣放:《地籍管理社会化产业化道路——广州市黄埔区借助社会力量开展地籍管理的探索》,《中国土地》2003年第5期。

[8]叶公强:《地籍管理》,中国出版社2002年版,第7页。

[9]朱建贞、方嘉昕:《档案信息产业化建设构想》,《云南档案》第20期。

[10]赵辉珍:《论图书馆信息服务产业化》,《怀化学院学报》2005年第6期。

城市土地收购储备制度运行的经济学分析

包喜利

20世纪90年代以来,我国加快了城市化步伐,到2002年我国城市化率达39.1%,总体上已处于城市化加速发展阶段。与此同时,随着土地有偿使用制度改革的深入,土地的资产属性日益体现,土地作为巨大的资产在城市发展中发挥着越来越重要的作用。如何经营城市,经营土地,促进城市化进程,同时保证土地的可持续利用,成为摆在各级政府面前的一项重要课题。这时,土地收购储备制度应运而生,并得到国家的认可与支持,被认为是政府干预与土地市场机制配置土地资源的有效结合。城市土地收购储备制度实施以来,效果是明显的,但存在严重的问题。作为政府管理土地资源的一项新制度,本文借助经济学理论,对其运行状况及对土地资源配置效率的影响进行分析,探讨其存在的问题及实施中存在的改策偏差并提出建议。

一、土地收购储备制度的由来及运行机制

自1996年上海开展土地储备工作,成立我国内地第一家土地储备机构以来,土地储备工作在全国取得了迅速的发展,已成为我国土地制度改革的一大热点。几年来,土地储备工作取得了很大的成效,得到了广泛的认同和好评。但同时也应看到,由于缺乏科学理论的指导、资金筹措机制不健全以及没有强有力配套体系的支撑,土地储备投资在运作过程中面临着较大的风险。目前,这个问题已得到理论界和各地土

地储备机构的广泛关注。

　　土地是经济发展的载体和必不可少的基本生产资料,也是房地产业的基本要素。自从我国进行城市土地使用制度改革以来,城市土地市场就已开始逐步发育,目前城市土地市场已经初具规模,成为我国市场经济体系中的一个主要组成部分。城市土地市场的建立和发展,极大地促进了城市土地资源的有效配置,增加了政府的财政收入,促进了城市房产市场和房地产金融市场的发展。但是,由于制度的不完善,出现了一个巨大的灰色土地市场,许多个人和组织绕开政府私自进行土地征用和土地出让,既造成了国有资产的流失,又使市场价格信号失真,炒卖地皮的现象时有发生。同时,大多数政府土地出让采用协议出让方式,致使出让价格偏低,政府官员"寻租"现象严重。在此情况下,土地储备制度应运而生。根据国内外经验证明,土地储备制度提供了一个国家对土地资源进行宏观和微观调控,科学配置土地资源、优化土地经营模式,规范土地市场交易秩序的有效模式。政府通过这项制度,可以垄断土地供给的一级市场并且有效调控土地二级市场,进而有效地对城市土地进行管理与利用。但现阶段,土地储备制度作为一项创新制度,在运行过程中还存在一系列需要继续进行深入探讨和完善的地方。

二、土地收购储备制度影响土地资源配置效率的经济学分析

　　土地市场是社会主义市场经济体制的重要组成部分。在市场经济体制下,市场在资源配置方面发挥着基础性作用,它通过供求与价格相互作用,解决资源配置的基本问题,土地资源的配置也必须符合市场经济运行规律。

　　实行土地收购储备制度,第一个核心就是政府对土地的统一收购,即:进入城镇要进行有偿流转的土地,首先由政府通过征用、收回、收购、置换等方式将分散状态的土地使用权逐步归集于政府土地储备库。涉及的对象有农用地、农村集体建设用地、城镇中划拨土地及一部分出

让土地。这样,政府统一收购储备的范围十分广泛,土地收购储备范围广泛性,使得进入城镇建设有偿使用的土地在土地市场中其需求一方首先被政府高度垄断——从而在土地市场中形成买方垄新。政府买方垄断情况下土地资源配置效率如何?我们可以通过比较完全竞争下的土地市场和只有唯一的买方垄断情况下的土地资源配置效益状况进行分析。

政府进行土地收购时,由于存在垄断,其平均收益曲线和边际收益曲线相分离,图1给出了政府在土地收购时的平均支出曲线 AE 和边际支出曲线 ME,以及边际价值曲线 MV。在这里,土地市场供给曲线就是买方垄断者——政府的平均支出曲线 AE,由于平均支出曲线是向上倾斜的,因此边际支出曲线 ME 位于平均收支曲线 AE 上方。土地收购时,政府通过购买边际支出曲线 ME 和边际价值(需求)曲线 MV 相交处数量 Q_m 而实现利益最大化,其每单位所付价格通过平均支出(供给)曲线 AE 得到。在竞争的土地市场中,价格等于边际价值,通过平均支出与边际价值曲线的交点得到土地市场购买价格 P_c 和购买数量 Q_c。四边形 A 和三角形 B、C 显示了当从竞争状态下土地价格和数量 P_c 和 Q_c 移动到政府统一收购下土地价格和数量 P_m 和 Q_m 时政府和土地供应者利益的变化。由于垄断下价格和数量 P_m 和 Q_m 都低于竞争下的 P_c 和 Q_c,政府得益为 $A-B$,土地供应者的总损久为 $A+C$,则整个社会的净损失是 $B+C$,这是政府垄断土地收购市场造成的无谓损失,即非效率的社会成本,这说明土地资源配置效率下降。同时由于土地资源的稀缺性,我国耕地占补平衡制度的实施,城市化中土地市场供给弹性较小。供给曲线的弹性小,就使边际支出与平均支出之间的差别大,政府在土地收购中通过垄断就获得更多的利益,这些得利是对被收购方利益的剥夺。实行土地收购储备制度,第二个核心是政府掌握土地的统一出让权,即将城市范围内的土地,特别是经营性房地产开发的用地统一纳入政府储备库后,由政府有计划的推向市场。土地收购储备制度名义上是垄断土地的一级市场,但在当前情况下,实际上也垄断了二级土地市场,土地的供给被政府高度垄断,这首先表现在纳入收购储备的土地范围广,不光是新增建设用地、原划拨土地,已出让土地使用权在大多数地方根据城市规划也被纳入,土地使用者的转让权受到限制;其次是在整个土地市场中,以出让方式获得的经营性土地数量少或是近几年才取得,作为土地的供给也极其有限。这样,政府作为卖方垄断了土地市场。政府垄断情况下土地资源配置效率如何? 我们也可以通过比较完全竞争下的土地市场和卖方垄断下的土地市场其土地资源配置效益情况进行分析。

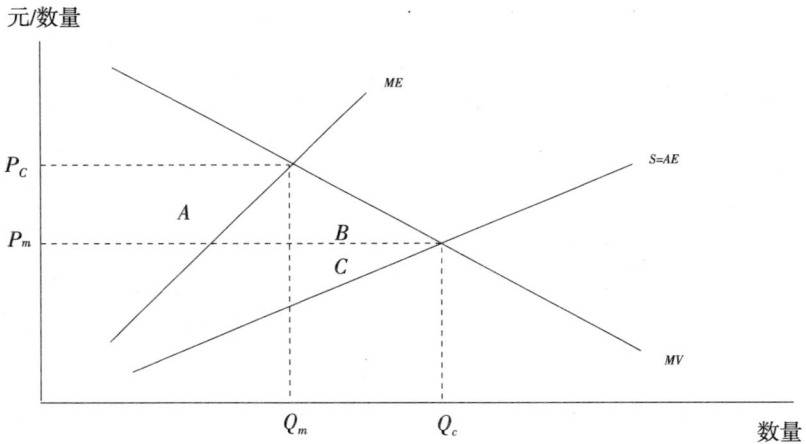

图1　土地收购垄断下的资源配置成本

三、土地供应垄断下的资源配置成本

图2给出了政府垄断土地供给时的平均收益曲线 AR、边际收益曲线 MR 和边际成本曲线 MC 。当需求曲线向下倾斜时,平均收益大于边际收益,因此 MR 在 AR 的下方。假设政府按照利益最大化的原则供给土地,政府就应该在边际收益等于边际成本时进行土地出让,因此土地出让价格和供应量分别是 P_m 和 Q_m。在一个竞争的市场中,价格必须等于边际成本,其价格和产量 P_C 和 Q_C 由平均收益(需求)曲线

AR 与边际成本曲线 MC 的交点决定(假设竞争的土地市场和垄断下的土地市场有相同的成本曲线)。四边形 A 和三角形 B、C 显示了当土地价格和数量从完全竞争下的 P_c 和 Q_c 移动到政府垄断供给的 P_M 和 Q_m 时的政府和受让土地使用者利益的变化。由于较高的价格,受让土地使用者损失 A + B,政府获得 A − C,从整个社会运行效率看,净损失为 B + C,这是政府垄断土地市场供应造成的无谓损失,这种无谓损失就是非效率的社会成本。可见,完全垄断下政府利益最大化的土地均衡供应量和价格分别要小于和高于完全竞争条件下的土地均衡供应量和价格,这时价格不再等于边际成本,帕累托效率条件被破坏,同时导致对整个社会而言的无谓损失 B + C,社会整体福利下降,土地资源配置效率低。

四、完善土地收购储备制度的建议

1. 土地市场是一种以价格、供求和竞争为主要内容而构成的土地经济运行机制和调节机制,在市场经济条件下,市场配置土地资源的基础性作用不可动摇。在以市场配置土地资源的基础上,政府通过宏观调控土地市场,在运用金融政策、税收政策的同时,可以配合土地供应政策。

2. 土地供应政策调控土地市场的实现。一方面通过规划、用途限制进行调整,这需要加强规划制定和监督工作,另一方面可借助土地收购储备制度。表现为土地供应总量过大时,政府可以通过收回、收购闲置土地,紧缩或暂停年度供地,调节土地市场供应量;同时,房地产过热时,政府还可从储备库中拿出土地投入市场,增大土地供应量,促使土地价格回落,从而增强政府对土地的宏观调控能力。

3. 正确界定政府的角色定位。在我国,政府对土地具有管理者与所有者双重职能,这个双重职能的目标有一致的地方,也有冲突的地方。实行土地收购储备制度的一个关键就是如何分解管理者与所有者职能,让公众参与,形成权力制约,使政府在行使土地所有者职能的同

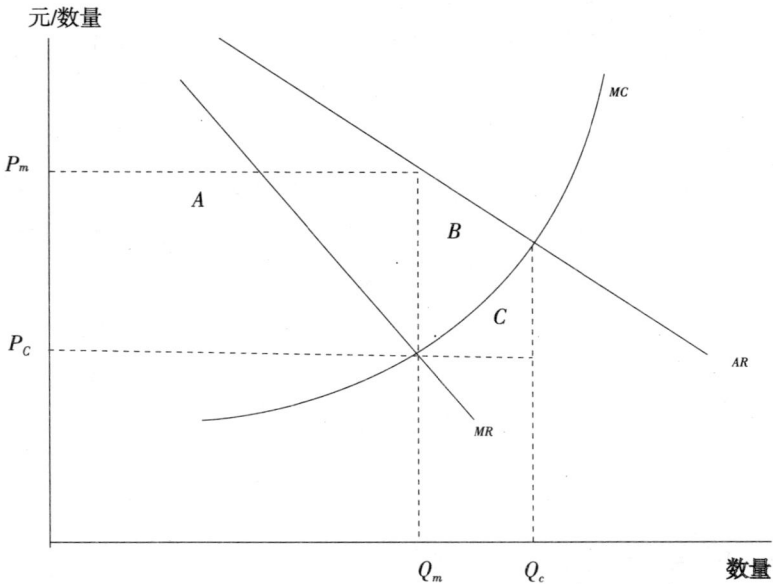

图2　土地供应垄断下的资源配置成本

时,也不影响其管理者职能的实现。

4. 严格限制土地收购储备范围。范围确定的原则是属于国家所有土地的一级市场要垄断,二级市场要搞活。这包括新增建设用地与原有存量国有土地。土地收购储备中新增建设用地基本都是通过征用方式取得的,在征地中,为保护农民权益不受损害,一方面土地征用范围要严格限制,另一方面土地征用补偿,政府应该通过市场运作,用市场机制来决定土地征用价格。对于原有存量国有土地的收购,这里既有划拨土地,也有已出让土地,需要区别对待:已出让土地不应纳入土地收购储备范围,这属于土地使用者产权,应允许其在市场中自由流转,政府要买入,就应以市场参与者的身份进入,土地价格由市场的供需确定,此时政府的地位与其他土地经营者的地位平等。对于划拨土地等纳入收购储备范围的,其收回、收购也要以市场价格进行。

5. 建立规范有序的土地有形市场,完善市场价格形成机制。建立有形市场是以市场方式配置土地资源的基本要求,是确保土地交易合法性和安全性的需要。

参考文献

[1]邹晓云:《土地市场可持续发展问题》,《中国土地》2003 年第6 期。

[2]雷爱先:《市场配置与政府调控》,《中国土地》2003 年第6 期。

[3]黄小虎:《征地制度改革的经济学思考》,《中国土地》2002 年第8 期。

[4]王永红:《聚财:"捷径"的终结——透视征地制度改革的时机与方向》,《中国土地》2003 年第4 期。

[5]刘燕萍:《市场结构对城乡结合部征地与出让市场运行效率的影响》,《中国土地科学》2002 年第2 期。

[6]李元:《规范土地市场促进可持续发展》,《国土资源通信》2003 年第7 期。

[7]王小龙:《城市土地储备制度中土地收购行为的性质》,《广西社会科学》2004 年第10 期。

[8]杨继瑞:《城市土地经营的解析与新思考(下)》,《中国房地产》2004 年第5 期。

[9]田梦现、王胡平:《我国城市土地储备制度效益评价》,《当代经济》2005 年第6 期。

[10]何晓玲、卫国昌:《土地储备体制的探讨》,《中国房地产金融》2002 年第12 期。

[11]陈建设:《建立土地收购储备制度实现政府垄断土地机制》,《经济问题》2001 年第1 期。

城中村的土地利用分析

包喜利

改革开放以来,随着城市化进程的加快,我国为了扩大城市规模,征用城郊农村土地,逐渐将一部分村落包围在城市建成区内。由于城市规模的持续扩张,这些村落失去了可耕作的土地,逐渐形成了我国城市化进程中一个特有的产物——城中村。在这些城中村内,由于农村因素,特别是我国长期实行的人口、土地的城乡二元制度的影响,社会组织结构、经济生活、人员身份、管理方式、土地制度以及社区传统文化等方面依然承传着农业社会特征或未加以彻底转变。

一、城中村概述

自 20 世纪 80 年代末,经过十几年的发展,我国城中村在数量上已具有一定的规模.并在各地形成了相应的地方特征。据国家官方网站统计,福建省福州市 5 个建成区内就分布着 126 个城中村,总人口约 18 万人,占到全市人口比重的 10%。在常州,20 世纪 90 年代以来,先后建立了常州高新技术产业开发区、省级东南经济开发区、省级武进高新技术产业开发区、省级钟楼经济开发区等工业园区,这 4 个开发区正好在东、南、西、北四个方向外围围绕着中心城区,与中心老城相距四五公里,其间犹如城市化"断层"。在这个断层中,保留了 10 个乡镇的 56 个行政村、429 个自然村,村庄建设用地总面积达 11.77 平方公里,覆盖中心城区 15.8% 的地域。这种数量多、分布散的特征,极大地弱化了常州城市空间的城市特质。

一般意义上,按照空间地域分布可将城中村分为三种不同的类型:一是城市远郊型,大多是原来的远郊区,与城市有一定的距离,是撤村并镇后的新农村居民点;二是城市边缘型,往往是原有城市的近郊区,城市拓展后的新区;三是城市建设内部型,可以根据土地和建筑用途分为住宅出租驱动型、生产经营出租驱动型和完全自用型等三种类型。

本文主要针对城中村建设内部型作分析,因为此类型的问题最为严重(住房建设随意、混乱;村民居住条件差,住房困难户逐年增多;进出设施差,公建配套少;非法建筑多等),已经严重阻碍了城市的规划发展。但是,笔者要提醒的是,在城市土地利用规划中,并不是所有城中村需要改造,有些城中村在未来的很长一段时间内还有存在下去的必然性和合理性。

二、城中村的土地利用现状问题

城中村拥有丰富的土地利用资源,构成了城区发展和城中村改造的基本资源动力。但是,由于城中村问题的大量存在,目前我国政府和学术界对于城中村的价值判断几乎表现为具有压倒性的批判倾向,"城市毒瘤"、"城市癌症"等成为城中村的别称,快速而坚决地"铲平城中村"似乎也成为其必然的宿命和政府推动城市化"业绩"的重要标志。

(一)城中村的特殊区位

本文讨论的城中村是城市建设内部型,大多处于城市中心地带或次中心地带,占用了大量的城市建设用地,具有丰富的储量土地资源。但是,"城中村"基础设施不足,环境卫生、生活服务等公共配套设施不完善,城中村内的居住生活环境"脏、乱、差"现象严重,成为城市最大的卫生死角。更令人担忧的是,消防、抗震、防盗等方面存在着严重的安全隐患,危及居民的生命和财产安全。人居环境和生活质量低劣,严重影响城市文明程度和城市现代化的水平。

正是由于城中村的这种独特的地理位置,再加上它的土地价格相对于城市其他地方较低,许多开发商及地方政府都视其为"盘中餐",纷纷想尽办法据为己有。

（二）土地产权关系不明,权属界定不清

按照我国现行《宪法》、《民法通则》和《土地管理法》,城中村土地所有权属于镇、村、社集体经济组织所有。但在实践中,镇农民集体经济组织并不存在,村农民集体经济组织缺位,社是农民群众性自治组织,不具备行使农村土地处置的权力,从而造成城中村集体土地所有权主体严重模糊。另外,城中村的土地往往涉及若干个集体土地所有权单位。在行使具体权力时,作为所有权人的农民集体的真实意愿难以得到真正体现,造成了农民集体在收益分配上的不均。

（三）土地使用权流转混乱

由于城中村集体土地所处位置的特殊性,土地使用权流转非常混乱,主要表现为农民住宅私自转让、出租土地使用权,不办理农地转用手续擅自改变用途、将集体土地作为资产参与企业入股等。

（四）城中村土地征用

按《土地管理法》规定,国家为了"公共利益"的需要可以征用集体土地。因此,国家征用城中村的集体土地往往带有强制性,这使被征用方失去了正常交易下的平等地位和契约自由,因此补偿价格通常偏低。不仅如此,在具体征地时,代表"国家""公共利益"的主体则是市政府、区政府,甚至是镇政府,既然是"国家"征用,"国家利益"高于一切,"国家"便名正言顺地以较低的土地补偿费与村委会协商,获得了被征用土地的所有权,并被正式命名为国有土地,再在国有土地市场(有形市场和无形市场)上以高出原征地补偿费数十倍、数百倍的价格出让给土地开发商,"国家"通过出让或交易土地充分体现了对所征用土地的占有、使用、收益和处置权,与此同时,集体土地所有者则丧失了对土地的上述权利。

另外,若按《土地管理法》规定,征用土地按照被征土地的原用途给予补偿,在具体执行过程中,是以农业经营方式和投入为参照制定补偿标准,这给地理位置相同但农业经营方式不同的土地带来了征地补偿标准的差异,也带来了补偿的不合理性,最终造成了征地的第一难。征地难的第二个原因是,以人均耕地制定补偿标准在城中村征地执行中矛盾更加突出。往往在同一个单位征地过程中涉及两个或两个以上农民集体经济组织,由于人均耕地的不同,形成了补偿标准的差别,使得补偿低的农民难以接受。所以,排斥征地是村民普遍的观念与行为。

(五)土地利用效益低

"城中村"建筑拥挤,房屋布局混乱,打乱了城市的整体规划和布局,严重影响了城市整体功能的发挥,影响了城市的外观。"城中村"主要是低层次的物业经济,以独家独户的传统家庭模式建筑为主,房屋建筑相对于城市来说占地面积大,建筑密度高,建筑容积率低,造成土地利用率和产出率低下。由于有的城中村经济实力较强,村民的支付速度很快,对住房条件的改造愿望很强烈,改造能力很强,但由于监管的缺失和利益的驱动,村民的住宅到了二楼以后,往往尽可能占用公共空间,在城中村内形成"一线天"、"握手楼"、"贴面楼"等独特的"风景"。此外,优越的区位和相对于城市较为低廉的土地价格,使城中村中不规范的房地产二级市场特别活跃,致使由于规划和基础设施改善而升值的部分国有土地资产流失。

三、城中村土地利用问题的解决途径

城市化的核心,不是简单的数量的增加,而在于优化城市体系的结构、提高城市的功能,发挥城市的集聚效应,提高土地资源利用效率,注重促进城市集约经营的内涵挖掘。

在学术界,城中村被称为是游离于城市型主体社会之外的"体制外灰色社会"。许多学者都对城中村进行了界定,尽管表述存在差异,但是对于城中村内涵的认识基本是一致的:其一,均认为城中村的本质特征是城乡二元结构;其二,城中村本质上是农民社区或者至少是城乡

转型中的农民社区。而究其根本,正是一系列的二元机制环境造就了城中村,并促使其发展演化。

（一）土地制度

众所周知,改革开放前后相当长时间里,我国土地制度实行的基本上是城乡分割的管理模式,且这种模式的基本格局一直沿袭到今天。城中村地理位置优越,土地实际与潜在的含金量甚高,作为饱经都市大市场洗礼的"理性农民"对此有着特有的敏感,凭着这种敏感,村集体土地不断在政策许可与政策空白之间发生着形形色色的裂变。农民有户口,可以申请建房,为满足利益最大化需要,农民极力抢建空间最大化的私宅。从开发方式而言,由于自主开发土地的收益十分可观,远远高于政府的土地征用费,致使农民非常排斥政府征地而想方设法在城中村里擅自进行土地开发,兴建收益高的物业,造成土地使用十分混乱的状况。可见,城中村就是这种二元土地制度的产物。那么,具有前瞻性、适应城市化要求的土地政策与制度安排就显得非常重要。其开始实施的难度也许很大,成本很高,但长远的收效则可能是最经济的,与城中村相关的诸多问题就是活生生的例证。我国可以借鉴一些西方国家,在工业化初期,以巨大代价一次性征地以纳入城市统一规划,且实行了城市化管理。我国若能以此为鉴,对于更大范围的防患于未然也许不失为明智之举。

笔者认为,①城中村现有集体土地应依法转为国有土地,由村集体经济组织或现有土地使用权人依法申请办理国有土地权登记手续,其土地使用权属不变。建设单位用地应依法办理用地手续。②要促进农村土地流转步伐,探索土地集约化运行模式,发展适度规模经营,为劳动力就地转移创造机会,要积极推动农村集体土地使用制度改革,在明确界定集体产权的前提下,保留进城农民继续分享集体积累收益的权利并承担相应的义务。③通过城乡土地市场一体化途径,探索农村集体建设用地入股。④用租赁的办法,使土地使用权作为生产要素实行有偿转让,推动农村土地流转制度的建立,加快土地向种田能手集中,促进规模经营的发展。可以考虑的土地流转形式：推行土地股份制，农民以土地投股，建立土地股份合作社或股份制农业企业，实行规模经营，农民根据土地的经营状况每年参与股份分红；或允许土地转让，允许农民将30年的土地承包权一次性有偿转让第三者或村委会使用，受让人同转让方的农户达成协议付转让费。这一点广东省南海市在1992年就开始探索，其模式是让农民的土地权利参与工业化，其基本特征是：地方政府（县、乡两级）在通过国家征地参与工业化和城市化的同时，也认可集体经济组织在不改变土地所有权性质的前提下，将集体土地进行统一规划，然后统一以土地或厂房出租给企业使用，集体经济组织和农民以土地股份制的方式分享农地非农化过程中土地的级差收益。

（二）坚持改造服从规划

"城中村"的改造必须服从城市的整体规划与布局，进行全面合理的科学规划。各"城中村"应在总体规划的框架下，结合各自特点进行设计，制定出具体的改造方案，坚持"一村一案，村村有规划"，尽量避免改造工作的盲目性和建设的重复性。同时应注重规划的科学性和前瞻性，为城市以后的发展留下空间。村中的区域划分和功能布局应充分兼顾经济功能和其他社会服务功能的协调，优化布局，避免土地资源的浪费，在特定地区，还要考虑到对文化古迹的保护，要积极完善区内的环境规划，市政基础设施和公共服务设施应与整个村庄的规划建设相配套。此外，还要注意绿化与公共活动场所的建设。村庄的建筑风格应能体现出地方特色，做到布局合理、功能齐全，将"城中村"打造成高品质、高水准的新型环保社区。

此外，从一些地方"城中村"改造的成功经验看，只要政府领导和指导得当，"城中村"改造就完全可以做到"无为而治"。如深圳罗湖区政府除搞好规划外，还制定了各种符合实际的补偿政策，极大地调动了干部和群众参与"城中村"改造的积极性。

（三）制定合理的拆迁补偿方案、科学的土地出让政策

"城中村"房屋的拆迁改造直接触及广大村民的既得利益,而且房屋多数为近年新建,产权属私人所有,因而如何对这些建筑进行拆迁补偿,应制定出合理的拆迁补偿方案。根据测算,货币补偿以每平方米建筑面积 3000 元的标准较为适宜。对于村公产的拆迁,可以在旧村改造中留置适当比例的空地,为村里将来的发展留出一定的空间,或者将开发建成的建筑中相当数量的商业用房补偿给村里,以保证村民的集体收益。在执行国家和省市有关政策法规的同时,应结合具体情况,做出适当调整,制定出双方都能接受的标准,协商解决补偿中可能发生的争端。

同时,政府应充分考虑房地产的市场容量,制定城中村全面改造地块出让的长期计划,利用土地出让的数量、价格、规划容积率等杠杆,来调节各方利益。

四、结论

城中村问题集中反映了我国农村城市化过程中城乡二元结构的矛盾,城中村的出路也昭示了我国农村城市化的出路。对城中村的改造发展探索启示了我们:加快农村城市化进程,必须按照科学发展观的要求,以人为本,统筹城乡关系,实现城乡协调可持续发展。这就是说,要加强对城市发展和建设的前瞻性预测,做好将纳入城市范围的乡村建设规划,促进城乡规划与建设的协调;要着力在解决城乡二元经济结构上下工夫,增进城乡经济的融合度;要从各方面进行制度创新,促进城乡社会管理的接轨;要提高农民向市民转变的素质和能力,促进城乡居民共同的全面发展。

参考文献

[1]国家统计局福建调查总队:《福建城市化进程中的城中村问题探析》,国家统计局网站:2006 年 7 月 21 日。

[2]王万茂、韩桐魁:《土地利用规划学》,中国农业出版社2004年版。

[3]李立:《城中村土地利用管理研究》(2003硕士学位论文)。

[4]段立全:《城中村征地安置问题研究——以重庆市高新区石桥镇为例》(2005硕士学位论文)。

[5]运迎霞:《博弈·和谐·共赢——城中村改造经验借鉴及其策略研究》,《城市规划设计》2006年第7期。

[6]霍华德:《田园城市理论》。

责任编辑:陈鹏鸣

封面设计:徐　晖

图书在版编目(CIP)数据

社会经济热点问题新论/邹积慧 主编. -北京:人民出版社,2009.5

ISBN 978－7－01－007839－7

Ⅰ. 社…　Ⅱ. 邹…　Ⅲ. ①社会问题-中国-文集②经济-中国-文集

Ⅳ. D669－53　F12－53

中国版本图书馆 CIP 数据核字(2009)第 047468 号

社会经济热点问题新论

SHEHUI JINGJI REDIAN WENTI XINLUN

邹积慧　主编

人民大版社 出版发行

(100706　北京朝阳门内大街 166 号)

北京瑞古冠中印刷厂印刷　新华书店经销

2009 年 5 月第 1 版　2009 年 5 月北京第 1 次印刷

开本:710 毫米×1000 毫米 1/16　印张:27.75

字数:384 千字

ISBN 978－7－01－007839－7　定价:55.00 元

邮购地址 100706　北京朝阳门内大街 166 号

人民东方图书销售中心　电话 (010)65250042　65289539